数字化转型业务战略丛书

制造业数字化转型之路

两化融合管理体系实践与创新

国家工业信息安全发展研究中心

李 君 柳 杨 编著

电子工业出版社

Publishing House of Electronics Industry

北京·BEIJING

图书在版编目（CIP）数据

制造业数字化转型之路：两化融合管理体系实践与创新 / 李君，柳杨编著. —北京：电子工业出版社，2022.4

（数字化转型业务战略丛书）

ISBN 978-7-121-43092-3

Ⅰ. ①制…　Ⅱ. ①李…②柳…　Ⅲ. ①制造工业－数字化－研究－中国　Ⅳ. ①F426.4-39

中国版本图书馆 CIP 数据核字（2022）第 041128 号

责任编辑：缪晓红　　　特约编辑：杨亚楠
印　　刷：北京天宇星印刷厂
装　　订：北京天宇星印刷厂
出版发行：电子工业出版社
　　　　　北京市海淀区万寿路 173 信箱　　邮编：100036
开　　本：720×1 000　1/16　印张：27.75　字数：484 千字
版　　次：2022 年 4 月第 1 版
印　　次：2022 年 4 月第 1 次印刷
定　　价：138.00 元

凡所购买电子工业出版社图书有缺损问题，请向购买书店调换。若书店售缺，请与本社发行部联系，联系及邮购电话：（010）88254888，88258888。

质量投诉请发邮件至 zlts@phei.com.cn，盗版侵权举报请发邮件至 dbqq@phei.com.cn。

本书咨询联系方式：（010）88254760。

出版工作委员会

自　序

近年来，以互联网、大数据、人工智能、区块链等为代表的新一代信息技术进入加速创新融合的爆发期，新一轮科技革命和产业变革蓬勃兴起，推动全球从工业经济向数字经济加速演进，数字化转型成为不可逆转的时代潮流，带动人类社会生产方式的变革、生产关系的再造、经济结构的重组和生活方式的巨变，持续深刻影响着全球竞争格局和大国兴衰。制造业是国民经济命脉所系，是数字化转型的主战场，加快制造业数字化转型不仅是全球各国抢占国际竞争制高点、赢取未来发展主动权的共同选择，更是我国加快构建"双循环"发展格局、实现高质量发展的必由之路。

党中央、国务院高度重视制造业数字化转型。习近平总书记强调，要大力发展数字经济，加快推进数字产业化、产业数字化，推动数字经济和实体经济深度融合。《中华人民共和国国民经济和社会发展第十四个五年规划和2035年远景目标纲要》吹响了加快数字化发展、建设数字中国的号角。当今世界正经历百年未有之大变局，疫情冲击叠加中美关系对抗性上升的态势，预示着未来发展面临着更加复杂的局面。与此同时，我国开启全面建设社会主义现代化国家新征程，实现"新型工业化、信息化、城镇化、农业现代化"发展目标势在必行。站在新的历史方位，我们要努力在危机中育新机、于变局中开新局，坚持数字化转型的战略主线，充分激发数据要素的创新驱动潜能，全面加速制造业数字化、网络化、智能化升级，奋力构筑产业发展新优势，支撑经济高质量发展和国家治理能力升级。

企业作为有效市场的主体，是数字化转型的出发点和落脚点。在百年变局和中华民族伟大复兴战略全局的宏伟时代背景下，企业需要紧抓机遇、顺势而为、乘势而上，将数字化转型作为核心战略，构筑可持续竞争优势，打造应对不确定性的数字化新型能力，培育创新商业模式，最终完成在数字经济时代从"跟跑"到"并跑"，再到"领跑"的跨越。

对于企业而言，数字化转型是一项兼具长期性和复杂性的系统工程，既需要关注全员、全要素、全环节的统筹优化，也需要关注每一项数字化转型活动所带来的短期成效与长期利益的平衡。随着企业数字化转型推进工作走深向实，转型意义认识不足、转型路径不明、转型方法工具缺失等问题逐渐显露，广大企业普遍面临着"不想转""不能转""不会转"的困境，亟须形成一套把握数字经济时代发展规律和特征、深度支撑制造业数字化转型的系统性理论依据与方法工具。

两化融合管理体系是一套全面服务于制造业数字化转型的系统解决方案，在深刻把握数字化转型的内涵、本质、路径规律的基础上，引导企业以效能提升为导向、以数据为驱动、以能力为主线，按照《信息化和工业化融合管理体系 要求》（GB/T 23001—2017）、《信息化和工业化融合管理体系 实施指南》（GB/T 23002—2017）等系列标准，建立、实施、保持和改进数字化转型工作机制，优化转型相关活动和动作，并且采用过程方法和系统方法使其持续受控，有效引导企业以融合和创新的理念方式推进转型升级，推动组织管理创新，实现数字化转型实践从关注局部向统筹全局转变，从关注单一要素向全要素协同创新转变，打造、提升和改进企业新型能力体系，从而稳定获取转型价值成效。

自 2013 年 9 月"企业两化融合管理体系建设和推广行动"首次提出以来，工业和信息化部联合国家标准委、国务院国资委等主管单位，统筹推进了一系列系统配套、衔接有序的两化融合管理体系工作举措。一是牵头成立两化融合管理体系工作领导小组、专家指导委员会和联合工作组，建立健全横向全覆盖、纵向全联通、社会各方一体推进的工作组织体系；二是推动出台《关于深入推进信息化和工业化融合管理体系的指导意见》等国家战略指引，带动全国 31 个省（自治区、直辖市）、央企集团出台 400 余项政策举措，全面布局政策体系；三是推动组建全国信息化和工业化融合管理标准化技术委员会（SAC/TC573），建设完善两化融合管理体系标准体系；四是构建市场化运行机制，培育以平台为载体的线上线下一体、多方协调互动的第三方服务体系。

在组织体系、政策体系、标准体系、服务体系的系统布局和协同配合下，两化融合管理体系工作历经理论构建、试点牵引的方法普及阶段，示范引领、规模推广的实践深化阶段，以及贯标升级、国际交流的创新突破阶段，已成为制造业数字化转型和创新发展的"中国方案"，实现大规模产业化应用。当前，已推动发布两化融合管理体系国家标准 9 项、国际标准 2 项，20 万余家企业应用两化融合评估标准开展评估诊断与对标引导，37000 余家企业开展两化融合管理体系贯标，打造数字经济时代符合企业战略转型、组织优化、生产改进、模式创新等迫切需求的新型能力，带来企业核心竞争力和综合效益的显著提升。

《制造业数字化转型之路——两化融合管理体系实践与创新》一书深入阐述了数字化转型的背景和意义，全面梳理总结了两化融合管理体系近年来的路径探索与产业实践，系统提炼了不同主体推动两化融合管理体系、加速数字化转型的具体做法与工作进展，并且从能力分类的视角展示了大量鲜活的两化融合管理体系最佳企业实践。希望本书的出版发行，可以将多年来两化融合管理体系的探索实践系统地呈现给广大读者，为政府与产业界在新时期协同推进制造业数字化转型升级提供理论引导与工具支持，共谱制造业高质量发展新华章，为制造强国、网络强国、数字中国建设做出应有的贡献。

是为序。

前　言

《中华人民共和国国民经济和社会发展第十四个五年规划和 2035 年远景目标纲要》提出，要立足新发展阶段、贯彻新发展理念、构建新发展格局，以数字化转型整体驱动生产方式、生活方式和治理方式变革。新发展阶段需要总结新发展规律，新发展理念需要形成新方法工具，新发展格局需要探索新发展实践。两化融合管理体系突破了传统工业化理论对产业发展规律和产业范式的认识，充分吸收了数字经济时代的思维方式和方法路径，引导企业加速战略转型、组织变革、模式转变和要素创新等方面的应用实践，是聚焦新时代背景下制造业数字化转型的方法与实践创新。

自 2013 年以来，在工业和信息化部等单位的指导和支持下，在科研支撑机构、高校院所、行业协会、产业联盟、各类服务机构等业界主体的协同推进下，在越来越多企业的主动参与实施下，两化融合管理体系提出的理论方法与工具已在我国各行业、各领域取得了广泛共识并得到大规模应用，进入深化应用、加速创新、引领变革的快速发展轨道，成为各级政府服务产业转型升级、企业开展数字化转型的共同有效路径，为社会各界带来了显著的社会效益和经济效益。

为了对两化融合管理体系加快制造业数字化转型的理论成果、做法经验、实践案例进行阶段性总结，我们推出了《制造业数字化转型之路——两化融合管理体系实践与创新》一书，全书分为 10 章，具体内容如下。

第一章：推动制造业数字化转型任重道远。本章阐明推动制造业数字化转型的重要性与迫切性，从认知不足导致"不想转"、基础薄弱导致"不能转"、路径不明导致"不会转"三方面总结了企业转型过程中面临的关键挑战，并且提出两化融合管理体系是系统推进制造业数字化转型的解决方案。

第二章：两化融合管理体系概述。本章重点介绍两化融合管理标准体系，系统阐述了两化融合管理体系标准族中九大核心标准的基本内容和应用范围，分方法普及、实践深化、创新突破三个阶段回顾了两化融合管理体系的工作推进历程，总结了两化融合管理体系的重要价值成效。

第三章：以两化融合管理体系推进制造业数字化转型的典型做法与主要成效。本章系统总结了地方政府、央企集团、贯标咨询服务机构三类主体推动两化融合管理体系的主要举措经验和贯标进展，分类汇总了近年来各地政府、央企集团的贯标支持政策，以专栏形式展示了较为典型的工作做法。

第四章：数字经济时代的企业新型能力。本章着眼于制造企业数字化转型进程中关注的新型能力建设，围绕数字化管理、智能化制造、网络化协同、个性化定制、服务化延伸五类主要新型能力，分析总结了制造企业新型能力整体建设情况、行业建设重点和能力发展趋势。从能力内涵、典型需求、共通路径、价值成效出发，对企业打造各类新型能力的实践进行了高度概括总结。

第五章至第九章：新型能力建设最佳实践。本部分分别基于数字化管理、智能化制造、网络化协同、个性化定制、服务化延伸五类主要新型能力，分类汇总了制造企业开展两化融合管理体系贯标的优秀实践案例，介绍企业识别和打造新型能力的方法路径，展示企业通过新型能力建设取得的典型成效。

第十章：新时期制造业数字化转型发展建议。本章对新时期制造业数字化转型发展重点进行展望，并且针对加速制造业数字化转型进程、推动企业两化融合管理体系贯标工作迈向新台阶提出建议。

在成书过程中，徐工集团工程机械股份有限公司、中国航空工业集团公司西安飞行自动控制研究所、国网山东省电力公司、中钢集团邢台机械轧辊有限公司、徐州重型机械有限公司、新华水力发电有限公司、中铁大桥局集团有限公司、富士康精密电子（太原）有限公司、上海航空电器有限公司、南通中远海运川崎船舶工程有限公司、上海航天设备制造有限公司、威胜集团有限公司、上海汇众汽车制造有限公司、北京汽车股份有限公司、上海航天精密机械研究所、红塔烟草（集团）有限责任公司玉溪卷烟厂、上海锅炉厂有限公司、中国商用飞机有限责任公司上海飞机设计研究院、中航西安飞机工业集团股份有限公司、中信戴卡股份有限公司、上海宇航系统工程研究所、广船国际有限公司、长飞光纤光缆股份有限公司、海尔集团、中车太原机车车辆有限公司、南京钢铁股份有限公司、中国石化润滑油有限公司、中联重科股份有限公司、洽洽食品股份有限公司、黑龙江飞鹤乳业有限公司等企业结合深厚实践，贡献了两化融合管理体系贯标典型案例；陆韧钢、王琴、王金德、石秀芳、柳英勇、王志林、黄萍、徐莉萍、邱铭伟等专家给予了大量专业指导与建议，在此一并向他们表示衷心的感谢。特别感谢以下几位的大力支持和辛苦付出：左璇、袁兵、陈星霓等；感谢电子工业出版社董亚峰、缪晓红为本书出版付出的辛勤工作。

翻开此书，希望读者能体会到身处创新颠覆时代的难得机遇，感受两化融合管理体系为社会各界带来的澎湃变革浪潮，洞悉企业通过两化融合管理体系实现提质降本增效的鲜活实践，从而进一步协同各方力量，谱写数字化转型新篇章。由于时间和水平有限，疏漏之处在所难免，恳请读者批评指正。

目　录

第一章

推动制造业数字化转型任重道远

　　随着新一代信息技术在各个领域的加速融合创新，数据已成为制造业发展最宝贵的战略资源和关键生产要素，推动制造业企业形态、生产方式、业务模式和就业方式发生根本性变化。对制造企业而言，数字化转型已不是"选择题"，而是关乎生存和长远发展的"必修课"。本章在明确制造业数字化转型重要意义的基础上，系统分析了当前企业转型面临的关键挑战，提出了新时期系统推动制造业数字化转型的"中国方案"——两化融合管理体系。

第一节　推动制造业数字化转型的重要性和迫切性

当今世界正经历百年未有之大变局，以数字化为主要特征的新一轮科技革命和产业变革蓬勃兴起，信息世界与物理世界的深度融合发展成为未来世界发展的总趋势。制造业是实体经济的主体，制造业数字化转型就是利用新一代信息技术进行制造业全要素、全产业链、全价值链的改造过程，是数字经济背景下融合发展的时代契机。推动制造业数字化转型，就是要充分发挥数据要素的核心驱动潜能，推动制造企业生产运营全过程数据贯通，生产资源全要素网络协同，生产活动全场景智能应用，加速制造业资源配置方式、生产组织模式、商业运行逻辑、价值创造机制发生深刻变革，构筑产业竞争新优势，促进我国制造业迈向全球价值链中高端。

当前和今后一个时期，新冠肺炎疫情将对我国和全球经济社会带来持续影响，但同时也为新一代信息技术创新发展应用提供了"试验场"，驱动经济社会提速进入数字化转型攻坚阶段。针对疫情造成的空间隔离，制造企业依托数据、算法、网络、平台等数字资源要素实现灵活运转，生产交易空间加速从线下向线上迁移，生产方式和商业模式发生根本性转变，协同办公、协同研发、远程运维、在线服务等新模式实现爆发性增长，工业互联网、5G、人工智能、大数据中心等数字"新基建"成为社会刚性需求。制造业数字化转型不仅成为疫期经济平稳运转的"稳定器"和疫后国民经济复苏的"加速器"，更成为新时期经济社会高质量发展的新引擎，将迎来更加广阔的市场发展空间。

当前，数字化转型正在以前所未有的广度和深度，掀起制造业全行业、全维度、全环节的数字化、网络化、智能化发展大潮，推进生产方式、产业结构、发展模式的深刻变革，加速经济社会从工业经济向数字经济演进的历史进程，人类已经走上新轨道，世界将迎来新秩序。面对这样的变化，全球无论学术界还是产业界，都在探寻其本质，以明确转型的发展方向、战略制高点和实现路径。全面系统推进制造业数字化转型，创新融合发展模式，是推动我国企业实现数字化转型和可持续发展的必由之路，也是构建数字经济新体系、抢抓新世界产业发展先机和规则制定权的战略切入点。

第二节　制造业数字化转型面临的关键挑战

当前，依托制造大国和网络大国的双重叠加优势，我国制造业数字化转型已进入加速发展阶段，在推动行业转型升级、促进区域协调发展、加速模式业态创新、助力经济提质增效等方面取得了一系列进展成效。与此同时，企业推动数字化转型面临千头万绪，更存在"不想转""不能转""不会转"等问题和挑战。

（一）重要性和规律性认识不足，导致"不想转"

近年来，我国企业的转型意识逐步增强，但总体水平仍偏低，很多企业对数字化转型的规律性和重要性认识不清，对是否迈入转型行列举棋不定。推进数字化转型周期长、投入大，通用电气公司花费数十亿美元推动数字化转型，历经十年仍处于探索阶段，无形中也给其他转型企业带来了疑虑和压力，很多企业担心转型后反而产生问题，不愿担责。国内部分企业被旧观念所束缚，对数字化转型理解局限于工具层面，没有将数字化思维、数字化意识渗透到管理、生产、服务等各环节，以及企业领导和员工的意识形态等各层面中，转型主动性不强。

（二）数字化基础薄弱，导致"不能转"

据国家工业信息安全发展研究中心统计，2020 年我国处于起步建设、单项覆盖等转型初级阶段的企业占比达到 68.9%，大部分工业企业，特别是量大面广的中小企业没有完成信息化积累，设备全面连接存在瓶颈，跨部门跨业务环节的集成运作尚未突破，数字技术和人才储备不足，阻碍了数字化转型进程。另外，数据是融合发展最宝贵的战略资源和基础要素，但当前大部分企业存在数据管理能力不强、智能应用水平不高、安全防护能力不足等突出问题，实现数据的采集分析与价值转换阻力重重，数据的基础资源作用与创新引擎作用尚未充分发挥。

（三）转型路径不明，导致"不会转"

数字化转型涉及企业技术升级、管理变革、生产改进、产品优化、服务创新等方方面面，是一项多层次全方位的复杂系统工程，企业需要在科学有效的转型方法路径指引下"拨云见雾"，逐步实现融合发展。已有敏锐的服务商，如浪潮云等公司形成云 ERP 生态解决方案，为企业提供一体化转型服务。但是，当前数字化转型标准体系不完善，转型系统性解决方案的数量与质量远不足以覆盖庞大的市场需求，大多数企业，特别是中小企业仍缺乏可落地、低成本、标准化的转型解决方案，面临不知"转什么"、不明"怎么转"的困难。

第三节　两化融合管理体系是推动制造业数字化转型的系统解决方案

制造业数字化转型是一项协同制造业技术变革、管理优化、生产改进、模式创新的复杂系统工程，要同时把握并融会贯通好数字化转型的发展规律和特征，需要一套系统性理论、方法和工具的指导和支撑。同时，随着企业数字化转型工作的走深向实，社会各界愈加深刻地认识到，数字经济背景下组织的发展不仅是技术渗透和融合的问题，更是一个优化和创新企业战略、组织、流程、业务模式，以适应新一代信息技术变革和数字经济发展趋势的管理问题。系统推进制造业数字化转型，需要从局部优化向全局协同转变，从强调技术向规范管理转变，而传统工业时代的管理方法已经难以满足数字经济时代企业通过新一代信息技术应用显著提升整体竞争能力的要求，迫切需要一套符合数字经济时代发展规律的系统性管理方法论。

针对推进制造业数字化转型的迫切需求与关键挑战，基于几十年来我国企业信息化发展历程中积累的技术应用成果和管理创新经验，以 ISO9000 等管理体系的做法和经验为参考，科学把握数字化转型的发展趋势和本质规律，探索明确数字化转型的发展思路与方法路径，凝聚最大范围的社会转型共识，在国际上首次研制形成了一套用于系统推动制造业数字化转型的"中国方案"——两化融合管理体系，并且于 2013 年 9 月，在工业和信息化部《信息化和工业化深度融合专项行动计划(2013—2018 年)》(工信部信〔2013〕317 号) 中首次提出了"企业两化融合管理体系建设和推广行动"。

第二章

两化融合管理体系概述

自 2013 年起，经过近十年的研究探索与产业实践，形成了以两化融合管理体系标准为引领，推进制造业数字化转型的成熟有效路径，实现了产业界的大范围实施应用，在助力企业竞争力提升、产业链现代化、经济高质量发展中发挥了重要作用。本章详细解读了两化融合管理体系 GB/T 23000 标准族的配套关系和主要内容，梳理了管理体系的推进举措与工作历程，并且提炼总结贯标为国家、行业、企业等带来的重要价值。

第一节　两化融合管理体系标准族

一、标准配套关系

产业转型，标准先行。标准作为构建经济社会秩序的指导和依据，通过充分整合资源，固化实践中的创新成果、形成统一规范，已经成为规范经济社会发展的重要基础。同时，随着对外开放合作的深入，标准有助于促进公平竞争、打破贸易壁垒已成为普遍共识，特别是我国正在推动"一带一路"倡议，更要通过标准化促进互联互通，发挥"通行证"的作用。

两化融合管理体系正是由一系列标准共同构成的一组标准族，适用于各个领域、各个行业、各种规模、各种所有制企业，标准在系统总结我国企业数字化转型实践丰富经验的基础上，以贯标牵引企业将一套系统化、可操作的数字化转型方法论导入到日常运营中，全面规范企业数字化转型进程，从而建立起数字化转型实践的最佳秩序，助力企业稳定获取预期效益。

两化融合管理体系系列标准涉及基础架构、通用要求、服务指南、行业应用等方面，标准之间紧密关联、协调配套，共同构成了一组互为引用、互为支撑的标准族。**基础架构标准**包括用于规定两化融合管理体系内涵外延、理念原则等的基础术语，规定两化融合分析视图、要素构成、发展历程等的参考架构等。**通用要求标准**包括规定两化融合管理体系建立、实施、保持和改进的通用方法路径等。**服务指南标准**包括用于规定落实两化融合管理体系各项要求的通用指南、服务指南等。**行业应用标准**结合行业发展需求和特色，面向企业、研究院所、社会组织等不同对象形成行业推动两化融合发展的实施指南。

目前，共发布实施九项两化融合管理体系国家标准，其中包括两项确立两化融合管理体系相关理论和顶层构架的基础标准（《信息化和工业化融合管理体系 基础和术语》（GB/T 23000—2017）和《信息化和工业化融合生态系统参考架构》（GB/T 23004—2020）），一项提出两化融合管理体系建设通用要求的核心标准（《信息化和工业化融合管理体系 要求》（GB/T 23001—2017））和六项支撑两化融合管理体系建设的配套标准（《信息化和工业化融合管理体系 实施指南》（GB/T 23002—2017）、《信息化和工业化融合管理体系 新型能力分级要求》（GB/T 23006—2021）、《信息化和工业化融合管理体系 评定指南》（GB/T 23003—2018）、《信息化和工业化融合管理体系 评定分级指南》（GB/T 23007—2021）、《信息化和工业化融合管理体系 咨询服务指南》（GB/T 23005—2020）和《工业企业信息化和工业化融合评估规范》（GB/T 23020—2013））。九项国家标准之间的配套使用关系如图 2-1 所示。

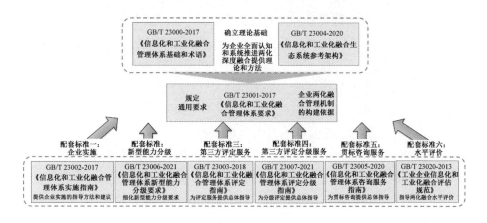

图 2-1 两化融合管理体系 GB/T 23000 标准族配套关系

二、核心标准介绍

（一）《信息化和工业化融合管理体系 基础和术语》

《信息化和工业化融合管理体系 基础和术语》（GB/T 23000—2017）是两化融合管理体系系列标准的理论基础之一。该标准界定了两化融合管理体系的基础，包括理论说明、导向与原则、框架与方法、常用术语及定义，可为开展两化融合管理体系建设的组织，为相关咨询、培训和审核服务的人员和机构，以及制定相关标准的人员提供参考借鉴。标准主要包括以下具体内容：

一是明确了两化融合管理体系的六个导向，分别是以效能效益为导向、以数据为驱动、以新型能力为主线、以综合集成为突破口、以流程化为切入点，以及以服务化为方向，可帮助企业快速适应数字经济时代发展趋势，实现可持续发展。

二是提出了两化融合管理体系的九项管理原则，分别是以获取可持续竞争优势为关注焦点，战略一致性，领导的核心作用，全员参与、全员考核，过程管理，全局优化，循序渐进、持之以恒，创新引领，开放协作，确保企业把握融合本质、规范融合管理、获取融合实效。

三是构建了两化融合管理体系的基本框架，由战略循环、要素循环、管理循环构成。战略循环指明了企业数字化转型"往哪儿转"的发展方向，引导企业将融合发展理念融入企业战略，明确可持续竞争优势需求，通过打造新型能力，获取预期的可持续竞争优势，实现战略落地。要素循环明确了企业数字化转型"转什么"的融合路径，从操作层面规范了企业全要素协同创新过程，引导企业围绕新型能力及其目标，推动数据、技术、业务流程、组织结构四要素的互动创新和持续优化。管理循环给出了企业数字化转型"怎么转"的推进机制，引导企业发挥领导的核心作用，建立策划、实施与改进的管理机制，规范数字化转型过程，推动新型能力的螺旋式提升。

（二）《信息化和工业化融合生态体系参考构架》

《信息化和工业化融合生态系统参考架构》（GB/T 23004—2020）是两化

融合管理体系系列标准的顶层构架基础。该标准提出了两化融合生态系统参考架构,给出了两化融合的三个分析视图,明确了两化融合的四个要素和发展的三个历程,引导两化融合推进方式从关注局部向统筹全局转变,从单纯强调技术向全要素协同管理和创新转变,从仅关注方向和结果向关注方法和过程延伸,可为各级政府、行业组织和企业组织开展两化融合顶层设计、系统推进两化深度融合提供参考,也可为服务机构研制并提供系统解决方案提供借鉴。标准主要包括以下具体内容:

一是明确了两化融合三个视图构成及各自关注重点。三个视图包括组织生态(主体)、价值网络(客体)和信息物理空间(空间),明确两化融合的作用主体、作用对象和作用空间,组织应通过推动三个视图的协调互动和融合创新,系统推进组织管理变革、价值体系变革和技术变革。

二是明确了两化融合四个要素及其相互作用关系。四个要素包括数据、技术、业务流程和组织结构,明确两化融合的构成要素及其相互作用关系,组织应以数据为驱动,推动技术、业务流程和组织结构的互动创新和持续优化,实现作用主体的管理变革、作用对象的价值创造和作用空间的技术创新。

三是明确了两化融合发展的三个历程及核心特征。三个历程包括数字化、网络化和智能化,从时间视角明确两化融合是一个循序渐进、螺旋式发展的历程,组织推进两化融合的目标理念、重点任务和机制模式与时俱进。

(三)《信息化和工业化融合管理体系 要求》

《信息化和工业化融合管理体系 要求》(GB/T 23001—2017)作为系列标准的核心,为组织两化融合管理机制构建提供了依据。在《基础和术语》和《参考构架》的基础上,《要求》从可持续竞争优势、领导作用、策划、支持、实施与运行、评测、改进等方面明确了组织规范其两化融合过程的通用方法和具体要求,适用于通过两化融合管理体系的有效应用和持续改进,打造信息化环境下的新型能力,以及通过内部或外部评定两化融合管理体系,以证实其在信息化环境下具有获取可持续竞争优势的各类组织。标准主要包括以下具体内容:

一是引导组织强化变革管理、规范两化融合过程。规定了以数据驱动为核心的数据、技术、业务流程与组织结构四要素互动创新和持续改进机制，并且使其持续受控，从而不断打造信息化环境下的新型能力，获取与预期战略相匹配的可持续竞争优势。

二是组织系统地建立、实施、保持和改进两化融合过程管理机制的通用方法。以信息化环境下新型能力体系建设为关键着眼点，以两化融合管理体系贯标达标为抓手，覆盖了组织的全部活动，并且使其持续受控，从而不断打造信息化环境下的新型能力，获取与预期战略匹配的可持续竞争优势。

三是全面引导组织实现从单项应用向综合集成跨越。系统规范组织两化融合管理，稳定获取预期的两化融合成效，统领两化融合和产业转型升级工作，通过两化融合加速企业、产业和区域实力整体提升，快速形成市场核心竞争优势，有效突破工业由大变强的瓶颈。

（四）《信息化和工业化融合管理体系 实施指南》

《信息化和工业化融合管理体系 实施指南》（GB/T 23002—2017）是支撑两化融合管理体系的配套标准之一，主要聚焦企业的实施应用。该标准对《要求》的相关条款进行补充解释说明，给出了企业落实两化融合管理体系各项要求的通用指南、指导性方法和实施建议，可为开展两化融合管理体系建设的组织，提供相关咨询、培训及评定服务的人员和机构，以及制定相关标准的人员提供参考。标准主要包括以下具体内容：

一是可持续竞争优势。该部分是对《信息化和工业化融合管理体系 要求》"4 可持续竞争优势"的补充说明。进一步解释了基于两化融合管理体系基本框架，组织识别内外部环境、明确组织战略、识别和确定可持续竞争优势需求的相关要求；阐释了组织确定两化融合管理体系范围，识别、变更两化融合管理体系及其过程，形成文件化信息的通用方法。

二是领导作用。该部分是对《信息化和工业化融合管理体系 要求》"5 领导作用"的补充说明。进一步强调了组织最高管理者对两化融合管理体系有效运行的决定性作用；阐释了组织建立、实施、保持和改进两化融合管理体系的最高管理者责任、管理者代表职责、各级领导的职责与协同沟通机制；解释了两化融合方针的重要意义与制定两化融合方针的一般要求。

　　三是策划。该部分是对《信息化和工业化融合管理体系　要求》"6 策划"的补充说明。明确提出了组织应对新型能力及其关键指标的识别与确定、新型能力关键指标目标值的确定和调整、两化融合实施方案的策划做出制度性安排；阐释了组织基于组织战略和可持续竞争优势需求，识别和确定新型能力及其关键指标、关键指标目标值的相关要求；解释了组织围绕新型能力打造，考虑内外部环境、业务需求、支持条件和资源，基于数据、技术、业务流程、组织结构现状，结合组织的发展阶段和发展方向，利用适当的工具和方法进行分析，识别并确定实现新型能力目标的各项需求，制定两化融合实施方案的通用方法。

　　四是支持。该部分是对《信息化和工业化融合管理体系　要求》"7 支持"的补充说明。进一步明确了两化融合的资金投入、人才保障、设备设施、信息资源、信息安全等支持条件和资源的相关要求，强调了支持条件和资源的共建共享。

　　五是实施与运行。该部分是对《信息化和工业化融合管理体系　要求》"8 实施与运行"的补充说明。进一步阐释了组织依据两化融合实施方案，充分运用过程方法和系统方法，以业务流程为导向，进行业务流程与组织结构优化、技术实现、数据开发利用、匹配与规范、运行控制等过程的相关要求；强调了业务流程与组织结构优化应优先于技术实现，加强四要素的适应性匹配和良性互动等实施过程的关键点；进一步明确了对新型能力相关活动运行持续控制的一般要求。

　　六是评测。该部分是对《信息化和工业化融合管理体系　要求》"9 评测"的补充说明。进一步阐释了两化融合及其管理体系的评估与诊断、监视与测量、内部审核、考核、管理评审等活动的实施方法；强调组织应对上述活动形成制度化安排，对两化融合管理体系的持续符合性、适宜性、充分性、有效性进行全面评价和分析，寻找改进机会。

　　七是改进。该部分是对《信息化和工业化融合管理体系　要求》"10 改进"

的补充说明。阐释了组织针对评估与诊断、监视与测量、审核、考核、管理评审等机制发现的实际或潜在的不符合，采取纠正措施或预防措施的具体要求；说明了从管理体系的规定和执行两方面实施持续改进的方法。

（五）《信息化和工业化融合管理体系 新型能力分级要求》

《信息化和工业化融合管理体系 新型能力分级要求》（**GB/T 23006—2021**）是支撑两化融合管理体系的配套标准之一，主要聚焦新型能力的分级要求。该标准对《信息化和工业化融合管理体系 要求》（GB/T 23001—2017）中提出的新型能力建设要求进行细化和补充，给出新型能力的分级要求，为组织分级开展新型能力建设，实现新型能力不断跃升提供方法和路径。标准主要包括以下具体内容：

一是提出新型能力分级的总体要求。 引导组织（企业）从过程维、要素维、管理维三个维度系统开展新型能力建设、运行和优化，建立包含策划、支持、实施与运行、评测与改进的"PDCA"过程管控机制，涵盖数据、技术、流程、组织四要素的系统性解决方案，以及涵盖数字化治理、组织机制、管理方式、组织文化等的治理体系，并且以过程管控机制为牵引，推动过程管控机制、系统性解决方案、治理体系三者之间的协调联动与互动创新，持续打造新型能力，赋能业务创新转型，稳定获取价值效益。在此基础上，进一步将新型能力的等级由低到高分为 CL1（规范级）、CL2（场景级）、CL3（流程级）、CL4（平台级）和 CL5（生态级）五个等级，并且给出不同等级新型能力建设的总体要求。

二是从过程维、要素维、管理维三个维度细化各等级新型能力的建设要求。 在新型能力分级总体要求的基础上，从过程维、要素维、管理维三个维度，进一步给出 CL2~CL5 级能力建设、运行和优化所需的过程管控机制、系统性解决方案、治理体系等的要求。其中：过程维建设要求明确过程管控机制的总体要求，以及策划、支持、实施与运行、评测、改进等过程的具体要求；要素维建设要求明确系统性解决方案的总体要求，以及数据、技术、流程、组织等要素的具体要求；管理维建设要求明确治理体系的总体要求，以及数字化治理、组织机制、管理方式、组织文化等方面的具体要求。

（六）《信息化和工业化融合管理体系 评定指南》

《信息化和工业化融合管理体系 评定指南》（GB/T 23003—2018）是支撑两化融合管理体系的配套标准之一，主要聚焦第三方评定服务。该标准提供了两化融合管理体系评定原则，规定了两化融合管理体系的评定组织和评定过程，明确了按过程方法实施评估审核的要求，符合相关方评价企业两化融合管理体系的有效性。标准主要包括以下具体内容：

一是提出了两化融合管理体系评定活动遵循的评定原则。主要涵盖价值创造、客观公正、公开透明、合规自律，体现出评定活动创新评定服务内容和形式，不断为组织创造新的价值，以事实为依据，科学合理获取客观证据，按需对社会公开非保密信息，形成广泛参与的社会化监督机制，合规开展评定工作，不在评定活动中谋取不正当利益。

二是明确了两化融合管理体系评定组织体系。两化融合管理体系评定组织体系包括两化融合管理体系评定工作委员会、两化融合管理体系评定专家委员会，支撑评定活动全流程在线管理的两化融合管理体系评定管理平台，以及由评定工作委员会委托的评定机构及评定人员。

三是明确了两化融合管理体系评定程序。标准规定了两化融合管理体系初次评定、监督审核、再评定、评定证书及评定过程监督与管理等方面的程序和要求。

四是提出了评定机构宜按过程方法实施两化融合管理体系评估审核。标准提出了文件化管理体系的运行过程、最高管理者在体系中的履职过程、管理者代表在体系中的履职过程、新型能力的识别及策划过程、新型能力的建设及运行过程、两化融合及其管理体系绩效的评测与改进过程、全员参与培育过程、设备设施及信息资源保障过程、资金保障过程九个过程及涉及的GB/T 23001—2017 相关条款，引导评定机构按过程方法实施两化融合管理体系评估审核。

五是提出了国家标准 GB/T 23001—2017 条款的评估审核要点及方法。标准提出了国家标准《信息化和工业化融合管理体系 要求》（GB/T 23001—

2017）中"4 可持续竞争优势""5 领导作用""6 策划""7 支持""8 实施与运行""9 评测""10 改进"等条款内外部评估审核的要点及方法，以供开展两化融合管理体系建设的组织，以及开展相关咨询、培训及评定服务的人员和机构参考。

（七）《信息化和工业化融合管理体系 评定分级指南》

《信息化和工业化融合管理体系 评定分级指南》（GB/T 23007—2021）是支撑两化融合管理体系的配套标准之一，给出了新型能力的识别、新型能力的分解与组合、能力单元的建设及新型能力的分级建设等方法，旨在帮助组织以新型能力建设为主线，系统推进数字化转型活动，稳定获取数字化转型成效。标准主要包括以下具体内容：

一是给出分级评定的总体要求。按照 GB/T 23001—2017 和 GB/T 23006—2021 要求，分级评定应评判组织与不同等级能力对应等级的两化融合管理体系的符合性和有效性。按照先进性和成熟度划分的新型能力等级，两化融合管理体系分级评定结果分为五个等级：A 级（规范级）、AA 级（场景级）、AAA 级（流程级）、AAAA 级（平台级）、AAAAA（生态级）。每个等级分为三个水平层次：相应等级-、相应等级、相应等级+。

二是给出评定机构与评定人员分级条件。评定机构的分级条件包括但不限于评定人员的构成及其专业服务能力等级，评定企业数量、评定质量、专业能力、管理水平、价值成效、信用、社会责任、成果分享等。各等级评定人员基本条件包括但不限于工作经验要求、培训和技能测试要求、评估审核经验要求、继续教育要求、信用等级要求等。

三是给出按过程方法实施分级评估审核的方法。标准给出了在文件化管理体系的运行过程、最高管理者在体系中的履职过程、管理者代表在体系中的履职过程、新型能力的识别及策划过程、新型能力的建设及运行过程、两化融合及其管理体系绩效的评测与改进过程、全员参与培育过程、设备设施及信息资源保障过程和资金保障过程中按过程方法、分等级开展评估审核的方法。

四是给出分级评定结果的使用和采信指南。分级评定有效反映了组织新型能力的先进性和成熟度，可用于评判组织的可持续发展能力，为相关活动提供采信依据，包括政府精准施策、行业精准引导、市场精准服务等。

（八）《信息化和工业化融合管理体系 咨询服务指南》

《信息化和工业化融合管理体系 咨询服务指南》（GB/T 23005—2020）是支撑两化融合管理体系的配套标准之一，提供了信息化和工业化融合管理体系咨询服务的通用指南和实施建议，给出咨询服务的方针、目标，咨询服务机构的能力和要求，咨询服务过程指南，以及咨询服务社会化监督机制。适用于与两化融合管理体系咨询服务活动有关的组织，用于规范咨询服务的实施与管理、提升咨询服务质量与水平，可为咨询服务机构、咨询服务人员、实施两化融合管理体系的组织及其他有关机构提供参考。标准主要包括以下具体内容：

一是提出了两化融合管理体系咨询服务应贯彻的方针。方针包括价值方针、实施方针和自律方针。助力组织构建以数据为驱动的新型能力体系，形成新型能力体系建设运行和持续改进的机制，不断优化组织的要素循环、管理循环、战略循环，稳定获取创新成效，增强可持续竞争优势。

二是提出了两化融合管理体系咨询服务应实现的目标。咨询服务双方应根据组织的发展阶段、现状与需求，结合咨询服务机构的水平能力，以综合集成为突破口、流程化为切入点、服务化为方向，选择实现相应的咨询服务目标。

三是明确了对两化融合管理体系咨询服务机构的要求。咨询服务机构应配备有专业背景或项目经验的咨询服务团队，建立起持续优化的人才培养机制，并且不断创新咨询服务人员绩效考核与激励机制。持续创新两化融合咨询服务项目管理方法和机制，对所承担的项目全过程进行计划、组织、协调和控制。建立知识开发和方法创新机制，总结两化融合咨询服务实践经验，提炼融合发展规律，形成支撑转型升级和创新发展的方法论。

四是提出了两化融合管理体系咨询服务过程指南。标准提出了项目启动，现状调研及评估诊断，两化融合组织架构与两化融合方针的确立，文件化体系的策划、建立、实施与改进，新型能力的策划、建设和持续改进五个两化融合管理体系咨询服务过程，引导咨询服务机构按过程方法提供咨询服务。

五是明确了两化融合管理体系咨询服务社会化监督机制。标准明确了由相关社会团体引导、支持咨询服务机构自愿公开咨询服务信息，接受社会监督。适宜时，由相关社会团体组织开展对咨询服务机构的第三方评价。

（九）《信息化和工业化融合管理体系 评估规范》

围绕两化融合水平评价，《工业企业信息化和工业化融合评估规范》（GB/T 23020—2013）是支撑两化融合管理体系的配套标准之一，为组织评判其两化融合发展现状、重点、方向和成效提供系统的分析方法，规定了两化融合评估的基本原则与框架和评估内容，给出了评估内容的具体要求，并且提供了评估内容细化指南及评估指标体系构建和评估分析方法，适用于为工业企业、行业组织、各级工业和信息化主管部门等开展工业企业两化融合评估工作提供指导和参考依据。

一是提出企业两化融合评估框架的六个方面。企业两化融合评估框架涵盖水平与能力评估、效能与效益评估两个部分的六个主要评估方面，其中水平与能力评估包括基础建设、单项应用、综合集成、协同与创新四个主要评估方面；效能与效益评估包括竞争力、经济和社会效益两个主要评估方面。

二是明确企业两化融合评估遵循的三条主线。企业两化融合评估围绕单项应用、综合集成、协同与创新三个一级指标的三条主线展开，评估内容主要聚焦产品、企业管理、价值链三个维度。单项应用主要评估内容包括产品设计、工艺设计、生产管理、生产制造、采购管理、销售管理、财务管理、质量和计量、能源与环保、安全管理、项目管理、设备管理、人力资源管理、办公管理等。综合集成主要评估内容包括产品设计与制造集成、管理与控制集成、产供销集成、财务与业务集成、决策支持等。协同与创新主要评估内容包括产品协同创新和绿色发展、企业集团管控、产业链协同等。

三是划分了企业两化融合发展的四个阶段。企业两化融合发展可分为四个阶段：起步建设阶段、单项覆盖阶段、集成提升阶段和创新突破阶段，可共同表征企业两化融合不断跃升的阶段特征和内涵。

第二节　两化融合管理体系的工作推进历程

自 2013 年以来，在政产学研用各界的共同努力下，深入总结信息时代发展客观规律、广泛吸纳产业转型升级实践经验，逐步摸索出一套行之有效的系统推进制造业数字化转型的政策、理论和方法体系。总体上，两化融合管理体系的工作推进历程依次经历了方法普及、实践深化及创新突破三个阶段。

一、方法普及阶段（2013—2017 年）

方法普及阶段逐步健全完善两化融合管理体系的组织体系，以试点牵引构建两化融合管理体系推进工作机制，初步形成两化融合管理体系的市场化服务机制。

逐步健全完善两化融合管理体系的组织体系。形成了横向全覆盖、纵向全联通、社会各方一体推进的两化融合管理体系的组织体系。2013 年 11 月，工业和信息化部牵头组建了两化融合管理体系工作领导小组、专家指导委员会和联合工作组，涵盖工信部、国标委、国资委等国家部委，国家工信安全中心、电子五所、信通院等研究机构，中企联、电子信息行业联合会等行业协会，中国电科、中石化、国家电网、中国中车等中央企业，为融合发展顶层布局和整体推进奠定了夯实的组织基础。同时，强化部省合作、省市联动，建立国家、省、市、县纵向全贯通、上下一盘棋的工作组织体系，实现融合发展的战略规划、政策举措、标准规范一贯到底、层层落地。

以试点牵引构建两化融合管理体系推进工作机制。自 2014 年以来，构建形成贯标试点工作机制，在政策设计、标准引领、重大工程等方面系统布局、持续发力，不断推进贯标工作在企业试点应用。工业和信息化部组织开展两化融合管理体系贯标试点遴选工作，地方工信主管部门、央企集团和行业协会进行试点企业推荐，企业自主申报，第三方机构提供专业服务，经过领域权威专家评审和公开征求意见，遴选确定国家级两化融合管理体系贯标试点企业。以试点牵引构建政府积极引导、企业自主推进、多方广泛参与、各界一致认同的贯标工作生态，加快贯标工作在典型行业、重点区域、特定场景中规模化开展。

初步形成两化融合管理体系的市场化服务机制。广泛聚集社会各界服务力量，整合产学研用各界力量协同推进两化融合标准化工作。以企业创造价值为导向，不断提升贯标咨询服务机构的服务能力和水平，强化评定服务机构的合规性和一致性。组织搭建集多个系统于一体的贯标公共服务平台，为企业创新实践数字转型提供方法指引和线上线下协同的系统性服务方案，确保企业数字化转型成效。构建完善市场化采信机制，推动贯标达标结果成为供应商遴选与评价、销售授信、招标投标、中央企业信息化考核、资质认证等重点工作的重要依据。

二、实践深化阶段（2017—2019 年）

实践深化阶段不断完善两化融合管理体系的政策体系，成功组建两化融合管理标准化技术委员会（SAC/TC573），贯标示范带动企业新型能力建设走深向实。

不断探索完善两化融合管理体系的政策体系。从国家和部委层面推动出台了《关于深入推进信息化和工业化融合管理体系的指导意见》《关于深化制造业与互联网融合发展的指导意见》《关于深化"互联网+先进制造业"发展工业互联网的指导意见》《关于深化新一代信息技术与制造业融合发展的决策部署》等政策文件，带动地方政府和央企集团出台两化融合管理体系政策举措 400 余项，实现两化融合管理体系贯标从单点突破到全面推进，推动两化融合管理体系标准进一步普及和推广，融合发展的政策体系日益完善，"组合拳"效应持续显现。

组建全国两化融合管理标准化技术委员会（SAC/TC573）。2018 年 6 月，组建成立全国信息化和工业化融合管理标准化技术委员会（SAC/TC573），整合产学研用各界力量协同推进两化融合标准化工作。支持成立数字化转型领域的产业联盟，建立多方受益的合作模式，撬动市场化力量协同推进融合发展。累计完成 12 项两化融合管理体系国家标准立项，推动 9 项国家标准发布实施，推动 2 项两化融合国际标准在 ITU 发布实施，引导全国 37000 余家企业主动开展贯标，带动 20 万余家企业参与两化融合自评估、自诊断、自对标。

以示范持续深化企业新型能力体系建设。 自 2017 年以来，围绕面向产品全生命周期创新与服务的新型能力建设、面向供应链管控与服务的新型能力建设、面向现代化生产制造与运营管理的新型能力建设、面向数字孪生的数据管理能力建设等方向，持续深化融合发展新型能力建设，分行业遴选一批两化融合管理体系贯标示范企业，总结制造业与互联网融合发展的行业的共性解决方案，在战略转型、管理优化、技术融合、数据应用和核心竞争力提升等方面成效日益彰显，逐渐构建融合发展的新型能力体系，形成可复制、可推广的新业态和新模式，企业贯标的积极性、自觉性、实效性不断增强，为制造业高质量发展注入新动能。

三、创新突破阶段（2019 年至今）

创新突破阶段，致力于打造两化融合管理体系贯标升级版，与全球共享两化融合管理体系"中国方案"。

贯标升级版带动企业新型能力建设走深向实。 由于不同企业在融合发展能力打造过程中存在成熟度不同的差异，分级分类开展以新型能力建设为主线的分级贯标和分级评定，聚焦制造业数字化转型，打造两化融合管理体系贯标升级版，推动新型能力建设逐步走深向实。构建完善基于两化融合管理体系的数字化转型实施方法论和方法机制，支持企业锚定数字化转型有效开展创新活动，不断提升贯标达标的能力水平。探索跨界合作的贯标市场化服务生态，引导贯标工作从政府引导向市场主导过渡，推动两化融合管理体系向更广范围、更深层次、更高水平跃升。

与全球共享两化融合管理体系"中国方案"。 2019 年，国际电信联盟（ITU）

正式发布依据《信息化和工业化融合管理体系 要求》和《信息化和工业化融合管理体系 评估规范》制定的"Methodology for building sustainable capabilities during enterprises', digital transformation"(《企业数字化转型过程中可持续竞争能力建设方法论》)和"Assessment framework for digital transformation of sectors in smart cities"(《产业数字化转型评估框架》)两项两化融合评估国际标准。两化融合管理体系国际标准的发布,标志着长期以来我国在两化融合领域的理论研究、实践探索和模式创新的成果得到国际同行的认可,对共享我国两化融合实践成果和产业转型升级方案,持续拓展两化融合管理体系应用的广度和深度,加速推动制造业数字化转型进程,增强我国在两化融合领域的国际影响力和话语权具有重要意义。

第三节　两化融合管理体系的重要价值

一、两化融合管理体系日益成为政府推动制造业高质量发展的重要抓手

制造业是国民经济的主战场,政府作为行业管理的重要部门,正确处理与市场之间的关系,探索一套与市场经济相适应的行业管理新模式,是立足新发展阶段、贯彻新发展理念、构建新发展格局的基础保障,也是应用新一代信息技术高效推动制造业高质量发展的重要方式。企业两化融合管理体系为政府推进数字化转型工作提供了可逐步实现市场化的战略性新思路、新抓手,符合当前政府职能转变的大方向。当前,两化融合管理体系在国家和地方各项政策规划、试点示范、专项支持等工作中应用推广的力度和重视程度不断加强。各级政府全面推动企业两化融合管理体系贯标和评定工作,通过政策引导和市场拉动充分调动企业积极性和原动力,不断培育第三方专业服务力量为企业提供个性化成套服务,支持先进管理经验在大范围内快速普及推广,实现数字化转型、两化融合、工业互联网、智能制造等各项工作在企业层面的实际落地,推动制造业转型升级和高质量发展取得全局性成效。

二、两化融合管理体系日益成为探索行业转型升级新型模式的领航器

两化融合管理体系是新时期我国制造业管理理论的积极探索与创新，适用于所有行业组织和央企集团，通过其广泛应用普及，可以引导众多企业将信息时代制造业发展的新理论、新任务、新方法、新举措融入两化融合工作之中，充分发挥集团型企业优势，加快整合产业资源、构筑协同发展的产业生态。**一是**两化融合管理体系着眼于行业共性需求和特色，研制行业标准、规范、解决方案等，创新行业服务方法，为行业战略转型、技术变革、生产改进、模式创新提供通用方法和路径，加速行业数字化、网络化、智能化发展步伐。**二是**贯标工作整合行业产学研各类优势资源，为企业的转型升级提供专业指导与优质服务，构建起数据驱动、开放共享、动态优化的行业价值生态，实现市场化转型发展。

三、两化融合管理体系成为企业培育新型能力的基本方法和有效途径

经济发展新旧动能的转换，落实到企业层面就是企业新旧能力的更替，培育不同技术条件和市场环境下的企业新型竞争能力，是推进两化融合管理体系相关工作的出发点和落脚点。建立两化融合管理体系标准是引导企业能力提升、加快产业创新发展的一种国际通行且行之有效的手段方法，通过系统建立、实施、保持和改进两化融合管理机制，可以有效解决信息化时代企业转型升级"怎么干""怎么干好"的问题。当前，越来越多的企业主动通过贯标构建起现代化运营管理机制，以数据为驱动、能力为主线、竞争优势获取为焦点，创新开展数字化转型实践，实现了企业核心能力的显著提升和综合效益的稳定增长。**在核心能力提升方面**，贯标达标企业新产品研发周期平均下降了 17.4%、生产计划完成率平均提升了 5.3%、产品一次合格率平均提升了 2.5%、用户满意度平均提升了 3.3%。**在总体效益增长方面**，企业运营成本平均下降了 10.0%、经营利润平均增加了 11.2%。

第三章

以两化融合管理体系推进制造业数字化转型的典型做法与主要成效

当前，两化融合管理体系已形成了政府积极引导、企业自主参与、多方广泛参与、各界一致认同的工作生态，成为各类主体协同推进制造业数字化转型的共同行动。本章梳理总结了地方政府、央企集团和相关服务机构推动两化融合管理体系贯标的工作思路、方法举措与进展成效，为各主体找准贯标工作重点难点，有序深化推进贯标提供参考借鉴。

第一节 各级政府

地方政府是区域经济发展的主导力量，是政策落地实施的"最后一公里"，国家层面政策文件的宣贯落实，需要各地方的高度重视和积极参与。地方政府积极承接国家战略部署，结合地方产业特色和发展需求，明确本地区贯标工作机制与工作举措，通过发布各类支持政策、优化组织结构、推动示范引领、加强宣贯培训等措施，推动两化融合管理体系成为政府创新工作方式、贴近服务企业的共同行动。

一、工作举措

（一）构建统筹联动的贯标工作推进体系

近年来，部分省级经信部门积极优化和完善贯标工作推进体系，组织辖区内各级经信部门，联合行业协会、联盟及服务机构等单位，构建省区市（县）多级覆盖、社会力量广泛参与的贯标工作格局，逐渐推动形成协同联动、统筹推进的工作推进体系。

一是横向联动，形成多部门协同的工作格局。部分省市政府由工业和信息化部牵头，积极筹备组建省内或跨省跨市的同级部门联动体系，通过成立省市内两化融合管理体系工作推进小组，进一步凝聚两化融合管理体系贯标共识，共建融合发展工作新格局。**二是纵向深耕，构建多级部门统筹的组织架构。**部分地方政府部门通过省级工信主管部门牵头，联合下属各地方工信部门，强化组织协调，加强纵向联动，形成各司其职、各负其责、齐抓共管、运转高效的两化融合管理体系贯标工作纵向新架构，保障各项政策层层落实。**三是多方合力，培育社会组织广泛参与的贯标服务生态。**地方政府以贯标为抓手，积极引导并鼓励高校院所、行业协会、产业联盟、服务机构等相关组织推动形成两化融合管理体系市场化运行机制，构建围绕企业数字化转型的服务新生态。

地方政府工作举措专栏一

　　江苏省连云港市人民政府为全面提升企业信息化应用水平，加快推进工业化和信息化融合步伐，促进产业结构优化升级和经济发展方式转变，组建成立连云港市两化融合工作领导小组，由副市长级别领导担任组长，各区、县分管领导任组员，领导小组下设办公室，办公室设在市经济和信息化委员会，负责全市两化融合工作的组织领导，组织制定推进全市两化融合的政策意见、重点工作和推进计划，定期和不定期召开两化融合工作会议，研究解决两化融合工作中出现的重大问题。

（二）组织开展两化融合管理体系贯标试点示范

　　近年来，部分省市地方政府通过多项举措，广泛组织开展省市级贯标试点示范工作，逐步强化对贯标试点企业的政策支撑力度，积极推动和引导辖区内各级贯标试点企业启动贯标，按照贯标实施的主要步骤和阶段有序开展工作，逐步实现了重点区域和优势产业的贯标试点推广覆盖，同时以示范提炼推广企业贯标最佳实践与经验，贯标试点示范效应进一步凸显。

　　一是推动试点企业评选成为地方政府常态化工作。部分地方政府以两化融合管理体系贯标试点示范为抓手，结合本地区的情况，制定贯标工作方案，常态化评选省市级两化融合管理体系贯标试点示范企业，推进两化融合管理体系在重点区域和行业上逐步实现全覆盖。**二是出台试点示范企业专项支持政策。**针对试点企业制定差别化财政、税收、投融资政策，为贯标试点示范企业解决部分贯标实施资金，如安徽、江苏、福建等省对国家级、省级两化融合管理体系贯标试点示范企业发放补助金 10 万元至 100 万元不等。三是**充分发挥试点示范价值**。部分省市在全省评选两化融合示范企业和示范园区，打造企业信息化建设样板，以评促建，吸引相关企业、社会组织等参观，加强宣传交流，推广行业信息化解决方案，引导辖区内试点示范企业加快转型升级和创新发展。

地方政府工作举措专栏二

自 2017 年起，山东省工业和信息化厅共开展了五批省级两化融合管理体系贯标试点企业遴选工作，以两化融合管理体系贯标试点为抓手，结合本地区的情况，制定贯标工作方案。先后确定了青岛海尔（胶州）空调器有限公司等 658 家省级两化融合管理体系贯标试点企业，通过 CIO 联盟会议、两化融合助企行等加强试点企业宣贯培训，打造企业数字化转型样板，有效发挥贯标试点示范效应。

（三）加强贯标咨询服务市场培育与监督管理

近年来，我国两化融合管理体系贯标咨询服务市场规模不断扩大，主体更加多元，市场行为更加复杂，为保障贯标咨询服务市场健康发育、平稳运行，部分地方主管部门进一步培育市场主体，创新机制引导良性市场行为，规范监督管理制度。

一是培育和丰富市场主体。一方面，部分地方政府充分利用科研院所、高校及社会组织等各类资源，支持培育市场化运作的两化融合推进中心、创新中心、研究院等咨询服务主体。另一方面，部分地方政府积极引导传统行业骨干企业剥离信息技术服务机构，面向社会提供专业咨询服务与解决方案，创新两化融合市场化服务机制。**二是强化市场监督管理**。部分地方政府引导服务机构按照"自愿、诚信、公开"的原则开展贯标咨询服务，依托线上线下平台对贯标咨询服务进行全流程监督管理，促进贯标服务市场良性、有序发展。

地方政府工作举措专栏三

近年来，福建省多次组织召开两化融合工作会议，明确指出各级政府需加强贯标咨询服务市场培育和监督工作，做好政策引导；同时要求各贯标咨询服务机构明确主体意识，继续发挥中介咨询作用，不断提升自身素质和业务能力，以本质贯标为导向，帮助企业开展两化融合管理体系贯标，推动两化深度融合。

（四）广泛组织两化融合管理体系贯标宣贯培训

随着两化融合管理体系贯标的市场需求持续增长，部分省市愈加重视贯标企业的示范和引领作用，广泛组织开展分层次、分类别、多渠道的两化融合管理体系宣贯交流，分享经验成果，提升了社会各界对两化融合管理体系贯标的认知度，对各区域、各行业的企业贯标起到了有效的示范带头作用。

一是创新宣贯方法和模式。部分省市通过线上和线下相结合的途径，面向各级主管部门、行业组织、贯标企业、服务机构、科研院所等不同主体，创新组织开展两化融合管理体系贯标培训会、交流会、研讨会、深度行等活动，加强典型经验的提炼和宣传；同时搭建企业两化融合经验交流和服务平台，发布示范企业的成功经验和成果，扩大两化融合管理体系贯标宣传力度。二是组织专业化培训。部分地方政府加强对标引导和培训，通过邀请两化融合管理体系领域专家对政策标准、技术创新、综合防护、生态构建等方面进行系统讲解培训，丰富相关主体的两化融合管理体系专业化知识和技能，提升企业贯标质量与水平。

地方政府工作举措专栏四

"十三五"以来，贵州省持续开展贯标培训指导。邀请国家工业信息安全发展研究中心、赛宝认证中心、国家信通院专家到贵州省开展两化融合管理体系、工业互联网、智能制造等系列专题讲座和培训。通过系列培训，提升工业企业的两化融合认识水平，对贵州省系统推进两化融合，加快工业互联网发展起到了积极有效的指导作用。

二、政策支持

近年来，各地方政府为推动辖区内企业开展两化融合管理体系贯标工作，针对不同方向、不同领域、不同行业发布多项支撑政策，构建起鼓励引导、资金支持及达标采信等多层次的两化融合管理体系贯标政策体系，深入推动两化融合管理体系贯标工作迈向新台阶。据不完全统计，2013 年发布两化融合管理体系相关支持政策的省（自治区、直辖市）仅为 5 个，2021 年扩展至31 个省（自治区、直辖市）和新疆生产建设兵团，累计发布 255 项支持政策，其中鼓励引导类政策 135 项、资金支持类政策 83 项、达标采信类政策 37 项，为各地推动辖区内企业开展两化融合管理体系贯标创造了良好的政策环境。

（一）鼓励引导政策

鼓励引导政策是地方政府推动两化融合管理体系贯标的通用性政策，具有影响范围广，持续时间长的特征。自 2013 年我国两化融合管理体系贯标工作开展以来，为加快推动产业数字化进程，全国 31 个省（自治区、直辖市）和新疆生产建设兵团累计发布 135 项鼓励引导政策：一是针对贯标企业进行鼓励引导，从两化融合评估诊断、上云行动计划、标准研制与落地等多个领域进行引导支持，有效提升了企业对两化融合管理体系贯标工作的关注度和参与度；二是针对贯标服务机构进行引导，涵盖贯标咨询服务、组织培育、标准研制服务等领域，切实推动贯标服务机构相关工作规范有序开展。通过多层次的鼓励引导政策，地方政府有效引导企业两化融合管理体系落地实施，加速了企业数字化转型的进程。部分政策情况如表 3-1 所示。

表 3-1　地方政府两化融合管理体系鼓励引导情况一览表（部分政策）

省（自治区、直辖市）	发布时间	政策文件	发布部门
北京市	2019 年	《关于公布北京市 2019 年市级两化融合管理体系贯标试点企业名单的通知》	北京市经济和信息化局
北京市	2018 年	《关于继续做好两化融合管理体系贯标试点企业推荐工作的通知》	北京市经济和信息化局

续表

省（自治区、直辖市）	发布时间	政策文件	发布部门
北京市	2018 年	关于领取《北京软件企业服务指南》的通知	北京市经济和信息化局
北京市	2017 年	关于印发《北京市推进两化深度融合推动制造业与互联网融合发展行动计划》的通知	北京制造业创新发展领导小组
天津市	2016 年 12 月	《天津市人民政府办公厅关于转发市工业和信息化委拟定的天津市加快推进制造业与互联网融合发展实施方案的通知》（津政办发〔2016〕118 号）	天津市人民政府办公厅
天津市	2015 年 6 月	《天津市人民政府办公厅关于转发市工业和信息化委拟定的天津市推进智慧城市建设行动计划（2015—2017 年）的通知》（津政办发〔2015〕46 号）	天津市人民政府办公厅
天津市	2015 年 4 月	《市发展改革委关于印发 2015 年天津市服务业发展工作要点的通知》（津发改服务〔2015〕286 号）	天津市发展和改革委员会
河北省	2020 年 10 月	《关于印发河北省化工园区认定办法（试行）的通知》	河北省人民政府
河北省	2016 年 11 月	《河北省工业和信息化厅关于印发<河北省万家中小工业企业转型升级行动实施方案（2016—2020 年）>的通知》（冀工信企业〔2016〕428 号）	河北省工业和信息化厅
河北省	2016 年 8 月	《河北省人民政府关于加快制造业与互联网融合发展的实施意见》（冀政发〔2016〕39 号）	河北省人民政府
河北省	2016 年 7 月	《河北省人民政府关于支持企业技术创新的指导意见》（冀政字〔2016〕29 号）	河北省人民政府
河北省	2016 年 6 月	《关于印发<河北省信息化与工业化深度融合发展"十三五"规划>的通知》（冀制强省〔2016〕1 号）	河北省制造强省建设领导小组
河北省	2015 年 4 月	《河北省人民政府办公厅关于<印发河北省工业领域推进创新驱动发展实施方案（2015—2017 年）>的通知》（冀政办字〔2015〕50 号）	河北省政府办公厅

省（自治区、直辖市）	发布时间	政策文件	发布部门
河北省石家庄市	2016 年 11 月	《石家庄市人民政府关于加快制造业与互联网融合发展的实施意见》（石政发〔2016〕54 号）	石家庄市人民政府
内蒙古	2015 年 6 月	《内蒙古自治区人民政府关于加快推进"互联网+"工作的指导意见》（内政发〔2015〕61 号）	内蒙古自治区政府
山西省	2020 年	《山西省数字产业 2020 年行动计划》	山西省工业和信息化厅
山西省	2016 年 10 月	《山西省人民政府关于印发山西省"十三五"工业和信息化发展规划的通知》（晋政发〔2016〕56 号）	山西省人民政府
内蒙古鄂尔多斯市	2016 年 8 月	《鄂尔多斯市加快推进"互联网+"行动实施方案》（鄂府办发〔2016〕84 号）	鄂尔多斯市人民政府办公厅
辽宁省	2016 年 11 月	《辽宁省人民政府关于印发辽宁省深化制造业与互联网融合发展实施方案的通知》（辽政发〔2016〕72 号）	辽宁省人民政府
辽宁省	2016 年 11 月	《辽宁省人民政府办公厅关于印发辽宁省民营工业培育行动实施方案（2016—2018 年）的通知》（辽政办发〔2016〕120 号）	辽宁省人民政府办公厅
辽宁省	2016 年 8 月	《辽宁省人民政府关于推进工业供给侧结构性改革的实施意见》（辽政发〔2016〕55 号）	辽宁省人民政府
吉林省	2016 年 7 月	《关于做好 2016 年信息化和工业化融合管理体系贯标工作的通知》	吉林省工业和信息化厅
吉林省	2016 年 4 月	《关于吉林省推进供给侧结构性改革落实"三去一降一补"任务的指导意见》（吉政发〔2016〕11 号）	吉林省人民政府
吉林省	2013 年 11 月	《吉林省工业和信息化厅关于印发<吉林省推进信息化和工业化深度融合专项行动计划（2013—2015 年）>的通知》（吉工信信息化〔2013〕459 号）	吉林省工业和信息化厅
上海市	2017 年 1 月	《上海市人民政府印发关于本市加快制造业与互联网融合创新发展实施意见的通知》（沪府发〔2017〕3 号）	上海市人民政府
上海市	2016 年 9 月	《上海市人民政府关于印发〈上海市推进智慧城市建设"十三五"规划〉的通知》（沪府发〔2016〕80 号）	上海市人民政府

省（自治区、直辖市）	发布时间	政策文件	发布部门
江苏省	2020 年 4 月	《关于加快推进两化融合管理体系贯标工作的通知》	江苏省工业和信息化厅
江苏省	2016 年 2 月	《省政府关于印发<江苏省企业互联网化提升计划>的通知》（苏政发〔2016〕10 号）	江苏省人民政府
江苏省苏州市	2021 年 3 月	《关于印发苏州市加快推进工业互联网创新发展三年行动计划（2021—2023年）的通知》	苏州市工业和信息化局
江苏省常州市	2016 年 7 月	《关于推进 2016 年度两化融合管理体系贯标和评估诊断工作的通知》（常经信推〔2016〕206 号）	常州市工业和信息化局
浙江省	2016 年 8 月	《浙江省信息化发展"十三五"规划（"数字浙江 2.0"发展规划）》（浙发改规划〔2016〕515 号）	浙江省发展和改革委员会
浙江省杭州市萧山区	2021 年 6 月	关于印发《关于加快开发区高质量发展的若干政策意见》的通知	杭州市萧山区人民政府
浙江省义乌市	2021 年 6 月	《关于鼓励工业企业实现倍增推动制造业高质量发展的若干意见》	义乌市人民政府
浙江省金华市	2020 年 10 月	《关于印发金东区促进制造业重点细分行业发展政策意见（试行）的通知》	金华市金东区人民政府办公室
浙江省平湖市	2021 年 3 月	关于公开征求《平湖市促进数字经济高质量发展的若干政策意见（征求意见稿）》意见的公告	平湖市人民政府
安徽省	2017 年 6 月	《安徽省"十三五"信息化发展规划》	安徽省人民政府办公厅
安徽省	2013 年 11 月	《关于印发安徽省信息化和工业化深度融合专项行动计划实施方案（2013—2017 年）的通知》（皖经信推函〔2013〕257 号）	安徽省经济和信息化厅
安徽省安庆市	2021 年 5 月	关于印发《潜山市 2021 年推进工业经济高质量发展若干政策》的通知	潜山市人民政府
福建省	2016 年 12 月	《福建省人民政府关于深化制造业与互联网融合发展的实施意见》（闽政〔2016〕68 号）	福建省人民政府

省（自治区、直辖市）	发布时间	政策文件	发布部门
福建省	2016 年 12 月	《福建省人民政府办公厅关于开展消费品工业"三品"专项行动营造良好市场环境的实施意见》（闽政办〔2016〕196 号）	福建省人民政府办公厅
福建省	2016 年 5 月	《2016 年产业补短板工作方案》（闽经信研究〔2016〕245 号）	福建省工业和信息化厅
福建省	2015 年 8 月	《福建省经济和信息化委员会关于做好 2015 年两化融合管理体系贯标工作的通知》（闽经信研究〔2015〕476 号）	福建省工业和信息化厅
福建省	2015 年 5 月	《福建省原材料工业两化深度融合推进计划（2015—2018 年）》（闽经信原料〔2015〕240 号）	福建省工业和信息化厅
福建省邵武市	2020 年 5 月	《金融支持邵武市两化融合、专精特新和高新技术企业发展实施意见》	邵武市人民政府
江西省瑞金市	2021 年 5 月	关于印发《瑞金市国民经济和社会发展第十四个五年规划和二〇三五年远景目标纲要》的通知	瑞金市人民政府
江西省	2016 年 6 月	《江西省强攻工业制造升级三年行动计划（2016—2018 年）》（赣府厅字（2016）85 号）	江西省人民政府办公厅
江西省	2015 年 6 月	《江西省人民政府办公厅关于大力推进两化深度融合加快制造业转型升级的意见》（赣府厅发〔2015〕36 号）	江西省人民政府办公厅
山东省	2017 年 1 月	《山东省人民政府办公厅关于加快推进工业创新发展转型升级提质增效的实施意见》（鲁政办发〔2017〕1 号）	山东省人民政府办公厅
山东省	2016 年 6 月	《山东省人民政府关于印发山东省"互联网＋"行动计划(2016—2018年)的通知》（鲁政发〔2016〕14 号）	山东省人民政府
山东省	2015 年 6 月	《山东省"互联网+"发展意见》（鲁信办字〔2015〕2 号）	山东省信息化工作领导小组办公室、山东省工业和信息化厅

省（自治区、直辖市）	发布时间	政策文件	发布部门
山东省	2014 年 6 月	《山东省经济和信息化委员会关于印发<山东省信息化和工业化深度融合专项行动方案（2014—2018 年）>的通知》（鲁经信信推〔2014〕255 号）	山东省工业和信息化厅
山东省临沂市	2020 年 7 月	《临沂市 2020 年国民经济和社会发展计划》	临沂市发展改革委员会
河南省	2016 年 12 月	《河南省人民政府关于印发河南省深化制造业与互联网融合发展实施方案的通知》（豫政〔2016〕74 号）	河南省人民政府
河南省	2016 年 3 月	《河南省人民政府办公厅关于印发河南省 2016 年信息化推进工作实施方案的通知》（豫政办〔2016〕20 号）	河南省人民政府办公厅
湖北省	2016 年 9 月	《省人民政府关于印发湖北省工业"十三五"发展规划的通知》（鄂政发〔2016〕47 号）	湖北省人民政府办公厅
湖北省	2014 年 3 月	《湖北省加快推进信息化与工业化深度融合行动方案（2014—2017 年）》（鄂政办函〔2014〕30 号）	湖北省人民政府办公厅
湖北省武汉市	2016 年 8 月	《武汉市推进制造业与互联网融合发展行动计划（2016—2020 年）》（武政规〔2016〕15 号）	武汉市人民政府
湖南省	2020 年 12 月	《湖南省中小企业"两上三化"三年行动计划（2021—2023 年）》	湖南省工业和信息化厅
湖南省	2020 年 11 月	《关于持续推动移动互联网产业高质量发展 加快做强做大数字产业的若干意见》	湖南省人民政府办公厅
湖南省	2020 年 2 月	《关于征集 2020 年度省级两化融合管理体系贯标试点企业的通知》	湖南省工业和信息化厅

省（自治区、直辖市）	发布时间	政策文件	发布部门
广东省	2021 年 7 月	《广东省制造业数字化转型实施方案》（2021—2025 年）	广东省人民政府
广东省	2016 年 11 月	《广东省人民政府关于深化标准化工作改革推进广东先进标准体系建设的意见》（粤府〔2016〕127 号）	广东省人民政府
广东省	2016 年 11 月	《广东省人民政府办公厅关于营造良好市场环境促进有色金属工业调结构促转型增效益的实施意见》（粤府办〔2016〕117 号）	广东省人民政府办公厅
广东省	2016 年 5 月	《广东省人民政府办公厅关于印发广东省工业企业创新驱动发展工作方案（2016—2018 年）的通知》（粤府办〔2016〕46 号）	广东省人民政府办公厅
海南省	2016 年 7 月	《海南省人民政府关于深化制造业与互联网融合发展的实施意见》（琼府〔2016〕72 号）	海南省人民政府
海南省	2013 年 11 月	《关于印发<信息化和工业化深度融合专项行动实施计划（2013—2018 年）>的通知》（琼工信推〔2013〕301 号）	海南省工业和信息化厅
四川省成都市	2014 年 12 月	《成都市人民政府办公厅关于加快发展先进制造业实现工业转型升级发展若干政策的意见》（成办发〔2014〕55 号）	成都市人民政府办公厅
西藏自治区	2019 年 4 月	《西藏自治区人民政府关于印发西藏自治区深化"互联网+先进制造业"发展工业互联网实施方案的通知》	西藏自治区人民政府
西藏自治区	2018 年 11 月	《西藏自治区"十三五"时期产业发展总体规划》	西藏自治区发展和改革委员会
西藏自治区	2017 年 7 月	《西藏自治区人民政府关于推动云计算应用大数据发展培育经济发展新动力的意见》	西藏自治区人民政府

续表

省（自治区、直辖市）	发布时间	政策文件	发布部门
西藏自治区	2017 年 3 月	《西藏自治区人民政府办公厅关于促进建材产业快速健康发展的意见》	西藏自治区人民政府办公厅
陕西省	2021 年 7 月	《陕西省 2021 年数字经济工作要点》	中共陕西省委网络安全和信息化委员会
陕西省西安市	2021 年 4 月	西安市工业和信息化局关于开展 2021 年市级两化融合管理体系贯标试点企业申报工作的通知	西安市工业和信息化局
陕西省安康市	2021 年 6 月	关于印发《2021 年工业稳增长促投资若干政策措施的通知》	安康市人民政府
甘肃省	2016 年 9 月	《甘肃省"十三五"工业转型升级规划》（甘政办发〔2016〕151 号）	甘肃省人民政府办公厅
宁夏回族自治区	2016 年 11 月	《宁夏回族自治区人民政府关于深化制造业与互联网融合发展的实施意见》（宁政发〔2016〕91 号）	宁夏回族自治区人民政府
宁夏回族自治区	2016 年 4 月	《关于印发<推进全区"互联网+工业"行动计划实施意见（2016—2018 年）>的通知》（宁经信产信发〔2016〕101 号）	宁夏回族自治区工业和信息化厅

（二）资金支持政策

两化融合管理体系贯标资金支持政策对企业的贯标扶持效果更加直接，切实有效地缓解企业转型资金难题，支撑企业贯标工作持续稳定开展。安徽、上海、山东、广东、河南、云南和湖南等23 个省（自治区、直辖市）近年来发布了 83 项两化融合管理体系相关的资金支持政策，有效支撑地方企业多维度开展贯标工作：一是设置贯标试点及企业贯标专项扶持资金，通过对参与两化融合管理体系贯标的企业进行资金支持，进一步引导企业参与到贯标当中，提升企业贯标的积极性和主动性；二是对达标企业进行奖励性补助，通过对达标企业进行奖励，地方政府可有效引导贯标企业开展本质贯标，提升贯标能力和水平；三是设置重大项目特殊支持资金，针对智能制造、共性技术突破和公共服务平台建设等重点领域进行特殊资助，引导企业加强对重点领域的关注度。通过各类资金支撑政策，各省（自治区、直辖市）两化融合管理体系贯标相关企业和服务机构的工作得到进一步肯定与支持，工作积极性与主动性显著提升。部分政策情况如表 3-2 所示。

表 3-2　地方政府两化融合管理体系资金支持情况一览表（部分政策）

省（自治区、直辖市）	发布时间	专项资（基）金文件	发布部门
北京市	2017 年	关于印发《北京市推进两化深度融合推动制造业与互联网融合发展行动计划》的通知	北京制造业创新发展领导小组
山西省	2016 年 12 月	《山西省人民政府关于印发山西省深化制造业与互联网融合发展实施方案的通知》（晋政发〔2016〕63 号）	山西省人民政府
辽宁省大连市	2020 年 4 月	《关于申报 2020 年大连市两化融合管理体系贯标试点企业专项资金的通知》	大连市工业和信息化局
上海市	2017 年、2016 年、2015 年、2014 年	上海市信息化发展专项资金	上海市经济和信息化委员会
上海市闵行区	2020 年 6 月	关于印发《闵行区关于推进先进制造业高质量发展的若干产业政策意见》的通知	闵行区人民政府
上海市金山区	2020 年 8 月	金山区人民政府关于修改《金山区关于进一步鼓励科技创新的若干政策规定》的通知	金山区人民政府
江苏省常州市	2020 年	《关于印发常州市工业互联网专项资金实施细则的通知》	常州市工业和信息化局
江苏省镇江市	2020 年	《关于做好 2020 年度镇江市工业和信息化专项资金项目申报工作的通知》	镇江市工业和信息化局
江苏省张家港市	2021 年 4 月	关于组织申报 2021 年张家港市工业和信息化产业转型升级专项资金的通知	张家港市人民政府
浙江省温州市	2021 年 4 月	龙港市人民政府关于印发《关于加快推进实体经济高质量发展的若干政策》的通知	龙港市人民政府
浙江省绍兴市	2020 年 10 月	《绍兴市人民政府办公室关于印发绍兴市加快推进工业经济高质量发展等六个政策的通知》中《绍兴市加快推进工业经济高质量发展若干政策》	绍兴市人民政府

续表

省（自治区、直辖市）	发布时间	专项资（基）金文件	发布部门
浙江省衢州市	2019 年 9 月	《关于推进创新驱动加快经济高质量发展若干政策意见和关于促进大商贸高质量发展若干意见的通知》	衢州市人民政府
浙江省金华市	2020 年 11 月	《关于扶持市区数字经济发展十条措施》	浙江省金华市婺城区政府
浙江省玉环市	2020 年	《关于促进新时代美丽经济建设的若干意见》	浙江玉环市人民政府
浙江省舟山市	2020 年 11 月	关于印发《定海区区级工业和信息化发展专项资金使用管理暂行办法》的通知	舟山市定海区经济和信息化局
安徽省	2020 年 8 月	《2020 年支持制造强省建设若干政策实施细则》	安徽省经济和信息化厅、安徽省财政厅
安徽省	2017 年	《安徽省人民政府关于印发支持制造强省建设若干政策的通知》（皖政〔2017〕53 号）	安徽省经济和信息化厅
安徽省巢湖市	2020 年 2 月	《巢湖市人民政府关于修订巢湖市培育新动能促进产业转型升级推动经济高质量发展若干政策的通知》	巢湖市人民政府
安徽省池州市	2020 年 8 月	《关于印发贵池区制造业"两化"融合工程专项资金奖励实施细则的通知》	贵池区经济和信息化局
福建省	2015 年	省级两化融合发展专项资金	福建省财政厅、福建省工业和信息化厅
福建省厦门市	2018 年	《厦门市产业转型升级专项资金管理暂行办法》	厦门市工业和信息化局
福建省厦门市	2016 年	厦门市产业转型升级专项资金	厦门市工业和信息化局、厦门市财政局
福建省厦门市湖里区	2019 年	《关于申报 2019 年度实施质量品牌和标准化发展战略奖励的通知》	厦门市湖里区工业和信息化局
福建省厦门市同安区	2019 年	《同安区进一步推进创新驱动发展若干措施》	同安区政府
福建省三明市	2019 年	《三明市工业和信息化局 三明市财政局关于开展 2019 年度工业企业技改专项两化融合管理体系贯标奖励资金申报的通知》	三明市工业和信息化局

省（自治区、直辖市）	发布时间	专项资（基）金文件	发布部门
福建省南平市	2020 年	《关于开展省级龙头企业两化融合管理体系贯标评定、2019 年工业互联网应用标杆企业奖励资金申报工作的通知》	南平市工业和信息化局、南平市财政局
福建省福州市	2021 年	《关于组织开展 2021 年工业互联网、两化融合专项和数字化示范工程、试点应用项目资金申报工作的通知》	福州市经济和信息化委员会
福建省福州市	2020 年	《关于组织开展 2020 年数字化示范工程项目、试点应用项目及两化融合专项资金申报工作的通知》	福州市经济和信息化委员会、福州市财政局
福建省福州市	2016 年 7 月	福州市两化融合专项资金	福州市经济和信息化委员会、福州市财政局
福建省福清市	2021 年 5 月	《关于印发系列惠企政策的通知》	福清市人民政府办公室
福建省福清市	2020 年	《关于印发 2020 福清市工业企业"两化融合"贯标奖励专项补助资金申报指南的通知》	福清市工业和信息化局
福建省泉州市	2021 年 4 月	《关于开展 2021 年两化融合（工业数字经济）发展专项资金项目申报工作的通知》	泉州市工业和信息化局
福建省泉州市	2020 年	《关于做好 2020 年两化融合（工业数字经济）专项资金项目申报工作的通知》	泉州市工业和信息化局
福建省泉州市	2018 年	《泉州市人民政府办公室关于印发泉州市新一轮促进工业和信息化龙头企业改造升级行动计划（2018—2020 年）的通知》	泉州市人民政府
福建省宁德市	2020 年	《关于印发 2020 年两化融合管理体系贯标评定奖励资金申报指南的通知》	宁德市工业和信息化局、宁德市财政局
福建省三明市	2020 年	《关于开展两化融合管理体系贯标奖补资金申报工作的通知》	三明市工业和信息化局
福建省龙岩市	2019 年	《关于推动工业高质量发展十八条措施的通知》	龙岩市人民政府
山东省	2020 年	《关于做好 2020 年两化融合管理体系贯标试点申报工作的通知》	山东省工业和信息化厅

续表

省（自治区、直辖市）	发布时间	专项资（基）金文件	发布部门
山东省淄博市	2020 年 8 月	《淄博市人民政府关于突出"五个优化"推进制造业高质量发展的实施意见》	淄博市人民政府
湖北省武汉市	2021 年 3 月	关于对《武汉市"5G+工业互联网"创新发展三年行动计划（2021—2023 年）》公开征求意见的通知	武汉市经济和信息化局
湖南省	2019 年 1 月	关于印发《深化制造业与互联网融合发展的若干政策措施》的通知	湖南省人民政府办公厅
广东省	2016 年 8 月	《关于组织开展两化融合管理体系专题项目入库以及 2017 年贯标试点企业申报工作的通知》（粤经信办函〔2016〕287 号）	广东省工业和信息化厅
广东省	2016 年 3 月	2016 年省级工业与信息化发展专项资金（企业转型升级方向）	广东省工业和信息化厅、广东省财政厅
广东省	2015 年 4 月	广东省省级企业转型升级专项（两化融合管理体系专题）资金	广东省工业和信息化厅
广东省佛山市	2021 年 7 月	《佛山市推进制造业数字化智能化转型发展若干措施》	佛山市工业与信息化局
广东省清远市	2016 年	清远市两化融合专项资金	清远市工业和信息化局、清远市财政局
海南省	2015 年 5 月	2015 年海南省工业和信息产业发展专项资金	海南省工业和信息化厅、海南省财政厅
重庆市	2021 年	《2021 年重庆市工业和信息化专项资金项目申报指南》	重庆市经济和信息化委员会
重庆市	2021 年 6 月	《关于开展 2021 年重庆市工业和信息化专项资金项目申报工作的通知》	重庆市经济和信息化委员会
四川省	2019 年	《关于开展实施专精特新中小企业融资服务方案的通知》	四川省经济和信息化厅
四川省成都市	2020 年	成都市加快工业互联网发展支持政策	成都市经济和信息化局、成都市科学技术局、成都市财政局

省（自治区、直辖市）	发布时间	专项资（基）金文件	发布部门
贵州省	2016 年、2015 年	工业和信息化发展专项资金	贵州省工业和信息化厅
陕西省	2021 年 4 月	陕西省工业和信息化厅副厅长刘波答记者有关"陕西省推进工业化和信息化融合发展的做法和打算"的问题	陕西省工业和信息化厅
陕西省	2016 年	2016 年两化融合专项资金	陕西省工业和信息化厅、陕西省财政厅
陕西省西安市	2020 年	《关于开展 2020 年市级两化融合管理体系贯标试点企业申报工作的通知》	西安市工业和信息化局
宁夏回族自治区	2014 年	两化融合管理体系贯标工作经费	宁夏回族自治区工业和信息化厅
新疆维吾尔自治区	2015 年	电子发展专项资金	新疆维吾尔自治区工业和信息化厅

（三）达标采信政策

达标采信政策是提升地方政府开展相关重点工作有效性的重要手段。 近年来，北京、河北、辽宁、吉林和江苏等 15 个省（自治区、直辖市）地方政府进一步强调在产业政策与项目支持中采信评定结果，两化融合管理体系贯标达标结果作为工业转型升级、智能制造、制造业与互联网融合等政策与资金支持的重要依据，累计发布 37 项相关政策。通过发布各类达标采信政策，精准识别施策对象，地方政府施策质量不断提升，同时有效引导了企业全面开展贯标达标工作，贯标工作得到进一步普及。部分政策如表 3-3 所示。

表 3-3　地方政府两化融合管理体系评定采信情况一览表（部分政策）

发布部门	发布时间	评定采信相关文件	相关规定
北京市经济和信息化局	2017 年	《关于组织开展 2017 年两化融合管理体系贯标示范工作的通知》	为持续探索以标准引领两化深度融合的发展新模式，我委确定组织开展 2017 年两化融合管理体系贯标示范工作，向工业和信息化部遴选推荐一批两化融合管理体系贯标示范企业

续表

发布部门	发布时间	评定采信相关文件	相关规定
河北省工业和信息化厅	2018 年	关于组织申报 2018 年两化融合管理体系贯标国家试点的通知	工业和信息化部组织编制并发布了《信息化和工业化融合管理体系要求》（GB/T 23001—2017），并连续四年（2014—2017 年）开展了贯标试点工作，且在智能制造点示范、制造业与互联网融合发展试点示范等工作中，工业和信息化部优先从通过两化融合管理体系贯标评定的企业中选择试点示范项目
河北省工业和信息化厅	2016 年 2 月	河北省"互联网+"制造业试点示范	在"互联网+"集成应用创新试点示范方向，支持企业按照两化融合管理体系要求，培育和打造数据驱动、网络协同、精细管理等新型能力，促进战略规划落地、业务模式创新和组织管理变革。省级财政对每个试点项目按照实际投资额的 20% 给予资金补助，总补助金额不超过 100 万元。在项目申报条件中，明确规定开展两化融合管理体系贯标并通过评定的，同等条件下优先列为试点示范
河北省工业和信息化厅	2015 年 11 月	《关于全力推进我省两化融合管理体系贯标试点工作的通知》（冀工信信〔2015〕378 号）	根据工业和信息化部下发的《关于加快推进 2015 年两化融合管理体系贯标达标工作的通知》，布置首批和第二批试点企业贯标评定工作
辽宁省工业和信息化厅	2021 年 4 月	关于开展 2021 年辽宁省两化融合评估诊断、对标引导工作和推荐两化融合管理体系贯标试点企业的通知	进一步普及推广两化融合管理体系标准，全面推动省两化融合管理体系贯标工作，引导企业建立、实施、保持和持续改进两化融合管理体系，创新企业组织管理能力，打造数字化环境下的新型发展能力，提升工业化和信息化融合整体发展水平
江苏省工业和信息化厅	2020 年 4 月	关于加快推进两化融合管理体系贯标工作的通知	三年内推动 1700 省省两化融合重点企业通过贯标评定，实现省两化融合重点企业达标全覆盖的工作目标；对通过评定的企业，且符合省级工业和信息产业转型升级专项资金指南要求的，给予优先支持
江苏省工业和信息化厅、江苏省财政厅	2015 年、2014 年	工业和信息产业转型升级专项引导资金	优先支持两化融合管理体系贯标试点企业
温州市经济和信息化局	2020 年 9 月	温州市"两化"融合示范试点企业认定办法	组织开展学习观摩、技术推介、经验交流等两化融合示范推广活动。市级"两化"融合示范试点企业应及时总结经验，积极参加相关推广活动，提供相关资料，发挥示范带动作用

发布部门	发布时间	评定采信相关文件	相关规定
浙江省经济和信息化厅	2016 年 6 月	2016 年省级两化融合示范试点	在全省评选认定 100 家两化深度融合示范企业和 100 家两化深度融合试点企业。在申报条件中，明确规定申报企业需要经过两化融合发展水平评估，并且对通过两化融合管理体系贯标评定的企业予以优先认定
淮南市经济和信息化局	2020 年 7 月	淮南市两化融合示范企业认定办法	按照管理体系建设、两化融合示范企业"十个一"建设内容和融合绩效三大方面的完成情况评选两化融合示范企业
福建省人民政府	2015 年 7 月	《福建省人民政府关于加快发展智能制造九条措施的通知》（闽政〔2015〕36 号）	鼓励企业开展两化融合管理体系贯标工作，对通过贯标评定的企业给予奖励，优先推荐申报国家级智能制造试点示范项目
山东省工业和信息化厅	2020 年 5 月	《关于开展 2020 年企业两化融合整体性评估和区域评估工作的通知》	各市在上年参与评估的企业基础上，确定今年参评企业范围，企业数量不少于规模以上企业的 20%。各市工业和信息化局负责本辖区内两化融合评估的通知、指导、督促、审核等工作，组织企业开展评估。通过两化融合服务平台山东省分平台开展两化融合评估工作
济南市历下区工业和信息化局	2019 年 9 月	《关于做好 2019 年两化融合管理体系贯标试点申报工作的通知》	根据山东省工业和信息化厅《关于做好 2019 年两化融合管理体系贯标试点申报工作的通知》和市工业和信息化局相关要求，现组织两化融合管理体系贯标试点企业申报工作，择优选择一批省级贯标试点
湖南省工业和信息化厅	2021 年 1 月	《关于征集湖南省 2021 年度两化融合管理体系贯标试点企业的通知》	省工业和信息化厅对列入试点并获得贯标证书的企业，优先纳入国家和省"专精特新"小巨人企业培育体系；根据省政府《深化制造业与互联网融合发展的若干政策》相关规定择优给予奖励；遴选一批省级贯标获证标杆企业予以发布；优先推荐申报国家级、省级有关专项和试点示范项目
湖南省工业和信息化厅	2020 年 2 月	《关于征集 2020 年度省级两化融合管理体系贯标服务机构的通知》	为深入贯彻落实省政府《深化制造业与互联网融合发展的若干政策》（湘政办发〔2018〕79 号）、工业和信息部等部门《关于深入推进信息化和工业化融合管理体系指导意见》（工业和信息化部联信软〔2017〕155 号），进一步普及推广两化融合管理体系标准，省工业和信息化厅决定公开征集 2020 年两化融合管理体系贯标服务机构

发布部门	发布时间	评定采信相关文件	相关规定
湖南省工业和信息化厅	2017年6月	《关于组织开展工信部2017年两化融合管理体系贯标示范工作的通知》	面向已通过两化融合管理体系贯标评定的企业，遴选一批两化融合管理体系贯标示范企业，聚焦产品全生命周期创新与服务、供应链管控与服务、现代化生产制造与运营管理和工业云、工业大数据、工业互联网等新模式新业态
清远市工业和信息化局	2021年5月	关于组织开展2021年新一代信息技术与制造业融合发展试点示范申报工作的通知	围绕深化新一代信息技术与制造业融合发展，聚焦两化融合管理体系贯标、特色专业型工业互联网平台、工业信息安全能力提升、中德智能制造合作等方向，遴选一批试点示范项目，探索形成可复制、可推广的新业态和新模式，增强工业信息安全产业发展支撑，为制造业高质量发展注入新动能
广东省工业和信息化厅	2020年4月	《关于开展2020年省智能制造试点示范项目申报工作的通知》	对通过两化融合管理体系贯标的企业给予优先支持
广东省工业和信息化厅	2016年1月	2016年智能制造试点示范项目	优先推荐基础条件好、成长性强、符合两化融合管理体系标准要求、在一个企业中开展多种类别试点示范的项目
海南省工业和信息化厅	2015年3月	《海南省工业和信息化厅关于申报2015年信息化和工业化融合管理体系贯标试点企业和服务机构的通知》	组织开展海南省两化融合管理体系贯标试点企业和服务机构组织申报工作，并且将对列入试点的企业和机构给予扶持

三、贯标进展

自 2013 年我国开展两化融合管理体系贯标工作以来，在国家战略引领和地方政策支持的共同推动下，各地方贯标工作逐步进入正轨并快速发展，基本实现全国重点领域和优势产业两化融合管理体系贯标全覆盖。两化融合管理体系贯标达标企业规模稳步增长，本质贯标进一步落实，工作进展成效日益显著。截至 2021 年 7 月底，全国累计 37611 家企业开展两化融合管理体系贯标，其中 16160 家企业实现贯标达标。自 2014 年以来，累计遴选确定两化融合管理体系贯标试点企业 3111 家；2017 年以来，累计遴选确定两化融合管理体系贯标示范企业近 200 家，如表 3-4 所示。

表 3-4　2021 年全国及各省（自治区、直辖市）两化融合管理体系宣贯推广情况表

省（自治区、直辖市）	两化融合管理体系贯标企业总量[1]	2021年新增两化融合管理体系贯标企业数量	两化融合管理体系贯标达标企业总量	2021年新增两化融合管理体系贯标达标企业数量	两化融合管理体系贯标试点企业数量[2]	两化融合管理体系贯标示范企业数量[3]
全国	37611	5940	16160	2455	3111	199
江苏	5779	794	2792	286	315	31
广东	4484	156	1812	108	319	14
福建	3848	0	2089	25	112	9
安徽	3531	318	1695	128	123	19
河南	3137	393	1366	161	99	9
浙江	2728	629	1157	220	232	8
山东	2639	832	992	328	262	11
天津	1694	768	535	300	64	14
重庆	1684	423	601	305	77	4
湖北	1440	484	503	126	145	5
湖南	1137	217	491	50	61	3
四川	1129	336	380	98	90	14
上海	925	110	366	78	114	8
山西	525	107	242	108	53	2
江西	505	103	230	22	56	12
陕西	436	151	155	34	86	6
北京	417	6	143	2	165	3
河北	300	14	139	16	155	6
云南	232	30	98	26	42	2
辽宁	207	30	77	3	94	6
内蒙古	123	7	43	5	64	1
宁夏	109	0	39	2	70	2
广西	108	1	54	2	51	3
贵州	106	1	35	3	42	2

省（自治区、直辖市）	两化融合管理体系贯标企业总量[1]	2021年新增两化融合管理体系贯标企业数量	两化融合管理体系贯标达标企业总量	2021年新增两化融合管理体系贯标达标企业数量	两化融合管理体系贯标试点企业数量[2]	两化融合管理体系贯标示范企业数量[3]
黑龙江	102	16	34	12	35	1
甘肃	88	10	38	3	52	0
吉林	72	0	15	2	54	2
新疆	56	0	13	0	29	1
海南	31	0	5	0	14	0
青海	23	0	17	2	24	1
西藏	16	4	4	0	12	0

[1] 两化融合管理体系贯标企业总量、2021年新增两化融合管理体系贯标企业数量、两化融合管理体系贯标达标企业总量、2021年新增两化融合管理体系贯标达标企业数量来源于两化融合管理体系工作平台数据。

[2] 两化融合管理体系贯标试点企业数量来源于工业和信息化部2014年以来遴选确定的两化融合管理体系贯标试点企业数据。

[3] 两化融合管理体系贯标示范企业数量来源于工业和信息化部2017年以来遴选确定的两化融合管理体系贯标示范企业数据。

（一）两化融合管理体系贯标工作增量保质效果明显

2016—2021年，我国两化融合管理体系贯标工作取得了重大进展，贯标和达标企业规模不断突破，本质贯标有序推进，成效显著。

一是我国两化融合管理体系贯标企业和达标企业数量呈稳定上升趋势。如图3-1所示，贯标企业由2016年1327家增长至2021年37611家，增长近27.3倍；贯标达标企业数量由2016年598家增长至2021年16160家，增长26倍。贯标企业与达标企业基本保持同步增长，全国范围内两化融合管理体系贯标和达标工作得到进一步落实和推进，提速保质效果明显。

二是江苏、广东和福建等省（自治区、直辖市）贯标企业数量领跑全国。如图3-2所示，截至2021年7月底，我国两化融合管理体系贯标企业数量超过3000家的省（自治区、直辖市）分别为江苏、广东、福建、安徽和河南，总计占全国贯标企业数量的比例高达 55.2%，对我国两化融合管理体系贯标工作推进成效明显。其中江苏省作为全国贯标工作的"领头羊"，2016 年两化融合管理体系贯标企业仅为 210 家，2021 年 7 月底贯标企业数量达 5779 家，占全国两化融合管理体系贯标企业数量的比例为 15.4%，有力支撑了全国两化融合管理体系贯标工作的深入开展。

图 3-1　2016—2021 年我国两化融合管理体系贯标企业和达标企业数量统计

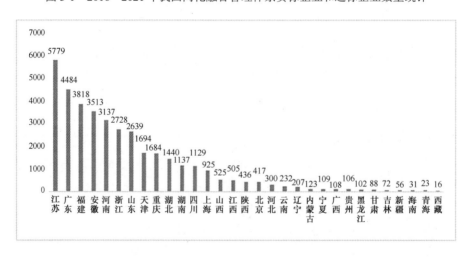

图 3-2　2021 年我国各省（自治区、直辖市）两化融合管理体系贯标企业数量统计

（二）两化融合管理体系区域间贯标进展总体呈现"东高西低"现象

由于我国不同区域社会资源禀赋差异较大，企业层次、产业结构和数字化基础存在差距，因此两化融合管理体系贯标进展呈现出一定的区域不平衡性。如图 3-3 所示，华东地区作为我国经济社会发展的"第一阶梯"，截至 2021 年 7 月底，其两化融合管理体系贯标企业数量与达标企业数量均远远超过其他地区，贯标和达标企业数量分别达到 19955 家和 9321 家；西南、西北等地区两化融合管理体系贯标工作处于后发阵营，但近年来贯标成效逐渐显现，具备持续发展潜力。

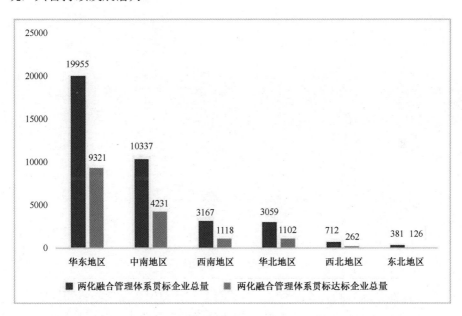

图 3-3 截至 2021 年 7 月底我国六大区域两化融合管理体系贯标进展

（三）本质贯标更加深入人心，部分省（自治区、直辖市）贯标达标后发优势强劲

经过多年的努力，推动企业贯标达标已经成为各地方政府促进产业升级、实现经济高质量发展的广泛共识，本质贯标更加深入人心，部分省（自治区、直辖市）贯标达标后发优势强劲，两化融合管理体本质贯标的外部动力不

断增强。

一是本质贯标成为各地方政府推进贯标工作的重要指导方法。一方面，实现达标成为贯标工作的重要成果体现，我国两化融合管理体系达标企业比例占贯标企业比例由 2017 年的 21.6%增长至 2021 年的 43.0%，达标企业净增长 14661 家，达标工作效果显著。**另一方面，**2017—2021 年，我国各区域达标企业占贯标企业的比例总体上均呈现上升趋势，如图 3-4 所示。华东地区截至 2021 年 7 月底，贯标达标比例达到 46.7%，引领全国两化融合管理体系贯标达标工作。

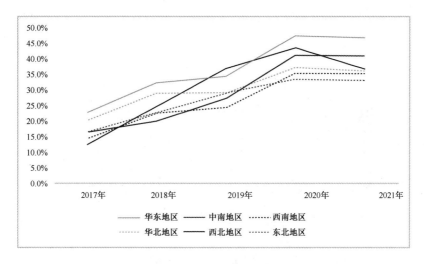

图 3-4　2017—2021 年各区域两化融合管理体系贯标达标企业比例

二是部分区域和省（自治区、直辖市）贯标达标后发优势强劲。2017 年和 2021 年各省（自治区、直辖市）两化融合管理体系贯标达标比例如图 3-5 和图 3-6 所示。一方面西北地区近年来贯标达标比例增长迅速，由 2017 年的 12.4%增长至 2021 年的 36.8%，排名由第六位攀升至第三位，贯标达标工作稳中有进。**另一方面，**各省（自治区、直辖市）达标比例排名出现较大变化，安徽、河北、广西、青海等省（自治区、直辖市）近年来达标企业比例不断上升，排名实现反超。

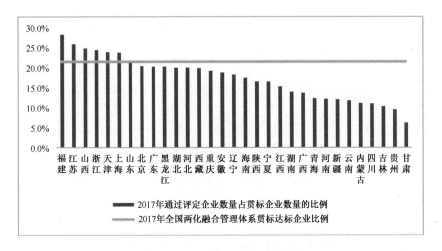

图 3-5　2017 年各省（自治区、直辖市）两化融合管理体系贯标达标企业比例

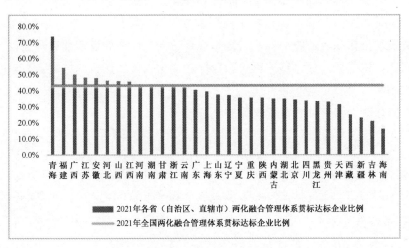

图 3-6　2021 年各省（自治区、直辖市）两化融合管理体系贯标达标企业比例

第二节　央企集团

中央企业是国民经济的重要支柱，对推动经济社会平稳较快发展具有至关重要的作用。中央企业在以两化融合管理体系为抓手推动制造业数字化转型过程中，充分发挥集团型企业优势和产业链示范带头作用，加快整合贯标

服务资源、构筑协同发展的贯标工作生态，创新工作组织体系和模式，加强宣贯和采信引导，推动中央企业进入全面贯标新阶段。

一、工作举措

（一）构建两化融合管理体系贯标工作推进体系

部分央企集团从组织架构、人员队伍及服务能力等方面强化支撑公司两化融合发展与建设，创新组建高层领导挂帅、全员协同的贯标工作组织体系与机制。

1. 组建贯标工作领导小组

部分央企集团高度重视两化融合管理体系贯标工作，把信息化建设作为"一把手"工程，积极组织建立由高层领导带队的贯标工作领导小组，明确组织成员与工作职责，统一部署、统筹规划贯标工作。通过定期召开会议，及时研究决策重大问题，统一思想和目标，优化沟通协调机制、质量与进度控制机制等，强调资源保证和部门支持，保障集团贯标政策和要求一以贯之，推动两化融合管理体系贯标工作有效开展。

央企集团工作举措专栏一

中国铝业集团有限公司党组和经营班子高度重视信息化和两化融合工作，2014 年成立集团两化融合管理体系贯标工作领导小组，负责集团两化融合管理体系贯标工作的总体指导及重大事项决策；同时在集团层面成立了信息化工作领导小组，2018 年调整为集团网络安全和信息化领导小组，负责集团信息化工作重大事项的协调、指导和决策。近几年来，集团网络安全和信息化领导小组及两化融合领导小组带领、组织集团各级单位进行两化融合管理体系贯标工作，根据统一规划、统一管理的原则，按照国家和地方政府的政策要求，在整个集团逐步推进两化融合管理体系贯标和运行工作。

---

2. 设立贯标专项工作组

为支撑贯标工作领导小组落实具体工作，部分央企集团组建由相关部门负责人、下属单位主要领导组成的贯标专项工作组。**一方面建立贯标工作办**

公室，制定职责制度、跟踪评价办法，形成上下联动机制，统一建设思路，出台专项政策推动各企业两化融合建设，提升集团在两化融合管理体系建设过程中的执行力。**另一方面设立和推广CIO制度**，强化信息化人才保障，为企业打造一流的信息化队伍、一流的信息化人才，实现信息化人才队伍的资源化，有力保障两化融合管理体系贯标持续开展。

央企集团工作举措专栏二

中国钢研科技集团有限公司为提升公司两化融合管理水平，加快公司信息化建设步伐，成立信息化推进工作组，旨在实现集团层面两化融合管理体系贯标工作的统一领导、统一规划、分步实施。信息化推进工作组主要负责编制公司融合发展指导方针、发展规划及标准制度，提交公司领导层决策；负责协调内外部资源，推进公司两化融合管理体系整体和各分解项目的建设，做好不同阶段各类事务的组织与协同。

---

3. 培育集团高质量贯标服务体系

部分央企集团结合产业特色，通过广泛汇聚贯标咨询服务力量，构建贯标服务平台，培育高质量贯标服务体系。**一是央企集团联合第三方咨询服务机构**，组建集团层面的贯标咨询服务队伍，共同制定公司两化融合建设方案及实施计划，协调公司内部资源，开展具体的咨询服务工作。**二是培育集团下属研究机构等单位开展专业咨询服务**，经过培训、评审与考核，形成两化融合管理体系贯标咨询服务力量，推动集团两化融合业务咨询能力、企业信息化项目设计和实施能力显著提升。**三是运用技术手段创新贯标服务模式**，通过提升集团应用集成能力，构建覆盖多项业务的智慧企业管理平台，形成一站式服务新模式，为集团公司的业务发展提供高质量、高效率的服务。

（二）打造两化融合管理体系贯标协同工作平台

部分中央企业充分利用集团型企业优势，整合各类资源，联合服务机构打造两化融合管理体系贯标工作平台化运营新模式。

推动中央企业两化融合管理体系贯标工作平台化运营，有助于整合多方资源，精细化管理，提升企业内部贯标工作效率，畅通企业数字化转型通道。

一是在央企集团层面，在国资委组织和引导下，各央企集团加强沟通与合作，通过开展培训、举办论坛、建立交流机制等多种形式搭建集团间的交流和共享平台，推进集团间贯标云平台建设，促进信息化水平共同提升。二是在中央企业层面，中国中车等中央企业依托中国两化融合服务平台，积极设立两化融合评估服务分平台，协同推动各层次企业全面开展两化融合自评估、自诊断、自对标，全面摸清中央企业整体及各业务板块的两化融合发展水平、薄弱环节、发展目标和关键路径，支持企业精准决策、高效施策，实现企业分级分类差异化发展。

（三）积极组织两化融合管理体系贯标宣贯培训

部分央企集团加快推进具有自身特色的两化融合管理体系宣贯推广工作，全方位多举措开展宣传、推广和培训，进一步发挥央企集团的示范引领作用。

部分央企集团作为行业龙头企业，加强对两化融合管理体系贯标工作的宣贯推广有助于提升集团影响力，带动行业企业推进贯标工作。一是举办宣贯推广活动，包括成果展、征文活动、经验交流会、大讲堂等，吸引包括各级领导、内审员、贯标咨询服务人员、行业协会人员、科研院所专家等各类相关人员参与，大范围、深层次提升集团企业贯标影响力；充分利用集团各层级、社会各组织的线上线下协同宣传效果，推动两化融合管理体系贯彻、落地、宣传和推广。二是举办相关主题大赛，部分央企集团组织开展两化融合管理体系比武竞赛，深化集团上下对两化融合管理体系的认识，提升贯标专业技能水平，积极营造"学标准、讲标准、用标准"的良好氛围。

央企集团工作举措专栏三

中国电力建设集团联合中电联科技开发服务中心在北京举办"两化融合管理体系培训班"，组织电建集团内部多家国家级两化融合管理体系贯标试点单位参加。培训主要对两化融合政策、标准及两化融合评定工作进行系统解读，包括解析两化融合总体架构、现状及发展趋势，介绍国家推进两化融合的思路和工作部署，分享两化融合管理体系贯标工作推进方式和优秀实践成果，为试点单位顺利开展贯标提供了理论依据和可行路径。

（四）开展两化融合管理体系贯标达标采信工作

部分央企集团将两化融合管理体系达标采信工作作为推动下属企业全面贯标、产业链和供应链相关企业协同贯标的重要抓手。

1. 贯标达标成为集团下属企业评优的重要依据

部分央企集团统筹贯标工作和评优工作，将贯标达标纳入集团评优、绩效考评、投资项目遴选等工作中，激发企业贯标热情，推动企业贯标由被动参加变为主动要求，成为推动集团下属企业开展全面贯标的有效手段。国家电网在积极组织下属单位开展两化融合管理体系贯标工作的同时，推动开展"国家电网公司信息化企业评价"等相关工作，发布实施《国家电网公司信息化企业评价标准》，并且在信息化企业评价时将两化融合管理体系贯标评定结果作为必备条件。

2. 贯标评定结果成为供应商评选和授信的重要依据

围绕产业链协同发展需求，部分央企集团将两化融合管理体系评定结果作为供应商评价和遴选、销售授信等的重要依据，通过引导或要求央企集团产业链上下游企业积极开展贯标，实现产业链协同能力提升，从而加快构建可持续发展的产业链生态系统，不断扩大评定评估结果的社会采信范围。如中国中车等央企提出推动其所有供应商开展两化融合管理体系贯标，带动供应链合作企业通过贯标提升可持续发展的能力和协作水平。

二、政策支持

近年来，各央企集团积极贯彻落实国家制造强国和网络强国战略，结合自身优势，针对重点产业和领域发布两化融合管理体系支持政策，推动集团自身和下属企业有序开展贯标工作。通过对央企集团贯标支持政策进行收集整理，发现相关政策主要集中于鼓励引导政策和资金支持政策。如图 3-7 所示，据不完全统计，2012—2020 年，央企集团层面共发布了 146 项两化融合管理体系贯标相关支持政策，其中鼓励引导类政策 100 项，资金支持类政策 46 项，有力支撑了央企集团两化融合管理体系贯标工作。

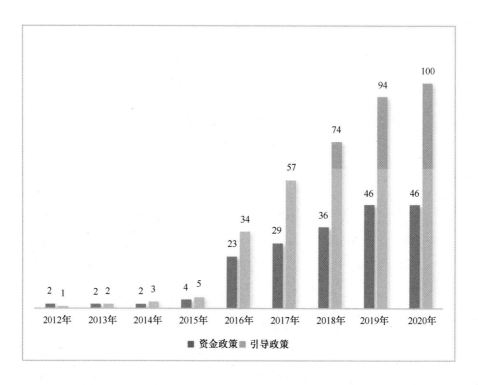

图 3-7　2012—2020 年央企集团资金政策与引导政策数量统计

（一）鼓励引导政策

鼓励引导政策是央企集团引导集团内部企业开展两化融合管理体系贯标工作的"风向标"。由于央企集团具有经营战略复杂、主体多元、领域广泛等特点，针对两化融合管理体系贯标的引导类政策更加多元，涉及领域和范围更广，经过梳理发现相关政策主要分为两类：一是**总体引领**，央企集团两化融合管理体系贯标的鼓励引导政策多是依托于集团战略政策或信息化规划，将两化融合管理体系贯标与集团战略相结合，从战略层面支撑集团贯标工作；二是**细分指导**，央企集团将两化融合管理体系贯标相关政策细分到智能制造、生产自动化、数字化仿真等具体领域，指导相关企业的两化融合管理体系贯标工作，逐步实现重点领域和优势产业的全覆盖。部分鼓励引导政策如表 3-5 所示。

表 3-5　央企集团部分两化融合管理体系鼓励引导政策情况一览表（部分）

公司	文件名称	颁布部门	颁布时间
中国核工业集团有限公司	中核集团新时代发展战略	集团战略规划部	2017 年
	中核集团"十三五"综合发展规划	集团战略规划部	2016 年
中国航天科工集团有限公司	中国航天科工集团公司"十三五"信息化建设专题规划	中国航天科工集团公司	2016 年 9 月
中国石油天然气集团有限公司	中国石油天然气集团有限公司信息化管理办法	信息管理部	2019 年 3 月
	中国石油天然气集团有限公司网络安全管理办法	信息管理部	2019 年 3 月
	中国石油集团公司"十三五"信息技术总体规划	规划计划部	2016 年 3 月
中国华能集团有限公司	关于印发中国华能集团有限公司信息化及"互联网+"发展"十三五"规划（修编版）的通知	信息中心	2019 年 10 月
	关于印发中国华能集团公司信息化及"互联网+"发展"十三五"规划实施纲要的通知	信息中心	2017 年 5 月
	关于印发中国华能集团公司信息化及"互联网+"发展"十三五"规划的通知	企业管理和法律事务部	2016 年 12 月
中国远洋海运集团有限公司	中远海运重工"十三五"信息化规划	中远海运重工有限公司	2017 年 12 月
中国有色矿业集团有限公司	关于召开中国有色集团 2018 年信息化工作视频会议的通知	中国有色集团科技和信息管理部	2018 年 4 月
中国交通建设集团有限公司	信息化顶层设计	振华重工标准化与信息化管理部	2015 年 10 月
中国黄金集团有限公司	《关于进一步做好 2016 年精细化管理工作》的通知	中国黄金集团有限公司	2016 年 3 月

（二）资金支持政策

央企集团发布资金支持类政策是扣合国家政策指向、鼓励集团下属企业开展贯标的重要举措。近年来，央企集团形成了多层次的资金支持政策：一是积极宣传落实国家资金政策，鼓励各下属企业单位主动争取中央和地方财政专项资金扶持和税收减免；二是集团内部发布两化融合、工业互联网方向的专项资金政策，引导下属企业单位加大两化融合相关新型基础设施建设、智能装备和工业软件研发的投入；**三是针对重大课题或特殊项目进行资金补贴**，如对采用国产两化融合技术和应用的项目给予补贴或专项支持；**四是联合外部金融机构设立资金支持政策**，组织下属企业单位联合相关金融机构开展政策解读、产品推介等活动，鼓励金融机构重点支持企业纳入两化融合试点示范的工程项目。

三、贯标进展

近年来，各央企集团积极承接国家数字化转型战略要求，以两化融合管理体系为抓手，积极推动下属企业开展贯标工作。如表3-6所示，截至2021年7月底，全国97家央企中已有80家积极推动下属1215家企业开展贯标，其中683家企业实现贯标达标，贯标工作成效显著。

表3-6　2021年各央企集团两化融合管理体系贯标推广进展统计表

序号	中央企业集团	两化融合管理体系贯标企业数量	2021年新增两化融合管理体系贯标企业数量	两化融合管理体系贯标达标企业数量	2021年新增两化融合管理体系贯标达标企业数量	国家级贯标试点企业数量
	合计	1215	78	683	51	558
1	中国航空工业集团有限公司	113	2	54	2	52
2	中国建材集团有限公司	85	18	61	5	15
3	中国石油化工集团有限公司	84	1	43	2	58
4	中国中车集团有限公司	62	1	50	2	33
5	国家电网有限公司	61	1	32	2	35
6	中国船舶集团有限公司	58	0	35	4	27
7	中国航天科工集团有限公司	43	3	19	2	25
8	中国兵器工业集团有限公司	32	0	15	0	21
9	中国电子科技集团有限公司	30	2	14	2	10
10	中国电子信息产业集团有限公司	27	4	20	0	3
11	中国航天科技集团有限公司	27	0	10	2	13
12	中国机械工业集团有限公司	26	1	17	1	3

续表

序号	中央企业集团	两化融合管理体系贯标企业数量	2021年新增两化融合管理体系贯标企业数量	两化融合管理体系贯标达标企业数量	2021年新增两化融合管理体系贯标达标企业数量	国家级贯标试点企业数量
13	中国石油天然气集团有限公司	26	1	12	1	12
14	中国盐业集团有限公司	22	0	16	0	14
15	中国铝业集团有限公司	22	0	11	0	9
16	中国广核集团有限公司	21	1	11	0	16
17	中国核工业集团有限公司	20	0	16	2	9
18	中国中化控股有限责任公司	20	1	10	0	7
19	中国海洋石油集团有限公司	20	0	8	0	24
20	中国黄金集团有限公司	19	0	15	0	8
21	中国五矿集团有限公司	18	0	4	0	10
22	中粮集团有限公司	16	1	9	1	8
23	新兴际华集团有限公司	15	2	10	2	3
24	华润（集团）有限公司	15	1	8	1	5
25	中国铁路工程集团有限公司	15	3	10	0	9
26	中国宝武钢铁集团有限公司	14	2	8	1	6
27	中国兵器装备集团有限公司	14	3	6	1	8
28	国家能源投资集团有限责任公司	14	2	4	0	8
29	中国医药集团有限公司	13	0	7	1	6
30	国家电力投资集团有限公司	12	3	4	1	2
31	中国西电集团有限公司	11	0	7	0	6
32	中国化学工程集团有限公司	11	1	7	0	1
33	东风汽车集团有限公司	11	0	5	0	7
34	中国航空发动机集团有限公司	10	1	6	1	5
35	中国大唐集团有限公司	10	0	7	0	1
36	中国远洋海运集团有限公司	10	0	5	1	5
37	中国钢研科技集团有限公司	9	3	8	1	0
38	中国建筑集团有限公司	9	0	6	1	2
39	中国信息通信科技集团有限公司	9	1	6	1	1
40	招商局集团有限公司	8	0	6	0	4
41	中国诚通控股集团有限公司	8	3	5	0	2

续表

序号	中央企业集团	两化融合管理体系贯标企业数量	2021年新增两化融合管理体系贯标企业数量	两化融合管理体系贯标达标企业数量	2021年新增两化融合管理体系贯标达标企业数量	国家级贯标试点企业数量
42	鞍钢集团有限公司	8	1	6	2	1
43	中国华能集团有限公司	8	1	4	0	2
44	中国南方电网有限责任公司	8	0	3	1	3
45	国家开发投资集团有限公司	7	0	4	0	4
46	中国华电集团有限公司	7	0	4	1	5
47	中国中煤能源集团有限公司	7	0	4	0	1
48	中国东方电气集团有限公司	7	1	3	1	2
49	中国电信集团有限公司	6	1	4	0	3
50	中国中钢集团有限公司	6	0	2	0	3
51	中国电力建设集团有限公司	6	1	2	0	2
52	中国煤炭科工集团有限公司	5	0	5	0	3
53	哈尔滨电气集团有限公司	5	0	3	0	2
54	中国保利集团有限公司	5	1	1	0	4
55	中国有色矿业集团有限公司	5	0	0	0	5
56	中国商用飞机有限责任公司	4	0	4	2	3
57	中国节能环保集团有限公司	4	0	2	0	1
58	中国长江三峡集团有限公司	4	0	1	1	4
59	中国交通建设集团有限公司	3	0	4	1	0
60	中国能源建设集团有限公司	3	0	2	0	2
61	机械科学研究总院集团有限公司	3	0	2	0	0
62	中国铁路通信信号集团有限公司	3	1	1	0	1
63	中国通用技术（集团）控股有限责任公司	3	1	3	0	0
64	中国一重集团有限公司	3	1	1	0	1
65	中国第一汽车集团有限公司	3	0	0	0	6
66	中国华录集团有限公司	2	0	1	0	1
67	中国煤炭地质总局	2	0	2	0	0
68	有研科技集团有限公司	2	1	1	1	0
69	中国东方航空集团有限公司	2	1	0	0	0

续表

序号	中央企业集团	两化融合管理体系贯标企业数量	2021 年新增两化融合管理体系贯标企业数量	两化融合管理体系贯标达标企业数量	2021 年新增两化融合管理体系贯标达标企业数量	国家级贯标试点企业数量
70	中国农业发展集团有限公司	2	1	1	0	0
71	中国冶金地质总局	2	1	1	1	0
72	中国南方航空集团有限公司	2	0	0	0	0
73	华侨城集团有限公司	1	0	1	0	0
74	中国航空集团有限公司	1	0	1	0	0
75	中国林业集团有限公司	1	1	0	0	0
76	矿冶科技集团有限公司	1	1	0	0	0
77	中国储备粮管理集团有限公司	1	1	1	1	0
78	中国建设科技有限公司	1	0	0	0	0
79	中国铁道建筑集团有限公司	1	0	0	0	1
80	中国航空油料集团有限公司	1	0	0	0	1

（一）央企集团两化融合管理体系贯标示范带头作用进一步凸显

近年来，中央企业作为国民经济的重要支柱和行业龙头企业，积极响应国家数字化转型号召，持续推进两化融合管理体系贯标工作，推动贯标重点领域和优势产业全覆盖，为全国企业和机构开展两化融合管理体系贯标工作树立了标杆。

一是央企集团积极推动国家级贯标试点工作，试点示范作用显现。 截至2021 年 7 月底，64 家央企集团下属共计 558 家企业申请成为国家级贯标试点企业。中国石油化工集团有限公司、中国航空工业集团有限公司和国家电网有限公司的国家级贯标试点企业数量最多，分别为 58 家、52 家和 35 家，共占比 26.0%。央企集团国家级贯标试点企业充分引领和带动了各下属企业和其他企业深入推进两化融合管理体系，推动业务流程再造和组织方式变革，建立管理组织新模式，加速企业数字化转型。

二是央企集团企业达标占贯标比例高于全国平均水平，贯标达标工作引领作用明显。 如图 3-8 所示，截至 2021 年 7 月底，71 家央企集团下属 683 家企业实现两化融合管理体系贯标达标，贯标达标比例为 56.2%，高于全国企业 43.0%的平均水平。中央企业贯标达标工作的开展为同行业企业树立了典范，有效带动了其他企业积极开展贯标达标工作，推动了企业信息化建设，提升两化融合水平。

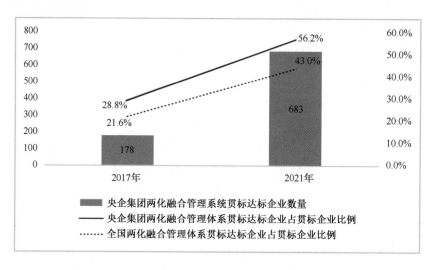

图 3-8　2017—2021 年全国企业与央企集团两化融合管理体系达标企业占比统计

（二）制造类央企集团两化融合管理体系贯标工作持续保持领先

制造类央企集团两化融合管理体系贯标企业存量占比领先全国，长期保持稳定。以中国航空工业集团有限公司、中国中车集团有限公司等大型央企集团为代表的制造类央企集团，是我国两化融合管理体系贯标工作的先行者，对引领国家制造类企业数字化转型作用明显。如图 3-9 所示，2017—2021 年，制造类央企集团贯标企业数量从 299 家逐年增长至 579 家，占央企集团贯标企业总量的比例长期稳定在 47.7%～48.5%，超过其他类型央企集团贯标企业数量和比例。制造类央企集团作为行业龙头企业，其贯标企业数量保持稳定增长，在一定程度上有利于维持我国制造业比重基本稳定，为产业链和供应链安全性提供保障。

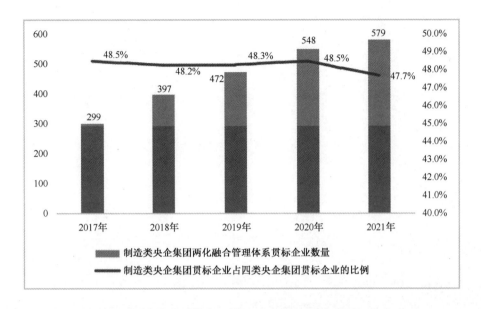

图 3-9　2017—2021 年制造类央企集团两化融合管理体系贯标进展统计

（三）服务类央企集团两化融合管理体系达标工作进展突出

服务类央企集团两化融合管理体系达标企业占贯标企业比例增长迅速，本质贯标效果显著。2017—2021 年开展两化融合管理体系贯标工作的服务类央企集团共有 21 家，以中国电子科技集团有限公司、中国电子信息产业集团有限公司等为代表，涵盖投资、航空服务、旅游服务、电子信息等国家重点关注的行业。随着近年来国家对新兴服务业的支持力度不断加强，支持通过现代化的新技术、新业态和新的服务方式改造提升传统服务业，服务类央企集团依托新兴服务业发展，两化融合管理体系达标工作成效显著。如图 3-10 所示，2017—2021 年，服务类央企集团下属贯标达标中央企业由 17 家增长至 88 家，增长 4.2 倍，达标企业占贯标企业比例由 23.3%增长至 53.3%，增长 1.3 倍，增速仅略低于建筑类央企集团，服务类央企集团两化融合管理体系本质贯标工作得到进一步落实，为后续开展两化融合管理体系相关工作奠定了基础。

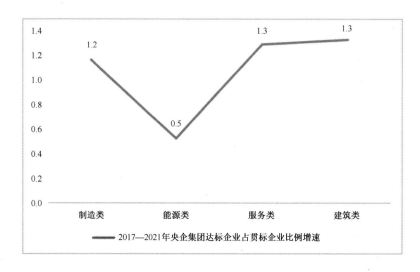

图 3-10　2017—2021 年四类央企集团两化融合管理体系达标占贯标企业比例增长速度

（四）建筑类央企集团两化融合管理体系贯标工作后发优势明显

建筑类央企集团两化融合管理体系贯标工作后来者居上，发展势头迅猛。以中国建材集团有限公司为代表的建筑类央企集团两化融合管理体系贯标工作加速推进，贯标企业平均数量增幅最大，有力支撑了央企集团开展两化融合管理体系相关工作。如图 3-11 所示，建筑类央企集团贯标企业平均数量由 2017 年的 3.2 家增长至 2021 年的 17.0 家，在各类央企集团中排名第 2。其中，中国建材集团有限公司贯标企业数量近 4 年增长 71 家，在全部央企集团中增量最高，为央企集团开展贯标工作树立了先进标杆。

（五）能源类央企集团两化融合管理体系贯标工作仍处于蓄力阶段

能源类央企集团两化融合管理体系贯标企业数量保持低速增长，占央企集团贯标企业总数量的比例有一定回调。以中国石油化工集团有限公司、国家电网有限公司等集团为代表的能源类央企集团，基于实现碳达峰、碳中和的战略目标，和能源资源开采、运输和加工的新时代环保发展要求，逐步深化生产方式和调整业务方向，两化融合管理体系相关工作逐步进入蓄力期。如图 3-12 所示，能源类中央企业贯标数量由 2017 年的 226 家增长至 2021 年的 369 家，增幅达到 63.3%，贯标工作整体增长显著，但增长速度低于其他类型中央企业。能源类中央企业占四类央企集团贯标企业的比例由 2017 年的 36.6%回调至 2021 年的 30.4%，亟须找准突破点，以贯标为手段克服能源类企业发展瓶颈，冲出蓄力期。

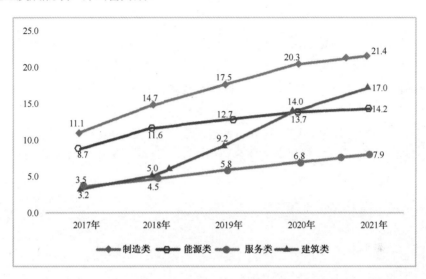

图 3-11　2017—2021 年四类央企集团两化融合管理体系贯标企业平均数量统计

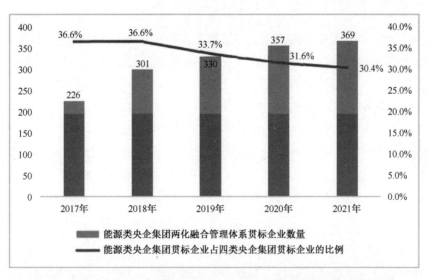

图 3-12　2017—2021 年能源类央企集团两化融合管理体系贯标进展统计

第三节　服务机构

两化融合管理体系贯标是一项开创性工作，大部分企业开展贯标需要第三方咨询服务机构专业、科学的引导。贯标咨询服务是外部专业团队帮助企业准确、全面地理解标准，建立起既符合管理体系通用性要求，又具有自身鲜明特色的两化融合管理机制的过程，支撑企业本质贯标。近年来，广大贯标咨询服务机构以两化融合管理体系为理论指导，加快数字化转型方法、工具及解决方案创新，充分激发服务价值，助力贯标咨询服务市场蓬勃发展。

一、贯标咨询服务的主要价值

近年来，贯标咨询服务愈加受到企业的重视，在助力企业明晰贯标工作路径、提升贯标专业能力、实现本质贯标等方面的价值日益彰显，引领企业贯标工作进入标准化、专业化和系统化的新阶段。

一是贯标咨询服务为企业厘清贯标工作思路，畅通内部机制，保障贯标工作有序落地实施。一方面，贯标咨询服务机构通过专业分析，准确定位企业贯标工作与战略需求的扣合点，充分获取领导支持和战略支撑，形成自上而下、清晰高效的工作机制，助力贯标在复杂工作体系和各层次人员间进行有效分工和协作，保障贯标工作持续推进；另一方面，贯标咨询服务机构围绕提升价值效益和建设新型能力，明确企业贯标各个环节的工作内容和要点，协助企业构建和完善贯标工作流程，在原有体系的基础上进行多体系融合，为企业高效率、低成本推进贯标工作提供保障。

二是贯标咨询服务培育企业贯标工作能力，提升企业贯标工作水平。"授人以鱼不如授人以渔"，贯标咨询服务基于企业在贯标工作中的问题和疑难，构建针对性培训体系，提升企业贯标实施的水平。在贯标咨询过程中，通过培训不断宣贯推广两化融合管理体系贯标工作意识和思路，提升企业内部各层次员工和团队对贯标工作的匹配度和适应度，保障企业在贯标工作步入正轨之后，逐步获得独立推动数字化转型的能力。

三是贯标咨询服务助力企业实现本质贯标。贯标咨询服务以企业实际为依据，帮助企业构建一套长效机制，深入分析企业的数字化基础，明确两化融合管理体系运行、新型能力建设过程中存在的问题，识别数字化转型及两化融合管理体系的改进路径，为企业高质量开展两化融合管理体系贯标工作提供切实有效的指导，助力企业实现本质贯标。

二、贯标咨询服务市场发展情况

随着两化融合管理体系贯标工作向纵深推进，贯标咨询服务市场需求持续增长，牵引咨询服务主体和业务更加多元化，涌现出一批业务规模大、服务质量优的头部服务机构，为企业加快深层次战略转型、技术变革、管理优化、生产改进、模式创新提供了有力支撑。

（一）贯标咨询服务需求持续增长

两化融合管理体系贯标企业数量持续增长，贯标咨询服务需求愈加旺盛。截至 2021 年 7 月，工业和信息化部共遴选确定了 3111 家企业作为国家级两化融合管理体系贯标试点企业和 199 家企业作为国家级贯标示范企业，带动全国两化融合管理体系贯标工作加速开展。如图 3-13 所示，贯标企业数量由 2016 年的 1327 家增长至 2021 年的 37611 家，增长近 27.3 倍，贯标企业数量持续增加，甚至出现加速上扬的增长势头。基于国家工业信息安全发展研究中心两化融合管理体系贯标工作跟踪服务系统的数据测算，开展两化融合管理体系贯标的企业中，选择服务机构为其提供两化融合管理体系贯标咨询服务的企业由 2016 年的 78.6% 增长到了 2021 年的 87.4%，两化融合管理体系贯标企业数量的持续增长将带动贯标咨询服务市场需求的持续增长和不断繁荣。

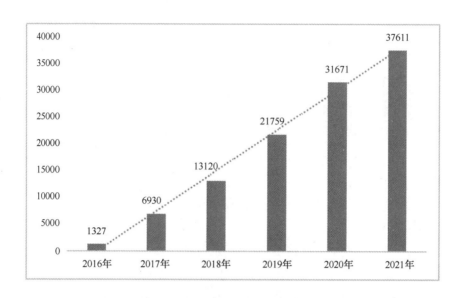

图 3-13　2016—2021 年我国两化融合管理体系贯标企业数量统计

（二）贯标咨询服务市场呈现多元化发展新局面

随着贯标咨询服务需求不断增长，各类咨询服务机构持续涌现，贯标咨询服务领域和业务范围不断拓展，逐步与国际市场接轨，国际化视野不断提升，贯标咨询服务市场向多元化发展。

一是贯标咨询服务市场主体呈现多元化发展。两化融合管理体系贯标咨询服务需要机构在行业、战略、管理、流程、信息化、工业自动化、管理体系等方面积累综合知识和经验，吸引各类第三方服务机构积极踊跃参与。据国家工业信息安全发展研究中心两化融合管理体系贯标咨询服务机构信息公开平台的不完全统计数据显示，截至 2021 年 7 月，全国共有 3103 家两化融合管理体系咨询服务机构，并且形成了以咨询公司为主体，大学、科研院所、融合创新中心、技术研究中心、产业促进会、联盟协会等各类贯标咨询服务机构积极参与的多元化贯标咨询新格局。

二是贯标咨询服务市场业务呈现多元化发展。各类贯标咨询服务机构将贯标咨询与其他主营业务相结合，贯标咨询正牵引服务机构与企业合作向纵深发展。不同于质量、环境、能源等管理体系，两化融合管理体系的管理对象和管理内容覆盖了企业所有职能与层次的业务活动，贯标咨询服务过程中，可结合企业两化融合管理体系运行要求，将贯标咨询与机构的战略咨询、信息化咨询、管理咨询等其他业务有效结合，为企业新型能力识别和打造过程中的战略规划、管理变革、流程优化、设备改造、IT 技术、员工培训等提供服务，还可联合其他各类服务商为企业提供一揽子的整体解决方案，从而为自身开拓更加广阔的业务空间。

　　三是贯标咨询服务市场与国际市场接轨。具有国际知名度的跨国咨询服务机构在两化融合管理体系贯标咨询工作中的参与度逐步加深，贯标咨询服务市场国际化水平提升。从机构性质来看，如图 3-14 所示，从事两化融合管理体系贯标咨询服务的 3103 家咨询机构中，中外合资机构与外商投资机构有 110 家，占比 3.5%，越来越多专业水平高、国际知名度高的跨国咨询服务机构逐渐认可了两化融合管理体系贯标对企业和机构本身的价值，参与两化融合管理体系贯标的积极性越来越高，以德勤、埃森哲、普华永道、IBM 等为代表的一批跨国高水平咨询服务商，逐渐加入两化融合管理体系贯标咨询服务机构的行列中，将贯标咨询服务与国际先进咨询服务相结合，为中国企业提供更加本土化、适宜性更高的咨询服务。

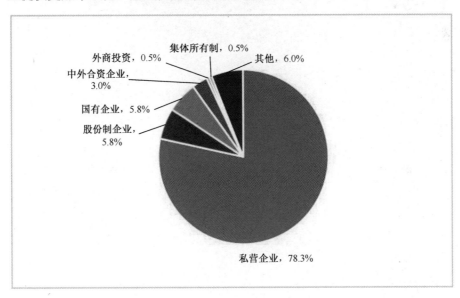

图 3-14　我国两化融合管理体系贯标咨询服务机构的性质分布情况

（三）贯标咨询服务市场集中度提高

各贯标咨询服务机构服务量差异显著。如图 3-15 所示，根据两化融合管理体系贯标跟踪系统数据统计，两化融合管理体系贯标咨询服务机构明确开展的贯标咨询服务项目共计 18866 项，其中服务项目数量排名前 100 名的机构服务企业总量高达 10137 家，占到了全部贯标咨询服务市场份额的 53.7%，其中无锡艾斯欧认证咨询有限公司、南京慧德信息管理咨询有限公司、厦门盛初网络科技有限公司等贯标咨询服务企业数量超过 300 家，处于领先位置，两化融合管理体系贯标咨询服务市场份额向头部咨询机构汇集。

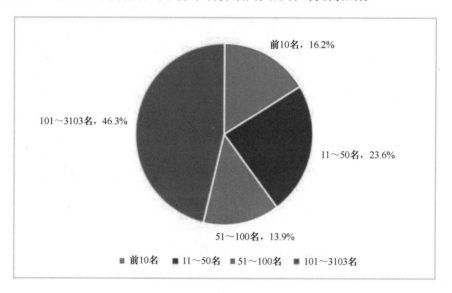

图 3-15　我国两化融合管理体系贯标咨询服务机构市场占有率分布情况

第四章

数字经济时代的企业新型能力

数字经济时代，企业内外部环境和发展条件复杂多变，企业需要不断整合、创造、改进和重构其综合竞争能力，形成响应不确定性的新型能力。两化融合管理体系引导企业紧密围绕新型能力打造这一主线，以新型能力的培育作为数字化转型工作的出发点和着力点，进而不断获取差异化的可持续竞争优势。本章概括提炼了数字经济时代企业重点打造的五类新型能力，详细分析了各类新型能力的典型需求、建设路径与价值成效，为广大企业新型能力的打造提供可靠指引。

第一节　企业新型能力概述

一、企业新型能力内涵

企业的新型能力是企业在数字化转型的发展历程中建立、整合、重构其内外部能力，进而实现能力改进提升的结果。企业的新型能力可以影响企业发展全局，涉及企业生产和管理、经营和决策、产品和服务等方方面面。相较于传统能力，企业新型能力随着内外部环境变化而动态改变，与技术进步、业务发展、管理变革、企业经营活动拓展等因素紧密相关，是企业响应数字经济时代不确定性的综合素养。

构建和提升适应时代发展需求的新型能力是企业生存和发展的生命线。回顾200多年的工业发展史，技术进步在引发数次工业革命的同时，也伴随着企业核心能力体系的变革：伴随着机械化的发展，规模化生产能力、高效生产能力成为企业能力提升的重点；伴随着电气化的发展，企业更加重视在大规模生产的基础上，强化成本降低、质量合格等方面的能力，进而提升其核心竞争能力；伴随着信息化的发展，企业更加关注流程化、供应链一体化的协同分工，大规模标准化生产能力、精益管理能力成为企业能力提升的重点。到了数字经济时代，新一代信息技术加速跨界融合爆发，将制造业带入一个感知无所不在、连接无所不在、数据无所不在的发展新阶段。为应对内外部环境和条件的快速变化，实现企业数字化转型和创新发展，既不能仅依靠软件、机器人、数控机床、自动化生产线的简单购买引入，也不能仅依靠企业内部的流程再造、组织优化，最终都要落实到企业核心能力的提升上来，并且不断推动从传统能力拓展到新型能力，以保持竞争优势的可持续性。数字经济时代，企业新型能力的构建要通过数字化、网络化和智能化来形成和实现，企业应围绕形成可持续竞争优势的要求，系统分析自身能力结构，与主要竞争对手及用户对企业能力不断增长的需求进行系统的对比分析，然后确定应通过数字化、网络化、智能化打造哪些新型能力，既可以将原有能力提升到一个新的高度，也可以形成全新的能力。

数字经济时代，企业需要构建与转型升级和创新发展需求相匹配的新型能力。近年来，两化融合管理体系标准在 3 万余家企业推广应用，要求企业按照规范的路径打造和提升新型能力。截至 2020 年年底，13069 家企业通过评定，每家企业的一个或多个新型能力建设相关的两化融合管理活动符合标准要求，体现了数字经济时代我国企业实现可持续发展的新型能力建设需求。**总体上，当前我国企业普遍关注五大类能力，包括数字化管理类、智能化制造类、网络化协同类、个性化定制类及服务化延伸类能力。**其中，数字化管理类能力着力于通过数字化手段优化和重构企业的经营管理活动，形成数据驱动的高效运营管理模式；智能化制造类能力着力于推动智能制造单元、智能产线、智能车间建设，实现全要素、全环节的动态感知、互联互通、数据集成和智能管控；网络化协同类能力着力于促进企业间的数据互通和业务互联，推动供应链上下游企业与合作伙伴共享各类资源，实现网络化的协同设计、协同生产和协同服务；个性化定制类能力着力于开展需求分析、敏捷开发、柔性生产、精准交付等业务服务，增强用户在产品全生命周期中的参与度；服务化延伸类能力着力于推动企业产品供应和服务链条的数字化升级，从原有制造业务向价值链两端高附加值环节延伸，从单纯出售产品向出售"产品+服务"转变。数字经济时代企业创新发展，就是要激发数据要素的巨大潜能价值，构建复杂智能系统和"全场景智慧"，持续打造适应时代发展需求的新型能力，培育形成企业数字经济时代下的竞争新优势。

二、不同类别新型能力建设进展

在新型能力建设总数量方面，近年来，新一代信息技术的迅猛发展为制造业数字化转型不断注入新动能，企业建设新型能力的主动性和积极性持续提升，能力数量呈持续高速增长态势。如图 4-1 所示，2015—2018 年，企业新型能力建设数量保持着 130% 以上的年均增长率，2018 年后由于基数变大，新型能力数量增速略微放缓，但仍然保持着 70% 以上的快速增长。2015 年企业新型能力数量仅为 260 项，2018 年涨至 4282 项，2020 年突破 10000 项，短短数年间增长了 50 余倍。

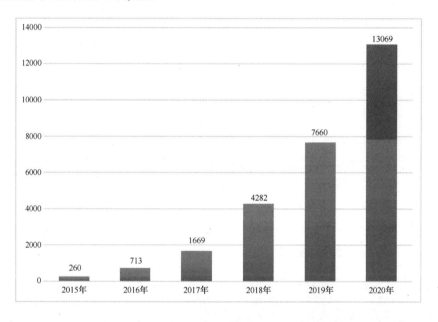

图 4-1　2015—2020 样本企业新型能力打造数量变化

在不同类型新型能力建设数据方面，如图 4-2 所示，目前企业新型能力打造呈现出以数字化管理类与智能化制造类能力为重，网络化协同类能力增长迅速，个性化定制类、服务化延伸类能力齐头并进的局面。

数字化管理类能力和智能化制造类能力是企业的建设重点。数字化管理类能力强调通过打通核心数据链，构建数据驱动的高效运营管理新模式；智能化制造类能力强调基于数据互联互通构建智能生产体系。两者往往是企业开展其他新型能力建设、实现转型发展的前提，一直占据着 60%以上的新型能力建设数量比重，成为打造最为广泛的企业新型能力。

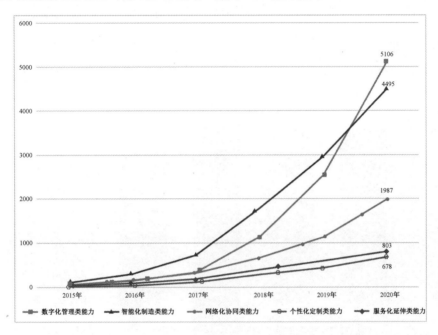

图 4-2　2015—2020 年样本企业新型能力打造情况

网络化协同类能力增长趋势明显。网络化协同类能力强调利用互联网手段及其他相关技术迅速整合分散的各项资源，高效率、高质量、低成本地提供市场所需的产品或服务。在产品分工日益细化、产品复杂程度日益提升的趋势下，企业亟须打破空间界限、开展业务联动。建设网络化协同类能力的企业数量在 2015—2018 年增速超过 100%，在 2020 年也仍然保持着 70%以上的增长速度，在诸多新型能力中增长较为迅速。

个性化定制类能力与服务化延伸类能力保持稳定增长态势。在制造业高质量发展背景下，个性化定制类能力强调利用信息技术对接用户需求，实现个性化的产品制造服务。服务化延伸类能力引导企业不断向价值链的前后端延伸，拓展产品价值空间。个性化定制类能力与服务化延伸类能力从 2015 年起一直保持稳定增长态势，在 2020 年依旧保持着高于 35%的增长速度。

三、不同行业新型能力关注重点

企业依据其所属行业不同，对于各类新型能力的关注各有侧重。图 4-3 展示了原材料、装备、电子信息、消费品行业致力于打造各类新型能力的企业比例。

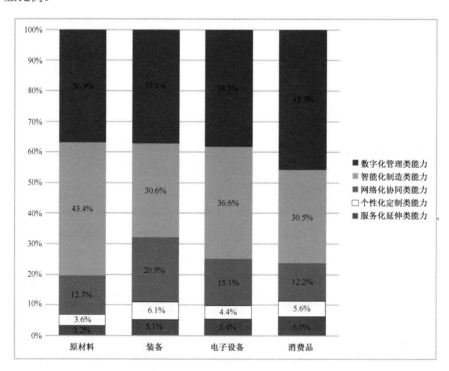

图 4-3　2020 年重点行业新型能力打造情况

原材料行业最关注智能化制造类与数字化管理类能力建设。原材料行业以流程管理为主，对打破企业内外部"数据孤岛"、实现生产管理与生产制造一体化、提升全要素生产率的需求十分迫切，因此最重视智能化制造类与数字化管理类能力的建设，两个能力的占比总计达到 80.3%，高于其他行业。

装备行业对网络化协同类与个性化定制类能力的打造需求最为迫切。装备行业生产流程较长、生产工艺复杂，产品面临的使用场景多样、客户需求各异。企业对能够促进上下游企业资源共享、加快产能高效对接的网络化协同类能力需求最为迫切。同时，企业也希望通过个性化定制类能力的打造，建立基于网络的开放式个性化定制平台，提升高端复杂产品的模块化设计、柔性化制造、定制化服务水平，以低成本、高质量和高效率响应客户个性化需求，形成可持续竞争优势。在装备企业中，网络化协同类能力占比为20.9%，个性化定制类能力占比为6.1%，普遍高于其他行业占比。

消费品行业服务化延伸类能力与个性化定制类能力建设占比较高。如何走好差异化竞争之路是消费品行业一直关注的重点问题，而优质服务与按需定制已成为消费品企业激烈竞争的领域。服务化延伸类能力推动企业不断向价值链的前后端延伸，拓展产品价值空间，为企业高质量发展提供了解决方案。与装备行业不同，消费品行业打造个性化定制类能力侧重于通过客户体验中心、在线设计平台、电子商务平台精准对接用户需求，形成动态感知、实时响应消费需求的大规模个性化定制水平。消费品行业打造服务化延伸类能力的企业占比为6.0%，高于其他行业占比；打造个性化定制类能力的企业占比5.6%，在各行业中占比仅次于装备行业。

电子信息行业各类新型能力建设均较为活跃。其他行业发展新型能力各有侧重，而电子信息行业中各类新型能力均较为活跃。在四个重点行业里，电子信息行业除打造个性化定制类能力的企业占比为第三位外，打造数字化管理类、智能化制造类、网络化协同类、服务化延伸类能力的企业占比均居于第二位，不同类型能力的打造均较为活跃。

第二节　数字化管理类能力

一、能力介绍

数字化管理类能力是指企业利用计算机、通信、网络等技术，通过统计方法量化管理对象与管理行为，推动研发、计划、组织、生产、协调、销售、服务、创新等环节实现数字化运营、集约化管控的新型能力，是助力企业保持数字化管理竞争优势的有效方法和路径。

当前，数据逐渐取代资本成为资源汇聚和配置的主导型要素。高效挖掘和正确利用海量数据已成为产业竞争的制胜要点，通过高效挖掘和正确利用海量生产与产品数据，构建数据驱动的组织架构和运营管理模式，以数据流引领技术流、物质流、资金流、人才流，最终实现全要素生产率提升。

发展数字化管理类能力，重点是基于数字技术打通企业内外部数据链，构建统一的数据视图和数据标准，利用大数据应用服务和解决复杂问题的分析能力，实现企业战略决策、风险管控、组织管理、人力财务管理等活动的数字化管控，构建数据驱动的高效运营管理模式。

二、典型需求

随着制造业竞争步伐的加速和市场环境的迅速变化，企业间和企业内部各部门之间联系更加紧密，数据收集与处理更加驳杂，企业传统的科层制管理模式愈加不能适应互联网时代的发展需求。制造业企业迫切希望通过数字化管理类能力打造打破"数据孤岛"的困境，解决内部信息流通不畅、资源分散、组织管理困难、协调能力下降等传统问题，在此基础上突破管理能力的瓶颈，真正发挥企业数据的应用价值，增强自身竞争优势。对于在不同地点开展业务的企业而言，面对各地管理体系和标准不统一、发展不平衡、互补协调性较差等问题，也期望通过打造数字化管理类能力推动远程集中规模化运营，合理优化资源配置，实现效益最大化。

三、共通路径

一是基于数字化手段创新运营管理模式。企业基于工业互联网平台和工业大数据开展 SWOT 建模分析，推进运营管理决策智能化升级。部分企业构建市场和用户分析模型，基于模型精准制定市场策略并锁定目标用户需求。

部分企业利用新一代信息技术开展企业内部风险预警、产业态势分析、合作商风险监测等风险管控，精准把握企业内外部风险现状，并且制定相应的监测预警机制。例如，徐工集团工程机械股份有限公司以 ERP 系统建设为核心，通过营销管控平台、备件协同管理平台、全球物联网平台、智能供应链等平台运营，实现全价值链数据的汇集和管理，推动战略决策、风险管控、市场策略的再优化，实现数据驱动的全价值链数字化运营管控。

二是提升组织数字化管理水平。企业应用大数据、智能算法和互联网等新一代信息技术，设计并优化企业组织架构，构建全价值网络体系和灵活的组织形态，重构权责分配机制、协调沟通机制和考核激励机制，实现人员精准赋能赋权的管理活动。部分企业基于工业互联网平台实现与有关企业之间的价值协同与共创，依托平台构建面向企业的精准赋能和灵活赋权机制，按需面向员工开放品牌、市场、供应商、渠道等资源，并且为其提供必要的专业技能培训和技术工具，最大限度激发员工的能动性和创造力。

三是完善财务数字化管控模式。企业通过应用人工智能、物联网、区块链等新一代信息技术，开展财务智能预测与风险控制，实现基于智能模型的复杂场景下财务自主经营分析和智能管控。部分企业应用智能采集报销数据，收集非结构化数据进行存储分析，采用 OCR 技术进行发票识别，自动进行发票真伪查验、发票合规检查、抵扣联智能分拣，降低财务舞弊风险。部分企业采用财务机器人 RPA、智能助手等智能核算化财务管理工具，自动生成财务凭证、常规政府报表等，优化工作流程，提升财务管控效率。

四、价值成效

数字化管理类能力助力企业构建数字化管理平台，推动组织高效和流程优化，提升企业战略管控能力，逐步实现运营决策、人力组织和财务管理的数字化转型进程。

一是充分激发数据要素创新驱动价值。数字化管理类能力协助企业实现不同流程、不同部门，甚至是产业链、供应链上下游企业之间的数据共通，全面提升企业的管理水平，推动企业业务流程的标准化、可视化和可溯化，大幅提高了企业工作效率和反应速度，通过数据的持续流动和价值开发利用提高企业竞争力，有力支撑企业数字化、网络化、智能化发展。例如，国网山东省电力公司通过打造面向智能电网的数字化运营管理能力，完成电网全业务数据收集分析，优化电网运行过程中的数据分析与处理效率，提升公司内部经营管理、生产控制及公共服务能力，2020 年年底算力资源实际完成值较 2019 年提升 41.21%。

二是提高企业人财物等资源配置效率。 数字化管理类能力能够帮助企业将分散的人力、物力、财力、管理等资源通过一套行之有效的体系集中起来，同时科学且灵活地统筹和调配各项生产资源，使得各部门、各环节对接更加紧密和高效，更好地发挥企业的规模效应和协同效应，加快企业对市场的响应速度，提升企业总体运转效率。例如，新华水力发电有限公司基于各区域电站资源分配不均、互补协调性较差的现状，打造了异地多电站集中化在线管控能力，从人员、技术、装备等多方面优化配置资源，帮助公司实现水电站远程集中规模化运营，取得了良好的经济效益和社会效益。

第三节　智能化制造类能力

一、能力介绍

智能化制造类能力是指基于新一代信息技术与先进制造技术的深度融合，贯穿于设计、生产、管理、服务等制造活动的各个环节，通过智能化系统扩大、延伸和部分取代人类专家在制造过程中的智能活动，将制造自动化拓展到柔性化、智能化、高度集成化的新型能力。

当前，在虚拟现实、超级计算、深度学习、脑科学等新理论、新技术的驱动下，企业加快构建制造领域"全场景智慧"和复杂智能系统，支撑企业构建起感知、分析、决策、执行及迭代提升的逻辑闭环，有效提升企业智能化制造水平。

发展智能化制造类能力，其重点是推动生产管理与生产制造的全面自感知、自学习、自决策、自执行和自适应，实现生产设备、产线、车间及工厂的智能运行，提高生产效率、产品质量和安全水平。

二、典型需求

受资源环境的制约及经济结构调整的压力，面对市场需求多样化的转变，继续走大规模、单一品种的传统制造道路将越来越不合时宜。通过智能化制造类能力的打造，创新制造模式，推动柔性化制造和精益化生产，形成对市场快速反应的机制，是制造企业决策者非常关注的问题。**从内部而言**，企业希望化解复杂工艺流程和生产环节中的动态不确定性，实现生产流程的可视化和柔性化，打破跨环节、跨部门的数据壁垒，保证生产决策的高效和精准，提升生产效率和产品质量；**从外部而言**，企业需要应对客户多品种、小规模或多品种、多规模的需求，寻求在满足成本要求的前提下快速响应市场的能力。因此，打造以人工智能技术为核心的智能化制造类能力是一条可行之道。

三、共通路径

一是打造智能制造系统。对生产设备进行全面升级换代，解决设备脱网、失联问题，推广设备故障诊断、预测预警、远程控制等新模式，提升设备自感知、自诊断、自决策、自执行能力。依托5G、人工智能、工业互联网平台等先进技术，打造智能化的制造单元、产线、车间和工厂，实现人、机、物的互联互通和智能管控，形成高度自主化、柔性化、智能化的新型制造模式。

二是实现生产环节高度集成。通过新一代数字技术与具体生产场景的融合应用，对车间内设备、产线、产品和数据服务等生产流程涉及的管理系统进行智能优化和总体集成，统筹把握企业生产场景中各环节的实时数据，提升工厂车间生产中数据传输、数据分析、数据保护应用性能，实现生产环节智能化高效集成。

三是强化人工智能技术在生产制造全环节的融合应用。在生产工艺方面，部分企业利用数字仿真工具在虚拟空间对制造工艺提前模拟优化，推进基于人工智能技术的工艺参数调优和物料配比优化，提升复杂工艺应用精度。在质量管理方面，部分企业开展基于标识编码的跨环节物料追溯应用，加快推进基于机器视觉的在线质量检测，优化产品质量检测效率。在安全环保方面，部分企业推动基于智能监控的安全管理、基于数据建模的能耗管理、基于数据分析的排放控制等创新应用，提升工业企业安全环保管理水平。

四、价值成效

智能化制造类能力助力生产设备、产线、车间及工厂的智能运行，实现生产管理与生产制造的全面自感知、自优化、自决策、自执行，极大提高了企业在复杂多变的市场环境中的应对能力。

一是提高企业柔性化制造水平。智能化制造类能力能够协助企业有效应对生产和装配现场的动态不确定性，实现多型号任务并行、计划变更频繁背景下的混流均衡和稳定生产。例如，威胜集团有限公司为满足不同市场的差异化需求，打造了智能电表精益生产与柔性制造能力，提高了企业灵活生产能力，减少了工序断点，保障了企业对制造过程的动态协调水平。

二是提升车间内各生产环节效率。基于数字化、智能化的生产设备和工具，智能化车间生产场景能够大幅提升设备生产效率、降低停机率、优化产线工艺切换对接，提升产品质量检测效率和工厂巡检效率，保障生产流程各环节高效、高质运行和对接。例如，上海航天精密机械研究所按照"平台+场景"的思路，打造了基于工业互联网的智能化柔性制造能力，聚焦智能车间建设透明化管控、柔性化生产、智能化决策等要素，推动企业生产局部环节整体效率提高 30%、生产决策效率提升 50%，有力支撑了航天产品的"高质量、高效率、高效益"研制生产。

三是提高企业生产决策的效率和准确性。推动企业由基于经验的生产决策转向以数据为基础的生产决策，结合在生产过程中采集的实时数据，利用大数据技术实现生产过程排程调度、质量预警、设备监控等的生产决策优化。例如，红塔烟草（集团）有限责任公司玉溪卷烟厂打造了生产全过程一体化管控和系统运作能力，构建了"一核双线"智能模型，为企业生产决策效率提高和分类施策提供了有力支撑。

第四节　网络化协同类能力

一、能力介绍

网络化协同类能力是指基于互联网手段及其他相关技术，把分散在不同地域的各项资源迅速组合成一种超越空间约束、面向产业链及价值链的动态联盟，以便高效率、高质量、低成本地提供市场所需的产品或服务的能力，主要包括协同研发、协同生产、协同服务等几种能力类型。

当前，异地数据互联共通更加便捷，为企业信息协同创造了条件，要求不同地区之间的公司和集团各个子公司之间开展业务联动和协作，带动产业链上下游和集团内部各个环节开展协同研发、协同制造、协同服务等工作，为企业降本增效。

发展网络化协同类能力，重点是结合新一代信息技术手段，将项目、业务、数据和人员等关联起来，构建网络化协同工作平台，改善和创新传统研发、生产和服务方式，实现各项环节在空间上的快速组合、性能上的即时响应、结构上的高度开放和过程上的并行运作。

二、典型需求

当前，伴随着产品分工日益细化，产品复杂程度日趋提升，技术集成、资源配置的广度和深度大幅拓展，依靠单个企业、单个部门难以也无法覆盖企业的研发、生产和服务活动。企业迫切需要打破空间界限，开展业务联动，共享供应链上下游企业和合作伙伴的客户、订单、设计、生产、经营等各类信息资源，整合研发、设计、生产、运维、服务等过程中的各类分散资源，加快各类资源的泛在连接、在线汇聚和精准对接，由线性链式流程向协同并行流程转变。因此，网络化协同类能力成为两化融合管理体系贯标企业能力建设的关注方向。

三、共通路径

一是在协同研发方面，建立统一数据源的设计平台，优化协同流程。将所有设计流程线上化，参与研发的各方根据分工获取相关接口数据，基于单一数字模型开展并行协同研制，真正实现多源设计数据的统一管理，为各环节提供准确的数据源。部分企业以基于多工作区的模块化及并行设计、基于互联网的在线设计协同流程、基于上下文设计环境的供应商协同方式等手段实现各参与主体的研发设计数字化协同。部分企业充分发挥平台的统筹作用，实现流程管理、构型管理、BOM 管理、协同工作等功能，支撑异地协同的研发设计。

二是在协同生产方面，构建云化协同生产环境，统筹开展多生产任务协作。依托平台进行生产设备状态信息共享，并且通过优化排产、能耗优化、故障诊断等数字化工具和解决方案，开展制造资源、生产能力、市场需求的高效对接和协同共享，实现供应链上下游企业制造环节的并行组织和协同优化。部分企业通过 CRM 系统与客户的供应链系统对接，根据客户需求变化，动态调整设计、采购、生产、物流方案，实现订单的有序、有速、合规流转，以及订单相关数据的共享，在此基础上将客户需求自动同步至生产管理系统，结合生产计划，实现与客户的协同生产。

三是在协同服务方面，打造贯穿全产业链的协同服务体系，创新服务供给模式。从服务的角度建立贯穿整条产业链的多企业、多组织、多业务单元的集团乃至行业的协同售后服务体系，充分利用新一代信息技术推动产业链上下游企业群的服务资源整合，实现数据共享，提高产业链服务的响应速度和市场综合服务能力。部分企业通过网络精准获取用户使用信息、产品运行参数及服务商服务信息等，构建服务预测模型、客户关系管理、产品远程服务等云化服务资源，进行服务能力的交易与共享。

四、价值成效

网络化协同类能力助力企业打造产业链上下游企业之间和企业内部各环节之间的协同工作平台，进一步整合资源，实现数据融通和资源共享，在研发、生产和服务等领域创新工作模式和流程，提高行业竞争力。

一是提高产业链整体的协同程度。 网络化协同类能力助力企业实现产业链上下游企业、部门之间的信息共享，增强了各部分资源对接的有效性，提升了上下游的协同程度，通过并行组织和协同充分发挥每一环企业的生产能力，加快了企业对市场需求的响应速度，使全供应链的生产更加高效。例如，长飞光纤光缆股份有限公司加强了产业链上下游领域扩张，打造了网络化协同类能力，与移动、联通等客户实现供应链协同，经营收益、抢单率、价格分析精准度等均有显著提升。

二是提升复杂产品协同研发生产一体化效率。 网络化协同类能力可以共享产业链各主体的研发设计信息，同时为结构复杂、设计周期长、制造工艺多的大型装备产品构建协同研发体系，将复杂任务流程进行标准化分解，实现产品的并行设计和生产，缩短产品研发周期和生产周期，提升了产品研发和制造效率。同时，凝聚多方力量的网络化协同研发和生产能够支撑企业更高频率、更高质量地推出新产品，占据市场主动优势，提升企业竞争力。例如，中信戴卡股份有限公司开展研发前移，打造了铝轮毂产品协同研发管控能力，有效减少产品重复设计，降低时间成本，新产品研制周期缩短 20%。

三是打造产业链各环节企业协同服务竞争新优势。 服务价值已经成为当前企业的必争之域。网络化协同类能力基于服务信息共享，建立服务预测模型，云化服务资源，开展能力交易与租赁，提升了产业链各环节企业服务分析、决策和应用支持的能力，高效传递用户需求，打造敏捷响应模式，降低投入服务要素的成本，在服务领域树立领先优势。例如，中车太原机车车辆有限公司为快速响应市场需求，打造了货车造修协同交付能力，构建了与货车造修业务发展相适应的产、购、研一体化和优化排产的系统平台，形成了面向产业链供应链管控与服务的协同化、集成化应用格局，提升上下游企业整体协同服务支撑能力。

第五节　个性化定制类能力

一、能力介绍

个性化定制类能力是指随着数字技术取得突破性进展，客户参与到产品全生命周期，企业低成本、高质量和高效率地响应客户个性化需求，最终使得用户获得与其需求匹配的产品或服务的能力。

当前，我国经济发展进入动力转换期，落后产能加速淘汰，为维持市场竞争优势，要求企业进一步提高品牌关注度，提升产品价值。加强个性化定制类能力建设，有助于推动企业的定制服务逐步由小规模、高成本、低效率定制向大规模、低成本、高效率定制转变，提高产品核心竞争力。

发展个性化定制类能力，重点是坚持以客户为中心的理念，畅通企业与客户的信息共享渠道，打造与客户需求相匹配的研发、生产和服务流程，不断提升定制服务质量，打造品牌核心竞争力。

二、典型需求

当前，制造业发展面临新挑战，资源和环境约束不断强化，劳动力等生产要素成本不断上升，主要依靠资源要素投入、规模扩张的粗放发展模式难以为继。同时，制造企业的客户需求也在发生转变，从过往的整规格、批量订货，到细化产品规格、要求分段配送等个性化需求，不仅对制造企业的生产环节提出了更高要求，也对企业曾经围绕传统生产模式形成的管理运营体系造成了冲击。如何兼顾规模化生产的效率和个性化定制的灵活，是一直困扰着制造企业的难题，个性化定制类能力的打造正是解决这一难题的关键"钥匙"。

三、共通路径

一是打造直达用户的需求交互通道。数字技术的发展为企业提供多渠道、便捷的客户交互体验打下了基础，企业基于平台与客户直接触达与交互，使客户深度参与到产品、服务的设计和制造过程。部分企业将客户关心的营销、生产、财务、物流门禁、质量、客户服务等各方面的业务链条进行一体化协同与可视化展示，促进下游客户主动参与产品全生命周期的管理。为了实现与大客户的数据共享协同，部分企业专门搭建与外部大客户系统集成的信息通道，并且通过中间部署服务器的方式保证数据安全。

二是利用大数据技术深挖客户数据。大数据技术的进步使企业不再满足于在客户提出需求后进行响应，同时也在打造对客户个性需求的分析和预判能力。部分企业在建立了自身的客户数据库后，依托大数据分析对客户进行分类，并且根据不同类别客户的特点提供智能推荐、精准营销服务。部分企业围绕客户洞悉、客户行为预测、商机和客户开发等多个维度，建立统一的客户数据分析模型，精准分析客户价值和预测客户行为，促进供给与需求的精准匹配。

三是构建迅速响应客户需求的生产运营体系。在个性化设计方面，部分企业开展部件标准化、产品模块化，实现迭代式产品研发设计和仿真优化，快速满足客户差异化需求。在定制化生产方面，部分企业主动组建最小生产单元，围绕客户需求开展制造资源的自动配置和柔性调度，强化与上下游企业的产能共享和联动运作，满足多品种、大批量、生产换线频繁的个性化定制需求。

四、价值成效

个性化定制类能力助力企业形成了在研发、生产和服务过程中以客户为中心的工作理念和运营模式，能够在产业链供应链复杂的需求环境中始终保持"被需要"的经营状态，推动企业个性定制规模化、集约化发展，提高企业获取经济效益的能力。

一是帮助企业突破规模化和个性化之间的矛盾。 帮助企业低成本、高效率、高质量地实现产品的多样性，以规模化的效率达成个性化的生产，为满足客户日益增长的个性化需求提供了有力支撑。例如，上海汇众汽车制造有限公司基于多品种混线生产模式下订单量迅速增加的行业现状，打造了汽车关键零部件柔性制造的过程管控能力，共同响应以客户为中心的大规模定制需求计划，增强供应商协同产品设计与制造，满足大批量、多品种、高效率的生产要求。

二是有效提升客户满意度。 为客户提供精准匹配需求的产品和服务更能使客户满意，有助于培养客户的品牌忠诚度，使企业在竞争中建立并保持竞争优势。例如，南京钢铁股份有限公司为应对钢铁材料规模化定制需求，打造了基于 JIT+C2M 模式的定制服务能力，通过规模化、精益化制造为用户提供个性化定制服务，促进南京钢铁股份有限公司板材产品顾客满意度提升2.2%，进一步提升了行业品牌影响力。

三是支撑企业订单快速响应交付。 个性化定制类能力推动企业基于工业互联网平台从采购、设计、生产、交付等环节开展全流程优化管控，支撑企业开展订单交付全流程数据贯通，实现订单全流程溯源、可视化交付，推动用户、技术、服务提供商精准协作，实现对客户订单快速响应交付。例如，中国石化润滑油有限公司以客户为核心进行跨系统的数据整合，打造了以客户为中心的个性化服务能力，精准预测各类产品和客户的未来销量，推动订单生产和交付快速响应市场需求，准确度达到80%以上。

第六节　服务化延伸类能力

一、能力介绍

服务化延伸类能力是指在产品全生命周期的各个环节融入带来商业价值的增值服务，推动企业从原有制造业务向价值链两端高附加值环节延伸，从以加工组装为主向"制造+服务"转型，从单纯出售产品向出售"产品+服务"转型的新型能力。

制造业与服务融合发展是制造业数字化转型的重要方向，企业通过创新优化生产组织形式、运营管理方式和商业发展模式，不断增加服务要素在投入和产出中的比重，扩充生产和服务价值链条，有利于延伸和提升价值链，提高全要素生产率、产品附加值和市场占有率。

发展服务化延伸类能力，重点是聚焦制造业价值链高端环节，加快技术创新和模式创新，建立健全基于制造和产品的服务系统，提升服务型制造的专业化和精细化水平，具体包括开展设备健康管理、产品远程运维、设备融资租赁、分享制造、互联网金融等新型服务。

二、典型需求

当前，我国社会主要矛盾已经转化为人民日益增长的美好生活需要和不平衡不充分的发展之间的矛盾，驱动制造业经历三种转变，即市场需求从产品向"产品+服务"转变，价值创造从制造环节为主向服务环节为主转变，交易方式从一次性短期交易向长期交易转变。越来越多的制造企业开始培育服务化延伸模式，推动原有制造业务向价值链高端迈进。促使企业发展服务化延伸类能力的主要动力来自市场与客户。**一方面**，对于很多行业来说，市场已经处于一个完全竞争的阶段，同质化严重，市场变化快速，单纯的"重产品"运营方式使得企业利润空间受限，削弱了企业竞争力。**另一方面**，消费者个性化、多样化的需求越发凸显，企业需要快速完整地掌握市场信息，开展专业服务活动，寻求新的盈利空间，提升客户满意度。

三、共通路径

一是基于数字技术创新拓展产品服务。企业基于人工智能等技术驱动产品研发推陈出新，加快产品泛在感知、智能响应与自我优化，拓展出更多高效的服务模式。部分企业打造智能互联设备产品，基于平台汇聚产品的制造工艺、运行工况和状态数据等数据，为用户提供健康管理、远程运维、融资租赁等设备全生命周期健康管理服务，增加用户的获得感和产品附加值。

二是聚焦增值环节创新服务模式。通过构建工业互联网平台、开发部署工业互联网 App，不断融入能够带来商业价值的增值服务，实现服务范围的拓展与服务模式的创新。部分企业打造生产协作服务平台，开展数据资源、制造资源、设计资源的泛在连接、集成整合与在线分享，面向全行业提供生产能力的供需对接服务。部分企业探索建立基于供应链生产运营数据的征信机制和融资模式，帮助金融机构评估企业生产经营活力及还贷能力，开展信用评级、设备融资租赁等创新服务。

三是发展综合解决方案服务。部分企业聚焦转型问题与痛点提供精准解决方案服务，基于平台开展智能工厂、共享制造、创业创新等综合性业务，推动企业从交钥匙工程提供商向长期运维服务商转变，拓展盈利空间，增强用户黏性，提升企业核心竞争力。

四、价值成效

服务化延伸类能力助力企业进一步拓展价值链范围，打造制造业务与服务业务融合发展新模式，推动企业在愈加激烈的竞争环境中不断迭代核心竞争优势，提升企业盈利能力。

一是提升企业服务专业化水平。服务化延伸类能力的建设有助于促进企业服务部门发展，提升企业服务质量和效率，加深企业服务的专业化程度。例如，黑龙江飞鹤乳业有限公司通过搭建数据中台、业务中台，将生产能力与消费者服务能力相匹配，为消费者提供更好的产品和服务，为乳品企业由传统制造业向服务型制造业转型提供了数字化支撑，提高了企业服务水平，助力企业巩固品牌优势。

二是帮助企业跳出同质化竞争格局。打造服务化延伸类能力有助于企业的价值创造方式创新发展，避免因产品和技术的趋同与同行陷入同质化竞争，从而获取竞争优势。例如，中联重科股份有限公司积极探索产品运营服务和智慧施工管理服务的商业发展新模式，将传统设备管理服务延伸至经营管理、设备施工服务，打破同质竞争格局，保障履带起重机、长臂架泵车、车载泵等产品市场份额持续领先。

三是推动企业向价值链高端延伸。企业服务水平的提升能够增加产品的附加值，提升产品的整体定位，帮助企业向产业价值链更高处跃升。例如，中国石化润滑油有限公司依托大数据分析，为客户提供个性化和差异化的服务，实现一对一营销和服务，为客户提供多渠道、便捷的交互体验，加快润滑油产品高端化趋势，使营销准确率提升至80%以上。

第五章

数字化管理类能力建设最佳实践

　　数字经济时代，数据成为基础性战略资源和关键生产要素，企业管理职能的实现愈加依赖各环节要素的数字化运营和集约化管控，打造数字化管理类能力成为企业激发数据要素驱动价值、实现数字化转型的重要举措。本章选取了不同领域企业打造数字化管理类能力的创新实践案例，根据行业特点和企业实践提出数字化管理类能力的典型需求，详细分析了识别与打造该类能力的方法路径，总结归纳出不同企业通过数字化管理类能力应用取得的价值成效，以供具有共性能力打造需要的广大企业参考借鉴。

第一节　集团数字化管控能力助力工程机械企业数字化转型——徐工集团工程机械股份有限公司

摘　要： 徐工集团工程机械股份有限公司（以下简称"徐工"）位于江苏省徐州市，是中国工程机械行业的奠基者、开拓者和引领者，连续32年保持中国工程机械行业第1位，2021年跃居世界工程机械行业第3位。徐工紧紧围绕两化融合核心主线，从企业战略出发进行对标和优劣势分析，识别6项可持续竞争优势需求和10项需要打造的新型能力。通过集团数字化管控能力的打造，实现以数据驱动集团总部、分子公司、营销和服务运营管控效率的全面提升，通过数据的持续流动和价值开发利用，全面提升徐工核心竞争力，支撑徐工数字化、智能化转型。

一、企业推进数字化转型的需求分析

我国制造业正处于加速发展的重要阶段，走新型工业化道路，推进信息化和工业化融合，推进高新技术与传统制造业改造结合，促进中国制造业做大做强，是当前和今后一个时期的重要任务。

近年来，徐工规模越来越大，业态也呈现多样化，各业务系统（平台）前期建设形成的孤岛问题逐渐显现，传统的信息化架构阻碍了构建统一的业务协同平台，也给公司进行集团化管控带来一定困难。同时，信息产业核心技术与产品打造需要进一步加速，以匹配集团业务协同创新的落地和持续发展。徐工为全面提升数字化、智能化水平，进行"集团数字化管控能力"打造。

二、企业新型能力识别和打造的方法和路径

（一）新型能力识别的方法和路径

徐工的发展战略以转型升级和高质量发展为目标，围绕技术创新和国际化两大战略重点，以两化深度融合作为数字化转型的主线，积极推进智能制造向世界级水平发展，聚焦质量和效益，将数字化转型这张蓝图一绘到底。通过进行对标和优劣势分析，寻找可能获取竞争优势的方向，最终确定 6 项可持续竞争优势需求：徐工品牌知名度优势需求、技术创新优势需求、智能制造优势需求、国际化拓展优势需求、产业链资源协同优势需求和营销服务优势需求。徐工根据竞争优势需求，识别、策划和打造新型能力体系，获取可持续竞争优势，最终识别出 3～5 年内需要打造的新型能力体系。

徐工在"发挥数据价值，向智能企业转型升级"的两化融合方针指导下，打造集团数字化管控能力，以 ERP 建设为核心，通过全面预算项目优化与集成、MES 项目优化、SCADA 项目建设、营销管控平台建设、备件协同管理平台建设、全球物联网平台建设、智能供应链项目建设等项目，实现全价值链数据的汇集和管理，通过数据采集及价值分析，匹配组织、流程、管理的再优化，实现数据驱动的集团全价值链的数字化运营管控，以助力"加快智能制造升级，打造智能化企业"战略落地，如图 5-1 所示。

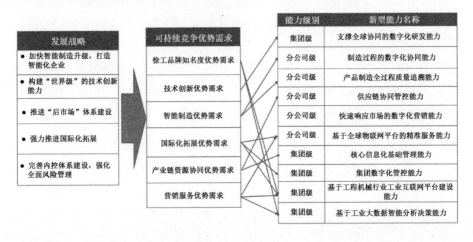

图 5-1　可持续竞争优势与打造的新型能力之间的对应关系

为保证"集团数字化管控能力"成功打造，徐工制定了具体、可监视、可测量、可实现且有时间要求的量化指标，如表 5-1 所示。

表 5-1　集团数字化管控能力量化指标

指标名称	指标解释	2019 年实际值	2020 年目标值	指标计算单位
预算执行准确率	实际发生数/预算数据	≥93	≥95	%
存货周转率	累计销售成本/存货	科技分公司：≥5 道路分公司：≥3.5 建设机械分公司：≥2.4	科技分公司：≥5 道路分公司：≥3.8 建设机械分公司：≥3	次
产品物联网覆盖率	当期物联网入网车辆/当期国内销售车辆数	科技分公司：≥93 道路分公司：≥75 建设机械分公司：≥83	科技分公司：≥96 道路分公司：≥78 建设机械分公司：≥88	%
服务及时率	24 小时服务完工数量/24 小时客户报工总数量	科技分公司：≥90 道路分公司：≥75 建设机械分公司：≥85	科技分公司：≥95 道路分公司：≥80 建设机械分公司：≥90	%
全员劳动生产率	工业增加值/全部从业人员平均人数	科技分公司：≥30 道路分公司：≥35 建设机械分公：≥35	科技分公司：≥30 道路分公司：≥40 建设机械分公：≥45	万元

（二）新型能力打造过程的方法和路径

为完成集团数字化管控能力打造，实现预期的两化融合目标，徐工根据战略规划和信息化发展规划，建立了完善的组织保障体系，开展了能力打造活动，从集团到事业部到各分子公司，从公司领导到全体员工，形成上下"一盘棋"，围绕"战略—目标—能力"这条主线，依照两化融合管理体系的基本框架，对新型能力的建设过程进行了策划，涵盖业务流程与组织结构优化、技术实现、数据开发利用等方面。

此外，徐工按照《新型能力策划报告》确定的新型能力体系，由信息化管理部牵头，战略规划部、市场部、人力资源部、经营管理部、财务部、审计督查研究室、各事业部及分子公司等部门结合部门业务规划、年度重大项目计划，协同对两化融合实施方案进行策划，确定各类业务需求、明确项目目标，充分考虑信息技术、工业技术、管理技术等的可实现程度，形成与打造新型能力相匹配的两化融合实施方案。

1. 业务流程优化

徐工围绕集团数字化管控能力打造，从经营管理数字化管控、生产数字化管控、营销和服务数字化管控3个方向，重新对全面预算管理流程、全面预算管理与ERP集成流程、生产制造管理流程、生产制造管理—计划生产流程（子流程）、生产制造管理—质量管理流程（子流程）、生产数据采集与分析流程（SCADA）、营销管控平台总体流程、营销管控平台—客户主数据管理流程（子流程）、备件协同管理平台总体流程、备件协同管理平台—条码管理流程（子流程）、全球物联网平台总体流程、智能供应链管理总体流程等10多个核心流程进行优化，如表5-2所示。

表5-2 业务流程优化工作表

建设方向	业务流程	优化工作
经营管理数字化管控方面	全面预算管理流程	扩展预算管理系统的应用单位，优化实际经营数据的集成方式，提高数据分析模型的定制灵活性
	全面预算管理与ERP集成流程	确保ERP原始数据的准确性，优化全面预算映射关系
生产数字化管控方面	生产制造管理流程	深度优化MES的计划生产、质量管理、物流配盘、设备管理、无纸化、系统集成6大业务板块，提升优化524项功能
	生产制造管理—计划生产流程	通过SAP接口方式，实现订单创建过程及状态的统一平台管理，建立了计划管理平台
	生产制造管理—质量管理流程	MES中纳入自检功能，增加质量管控App功能
	生产数据采集与分析流程（SCADA）	建立SCADA平台，解决车间人员、系统和设备的互联互通，提高生产过程透明化和敏捷化；为数字化工厂发展提供数据采集、存储和分析、服务、综合管理的集成平台
营销和服务数字化管控方面	营销管控平台总体流程	集成各单位CRM系统的客户数据、合同数据、发车数据、回款数据、黑名单数据，实现集团级的客户管理，能够检查并规范各单位的销售活动，对黑名单数据进行共享与强制检查，提高风险控制能力
	营销管控平台—客户主数据管理流程	统一各单位的客户主数据识别标准，将分散在各单位的客户信息整合汇总到营销管控平台，对客户信息统一管控

续表

建设方向	业务流程	优化工作
营销和服务数字化管控方面	备件协同管理平台总体流程	集团、主机厂、大区库、经销商、网点各自业务都可以通过统一平台进行处理，并且将数据向上一层归集
	备件协同管理平台—条码管理流程	在统一平台上实现多方式、多途径条码打印功能，以条码管理物料和仓位，实现物料精准定位、批次管理等精细化管理
	全球物联网平台总体流程	建设集团统一物联网硬件平台与软件平台，支持跨产品的数据应用，实现客户应用优化
	智能供应链管理总体流程	构建徐工智能供应链管理平台，纵向上贯通了企业内部供应链，横向上打通企业与供应商外部供应链环节

其中，生产制造管理—计划生产优化后的流程如图 5-2 所示。

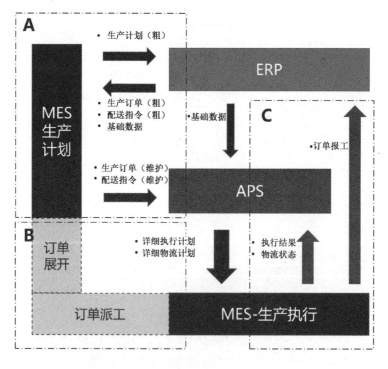

图 5-2　生产制造管理—计划生产优化后的流程

2. 组织结构变革

徐工将两化融合上升为企业发展战略，成立相关机构负责徐工两化融合的推进工作，高层领导参与工作推动。在打造集团数字化管控能力过程中，为了提升岗位职责及部分部门职责与优化后业务流程的耦合度，从经营管理数字化管控、生产数字化管控、营销和服务数字化管控三方面对组织结构进行了优化：以预算为主线的运营数字化管控方面，由于全面预算项目的推进，经营管理部部门职责增加预算管理职能，增设专职或兼职预算岗位；生产数字化管控方面，生产管理岗位新增岗位要求，需要熟悉数字化设备、数据采集终端、熟练使用 MES、SCADA 系统，生产分厂增设兼职 MES 关键用户，原有的系统管理员增加 MES 运维职能；营销服务方面，组织结构由直线型向流程型转变，撤销了各事业部/分子公司的物流部门，成立徐工智联物流公司，统筹徐工内部物流、配送服务管理。

3. 技术实现

徐工两化融合建设过程，逐步形成了"一条主线：两化深度融合""四个方向：智能研发、智能制造、智能管理、智能服务""三大领域：信息化整体水平提升、培育集团信息化产业、国际化支撑""九大工程：云制造、大数据、物联网、智能供应链等"。

徐工以集团数字化管控能力建设为目标，在业务需求充分调研的基础上，制定技术方案，评审确定了项目蓝图设计、功能设计、详细设计、功能开发实现等技术方案，按照项目实施计划进行分步实施。技术实现主要内容如表 5-3 所示。

表 5-3　集团数字化管控能力打造涉及的技术实现内容

建设方向	技术任务	技术实现内容
经营管理数字化管控方面	全面预算项目优化与集成	对预算平台各功能进行梳理，对系统中存在的问题进行诊断，并且按照系统级、管理级、业务级整理出平台调整方向
生产数字化管控方面	MES 项目优化	依据徐工 MES 智能化改造的要求，重新搭建符合智能化改造需求的生产运营管理平台，优化计划生产、质量管理、物流配盘、设备管理、无纸化等 32 项目标
	SCADA 项目建设	搭建各分子公司的生产数据采集与分析平台，实现生产设备数据采集、生产数据集中存储、设备监控和告警、实时质量控制、设备预测性维修、生产订单下发与修改、与 MES 协同工作、通信状态监视、机器人工作程序在线管理等功能

建设方向	技术任务	技术实现内容
营销和服务数字化管控方面	营销管控平台建设	构建集团统一的营销管控平台，与分子公司的 CRM、ERP 集成，实现对营销信息的整合与分析，包含系统数据模块、风险管控模块、渠道及经销商管控模块、黑名单信息管控平台、服务备件模块、电商平台接口等功能
	备件协同管理平台建设	通过和 CRM、ERP、电商平台集成，实现备件业务信息的整合与分析，实现分子公司的备件销售、仓储、采购、物流、分销的管理，以及集团层对仓储、销售、库龄成本、网点布局的管控分析
	全球物联网平台建设	在分子公司落地实施全球物联网平台，实现产品调试、库存管理、前移车管理、产品监控、售后服务、故障诊断等主要功能
	智能供应链项目建设	在各分子公司落地实施智能供应链项目，解决企业、供应商、客户异构系统间的信息共享，实现关键件追溯及生产库存、在途库存、物流中心库存可视化，以及企业整机追溯功能，并且探索新的应用场景

营销管控平台技术架构如图 5-3 所示。

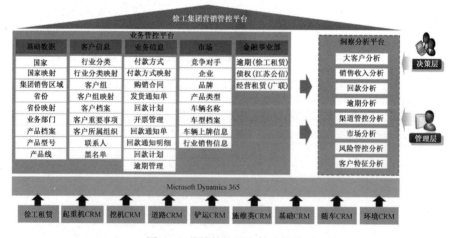

图 5-3 营销管控平台技术架构

4. 数据开发利用

徐工建立《两化融合数据开发利用控制程序》，对数据开发利用过程进行管理。同时，根据数据开发利用需求，协同外部实施方制订了（全面预算）数据接口—ERP接口优化方案、营销管控平台项目数据分析设计方案、MES与SAP和ERP接口方案、数据采集与分析系统实施应用方案等数据开发利用方案，明确业务方和实施方的职责和时间计划。

能力打造过程开发了全面预算类报表、生产管控类报表、营销管控服务类报表等，可以准确及时地获取集团及各分公司的研产供销服各类数据报表，为管理层决策提供数据支撑。

在生产管控方面，设计了生产进度统计报表、工单超期率统计报表、车间产量统计报表、工单工序工时统计报表、人员工时统计报表、设备状态信息统计报表、整车关键件信息、零件不良报表、生产异常信息统计报表等，直观展示各分厂整体生产监控、批次生产进度情况、产能情况、产能负荷情况等，根据用户需求按照柱状图、折线图、表格等形式多途径展示数据，帮助管理者迅速掌握生产状态，进行合理调度和决策。

在营销服务方面，实现了销售基础分析、内贸/直销比率分析、经销商销售分析、付款方式分析、销售回款及欠款分析、黑名单、授信、大客户管理、市场分析等。

5. 规范与运行控制

徐工对研发数据、生产数据、销售数据、采购数据、市场服务数据等多种必要的基础资源进行数字化和标准化，确保了初始数据的准确性和有效性。编制了《数据分析技术培训手册》《营销管控平台管理制度》《MES操作说明书》《SCADA操作说明书》《全球物联网平台使用手册》《智能供应链操作说明》《徐工办公云使用手册》等10余份操作指导书，并且对相关岗位人员进行了多次培训，确保知识向应用主体的有效转移。为确保制度规范得以有效执行，徐工建立了包含日常运行管理、用户权限管理、数据管理、变更管理、培训管理、运维管理等运行控制方面的管理制度。对运行控制以内部审核、考核等形式进行监督管理，确保业务运行有效，数据准确、安全、完整。

三、实施成效与主要作用

（一）实施成效

徐工通过集团数字化管控能力建设实现了"研产供销服"主价值链各环节的业务系统平台及内部经营管理的辅价值链支撑平台的进一步完善，通过建立集团级的运营管控平台，以数据驱动预算管理、生产制造管理、营销服务管理、供应链管理、企业内部经营管理能力的全面提升；通过数据的分析展示，全面提升了运营管理的精细化、数字化管理能力，严格按照各项量化指标高质量完成任务（见表 5-4）；通过数据的持续流动和价值开发利用，全面提升徐工核心竞争力，支撑徐工数字化、智能化转型。

表 5-4 集团数字化管控能力量化指标完成情况

能力名称	指标名称	指标解释	2019 年指标值	2020 年指标值	指标计算单位
集团数字化管控能力	预算执行准确率	实际发生数/预算数据	94.5	98.5	%
	存货周转率	累计销售成本/存货	科技分公司：5 道路分公司：3.7 建设机械分公司：2.6	科技分公司：5 道路分公司：3.8 建设机械分公司：4.4	次
	产品物联网覆盖率	当期物联网入网车辆/当期国内销售车辆数	科技分公司：96 道路分公司：75 建设机械分公司：84.6	科技分公司：96 道路分公司：78.5 建设机械分公司：88.4	%
	服务及时率	24 小时服务完工数量/24 小时客户报工总数量	科技分公司：93 道路分公司：78.1 建设机械分公司：88.5	科技分公司：95 道路分公司：80.3 建设机械分公司：90.1	%
	全员劳动生产率	工业增加值/全部从业人员平均人数	科技分公司：30.6 道路分公司：38.1 建设机械分公司：40.2	科技分公司：32.2 道路分公司：44.1 建设机械分公司：55.5	万元

徐工以两化融合管理体系为基础，持续整合管理体系，建立了以竞争力对标为核心的改进目标，推动公司理顺管理，压实责任，夯实、筑牢管理基础，实现高质量、高效率、高效益、可持续发展（"三高一可"），为建设百年徐工、实现珠峰登顶的宏伟目标提供强有力的管理支撑和保障。

（二）主要作用

徐工通过集团数字化管控能力建设完成对品牌的可持续塑造。徐工在英国 KHL 集团最新发布的全球工程机械制造商 50 强排行榜中跃居第 3；在 2020 年世界品牌实验室发布的《中国 500 最具价值品牌榜单》中，徐工品牌价值 802.76 亿元，持续领跑中国工程机械行业。

徐工通过集团数字化管控能力建设实现全面预算精细化管理。徐工以预算为主线，构建了公司从战略规划到计划、计划到预算、执行监控到分析、分析到考核评价的集团预算闭环管理体系，预算执行准确率由原来的 70% 提升到 90% 以上。

徐工通过集团数字化管控能力建设实现生产制造数据穿透管理。徐工高标准打造了行业引领、具有徐工特色的智能制造平台，通过深度融合精益制造理念，建立了贯穿数字化研发、智能制造、智能服务、智能管理的信息系统架构体系，深度集成 PDM、ERP、SRM、CRM、MES、SCADA 等核心信息系统，实现了人、财、物、信息的数据互通和集成管理。同时，构建起以 PDM 为核心的全球协同研发信息平台，建立了以 MES 为核心的制造过程中枢。成功开发全球首条起重机转台智能生产线，在线检测和校形、智能化焊接等制造水平达到国际先进。徐工荣获行业唯一全国智能制造标杆企业、2 个江苏省智能工厂和 19 个江苏省示范智能车间。

徐工通过集团数字化管控能力建设实现营销一体化管理。徐工实现了内部业务数据统一、业务入口和业务流程标准统一，实现集团的一体化管理与运营，实现客户、经销商、供方等业务的精细化管理。徐工建设了基本完备的国内外营销网络，具有客服中心 400 专业化服务窗口，形成了成熟的"集团管控、事业部调度、网点执行"服务模式，建立了完善的产品后市场服务体系，通过物联网平台实现基于大数据分析的产品全生命周期可视化管控，并且于 2020 年打造了基于后市场服务的全球数字化备件服务信息系统，已向客户提供了 333801 本数字化图册。

徐工集团工程机械股份有限公司材料执笔人：付思敏

第二节　生产运营集成管控体系助力自控所规模化高速发展——中国航空工业集团公司西安飞行自动控制研究所

摘　要： 中国航空工业集团公司西安飞行自动控制研究所（以下简称"自控所"）位于陕西省西安市，现有员工3500余人，是我国航空工业制导、导航与控制（GNC）技术研发中心，承担军、民用有人固定翼飞机、直升机和无人机等配套的GNC产品研发、生产和服务。两化融合是自控所提升管理能力和技术能力的重要手段，支持了管理创新和技术创新的落地。自控所的两化融合实践获得了上级机关的高度认可，"以信息化企业为建设目标的IT与流程深度融合管理"获得全国企业管理现代化创新成果一等奖，同时获得"国家级信息化与工业化深度融合示范企业"和国资委"国有重点企业管理标杆创建行动"标杆企业称号。本案例源于2017年启动的生产体系变革项目，面对当时内外部复杂环境，薄弱的生产运营管控体系已成为自控所的主要短板，急需打造面向规模化交付的生产运营集成管控能力。通过生产运营模式优化、生产组织调整、生产信息化平台重构等方面的变革，提升了生产运营集成管控能力，产品交付和运营指标有了大幅提高，增强了企业核心竞争力。

一、企业推进数字化转型的需求分析

党的十八大以来，各行各业的改革不断深化，以改革促发展，推动国有企业真正成为有活力、有较强竞争力和抗风险能力的市场主体。作为提供国防装备的航空工业，外部竞争环境也日趋复杂，通过竞标形式跨行业承担产品研制和交付成为常态，质量控制和按时交付面临诸多严峻的挑战，客观上要求企业适应复杂多变的新形势。运用战略管控的思维和方法管理企业，对环境变化敏捷感知、预判和响应，协同运用多种手段促进战略落地，实现高质量可持续发展，已成为企业必然的选择。

实际上，挑战与机遇并存！"十三五"期间，自控所迎来难得的发展机遇，新一代武器装备启动研制，定型产品形成规模，非航空防务获得份额，军用市场迎来新的布局；大客、支线飞机等民机项目纷纷上马，步入快速增长期，2016年自控所收入突破40亿元。但同时随着生产规模的扩大，面临的交付压力、质量压力和运营压力越来越大，具体体现为：一方面，经常无法为主机单位按时交付配套合格产品，影响主机生产进度；另一方面，成本增长，利润率下降，出现了企业规模变大后边际效应递减的现象，经济运行质量受到影响。以前多品种、小批量试制的生产模式已经不适配规模化发展的需要，急需进行生产体系变革，形成规模化生产交付和运营集成管控能力，将自控所打造成为GNC产业全领域、全能力的领军企业。

二、企业新型能力识别和打造的方法和路径

（一）新型能力识别的方法和路径

面对新的发展机遇，自控所提出了"以军机配套产品为立足之本，新兴产业及民机两个方向协同发展的战略布局"。对标发展战略需求，自控所的优势主要体现在两个方面：一是在技术创新方面，自控所在行业内具有很强的技术创新实力，拥有航空工业"飞行控制"和"惯性导航"两个行业重点实验室，以及"飞行器控制一体化技术"国防科技重点实验室，推进企业的预先研究和技术探索；二是在产品研发方面，具有飞行控制、导航、电子、光学、液压、机电、微系统、嵌入式软件8个事业部，拥有170位研究员和1100位高级工程师的产品开发团队。但在产品制造方面，多品种、小批量模式下的规模化生产能力是自控所的弱项，是持续提升经营业绩、实现商业价值的短板，是自控所未来需要全力培育的可持续竞争优势。

自控所原有生产体系主要面向国家重点型号任务研发的样机试制，缺乏规模化批产运营管控能力；原有生产组织架构来源于面向军品研发的研究所

模式，主要按照职能、专业、产品部组件制造逻辑进行设置，对战略落地、复杂业务解耦、流程运行等层面考虑较少，对市场需求的响应能力较弱；围绕科研试制建立的生产管理信息化平台，不能贯通从市场需求、生产计划、现场制造和交付服务的全业务流程，难以满足企业全局优化与生产能力整体提升的要求。因此，自控所的生产能力短板除生产设备等硬条件外，需要应用架构方法，以提升规模化交付能力为目标，从生产运营管理模式优化、生产组织构建和信息化支撑几个方面落地。

重点新型能力——面向规模化交付的生产运营集成管控能力，旨在针对自控所新一代装备需求大幅增长面临的生产运营能力短板，进行生产运营模式优化、生产组织调整和生产运营信息化平台重构3个方面的变革，提升生产运营集成管控能力，实现敏捷响应客户订单需求，提升产品交付能力，满足企业对新一代装备的规模化生产交付需求。围绕新型能力的构建，自控所制订了相应的交付能力提升指标，支撑"十三五"期末年产值突破60亿元，复合年增长率超8%的发展目标。

自控所为反映规模化交付能力的提升，选取了如表5-5所示的四项量化指标。其中，"产品工单平均生产周期"作为关键指标，含义是产品从零部件配套到完工检验入库的平均周期；选取了"产品按时交付率"作为企业响应客户需求能力的关键指标，是指按照合同交付计划按时交付的产品数量占全部交付产品数量的比例；选取了"产品一次检验合格率"作为产品质量提升的关键指标，是指产品完工后第一次提交检验合格数量占总检验产品数量的百分比；选取"年度存货余额压降"作为企业经营改善的关键指标，是指两化融合运营变革后企业年末存货余额相比前一年年末余额的降低比例。

表5-5　生产运营集成管控能力量化指标

序　号	指　　标	"十三五"期末目标
1	产品工单平均生产周期	85天
2	产品按时交付率	90%
3	产品一次检验合格率	99%
4	年度存货余额压降	30%

（二）新型能力打造过程的方法和路径

1. 实施方案策划

自控所转变生产组织模式，生产管控从原有"集中计划管控"转变为"分级策划管控"。分级机制重点如下。

计划分级：集中投产转变为逐级分解拉动，使计划更加贴近市场需求，提高准确性。

管理分级：通过逐级分解拉动，增加事业部对投产数量与平衡库存的自主权。

经营分级：逐级分解计划，构建事业部间交易机制，实现内部"市场经济"。

通过计划/管理/经营的分级管控，激活组织活力，消除痛点，实现敏捷响应。分级管控的具体流程按照图 5-4 所示的"V"模型，通过需求逐级展开和产品逐级实现，保证了计划分层闭环和价值逐层归集的业务原则，形成从客户需求、生产计划、采购供应、制造执行、交付回款的端到端生产运营闭环管理。

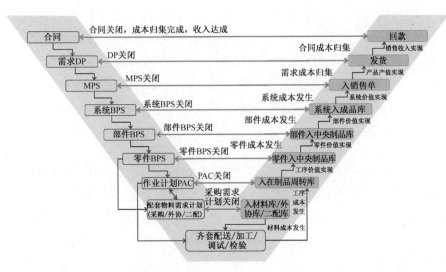

图 5-4　生产运营业务框架"V"模型

围绕从市场需求到交付回款的生产运营全过程，自控所生产运营变革团队分析了当前管理模式的短板，制订了如图 5-5 所示的"1 个重构＋2 个优化＋3 个专案"的运营变革实施方案。

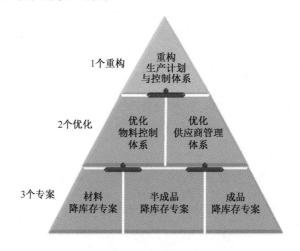

图 5-5　生产运营变革核心内容

自控所通过重构生产计划与控制体系，实现对市场的细分和对客户需求的分类管理，强化市场需求预测，转变生产计划模式；通过优化物料控制体系，着重解决采购计划、供应计划与复杂多变的交付需求间的紧密对接，确保资源充分利用；通过优化供应商管理体系，建立全面协同、合作共赢的供应链，支撑多项目、多批次采购，确保及时供应；通过降库存专案推进，解决存货占用资金大、周转率低的痛点。具体措施如下。

1）生产计划与控制体系重构

细分市场、分类管理客户需求。按照客户行业与产品特征，将市场细分为预先研究、军品研制、军品批产、售后服务、民机研制和民品开拓 6 大类，分别对应科技与信息部、防务工程部、生产运营部、外场部、民机工程部和规划发展部 6 个市场部门。由市场部门对接客户，签订产品订货合同，录入系统，形成统一的生产需求计划。

市场需求与预测。销售计划来源于销售合同、销售预测、中长期计划滚动，生产需求计划是销售订单和销售预测的汇总，是自控所生产能力对市场需求的初步反应，订单/合同的评审是重要的控制环节。生产运营部负责统一接收各个细分市场的产品需求，评估自控所经营计划的要求，建立销售订单/合同的评审流程，平衡市场需求与生产能力，进行需求有效性管控。

生产计划模式的转变。建立主生产计划 MPS，解决"我们要为客户做什么"和"各事业部要做什么"的问题。以合同/订单/产品为主线，统一装调计划、部件计划、组件计划、零件计划、作业计划、外协/外包计划的逐级编制规则和方法，建立计划的执行反馈、协调和评价考核机制。

2）物料控制体系优化

物控体系管控的重点是对采购输入源头的管理，包括物料管理、采购计划管理和供应计划管理。除加强物料选用管理外，着重解决采购计划、供应计划与复杂变化的交付需求的紧密对接，确保采购计划输入的准确性和及时性，提升供应的柔性。同时，面对研发项目周期短的特点，提前采购备料；应对停产限购等因素，对物料进行战略储备。以上做法为快速响应市场变化和生产现场需求奠定稳定的物料供应基础。

3）供应商管理体系优化

随着自控所经营规模扩大，需要打造强健的供应链，通过与供应商高效协同，更好地控制价格，提高供货质量，保证供应的及时性。供应链管理部依据物料种类、供应商重要程度和评价等级等因素对供应商进行分类，针对不同供应商采取不同的采购策略，实现与供应商协同发展、合作共赢，满足复杂多任务的采购需求，并且确保及时供应。

4）降库存专案推进

基于自控所存货占用大量资金，导致资金周转率低的现状，成立存货管理专项团队，确定降库存原则、策略和方法，提出解决方案。生产运营部承接所级存货管控指标，按采购品、生产过程半成品、产成品分类落实存货管理责任并分解到各业务部门，策划实施生产全流程压降存货方案。

2. 业务流程优化

生产运营从"集中计划管控"到"分级计划管控",整体流程框架如图 5-6 所示。市场部门负责对接客户产品销售合同/生产协议,制订交付计划,并且转为内部生产需求传递到生产运营部;生产运营部负责全所生产需求的统筹和生产规划;事业部按照规划要求,进行生产投产策划,形成自制、外协、采购等各类生产订单。生产计划管控由原来"统一投产""集中管理"模式转变为"生产需求逐级分解,生产订单逐级策划下达"的分布式计划模式。

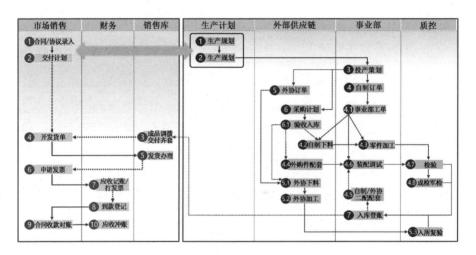

图 5-6　销售&生产运作整体业务流程场景

围绕生产运营端到端流程,聚焦业务痛点和流程断点,自控所开展了以下流程优化与再造工作:

(1)完善合同管理流程和系统,实现合同网络化办理,对接业务系统的收发货和收付款流程,实现合同全流程透明管理,满足内外审计要求,消除合规管理风险。

(2)整体管控改为逐级拉动,计划更加贴近生产一线,准确度高。通过逐级拉动,实现管理分层。基于预测,事业部可以自主进行库存平衡和追加投产。

(3)推进 PBOM 数据管理和基于 PBOM 的投产,消除工艺件计划缺项,基于 PBOM 的制造提前期倒排生产计划，使得事业部生产调度更加精准。

（4）针对物料类别采用相应的采购策略，按物料类别分别实施战略储备采购、订单式采购、研发提前采购、安全库存触发采购、自助采购等多种模式组合，提高采购效率。

（5）推广统一齐套配送模式，实施基于订单的采购需求和配套闭环，控制前端物料需求缺项；采用 FAS 装配计划拉动生产，使得前端零件生产匹配后端产品装配交付节奏，提升内外供应链管理能力。

（6）采购品存货由供应链管理部负责管理，按采购需求来源区分外购品的事业部归属。生产过程半成品由事业部负责管理，存货归属各事业部，按财务属性和现场生产物流过程分别建立前端配套库、中端装配在制品库和后端的部门交付库。产成品库由生产运营部负责实物管理，存货归属各市场部门。

（7）推动事业部存货产品成本核算，使事业部运营产值成本利润显形，同时改变了原来基于计划完成率的绩效管理，进行基于产品价值的分级核算，通过内部定价，实现内部模拟市场交易，促进事业部的管理自主性和积极性。

3. 组织结构变革

自控所以"战略导向，聚焦主业，围绕流程，协同高效"为原则，对组织结构进行了正向设计，形成矩阵式组织架构（见图 5-7）。围绕流程将原有 24 个职能管理部门按照大部制模式整合为 14 个第一责任部门。对研发制造部门按照事业部制管理，形成 7 个事业部，作为专业经营中心，逐步实现非法人公司化运营，事业部在统一的战略引领下，独立核算、专业经营，对产品营销、研发、生产和服务等业务运营方面赋予更多的经营与管控权。

通过推动研发制造部门向事业部的转型，由任务中心转变为具有经营职责的能力中心和卓越中心，由被动接受计划转变为主动策划、协调、执行计划，由项目的成本中心转变为结果导向的经营主体，实现了自控所由一级经营主体到本部和事业部两级经营主体的转变。在管控模式上，实行"统一战略、分级管控、专业经营"的事业部管控模式，以内部模拟市场化运作为纽带，配套建立了事业部与事业部之间（配套产品）、事业部与支撑保障部门之间（服务）、事业部与供应商之间（外购品）、事业部与市场之间（产成品）的产品交易和服务交易平台，同步推进工时定额、材料定额、内部交易价格等基础数据库建设，支撑事业部独立核算，增强组织活力和市场响应能力。

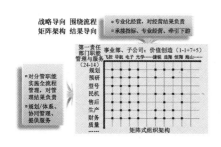

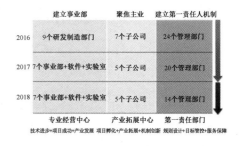

（a）矩阵式组织架构模型 　　　　　（b）组织结构演变历程

图 5-7　自控所正向设计的组织架构

4. 技术实现

按照组织、职能调整先行的原则进行本次生产运营变革，由新组织负责研究和构建新的业务管理模式，信息系统随需优化，快速支撑新业务流程实现，避免变革产生组织休克和业务停滞。

运营变革信息化团队经过分析，确立了最大化利用已有信息系统资产、敏捷开发、快速迭代、支持新业务流程和职责角色调整的快速落地原则。从2017 年开始，基于现有的综合计划管理系统（PMIS）、供应管理系统（SMS）、制造执行系统（MES）进行业务整合优化（见图 5-8）。信息系统重构采用敏捷开发模式，分模块迭代开发上线，经过两年的开发、测试和周密的培训演练，全部功能上线一次成功，实现了新旧流程同时兼容、新旧订单并行运行、部门职能业务顺利交接、管理模式无缝切换。同时，产品需求实现闭环管理，采购供应效率和生产效率大幅提升。

5. 数据开发利用

在完善生产运营管理体系的同时，信息部门构建了自控所战略协同管控的业务与 IT 架构，将战略指标分解、指标监控与过程管控的三个关键过程进行了整体设计，并且通过对 IT 架构进行适应性改造，提取业务流程执行和企业运营绩效数据，建立流程执行管控平台和企业运营集成管控平台，向决策层和业务管理层提供快速准确的全局管控视图和决策依据，辅助各级领导和主管做好分级分层决策支持。

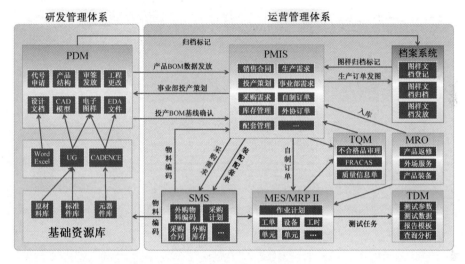

图 5-8　生产运营系统框架

运营集成管控平台实现自控所主要运营指标（存货、运营收入、应收应付等）的自动提取和图形化呈现（见图 5-9），使得决策层能够快速、便捷地掌握企业运营绩效，及时采取改进措施。

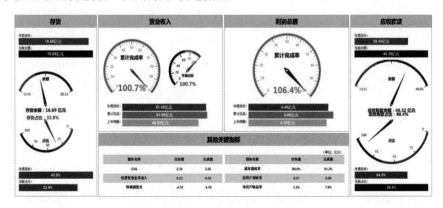

图 5-9　运营集成管控平台

基于统一的计划平台数据，提取与展示生产运营指标（见图5-10），对企业的生产需求投入进行管控，实时呈现生产完工进度；通过统计展示金额，反映企业存货压降指标；通过统计产品及零部件验收合格率，反映产品质量质控指标。

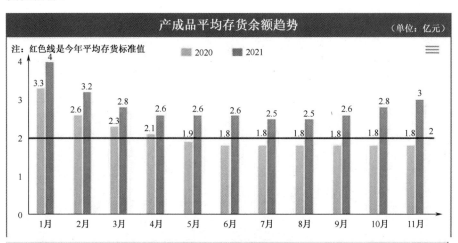

需求部门	1—11月平衡库存	全年需求		入库产值				销售产值（发货）			11月末成品库存
		11月	截至当月	11月	1—11月	1—11月计划	1—11月完成率	11月	1—11月	1—11月完成率	
防务部	37.89	0	9965.25	12	3554.13	9157.75	38.8%	221	7791.65	84.7%	707.9
规划发展部	40	0	30978.29	6.6	8895.45	22478.72	39.6%	13.2	8791.45	39.0%	158.7
基础管理部		0	304.35			304.35	0.0%			0.0%	
民机部	70.5	0	4411.94	0	1951	4411.94	44.2%	114	1467.5	32.7%	580.8
生产运营部	65174.5	0	848593.08	802.1	535133.2	804886.96	66.5%	8628.28	521064.72	59.9%	38030.1
外场部	3402.69	0	155320.26	336.41	47182.15	144855.61	32.6%	483.99	22740.31	15.3%	28619.1

图5-10　生产运营指标提取与展示

流程执行管控平台从生产管理信息平台提取业务流程执行数据进行统计分析，实现了流程任务完成率、超期任务统计等绩效信息的实时推送（见图5-11），使业务流程状态透明，各级管理人员容易发现业务瓶颈，加速流程执行进度。

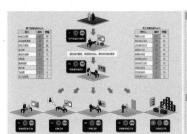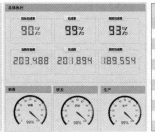

图 5-11　流程执行管控平台

6. 文化氛围培养

管理变革要快速推进，实现低成本、高回报，主要取决于变革的主体——企业员工对变革的认同、理解和深度参与。对于以信息技术为载体的业务流程再造，要实现全流程最优，就必须重视跨部门团队的合作。自控所在启动生产运营体系变革的同时，大力培育"系统思考，团队工作"的文化氛围，强调整体作用，不树立权威；提倡团队工作，不突出个人，在这个过程中倡导"失败的团队中不会有成功的个人""部门利益最大化并不等于企业整体利益最大化"和"视扯皮为耻辱"的文化，推动全员向变革整体目标的聚焦。

三、实施效果与主要作用

（一）实施成效

自控所经过两年的生产体系变革，打造了生产运营集成管控能力。通过优化业务流程，调整组织结构适应业务变革，最终以信息化技术实现变革成果的落地，使新型能力的量化指标持续向好。2016 年与"十三五"期末各项指标变化如表 5-6 所示（2016 年没有"年度存货余额压降"考核指标），产品的批量生产交付能力得到了大幅提升。

产品工单平均生产周期、产品一次检验合格率和年度存货余额压降都实现了预期目标。产品按时交付率（85%）未达到目标要求（90%）的指标值，主要原因是自控所的零部件机械加工 80%依赖外部协作，面临产品需求增加和外协加工能力不足，影响了自控所部件装配按时配套；同时，二次配套部件厂家交付延迟也直接影响了系统配套交付，未来还须加强外协和成品配套供应链的管控，预期 2 年内产品按时交付率达到 90%。

表 5-6 能力打造后生产运营集成管控能力指标变化

序号	指标名称	2016 年指标值	"十三五" 期末实际指标值
1	产品工单平均生产周期	121 天	82 天
2	产品按时交付率	60%	85%
3	产品一次检验合格率	95%	99.73%
4	年度存货余额压降	—	32%

（二）主要作用

1. 实现组织高效和流程优化，有力提升战略管控能力

自控所将战略与组织和运营相结合，从组织入手，构建了基于第一责任和事业部的矩阵式组织架构，经营主体从自控所 1 个整体转变为 1 个本部+7 个事业部+5 个子公司，按照战略驱动、分级管控、专业经营的管控模式，进一步激发了组织活力，实现全员关注客户，对准交付，市场压力逐级传递。发挥了计划管理的自主性，自控所的生产运营集成管控能力得到了大幅提升，更加适应多变的市场。

自控所实现了交付计划、生产计划、制造订单、现场管理应用和集成，构建了以 PDM/PMIS/MES/SMS 系统为核心的支撑精益生产的信息化集成平台，推动推式计划和拉式生产的联动，促进了信息流、物流和资金流的快速流转和高效协同。配合生产运营模式变革，实现了生产需求基于产品结构逐级分解，事业部订单基于 BOM 基线和分工逐级下达，事业部成本产值基于出入库进行核算，支撑事业部运作模式的有效落地。

2. 实现规模扩张和效率提升，增强综合竞争能力

通过生产运营体系变革，自上而下的生产关系更加适应生产力，7 个事业部作为独立经营主体，自主发展动力明显增强，打破了规模扩张的天花板，

2016—2020 年，营业收入从 42.7 亿元增长到 62.8 亿元，年均增长 10.1%，营业收入年均增长 10%，利润年均增长 20%。

3. 探索出了一条"两化融合"的新途径

通过本次变革，磨砺出一支"管理+信息化"的复合型人才队伍，同时在自主创新的过程中沉淀出多项具有自主知识产权的管理信息系统。在提炼管理变革的结构化实施方法基础上，自控所开始在航空制造企业进行推广试点，向航空机载系统多家企业输出可复制的变革实践模式和业务管理系统，带动一批企业走上信息化与工业化共建融合之路。

中国航空工业集团公司西安飞行自动控制研究所材料执笔人：

苏　华　乐清洪　郝　俊

第三节　智能电网数字化运营管理能力助力山东电力数字化转型——国网山东省电力公司

摘　要： 国网山东省电力公司（以下简称"公司"）是国家电网公司的全资子公司，业务覆盖电网经营、电力购销、电动汽车充换电设施及汽车服务等多个方面，服务电力客户 4915 万个。为建设具有中国特色国际领先的能源互联网企业，实现电网可靠、安全、经济、高效、环境友好和使用安全的目标，公司打造了面向智能电网的数字化运营管理新型能力。通过打造新型能力，公司实现了对通信、信息和现代管理技术的综合运用，大大提高了电力设备使用效率，降低了电能损耗，电网运行更加经济和高效。2020 年，公司高损台区减少电量损失 2.6 亿千瓦时，在国网系统内率先实现购售同期自然月抄表电费回收率达 99.999% 以上，获得国网业绩考核"A+"级企业。

一、企业推进数字化转型的需求分析

在构建全球能源互联网和电力改革背景下，能源领域的供应、消费模式都将发生重大变动，能源供需结构日趋扁平化、产业链各环节的联系变得更为紧密。可再生能源大规模接入、终端能源消费的电能替代及电网与其他能源网络相互影响等因素给电网的控制和管理带来了巨大的挑战，许多地区面临着维持电压稳定性方面的难题，传统的工具、技术和算法已经无法有效解决。

随着电网规模的不断扩大，电网公司在运营过程中提升电力供应可靠性和保持电力成本稳定的矛盾日益突出。传统的电网运营管理能力已经不能支撑电网规模发展的需要，亟须打破信息系统在信息采集、传输、处理和共享等多方面的瓶颈，借助专业化的数据处理平台对信息化基础构架进行优化与创新，真正发挥企业数据的应用价值，促进公司全业务数据融合，提升公司内部经营管理、生产控制及公共服务能力。

对标国际先进的电网企业，公司在推进电网数字化转型的过程中，需要紧密围绕两化融合管理体系的科学方法，依托 5G、人工智能、云计算、大数据等先进技术，构建覆盖生产、调度、营销、财务、办公、人力资源等各业务领域一体化高效数据处理平台，打造面向智能电网的数字化运营管理新型能力，为公司管理水平提升奠定坚实基础。

二、企业新型能力识别和打造的方法和路径

（一）新型能力识别的方法和路径

公司基于建设成为"具有中国特色国际领先的能源互联网企业"的战略导向，通过 IFE 分析法，明确了公司优势和劣势两个方面的因素，充分发挥在电网基础设施建设和统筹规划方面的优势，识别出了需要获取的安全可靠、供电质量、经营效益、营销管理及人力和财力管理等方面的可持续竞争优势，打造基于全网状态感知和人工智能的能源互联网控制管理能力，具体可分解为面向智能电网的数字化运营管理能力、基于人工智能的电网运行监测分析能力和一体化的综合管理和技术保障能力（见图 5-12）。

其中最核心的是面向智能电网的数字化运营管理能力，包括：实现海量数据获取和存储的能力，构建统一数据视图和数据统一标准的能力，强大的大数据应用的服务支撑能力，解决复杂性问题的分析能力。目标是完成电网全业务数据收集分析，优化电网运行过程中的数据分析与处理效率，提升公司内部经营管理、生产控制及公共服务能力。为更好地衡量新型能力提升情况，公司将面向智能电网的数字化运营管理能力分解为算力资源、接入业务系统数量、接入业务系统数据数量、业务主题域模型数量、模型遵从度、提供的公共数据服务数量和典型应用场景数量等可量化指标，便于后续管理和监督。

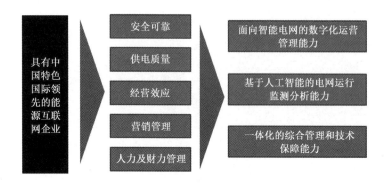

图 5-12　新型能力识别

公司确定面向智能电网的数字化运营管理能力量化指标如表 5-7 所示。

表 5-7　面向智能电网的数字化运营管理能力量化指标

序号	指标名称	指标定义
1	算力资源	数据存储空间数量+内存数量+计算内核数量
2	接入业务系统数量	已将数据接入数据管理平台的业务系统数量
3	接入业务系统数据数量	已接入数据管理平台的业务系统源数据量
4	业务主题域模型数量	描述业务需求和需求之间关系的数据模型
5	模型遵从度	业务主题域模型与标准模型的符合度
6	提供的公共数据服务数量	大数据平台向各业务部门提供的公共数据服务
7	典型应用场景数量	大数据平台支撑的典型业务应用场景

（二）新型能力打造过程的方法和路径

为打造面向智能电网的数字化运营管理能力，实现预期的两化融合目标，公司根据战略规划和"十三五"信息化规划和"十四五"数字化规划，依照两化融合管理体系的基本框架，本着实现"一个转型、两个服务"的目标，对新型能力的建设过程进行了策划，涵盖业务流程与组织结构优化、技术实现、数据开发利用等方面。

公司以数字技术和数据要素创新应用为驱动，以"三融三化"为主要思路，打造"143"能源互联网数字化架构体系，为面向智能电网的数字化运营管理能力建设提供支撑。具体包括打造新型数据中心的 1 个核心基础网架，优化电网生产、企业经营、客户服务、新兴产业 4 大业务领域，强化安全防护、运营支撑和新技术 3 个保障。同时，对电网运营人员进行同步的数字化运营技能提升，逐步实现将数字化融入电网业务、基层一线和产业生态，最终实现公司数字化转型。

1. 业务流程优化

（1）梳理升级业务流程。优化业务流程是打造面向智能电网的数字化运营管理能力的重要环节。公司重点对智能电网、能源互联网生产运行等相关的电网调控运行、源荷接入、能源交易、电网建设、生产检修关键业务进行分析和优化，压缩流程节点，提升流程效率。分析数据来源的业务工作为优化业务流程奠定基础。以企业架构的方法对业务开展梳理，以便能系统地、本质地、概括地把握企业的总体功能结构，分析数据产生和应用的业务场景，为后续构建统一的数据模型及数据管理体系提供必要的指导和输入。梳理工作从业务领域划分入手，参照国家电网公司下发的《国家电网公司"三集五大"体系建设总体方案》中的"两级法人、三级管理"的总体架构，梳理公司各级职能，构建公司能力架构（见图 5-13）。

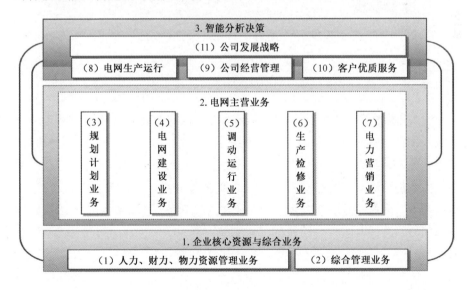

图 5-13　公司能力架构图

公司能力架构主要包括企业核心资源与综合业务、电网主营业务和智能分析决策 3 大板块，涉及 11 项业务应用。在此基础之上，参照"五位一体"协同机制，以业务流程为主线，从管理和信息化两个维度来审视管理与信息化之间的融合（见图 5-14）。

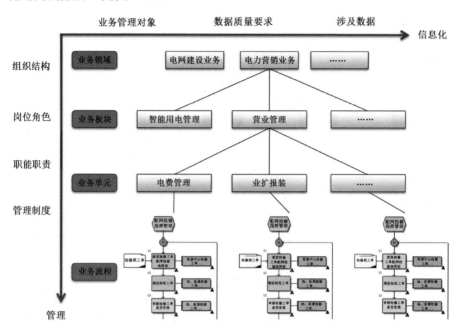

图 5-14　管理与信息化两个维度的融合

（2）分析特定数据对象开展的运营业务活动是打造数字化运营管理能力的核心工作。在数据使用方面分析数据组成，针对该数据开展的业务活动、管理对象，并且识别业务数据来源、数据存储和数据应用，关注业务之间衔接点的数据内容、数据的更新频率、数据的使用频率，研究数据价值挖掘，根据业务之间的关系分析数据之间"天然"的数据关系，识别主数据；特别是跨部门、跨业务流程的综合数据共享应用需求，如"四个最好"大监测体系建设、"五位一体"业务流程监测等，并且围绕指数、流程、指标、明细数据等，逐层明确数据来源。在系统应用方面，分析业务开展支撑所使用的系统、系统建设模式、部署模式、系统所存储的数据、数据所支撑的业务、业务衔接点数据与系统数据的对应关系，梳理出数据字段同源点；在数据质量方面，按照业务执行主体，厘清数据产生责任方及其数据采集、处理、存储和质量要求；在数据共享安全方面，根据业务所依据的规章制度，分析业务产生的数据可以共享的方式，包括全局共享、有限共享和不共享，分析数据安全需求。

（3）利用物联网、人工智能、大数据等数字化技术，构建全面贯穿规划、设计、建设、运行全过程的数字孪生电网。同时将实时决策融入业务流程，实现在线的、全程数据贯通的、共享互动的数字化设计流程、数字化采购流程、数字化基建流程、数字化电网运维流程。在客户服务、供应链、调度、生产运营流程效率提升等方面，着力提升作业、管理和服务智能化水平，推进人、设备、数据泛在互联和在线交互，增强电网、客户全息感知、移动互联和智能处理能力。

2. 组织结构变革

（1）公司成立互联网部，各部门成立数据处负责推进相关工作。互联网部牵头数字化建设规划和部署，各数据处负责落实建设要求，优化机构编制、职能设置，完善岗位分类，制定岗位名录，规范岗位设置，健全信息、通信、数据等专业的管理流程。

（2）信通公司、电科院、经研院、地市公司等支撑单位负责制订数字化人才培养方案，组织开展数字化人才培训，通过岗位能力认证、技能鉴定，建立能力认证等级与岗位津贴挂钩机制，激发和调动刻苦钻研业务的积极性和主动性。

3. 技术实现

（1）整合基础资源，为数据服务提供基础支撑能力。基于云计算、大数据等技术，整合底层内部网络、存储、主机等基础设施资源，统一计算资源、存储资源、数据库集群资源等，为统一数据视图建设提供数据采集、数据存储、数据处理及数据服务部署能力。

（2）打造区块链平台，着力实现能源区块链公共服务应用。基于技术中台区块链技术打造行业级区块链示范工程；在基建领域，围绕"需求导向"深化业务应用，深入挖掘卫星导航、通信、遥感技术在基建领域的应用场景；

在运检领域，深入探索卫星通信、导航、定位、遥感技术在运检领域的应用场景；在营销领域，基于卫星技术，为计量设备赋予时空属性，获取高精度位置信息，切实提高营配贯通数据质量，保证数据准确鲜活；在调控领域，基于电力北斗精准服务网地基增强站，构建电力统一时频网。

（3）启动前沿性技术研究，为数字化转型后期攻坚做好准备。构建能源互联网数字化架构（见图 5-15），开展 5G 移动边缘计算、动态智能网络切片、组播业务分发、5G 高精度授时同步等关键技术研究，构建基于 5G 公网研究的 5G-MEC 边缘云模式、业务部署模式。突破电力终端安全操作系统关键技术，针对电力物联终端在各场景下的安全需求，研究安全操作系统对终端硬件资源的适配，研发定制自主可控的安全操作系统产品，推进可信计算主动免疫技术的应用，并且结合物联感知设备轻量级接入身份认证及信息传输加解密保护技术，从底层构建安全可信的计算环境。开展数字孪生技术应用研究与建设，突破电网环境孪生重建同步技术，实现与业务平台跨时空关联、映射协作，构建由局部到整体、由内部至外观的电网大时空孪生体，探索拟实化的全周期、全机理的分析、仿真、决策。

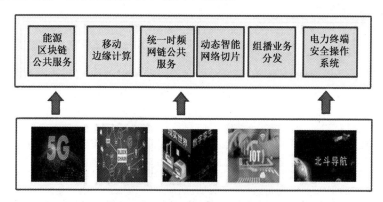

图 5-15　能源互联网数字化架构

4. 数据开发利用

（1）构建公司数据标准体系。

公司参照国家电网公司公共信息模型（SG-CIM）标准设计并构建了数据标准体系，如图 5-16 所示，包括 13 个一级数据主题域、73 个概念主题域，分专业、分条线设计各领域数据模型，按照设备、电网、安全、财务、资产、人员、客户、产品、市场、物资、项目、综合、金融 13 个业务领域划分，从领导层、管理层、设计人员、开发人员等视角对数据的主题域视图、概念数据模型标准、逻辑数据模型标准、物理数据模型标准、数据元素标准、信息分类编码标准等内容进行设计规划。

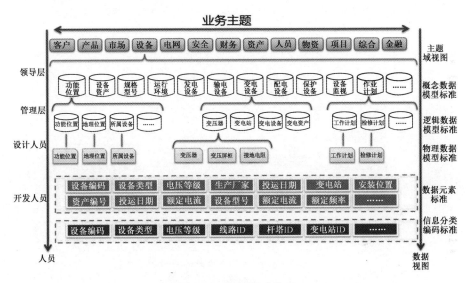

图 5-16　数据标准体系

（2）建立公司级信息分类编码标准。

结合国家电网有关编码文件和公司已经使用的编码情况，按照"国网标准—国际标准—国家标准—自行定义"的顺序原则，从编码定义、规则定义、编码记录等方面建立公司级数据标准体系（见图 5-16）。信息分类编码是标准化的一个领域。信息分类就是根据信息内容的属性或特征，将信息按一定的原则和方法进行区分和归类，并且建立起一定的分类系统和排列顺序，以便管理和使用信息。

（3）构建企业级大数据平台。

通过打造企业数据平台，提供数据接入、数据存储、数据计算能力，为数据接口服务、数据挖掘服务、自动式分析服务提供支撑服务。按照贴源历史层、明细数据层、分析共享层构建企业数据仓库，实现数据全量汇聚、标准存储和分析共享。部署大数据平台组件，提供列式存储、流计算、内存计算等大数据存储计算能力，实现数据分布式存储和实时分析计算。大数据平台总体架构如图 5-17 所示。

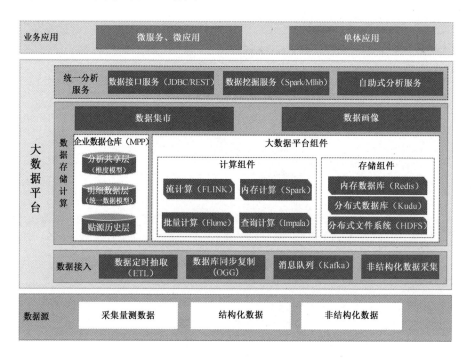

图 5-17　大数据平台总体架构

① **数据接入服务**：支持数据同步、数据抽取、消息队列、文件传输、服务调用等数据接入方式；支持接入多源异构的结构化数据、非结构化数据和采集量测数据的接入；支持批量数据接入和实时数据接入；提供任务智能调度能力。

② **数据仓库服务**：提供高性能数据仓库服务，支持异构数据源分析，支持多层数据划分、清洗、转换，提供面向主题域的数据组织能力；支持按照数据类型建立业务维度模型。

③ **流计算服务**：具备高可用、高吞吐、低延迟、精准计算等特点，提供

处理消费者所有动作流数据的能力。

④ **内存计算服务**：提供可网络交互的、数据缓存于内存中、中间处理结果不落硬盘的计算能力，支持内存性能要求较高、并发较大的场景。

⑤ **批量计算服务**：提供大规模并行批处理作业的分布式计算能力，支持海量作业并发规模，提供系统自动完成资源管理、作业调度和数据加载能力，提供高度容错能力及高吞吐量的数据访问能力，支持大规模数据集上的应用。

⑥ **交互式查询计算服务**：支持主流大数据生态，支持对 PB 级数据进行高并发、低延时的分析处理，兼顾数据仓库能力，具备实时、批处理、多并发的能力。

5. 安全可控情况

在构建面向智能电网的数字化运营管理能力过程中，公司组织编制相应的平台安全规范，完善信息安全管理保障体系，从网络、系统、终端三个层面实现全省信息网络和系统的安全管理。在"大云物移"等新技术广泛应用的新环境下，形成了一整套对信息安全的管理规定，建立负责信息安全决策、管理、执行及监管的机构，明确各级机构的角色与职责，完善信息安全管理与控制的流程。

三、实施效果与主要作用

（一）实施成效

如表 5-8 所示，2021 年年初公司通过监测考核的方式对两化融合管理体系完成情况进行考核，各项量化指标考核指标均达标。其中，算力资源实际完成值 16764，较 2019 年提升 41.21%；业务主题域模型实际完成值 86 个，较 2019 年提升 50.88%；提供的公共数据服务数量 966 个，较 2019 年提升 55.55%。

表 5-8　新型能力量化指标完成情况

序号	指标名称	2019 年数据	2020 年数据
1	算力资源	11872	16764
2	接入业务系统数量	47 套	93 套
3	接入业务系统数据数量	118TB	362TB
4	业务主题域模型数量	57 个	86 个
5	模型遵从度	99.01%	99.10%
6	提供的公共数据服务数量	621 个	966 个
7	典型应用场景数量	23 个	31 个

（二）主要作用

公司通过两化融合管理体系的贯标及新型能力的打造，提升了信息化治理水平，在数字化基础平台建设、数据管理与应用、数字新技术应用等方面能力明显提升，具备了推进两化深度融合及电网运营管理数字化转型的管理抓手。

1. 数字化基础平台建设走深向实

省公司数据中心承载在运信息系统（含移动应用）267 套，存储数据总量已达 3381TB，计算核心量已达 16764 颗，机柜 379 面；实现全公司 IT 资源统一监控管理，完成 17 套业务系统迁移上云。目前公司数据中台接入业务系统数据 362TB，体量位列国网第一，有力支撑公司各专业人工智能应用全方位落地。"十三五"期间，已上线 20 余种人工智能模型，支撑 10 余项业务应用建设。

2. 数据管理与应用能力显著增强

完成网上电网、智慧供应链等 11 个场景建设所需数据溯源及交付，开展数字运营中心、数据管理工具建设及自动化报表中心推广；按月开展指标及常态监测，掌握公司运营状况和经营绩效；开展台区及线路停电、配网主动抢修、负荷监测预警等大数据分析，服务电网安全经济运行。

3. 数字新技术应用场景逐渐拓宽

数据中心已完成包括 ERP、PMS、营销、财务等核心业务系统在内的 93

套信息系统数据接入，系统接入率达到 48.6%，总量达到 360TB，体量位居国网第一。推动北斗+5G 无人机智能巡检、基于北斗的杆塔倾斜监测等 31 项场景试点应用。

国网山东省电力公司材料执笔人：王　勇　刘　晗　陈剑飞

第四节 产品全生命周期一体化管控能力助力中钢邢机四个战略转变——中钢集团邢台机械轧辊有限公司

摘 要：中钢集团邢台机械轧辊有限公司（以下简称"中钢邢机"）始建于 1958 年，是中国政府投资创建的国内第一家专业生产冶金轧辊和冶金成台（套）设备的冶金机械及备件制造企业，轧辊产品国内市场综合占有率 50%，全球市场占有率达 20%以上，是目前世界上引领行业发展、产销规模最大、市场占有率最高、综合实力最强的冶金轧辊专业研发制造企业。为满足钢铁工业新的技术进步和转型发展需求，促进国家基础产业的健康发展，将中钢邢机打造成为钢铁工业提供系统化产品解决方案的服务商，中钢邢机通过全面开展工序作业自动化自主改造、业务管理在线化的两化融合创新实践，打造了贯穿轧辊全生命周期的综合集成系统，实现对轧辊生产过程工序作业操作质量、工艺执行、单件产品单工序成本、生产准时化、设备远程运维等精细化管控，中钢邢机精益化管理水平显著提升，生产准时化保持在 10min 以内，研发周期缩短 20%，产品综合成本降低 3%，产品一级品率 99.37%，打造了企业独具特色的核心竞争力。

一、企业推进数字化转型的需求分析

轧辊制造覆盖完整的铸造、锻造、热处理、机械加工过程，属于典型的多品种、小批量、多批次、定制化的生产模式。轧辊品种规格繁多、制造工艺复杂、生产流程长，生产过程自动化流水线作业实现难度大，行业企业普遍存在生产加工设备老旧、物联网覆盖程度低、底层数据缺乏有效的采集和集成、生产过程多数采取人工判读和人工操作的方式，整体自动化、信息化水平不高等问题，在生产资源调度、过程标准化控制、质量成本精确管控、精益化生产等方面还存在很大的提升空间。

国内轧辊行业虽然经过上一轮的大规模投资建设热潮，产能已基本能满足国内轧钢业需求并出口海外，但在产品结构、资源配置效率、生产技术水平等方面参差不齐，行业整体发展水平很不均衡，并且由于整体产能过剩，恶性竞争日益蔓延，行业盛行的低成本竞争不仅拉低了行业整体制造水平，还使高端产品的推广和应用速度受到影响，最终使产品用户——钢铁企业的技术进步和发展也受到不良冲击。

中钢邢机作为为钢铁企业提供重要大宗消耗类备件——轧辊产品的研发和制造商，经过五十多年的创新发展，目前已成为国内轧辊行业的技术领先者和综合竞争实力最强的行业龙头企业，能够为钢铁行业轧制新技术的推广应用及产品结构调整提供创新型成果和技术支持。企业清晰地认识到，轧辊行业已从"规模扩张"转变为"高质量发展"，传统生产过程中非精确性操作模式和粗放式管理方式已不适应市场对产品交货期、产品质量、产品使用成本、轧辊使用技术等方面的更高要求，需要依靠创新驱动助推企业高质量发展，依靠数字化、智能化手段，实现以数据驱动为核心的管理决策，支撑企业生产模式和管理方式的精益化、科学化和智能化变革。另外，传统的单项业务应用系统各自为战、单一业务系统缺乏有效的流程和数据整合的情况也已经无法满足互联网时代的发展需求，企业迫切需要基于信息化技术构建一套全新的价值创造平台，使得企业的发展能够摆脱低端竞争、减少资源浪费，打造为钢铁工业提供系统化产品解决方案的服务商，并且引领国内轧辊行业实现健康发展。

二、新型能力识别和打造的方法和路径

（一）新型能力识别的方法和路径

质量、效率、效益的提升，以及成本的降低是制造企业恒久的主题，中钢邢机紧握时代脉搏，以支撑企业生产模式和管理方式的精益化、科学化和智能化变革为目标，提出了四个转变的战略思想：

——由追求产量扩张向注重品种、质量、效益提高转变；

——企业经营方式由产品生产商向产品运营服务商转变；

——产品研发与生产由注重产品本身向更加注重材料基础研究、制造工艺基础研究及使用技术研究和产品适用性研究转变;

——产品的生产过程由传统方式向更加依靠数字化、智能化手段和信息化管理方式转变。

通过SWOT(态势分析法)及波特五力分析法,就企业战略优势、劣势、机会、威胁、客户及供应商、替代产品、竞争对手等分析,企业当前获取差异化可持续竞争优势应重点考虑生产成本、精益化生产、新产品研发、人力成本等方面。根据企业的四个转变战略,将国家法律法规、政策、企业现状、客户需求、市场态势、竞争对手实力、技术发展新趋势等作为输入,识别出与企业战略相匹配的可持续竞争优势为,保持并提升企业在全球市场开发、核心技术研发、精益化生产管控、降本增效能力方面的可持续竞争优势。

基于可持续竞争优势的需求和依靠数字化、智能化手段实现以数据驱动为核心的管理决策,企业提出了建立产品全生命周期一体化管控系统,采用大数据分析、数据驱动等技术实现精益化管理和智能化决策的发展需求,将先进制造技术、新一代信息技术与公司管理要求相融合,打造中钢邢机独有的"基于产品全生命周期的一体化管控"新型能力,推动企业向"制造+服务"的模式转型升级。

产品全生命周期一体化管控能力旨在构建轧辊全生命周期一体化管控系统,以实时生产数据自动采集为基础,以生产、业务数据充分融合为路径,实现产品设计与研发、生产制造、产供销协同的一体化集成应用,发展面向用户需求的产品监测追溯、远程诊断、在线服务新模式,实现产品全生命周期信息的互联互通、上下游企业信息共享与协同,进而提升企业产品创新能力、工艺技术、产品质量和服务水平,打造企业独具特色的核心竞争力。通过新型能力的建设主要实现如表5-9所示的量化指标。

表5-9 新型能力建设量化指标

量化指标	目标值	单位
新品研发	5～10	项/年
综合废品损失率	1以下	%

量化指标	目标值	单位
生产准时化率	95	％
设备 OEE 综合效率	85	％
产品交货期缩短	15	％
产品使用问题处置速度提高	35	％
差旅费减少	10	％

——基于用户现场使用数据，加快新产品研发，提升创新能力，工艺改进增加 5～10 项/年。

——通过对生产过程的数据采集与精准控制，达到主要工序质量与成本的 100%受控，综合废品损失率降至 1%以下。

——通过自动排产系统建设，生产准时化率提升至 95%，设备 OEE 综合效率提升至 85%，产品交货期平均缩短 15%。

——轧辊产品使用问题处置速度提高 35%以上，差旅费减少 10%。

（二）新型能力打造过程的方法和路径

1. 实施方案策划

中钢邢机采用"整体设计、分步实施"的两化融合建设思路，以打造新型能力为目标，抢占行业的制高点，率先提出通过建立产品全生命周期一体化综合管理系统的方式，实现企业的精益化管控和生产服务型转型升级。具体策划如下：

（1）升级原有的单机系统数据库环境，构建企业数据存储中心。通过数据接口实现实时数据和关系型数据的交互集成，为打通业务间业务流程融合奠定基础。

（2）推动公司应用系统的业务和数据集成，打通订单接收、物资采购、生产计划、生产执行情况、用户使用现场的数据及业务流程，实现各业务对公司的经营管理要求的即时响应和统一协调。

（3）通过轧辊全生命周期的一体化管控，打造以数据驱动为基础的管理模式，实现数字化产品研发及工艺设计，全工序自动计划排程，生产过程关键工序工艺、质量、成本的100%受控。

2. 业务流程优化

（1）在产品设计方面，引入模拟仿真软件和构建工艺知识库，通过虚拟仿真模型验证研发工艺参数代替原有靠实物生产新产品进行验证的方式，极大地提升效率和降低成本。

（2）在生产计划资源调度方面，搭建适合轧辊生产过程的自动排产系统，实现效率、产能、成本多维度的自动排程及滚动优化，计划排程的效率、科学性大幅提升。

（3）在生产过程质量管控方面，构建生产过程三级预报警系统，通过生产过程数据与标准值的实时对标，即时发现生产异常，并且根据系统判定的问题级别触发班组、车间、公司三级报警和处置流程，改变原来仅由车间或分厂技术科进行管理的模式，形成问题分级别报警、处置、验证、优化的动态管理。

（4）在成本管控方面，改变轧辊行业几十年来以品种、重量进行成本分摊的核算模式，革命性地创建了以单件产品、单个工序为核算对象的单件成本核算管理系统。通过系统实现每支产品、每个工序的成本数据归集，并且采取产前预算、产中控制和产后分析的三层管控体系，细化成本管控，促进了公司成本会计由核算型向管理型转变。

（5）在产品售后服务方面，构建面向客户现场的远程运维云服务平台，生产现场技术人员和外部专家可随时随地通过移动终端，接收用户现场服务人员发起的视频会议、技术文档、产品检测图像视频等，提供远程技术服务，提高了现场的服务效率和水平。

3. 组织结构变革

中钢邢机建立两化融合领导组、管理组和实施组三级管理组织，实行逐级"一把手"负责制，确保两化融合在企业战略层面得到安排和部署，在业务层面得到落实和保障，保证两化融合目标的有效落地。

中钢邢机在二级生产单位成立由制造工艺、信息化、设备自动化三方面技术人员构成的，以数据挖掘和两化融合的应用推进及系统的管理维护为主要职责的数据管理科，强化对生产车间两化融合具体实施过程的监督、考评和过程的管控。

4. 技术实现

（1）通过对设备的自主升级改造，构建具有轧辊生产特点的企业物联网。中钢邢机通过自主设备工控系统改造、增加传感器、引入先进的视觉识别技术等，实现产品生产全过程数据采集：通过工控系统 PLC 自主开发，实现冷、热加工设备运行参数的实时采集和动态监控；通过 RFID、条形码、二维码等扫码方式，追踪轧辊在生产过程中的工序执行和物流情况，记录设备点巡检数据；实现对生产现场产成品、在制品、原料、工具等的位置信息采集。

（2）构建基于企业私有云的统一数据中台。中钢邢机为解决现场系统异构、数据库异构且分散、数据格式多样等问题，建立了企业私有云计算、云存储数据中台，部署 PI 实时数据库、Oracle 关系型数据库，满足海量实时生产数据和业务运行管理数据的统一处理、统一存储。数据中台采用面向服务的技术架构，通过 Web 服务、API 接口等松耦合方式，将异构系统、平台、数据进行整合，实现各种应用系统跨数据库、跨系统平台的无缝接入和集成，支撑个性化业务应用的高效开发、集成、部署与管理。

5. 数据开发利用

中钢邢机构建轧辊产品全生命周期一体化集成管理系统，形成不同数据维度的全生命周期数据驱动管理模型，通过不同业务系统整合，实现数据共享、数据驱动、业务协同。

1）数字化产品研发及工艺设计系统

中钢邢机大力推动数字化产品研发，引进国际一流热模拟机和仿真模拟软件，包括 ANSYS、DEFORM、PROCAST 等熔炼浇注、锻造过程和热处理过程模拟仿真软件及 Gleeble 金属受热及变形过程模拟试验机，可以模拟不同材料配比、不同工艺参数在轧辊铸造、热处理、锻造等工序中，材料组织性能的变化情况，高效率、低成本地验证并优化产品制造工艺参数，缩短产品研发周期，降低研发成本。

建立数字工艺设计体系，基于每支轧辊的生产过程数据、设备运行参数、质量性能检测数据、钢厂用户的使用反馈等产品全生命周期数据，构建轧辊工艺核心知识库，计算出成本、质量、生产效率的最佳平衡点，为不同客户需求智能化提供最优的产品工艺设计依据，提升产品市场竞争力。

2）生产过程精益化管理

① 生产工序智能化自动控制。

中钢邢机实施数字驱动战略，大力推动生产工序和加工设备的"一键式操作、无人化工序、集成式作业"，对造型、冶炼、浇注、热处理、锻造、机械加工等全过程生产工序，进行设备自动化、智能化升级改造，集成工艺、物料、设备运行等数据，构建了各生产工序的智能化自动控制模型。

通过造型工具智能喷涂、冶炼工序自动配料、炉群智能化控制、智能化锻造、机械加工智能生产等工序及生产单元的自动化、智能化升级实现了轧辊生产过程的一键式自动执行、无人化参与生产模式的大力推进，大幅度提升了操作过程的精准性和标准化。

② 轧辊生产计划自动排程。

中钢邢机为了更好地优化生产节拍、协调生产资源、提高设备利用率、降低资源库存占用，自主设计和打造轧辊行业中首个 APS 高级排产系统，综合订单、工装、设备、工艺、产品、生产流程等约束条件，搭建面向冶炼、锻造、热处理、机械加工全过程生产工序的协同排产算法，实现设备利用率最大、交货期最短、成本最优、重点产品优先等不同排产模型，通过接收生产作业反馈信息实现滚动排产和动态调整。同时以生产计划为核心，自动产生物料采购计划、工具准备计划等辅助性计划，实现计划调度的统一性、一致性。

③ 冶炼过程动态监控和预警。

中钢邢机对熔炼设备进行自主改造，建立逻辑判断数字模型，通过冶炼设备运行参数、工艺执行数据、各类传感器等数据的实时采集、监控和对比分析，自动判断熔炼过程的用时、用能及质量情况，针对生产异常自动报警，管理者可即时、准确地掌握每一熔炼炉次的完整生产数据，找出熔炼操作工步中的不合理、不规范、不标准的环节，针对性制订熔炼操作步骤和工艺优化改进方案，熔炼用时大幅度缩短，生产效率得到极大提升。

④ 热加工能源监控与智能调度。

中钢邢机建立了集能源管理、能源调度为一体的能源管控中心，覆盖了企业冶炼、锻造、热处理 3 大工序 300 余台重点耗能设备，对生产、工艺、技术、能耗等 2 万余个数据进行实时监控，实现了风、氧、电、气等能源从生产、储存到使用的全过程监控与优化平衡调度，建立能源调度的可视化管理和精益化控制，为企业稳定生产、节能减排提供依据。

3）单件轧辊成本核算管理系统

中钢邢机充分应用信息技术，将生产过程中每道工序的能源、物料消耗等数据进行实时采集，自主设计构建了单件产品成本核算管理系统，实现了核算对象由一直沿用的"产品类别"到"每件产品、每一生产工序"的轧辊成本管理的革命性转变。系统通过成本预测、成本控制和分析改进实现了成本闭环管理，为成本的精细化管控提供了有力的支撑，推动成本会计由核算型向管理型的转变。

4）轧辊产品移动远程云服务平台

为了给用户提供更周到、更全面、更及时的服务，中钢邢机构建了基于用户使用现场的移动远程云服务系统，通过不受时空限制的移动远程视讯方式，搭起了生产厂家与用户现场技术支持与服务实时互动的桥梁，实现了异地技术专家对钢企使用现场的技术指导、产品超声波检测及金相检测、远程视频技术交流、远程紧急技术征询与调查等，有效提升了技术服务的效率和水平。

三、实施效果和主要作用

在轧辊行业整体处于错综复杂的市场形势下，中钢邢机通过两化深度融合，打造并保持了企业新型能力的有效发展，有力支撑了中钢邢机"四个转变"发展战略的落地。产品全生命周期一体化管控能力进一步促进企业绿色、可持续生产，中钢邢机已发展成为一家资源集约型和环境友好型的绿色制造企业，经济效益和社会效益得到进一步提升，为本地区和行业企业提供了有益的参考和示范作用，彰显了中央企业的良好风范。

（一）实施成效

1. 研发创新能力大幅提升

依托计算机辅助研发技术和工艺设计系统，构建了轧辊工艺核心知识库，形成研发、生产、改进的闭环模式，新技术、新工艺、新方法的研发与应用全面提升了企业自主创新能力，保持了轧辊首研首发的领先地位。自 2017 年以来，公司工艺改进 223 项，新获授权专利 167 项，新产品研发 20 项，研发周期平均缩短 20%。

2. 生产精益化水平和降本增效能力逐年提升

通过生产过程 3 级监控预报警系统和单件产品成本核算管理系统的实施，改变了原本主要依靠人工的粗放式生产管理模式，实现生产过程操作、工艺、质量、成本等全面受控，企业精益化水平和降本增效能力逐年提升，生产制造过程主要工序质量、成本 100%受控，吨产品综合成本降低 3%。在轧辊行业普遍不景气甚至亏损的状态下，中钢邢机实现了连续 18 年的盈利。

3. 产品质量稳定受控

广泛应用物联网、工业数据分析、自动化控制等技术，自主对重点工序和关键设备进行数字化改造，推进实施"一键式操作、无人化工序、集成式作业"项目，在国内率先实现了程序自动控制的自由锻，进一步提高了锻件的精度和效率。设备自动化程度的提升进一步提高了生产作业的标准化和一致性，进而提升产品质量的稳定性，企业综合废品损失率降至 1%以下，在全球同行业中处于领先水平。

4. 生产效率进一步提升

在轧辊行业建立首家 APS 自动排程系统，实现冷、热加工工序的全流程排程，在满足合同和交货期的前提下，综合考虑设备利用率、成本和产量最大化等要求，建立动态排程模型，代替原有的人工排产，将产品生产按小时、分钟具体排到工序、设备、人员上，实现设备利用率最优、生产成本最低、产量最大的最优化排程，从而提高排程的效率、减少生产等待时间、提高设备利用率，生产准时化率提升至 96%，设备 OEE 综合效率提升至 87%，产品交货期平均缩短 20%。

5. "互联网+"服务新模式促进企业转型升级

应用"互联网+"模式建立的轧辊可视化远程运维云服务平台，实现生产现场与产品使用现场的有效对接，实现了用户服务需求的及时响应、快速分析和迅速处理。两个现场的数据共享，使得轧辊使用现场问题处置速度提高40%以上，差旅费用支出减少超过 15%，功能计价模式的承包轧线在 4 年内增加 20 余条，产品技术服务收入占比逐年上升。

（二）主要作用

1. 促进企业的管理变革和流程优化

中钢邢机将"深耕细作"管理思想和"深、细、严、稳、准、精"工作要求，具体融入、落实和固化到产品全生命周期一体化管理系统中，改变原来只有在生产出现问题后的事后分析为产前预测、产中控制、产后分析总结的三级管控机制和班组、车间、分厂（部室）的三级监控报警机制，提高管理效率和水平。进一步优化业务流程，削减不增值环节，进一步提高企业精细化管理和精确化操作水平，保证了产品质量的提升和成本的降低，进而提高了企业在激烈市场中的竞争力。

2. 提高企业技术创新能力

企业立足材料、工艺、制造前沿技术，基于产品全生命周期大数据资源，开展轧辊复合材料研究，不断开发高性能、低成本、绿色环保新型产品，引领全球轧辊研发方向，为全世界现代化轧机提供最新、最优产品和满意服务，将企业建设成为世界钢铁生产最重要的依靠力量，轧辊和冶金设备研发与制造领域主导型企业、世界上最优秀的专业供应商。

3. 创新企业数据驱动管理新模式

产品全生命周期一体化管理系统的构建支撑了中钢邢机敏捷、高效的数字管理模式，通过对各流程环节及上下游的大数据分析，推进了以数据为核心驱动力的管理新模式，实现了以数据为支撑的智能化辅助决策及数据驱动业务数字化、智能化管理，提高了企业的业务运行效率和管理水平。

中钢集团邢台机械轧辊有限公司材料执笔人：薛灵虎　王敬军　李凤刚

第五节 面向工厂和市场的数字化管控能力助推工程机械珠峰登顶——徐州重型机械有限公司

摘 要： 徐州重型机械有限公司（以下简称"徐工重型"）是徐工集团的核心企业，中国工程机械行业龙头企业，产品市场占有率达到50%，连续19年位居中国工程起重机行业首位，2020年晋身全球移动式起重机第一名。立足于全球竞争的发展战略需要，充分考虑工程机械行业"多品种、小批量、定制化"的离散型制造需求，徐工重型制订了智能制造的整体发展规划，利用数字化手段与制造技术融合，"以决战在市场，决胜在工厂"为战术指导，开展两化融合实践，通过多信息系统集成应用和工业大数据分析，打造面向工厂和市场的数字化管控能力，在行业内首家通过智能制造能力成熟度四级评估，并且建成全国首批智能制造标杆工厂。作为行业内首家通过智能制造能力成熟度四级评定的企业，生产效率提高50.8%，运营成本降低23.8%，产品研制周期缩短36.7%，产品不良品率降低36.1%，能源利用率提高12.8%，助推工程机械珠峰登顶。

一、企业推进数字化转型的需求分析

工程机械产品广泛应用于石油、化工、风电、轨道交通等国家重大基础工程建设项目，是国之重器。工程机械行业高速发展，产品性能指标已达到世界领先水平，随着"一带一路"倡议走出国门，逐渐与国外产品同台竞技。但是，核心零部件及关键制造工艺与国外对手仍存在较大差距，智能化、自动化设备在高度离散工厂不能全面铺开，生产制造过程中的产品质量和可靠性有待提高，频繁变化的市场需求导致计划变更快速，供应链无法及时响应，同时整个行业受全球供应链的波及，影响客户交付。市场激烈的竞争环境导致产品及后市场利润空间被进一步压缩，提高客户服务满意度，成为当前提高市场竞争能力的一个有效手段。

为提升制造过程的保障能力，交付高质量的工程机械产品，提升民族产业整体竞争力和世界舞台话语权，徐工重型审视自身发展现状，制定了珠峰登顶的"三步走"战略，智能制造是其中的核心举措，以高可靠、高质量的产品质量提升为目标，加强基于精益生产的供应链准时化配送，交付客户"技术领先，用不毁"的产品，构建"2 分钟派工，10 分钟响应，4 小时到位，24 小时完工"的客户敏捷服务体系，最终通过两化深度融合，实现制造过程的网络化、信息化、数字化和智能化，打造面向工厂和市场的数字化管控能力，落地智能制造。

二、企业新型能力识别和打造的方法和路径

（一）新型能力识别的方法和路径

徐工重型的战略思想是，贯彻徐工集团"国际化、精益化、补短板、可持续"经营理念，立足"技术、质量"两个根本，聚焦"传统产业、明星产业、新兴产业"三大产业，贯穿"资产安全、成本控制"两条主线，以"变革创新、人才激励"为驱动，实现"国际化、智慧型、服务型"三个转变。

具体战略方向通过以下几个方面实施。

一是做强传统优势产业。汽车起重机保持绝对领先优势；在产品品质、核心技术和关键零部件方面，打造真正的核心竞争力；全地面起重机、越野轮胎起重机、施工升降机等明星产业，创新机制、变革管理、压强发展，快速提高产品品质和产业规模。

二是大力发展新兴业务。加快流动式港口机械、核心零部件产业化；加大再制造、二手车业务、备件服务等一系列后市场投入，推进向服务型制造企业转型。

三是加快公司全球化发展。拓宽产品国际标准，精耕国际营销渠道，全面参与国际竞争，起重机、越野轮胎起重机持续扩大海外市场份额，成为具

有全球影响力的国际化企业。

为了获取与战略相匹配的可持续竞争优势，徐工重型紧密围绕"寻找可持续竞争优势需求——识别获取优势所需要具备的新型能力"这一主线，通过主要竞争对手分析、宏观环境分析、SWOT 分析，结合实际战略，寻找到需要保持的 7 项可持续竞争优势。

技术先进优势：提升产品研发的效率和质量，提升产品的技术先进性和可靠性，以"全球布局、创新研发、赶超标杆、产业拓展"创新技术指导思想。

品质可靠优势：全面推进研发、采购、制造、后市场"四大过程"质量提升，实现研发过程"优生优育"、采购质量"过程保证"、制造过程"在线控制"和后市场管理"精准高效"。

智能制造优势：实现供应链销售、采购、生产、库存、物流的一体化集成管理，上下游企业间打造贯通供应商、企业、客户等的供应链协同平台，及时共享客户订单、生产计划、物料计划、生产实绩状况等信息，推动与供应商、配套厂商、客户等上下游之间的无缝对接与业务协同。

网络化营销优势：建立数字化和互联网化的用户营销服务系统与平台，面向用户提供直销和信用销售服务。

客户需求的快速响应优势：建立以客户为中心的平台化、网络化、智能化的生产组织、备件体系和用户服务体系，实现客户订单的快速交付及跨业务和跨区域的专业服务和调度支持。

成本领先优势：建立起严格的成本管控体系。

高效运营管理优势：优化整合企业内外部价值链资源，实现资源的高效利用。

根据可持续竞争优势需求，识别出为获取可持续竞争优势所需要打造的 10 项新型能力，可持续竞争优势与拟打造的新型能力之间的对应关系如图 5-18 所示。

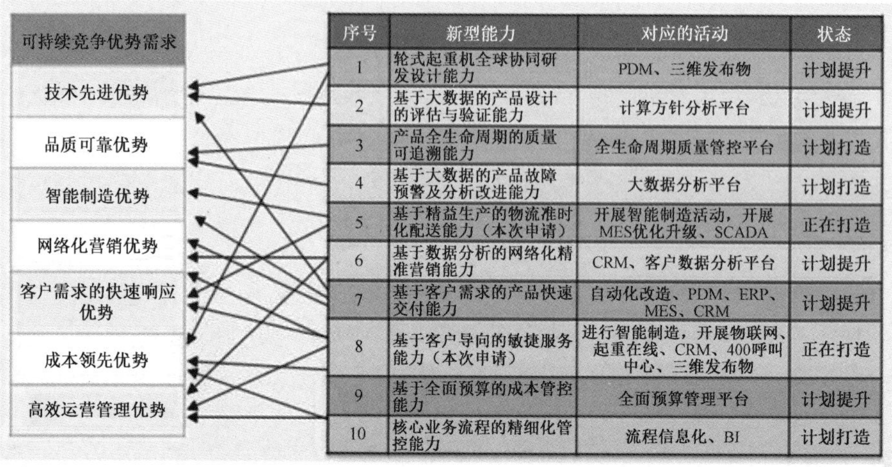

图 5-18　可持续竞争优势与拟打造的新型能力之间的对应关系

徐工重型以智能制造活动为核心，基于精益生产的物流准时化配送能力和基于客户导向的敏捷服务能力，开展企业数字化转型，并制订了相关指标，如表 5-10 所示。

表 5-10　新型能力建设指标

新型能力名称	指标名称	指标解释	指标当前实际值	2020年目标值	2019年实际值
基于精益生产的物流准时化配送能力	供应商备货完成率	Σ（同批次供应商及时发货物料数/同批次供应商应发货总物料数）/批次数	98.10%	98%	97.37%
	供应商物流中心登到率	Σ（同批次供应商准时配送质检合格物料数/同批次供应商应配送总物料数）/批次数	96.20%	96%	95.43%
	装配现场登到率	Σ（同批次装配现场及时登到质检合格物料数/同批次应登到总物料数）/批次数	95.50%	95%	94.14%
基于客户导向的敏捷服务能力	10分钟响应率	10分钟内响应及时信息条数/总信息条数	97.14%	97%	96.82%
	4小时到位率	4小时内到位信息条数/总信息条数	98.21%	97%	96.07%
	24小时完工率	24小时内完工信息条数/总信息条数	90.45%	90%	86.09%
	服务满意度	回访满意信息条数/总信息条数	—	94%	93.80%

（二）新型能力打造过程的方法和路径

1. 实施方案策划

在生产过程中存在的供应商物料数据准确性无法掌控、物料存储数据不透明、物流状态无法跟踪、供货及时率低、配送齐套率差等问题，严重制约着公司产能的释放和快速响应市场能力的提升。为了快速响应市场变化，缩短从订单到交付的过程，实现生产透明、品质改善、效率提升、产品可追溯、物流可追踪、配送准时高效的目的，公司组织对基于精益生产的物流准时化配送能力建设过程进行策划，兼顾公司战略、可持续竞争优势、新型能力要求等方面，根据轮式起重机行业技术发展趋势和自身业务需求及目标，确定将 MES 项目和 SAP ERP 优化项目等作为支撑基于精益生产的物流准时化配送能力的核心项目。优化升级 MES、ERP 系统，并且实现 MES 与 WMS、QMS 等核心系统深度互通集成，实现产品全流程柔性智能制造，提升物流配送的自动化、准时化水平，实现供应链数字化、精益化管理，构建信息化、智能化服务管理体系。

随着营销规模的扩大，产品同质化竞争日趋激烈，客户对产品的服务提出了更高的要求，竞争对手在不惜重金打造更为高效快捷的营销与客服一体的信息化平台，以期在服务上占得先机。与竞争对手相比，营销系统的信息化平台优势正在逐渐降低。由于企业规模、组织架构、业务模式的变化，旧的客户关系管理系统已明显不能有效支撑目前的业务需要，物联网、呼叫中心等信息化手段也急需完善。基于以上背景及现状，公司规划打造基于客户导向的敏捷服务能力。

2. 业务流程优化

在实施过程中，工厂建设总体业务流程和信息流程如图 5-19 所示。

围绕基于精益生产的物流准时化配送能力打造，以精益生产理念为指导，通过 MES 项目，梳理制订生产计划管理和物料内部配盘流程、供应商配盘流程等 13 个业务流程，通过信息化手段有力支撑生产计划快速准确和物流准时化配送的实现，重塑物流体系建设，引入水蜘蛛配送模式、KIT 配盘模式、两箱循环配送模式等多种模式，取消供应商直接向生产现场配送，提高物料配送的精准性和配送效率，实现物料条码收发一体，取代以往大量的不增值活动。

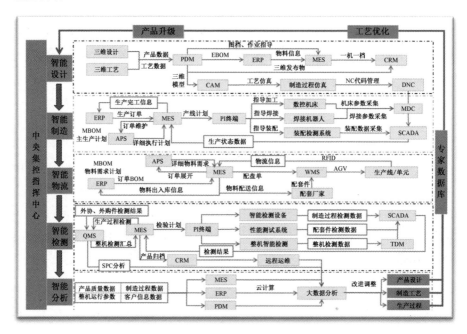

图 5-19　工厂总体业务流程和信息流程

围绕基于客户导向的敏捷服务能力，在业务流程方面，梳理优化市场管理流程、客户管理流程、合同管理流程、发货管理流程、回款管理流程、产品档案管理流程、服务商管理流程、报修处理流程、服务人员就近派工流程、远程故障诊断流程、锁车解锁流程、供应商服务流程、返修流程、咨询与投诉处理流程、三包备件管理流程等数十个业务流程，满足企业内部对整个服务能力的管控需要。

3. 组织结构变革

在组织结构方面，为了推行生产物流配送新模式，促进组织结构由直线型向流程型转变，围绕基于精益生产的物流准时化配送能力，在信息技术系统的有力支撑下，优化现场业务流程，提高生产运作效率，进而提升准时化配送能力。撤销原物资管理部，在工程制造部下增设物流配送中心，将原有属于该部门的业务职能整合，并入工程制造部，实现生产与配送统一归口管理，以便更好地整合资源，提高执行效率和对生产变换的反应速度。为了提高客户服务及时性，提高客户满意度，营销公司成立了资产管理部、二手车业务部，客服中心成立了 400 呼叫中心 24 小时服务，信息化管理部增加了物联网平台专职运维管理人员，从服务资源角度切实保障新型能力建设。

4. 技术实现

在技术实现方面，基于精益生产的物流准时化配送能力，徐工重型在供应链运营中引入信息化、自动化、智能化的物流系统和装备。优化升级 MES 系统，并集成 SAP 系统，实现生产与物流过程实时监控与可追溯，利用 MES 配盘管理模式，带动供应链上游物流协同。

配盘管理优化功能可以实现对现场缺料信息快速、准确的统计。现场呼料直接使用 LED 屏展示，一目了然。现场接收采用扫描方式，提高操作准确度，依据进度模拟推算精确物料需求时间到小时，装配可到单台。配送既支持要料方式也支持送料方式，并且细化配盘点。配送到工位调整为配送至配盘点，配盘点物料细化至物料号，配送更精细。配送台套数按照工装和现场位置可进行调整，配送计划更合理，能够满足随生产量的变化而调整。

在 SAP 系统的基础上，通过 MES 系统的物流模块，从收货到物料上线，所有物料拉动信息的产生均由该系统根据生产计划和实际消耗触发产生，并且实现了全过程的可追溯管理；该系统还可以在生产线上的每台车型号配置不同的情况下，支持柔性化生产，达到小批量、多批次的精益生产要求。

基于客户导向的敏捷服务能力，在营销服务平台规划中，客户关系管理系统 CRM 是核心平台，涵盖客户档案、市场管理、销售管理、服务管理、备件管理等模块，满足企业内部对整个服务能力的管控需要；Portal 是服务门户网站，分布在全国各地的代表处、服务网点，经销商、供应商通过 Portal 实时提报信息；呼叫中心 Call Center 是客户提报信息的入口，并且通过 Call

Center 进行派工调度；移动手机平台 MCRM 主要为奔波在服务一线的服务工程师使用，利用手机平台，可以随时随地向总部提报服务过程信息；物联网平台是主动信息收集平台，通过安装在产品上的传感器、控制器等部件主动收集客户产品位置、工况、施工等信息，实现远程故障诊断；零部件图册系统满足客户自助查询备件信息的需求，再结合电子商务平台，客户可以在线购买备件，满足客户备件服务的需求；电子商务平台涵盖营销、服务、备件、二手车、租赁、维修和机手管理的智慧化服务平台。

同时构建物联网系统故障诊断库和 CRM 故障知识库，充分融合 400 客户服务智能化设备及信息化系统，提高及时响应、实时监控，提升服务及时性及服务效率，并且有效进行客户价值分析，提高价值客户服务水平，形成在服务效率、服务质量和服务成本方面的综合优势。

5. 数据开发利用

在数据的开发利用上，徐工重型通过梳理进行元数据标准化，切实从源头保证数据标准的一致性。围绕营销、质量、生产、研发、服务等重点领域，通过数据总线实现核心信息系统集成，打通了信息孤岛，实现数据互享。同时，以集控中心为载体，完成工厂级、车间级、区域级集控中心建设，实现生产过程的数据化驱动，以监控指标为抓手，提高生产过程中异常问题的处理效率，提升企业大数据应用和可视化水平。目前，已建立生产主题、质量主题、销售主题、设备主题、服务主题等监控指标，分层级逐步实现公司在研、产、供、销、服的全价值链的数据分析应用。

其中，基于精益生产的物流准时化配送能力，实施开发了供应商到货及时率报表、物流状态跟踪报表、配送订单查询报表、现场缺料报表、车间生产日报表、工序生产日报表、计划完工率报表、在制品日报表、不良品统计、关键件采集情况统计表等各种生产相关报表数十个。通过准确及时地获取生产车间与生产工序的各种相关数据报表，将生产计划的完成情况及时反馈到管理人员的计算机上，使各部门负责人和现场管理人员能够及时掌握生产进度、物流状态、过程质量、关键件采集、产线状态、缺料信息等实时信息，以便及时调整生产计划。

基于客户导向的敏捷服务能力，在 CRM 和物联网中开发各种业务报表 155 余种，大数据统计分析几十种，主要有客户的动态信息报表、销售分布汇总表、各类客户设备信息汇总表、经销商承兑回款明细、经销商信息额度监控表、回访及时率统计报表、响应不及时信息明细、到位不及时信息明细、完工不及时信息明细、服务满意度统计报表等。同时统计分析产品开机时间、产品作业工况、产品故障易发区域、产品黑匣子数据、锁车成功率、单车工作参数查询、区域产品工作时间统计表等，有效判断热点区域，加大研发和服务人员投入，提高客户满意度。通过对数据的分析和利用，客户服务满意度整体得到了极大的提升。

三、实施效果与主要作用

（一）实施成效

徐工重型持续打造面向工厂和市场的数字化管控能力，实现准时化配送和敏捷化服务。其中以 MES 物流配送为例（见表 5-11），账务处理能力由原来的每单 40 分钟降低到 10 分钟，对账时间（每月）由 3 天降低到 0.5 天，各类报表统计时间由 3 天降低至 0.5 天，效果显著。

表 5-11　以 MES 为例物流能力提升

序号	改善点	实施前	实施后
1	账务处理时间（单批次）	40 分钟	10 分钟
2	对账时间（每月）	约 3 天	0.5 天
3	领料单打印、传递、分解时间（单批次）	30 分钟	2 分钟
4	各类报表统计时间	3 天	0.5 天
5	配送工数量	20 名	8 名

通过 CRM 与物联网平台集成应用，公司实现了对市场与服务的统一、高效指挥，促进了"2 分钟派工、10 分钟响、4 小时到位、24 小时完工、0 距离即现场回访"服务绩效的实现，有效提高服务及时性及服务满意度。平均故障恢复时间从 62.28 小时缩短到 32.63 小时，服务满意度从 2013 年的

91.22%提升到 2020 年的 94.25%。10 分钟响应率、4 小时到位率、24 小时完工率 2020 年比 2013 年分别有大幅提升。借助平台进行资产安全管控，推动应收账款回款 3.26 亿元。通过智能化的服务大数据统计分析，帮助企业迅速做出服务改善决策，实现每年节约服务费用 600 余万元，近两年平均单台质量损失下降 30%以上，如表 5-12 所示。

表 5-12　新型能力指标当前值

新型能力名称	指标名称	指标解释	指标当前实际值	2020 年目标值	2019 年实际值
基于精益生产的物流准时化配送能力	供应商备货完成率	Σ（同批次供应商及时发货物料数/同批次供应商应发货总物料数）/批次数	98.10%	98%	97.37%
	供应商物流中心登到率	Σ（同批次供应商准时配送质检合格物料数/同批次供应商应配送总物料数）/批次数	96.20%	96%	95.43%
	装配现场登到率	Σ（同批次装配现场及时登到质检合格物料数/同批次应登到总物料数）/批次数	95.50%	95%	94.14%
基于客户导向的敏捷服务能力	10 分钟响应率	10 分钟内响应及时信息条数/总信息条数	97.14%	97%	96.82%
	4 小时到位率	4 小时内到位信息条数/总信息条数	98.21%	97%	96.07%
	24 小时完工率	24 小时内完工信息条数/总信息条数	90.45%	90%	86.09%
	服务满意度	回访满意信息条数/总信息条数	94.25%	94%	93.80%

　　徐工重型两化融合行业内起步最早，单项应用、综合集成和模式创新等水平和能力，一直处于行业内领先地位。徐工重型目前处于两化深度融合阶段，通过推进智能制造、准时化配送、敏捷化服务等模式创新，实现了信息技术在企业全价值链的全面覆盖和综合集成。通过推进两化深度融合，以徐工重型典型产品 25 吨汽车起重机为例指标达成情况如表 5-13 所示，企业生产效率提高 50.8%，运营成本降低 23.8%，产品研制周期缩短 36.7%，产品不良品率降低 36.1%，能源利用率提高 12.8%，准时化配送能力和敏捷化服务能力进一步加强，通过信息化和工业化深度融合发展，实现了企业高质量运营。

表5-13　企业能力建设指标达成情况

考核指标	指标分解	实施前水平	实施后水平	实际指标
产品研制周期缩短32.6%	典型产品研制周期（天）	316	200	缩短36.7%
生产效率提升38.3%	典型产品日产能（台/班）	9.08	13.7	提升50.8%
产品一次交验不合格率下降23.3%	制造过程一次交验不合格率（%）	1.79	1.15	下降36.1%
运营成本降低21.4%	典型产品单台人工成本及制造费用（万元）	6.56	4.9987	降低23.8%
能源利用率提高12.8%	典型产品单台能耗（吨标准煤）	0.0125	0.0109	提升12.8%

同时企业业务盈利能力大幅提升。徐工重型积极推进两化融合实践，建成企业中央集控指挥中心，综合利用大数据分析，以数据驱动业务，为企业决策提供强力支撑，打造面向工厂和市场的数字化管控能力，助推工程机械珠峰登顶，2020年公司自主营收入突破200亿元，同比增长20.8%，产品市场占有率持续保持行业首位，销售规模再创新高，继续领跑行业。

（二）主要作用

徐工重型在实施两化融合管理体系的过程中，坚持将九项基本管理原则与公司的具体管理过程相结合，两化融合管理体系在推动公司战略转型上实现了公司发展战略与公司两化融合规划的统一。通过规范公司两化融合的相关过程并使之持续受控，在帮助公司识别和打造信息化环境下的新型能力和可持续竞争优势的过程中发挥了重要作用，信息化建设成为支撑公司实现战略转型和战略落地的有效手段。

在流程优化方面，建立了流程优化的有效机制，紧紧围绕公司发展战略开展流程优化工作，伴随组织结构调整和业务拓展，无论是管理流程还是业务流程都得到大幅改善，效率和效果明显提升，流程信息化程度得到不断巩固加强。

在组织结构方面，为更好地匹配业务流程，在新型能力建设过程中对组织结构进行了相应的优化调整，部门职能和岗位职责进行了及时更新，明确全员岗位职责，建立全员参与机制，健全了考核指标和考核制度，并且纳入员工绩效考核体系。

在技术创新方面，不断将先进的信息化与工业化技术运用到生产经营活动中，利用协同研发技术、三维工艺技术、智能物联网技术、移动终端应用技术、条码追溯技术、工业网技术、工业云技术、大数据分析技术、智能制造技术等丰富和充实创新内容，使技术创新落到实处，两化融合的深度和广度不断加深。

在数据开发利用方面，以公司信息系统前期积累的海量内源数据和其他外源数据为宝贵资源，围绕企业经营和决策，建立了多维度分析模型，不断加大工业大数据的挖掘和分析利用，为公司经营决策提供数据支撑，提升企业洞察力，建立差异化的竞争优势。

总之，通过两化深度融合，徐工重型数字化转型效果显著。2020 年徐工重型两化融合评估得分为 86.30 分，在全国企业中高于 97.40%的企业，在同行业中高于 98.67%的企业。同时，徐工重型获评全国智能制造标杆企业、行业内首家通过工业和信息化部智能制造能力成熟度四级认证、工业和信息化部制造业与互联网融合发展试点示范企业等，企业综合竞争力显著提升。

徐州重型机械有限公司材料执笔人：李忠福　杜兆龙　张　翔

第六节　异地多电站集中化在线管控能力助推新华发电公司新时代转型升级"五部曲"发展战略落地——新华水力发电有限公司

摘　要： 新华水力发电有限公司（以下简称"新华发电公司"）是由中国核工业集团有限公司控股，新华水利控股集团有限公司参股的专业化清洁能源企业。自 2014 年进入核工业体系以来，新华发电公司专注清洁能源，不断加强市场开拓、优化业务布局，建立了以清洁能源发电和电网为主、多元发展的业务体系，形成了涵盖"源网荷储用"的较完整的综合能源产业布局，保持了较快的发展速度，市场影响力不断增强，已逐步成长为中国核工业集团有限公司非核清洁能源板块的中坚力量。新华发电公司通过两化融合管理体系贯标，辅之以"异地多电站集中化在线管控能力"的打造，基于"互联网+"的技术理念研发了"中小水电智能管理服务云平台"，是国内首家融合物联网、云计算、大数据及移动办公等信息技术于水力发电的传统行业，实现电站数据从采集、传输、存储到应用的全面贯通，可以帮助新华发电公司实现水电站远程集中规模化运营、提升水电站信息化管理水平、合理优化资源配置、实现效益最大化。目前已经接入的电站总数接近 500 座，取得了良好的经济效益和社会效益。

一、企业推进数字化转型的需求分析

随着水电市场竞争加剧，优质水电资源获取难度进一步提升，新华发电公司遇到了新的挑战。新华发电公司所管理的电站以中小型电站为主，目前在运电站 89 座，单站平均装机 6 万千瓦；在建电站 8 座，单站平均装机 26 万千瓦，分布于湖南、新疆、宁夏、云南、江西、陕西等多个地域，企业各区域电站装机小且分布较散，工作环境艰苦，可持续发展面临严重的压力。

新华发电公司在前十年的发展过程中，以快速规模化发展为主，电站归属于二级控股公司，由控股公司自行建设和运维，导致公司生产管理水平和技术能力与规模化发展不匹配，管理层级较多，管理链条较长，管理机构设置重复，执行力不强。一方面，新华发电公司自上而下未建立标准、统一的电力生产管理体系，受新华发电公司发展历史的因素影响，各电厂投产在前，总部运行管理部成立在后，各电厂投产前按电力生产的行业标准要求，建立系列的规范与标准，但未形成新华发电公司统一的管理体系与标准；另一方面，各电厂受区域资源分布不均影响，发展不平衡，互补协调性较差，发电装机容量占比没有优势，在市场竞争中话语权较弱；最后，未建立专业的生产激励与约束措施，现有的激励与约束仅以发电量为主要考核内容，没有形成专业的考核体系，使得精细化运行管理没有运用到位，精细化管理仅仅是一种口号，而未真正落到实处，指标考核也只是做书面文章。

业务地域跨度较大，下属企业较多，新华发电公司亟须通过新型能力打造，创新运营管控型机制，打造集战略规划、重大决策、资源配置、集约管理为一体的强总部管控模式，调整、优化当前体系组织结构，减少管理链条，实行新华发电公司总部—区域公司—项目公司的三级管理层级，实现数据资源等共享及业务、流程、标准的统一。

二、企业新型能力识别和打造的方法和路径

（一）新型能力识别的方法和路径

新华发电公司围绕推进两化融合的核心主线："企业发展战略出发——进行对标和优劣势分析——寻找可能获取可持续竞争优势的方向——确定为获取竞争优势要打造的新型能力的需求"，识别和确定与战略一致的可持续竞争优势需求。

根据公司的"十三五"战略发展规划要求，新华发电公司推进了专业化、集约化、标准化、信息化建设，把信息化建设列入企业发展战略之一，以加强信息化对主营业务的支撑力度。自 2018 年起，新华发电公司明确了"以新疆新华 IPO 为牛鼻子工程、以事业部落地为基础、以区域公司职能调整为抓

手、以新旧动能转换为保障、以整体转型升级为方向的高质量跨越式发展"的新时代转型升级"五部曲"战略。

基于企业发展战略，新华发电公司规范了可持续竞争优势识别与确定的机制，识别出了品牌价值优势、基于综合能源运营的服务优势、多区域集团化运营管控优势和产业链资源协同共享优势（见图5-20）。

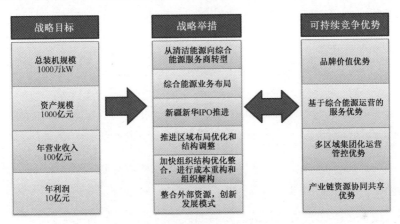

图 5-20　可持续竞争优势与公司战略对应关系

为了满足企业可持续竞争优势需求，新华发电公司进一步确定了每一项优势对应的需要打造的能力，并且形成了电力营采配一体的云服务能力、综合能源方案的提供及服务能力、异地多电站集中化在线管控能力等 8 项企业新型能力，如表 5-14 所示。

表 5-14　可持续竞争优势与拟打造的新型能力之间的对应关系

可持续竞争优势需求	对应新型能力	能力打造状态	能力涉及活动	时间安排
新华发电品牌价值优势需求	电力营采配一体的云服务能力	优化提升	营采配平台、云平台升级项目	2019 年 6 月
	综合能源方案的提供及服务能力	规划打造	能源管理云平台建设、工程建设管理项目	2020 年 6 月
多区域集团化运营管控优势需求	异地多电站集中化在线管控能力	正在打造	集团生产管理项目（PMIS）、电站运行管理项目（HOMS）、电站集控管理项目	2018 年 5 月

可持续竞争优势需求	对应新型能力	能力打造状态	能力涉及活动	时间安排
多区域集团化运营管控优势需求	基于共享平台的财务业务一体化管控能力	优化提升	财务共享服务平台、财务核算平台、财务管理平台、电子影像系统	2019 年 6 月
基于综合能源运营的服务优势需求	电力营采配一体的云服务能力	优化提升	营采配平台、云平台升级项目	2019 年 6 月
	综合能源方案的提供及服务能力	优化提升	营采配平台、云平台升级项目	2020 年 6 月
产业链资源协同共享优势需求	发电—输电—变电—配电的大数据挖掘与分析能力	规划打造	电力大数据存储计算平台、电力数据机器学习及人工智能专家库、BI	2019 年 6 月
	清洁能源产业链资源协同共享能力	规划打造	经营管控平台、资源管理平台、综合管理平台	2019 年 12 月

根据新华发电公司的"五部曲"新时代发展战略，计划将所有的水电资产集中到新疆新华进行 IPO，运行管理事业部落地湖南新华公司，对新华发电公司所属电站使用统一的专业化标准开展生产管理。为此明确了"多区域集团化运营管控优势需求"是最先需要实现的，对应的新型能力为"异地多电站集中化在线管控能力"，即通过集控中心实现对所属电站每台机组的远程控制，推进电站管控严格按照统一的流程、标准、规范执行，实现新华发电公司总部到项目公司层面业务管控一体化，达到电站运行管理标准化、规范化，提升电站集中在线管控水平，具体指标如表 5-15 所示。

表 5-15　异地多电站集中化在线管控新型能力目标

新型能力名称	指标名称	指标解释	2018 年目标值	2017 年实际值	三年平均值（2015—2017 年）	指标计算单位
异地多电站集中化在线管控能力	上网电量	指电厂（发电机组）在统计周期内生产和购入的电能产品中用于输送（或销售）给电网的电量。统计此上网电量，不包含试运行上网电量	691000	690507	631976	万度
	发电量	指电厂（发电机组）在报告期内生产的电能量。电量单位简称"千瓦时"，常用的扩大计量单位有"万千瓦时"和"亿千瓦时"。统计此发电量，不包含试运行发电量	706100	701286	642244	万度

新型能力名称	指标名称	指标解释	2018年目标值	2017年实际值	三年平均值（2015—2017年）	指标计算单位
异地多电站集中化在线管控能力	等效利用小时数	指在统计周期内机组发电量折算到全部机组满负荷运行条件下的发电小时数。等效利用小时数＝报告期发电量/期末发电装机容量	3100	3044	3075	小时
	度电成本	指电厂在报告期内发电过程中所投入的单位发电成本。平均发电成本单位简称"元/度"，平均发电成本＝总成本/发电量	0.2280	0.2386	0.2398	元/度
	发电人均利润	指电厂在报告期内发电过程中所产生的单位人均利润。发电人均利润单位简称"万元/人"，发电人均利润＝利润总额/人数	11.16	11.05	11.06	万元/人
	发电耗水率	指水电厂报告期内（日、月等），水力发电站每发一千瓦时电所耗用的水量。发电耗水率＝发电用水量/发电量。需针对不同的电站制订不同的考核目标值	36.00	36.44	（未测量）	立方米/千瓦时
	消缺率	指电厂在报告期内，设备发生缺陷后，及时处理的比例。消缺率＝已处理缺陷数/缺陷总数	100	96	98.9	%
	利用小时	指电厂在报告期内，设备处于运行状态的小时数。运行小时＝全厂机组之和(单机运行小时×单机容量)/全厂机组容量	3000	2868	2968	小时

（二）新型能力打造过程的方法和路径

1. 实施方案策划

异地多电站集中化在线管控能力的打造分4步进行：单电站进行电站运行管理项目（HOMS）的试点；试点完成后推广到新华发电公司所有在运电站，并且开展集团生产管理项目（PMIS）建设；电站集控管理项目，实现电站上线运行后运管事业部各总厂对所属电站的远控、集控；新华发电运营一体化平台，实现在运电站数据采集、在线监视、物资管控、运行管理、设备管理等，实现新华发电公司总部到项目公司层面业务管控一体化，提升电站集中在线管控水平。

2. 业务流程优化

异地多电站集中化在线管控能力以建设一套集生产控制与管理于一体的集团化生产管理信息平台为依托，企业现场控制系统为基础，通过采集各系统数据，建立实时数据中心，为能耗分析、指标分析、成本分析和辅助决策提供数据支撑。在对大量电厂实时运行和历史数据信息有效组织和控制的基础上，运用最新的计算机优化控制、故障诊断、数据仓库等技术实现生产经营指标动态分析功能。在保证电厂安全生产、可靠运行的前提下，节能降耗，提高机组运行经济性，同时为电厂所有参与生产运行、管理、决策的人员做出生产决策提供全面、真实的依据。涉及的在运电厂生产数据报送流程、设备智能管理流程、设备巡检管理流程、缺陷管理流程、工作票管理流程、操作票管理流程、值班日志管理流程、物资管理流程都由原来单个电厂独立运行的模式调整为集控运行模式，如表 5-16 所示。

表 5-16 核心业务流程优化需求

业务流程	现状	优化需求
生产数据报送流程	仅对生产运行相关的数据进行填报，还存在数据填报口径不统一，来源不统一的问题	统一填报方式和数据填报规范，保证各控股电站数据一致。所有的报表都是基于填报的数据自动生产，无须人工参与
设备智能管理流程	设备的台账信息、实时运行数据分散在不同的系统中既不利于对设备的管理，也不利于进行健康状况的综合分析	建立各电站的设备数据库，通过系统能够随时掌握电站设备的综合信息、实时运行状态
设备巡检管理流程	由运行人员定期对设备进行巡视检查，每次巡检的记录通过纸质进行记录，不利于对巡检过程进行监管	将设备巡检制度固化到系统中，对巡检人员每次的巡检记录能够进行查询和统计分析
缺陷管理流程	设备缺陷的记录内容跟设备相脱离，未建立起关联关系，并且各电站的缺陷处理流程不统一，导致管理成本增加	统一各电站的设备缺陷处理流程，并且可对设备缺陷数据进行统计分析

业务流程	现状	优化需求
工作票管理流程	工作票的规范和标准以电站为管理单位，各电站之间的标准无法相互借鉴	统一各电站的工作票办理流程，并且在全集团内建立统一的标准工作票知识库
操作票管理流程	操作票的规范和标准以电站为管理单位，各电站之间的标准无法相互借鉴	统一各电站的操作票办理流程，并且在全集团内建立统一的标准操作票知识库
值班日志管理流程	值班记事以人工记录为主，需要进行两个班次的交接，记录的信息不利于查询	提供多电站的值班记事内容查询通道，并且可按时间、类型等方式进行查询
物资管理流程	无法及时掌握各电厂生产物资的使用情况及库存情况，容易导致库存物资管理松散、库存资金积压、技术更新落后等问题	实现集团控股内所有电站物资的集中管理、采购和调配

3. 组织结构变革

新华发电公司对事业部的"人、财、物、事"实行"新华发电公司总部—中原新华公司（建设管理事业部）/湖南新华公司（运行管理事业部）——项目部/总厂"三级管理体系，实施业务职能线的集约化、标准化、专业化、信息化管理。湖南新华公司（运行管理事业部）采用"总厂制"管理模式，负责新华发电公司所有在运发电项目"人、财、物、事"一体化管理，并且履行新华发电公司水务、电网等在运项目的相关管理职能。总厂在湖南新华公司（运行管理事业部）的垂直管控下，提升在运项目各项指标的管控能力和整体水平。

集约化的首要任务是"集"，要将分散的人力、物力、财力、管理等资源进行统一配置；其次是"约"，即在生产要素的集中、统一配置过程中，以"节俭、约束、高效"为价值取向，达到降低成本、高效管理，进而能够集中核心力量，获得可持续竞争优势。为此，新华发电公司运行管理事业部成立了发电公司运行管理事业部，如图 5-21 所示。

组织结构优化方面，以新疆阿勒泰事业部为例，为实现事业部模式下"总部强、总厂实、现场可靠"的管理目标，立足北疆四站装机规模和形式、地理分布、人员结构等实际情况，按照"机构精简、责权明晰、流程规范、协同高效"的原则建设阿勒泰事业部组织体系。在前期广泛调研、充分论证、深入分析的基础上，经请示新华发电公司同意，最终决定撤销原有四站管理架构共 19 个二级部门，在事业部设立 3 个管理层级、"五部 1 中心"的组织结构，设立综合部、运维部、安技部、水工部、财务部、集控中心 6 个专业化部门，并且同步编制了《新疆新华阿勒泰事业部组织管理程序》，明确规定了各部门的管理职责、工作范围和工作程序。事业部组织体系在实践中经过不断的优化完善，达到了边界清晰、流程规范、运作高效的预期目标。结合平台实施方案及业务流程与组织结构调整，二级部门数量由 19 个减至 6 个，部门压减率 68%；从业人员总数由 135 人减至 121 人，其中主业由 110 人减至 71 人，压减率 35%；按管理层级分，高管由 16 人减至 5 人，压减率 68%；中层由 25 人减至 13 人，压减率 48%；按专业分类，管理序列由 41 人减至 18 人，压减率 56%；专业技术序列由 69 人减至 53 人，压减率 23%。通过改革使管理冗员、生产不足的现状发生了根本变化，更多的管理人员重新走上专业技术岗位从事专业技术工作，有利于发挥技术特长，把专业工作做实做精，有效实现了人力资源的合理流动和优化配置。

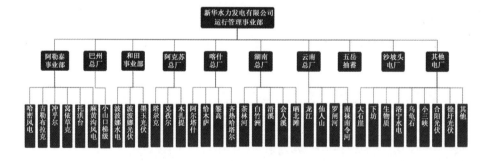

图 5-21　新华发电公司运行管理事业部

通过业务整合，各站的后勤资源、备品备件、工器具、消耗品、检修装备等物资实现统一采购、统一配置、资源共享，提高了资源利用率，降低了各站生产仓储成本和存货需求量，特别是各类试验设备工具整合后，降低了设备租赁和使用成本，事业部总体设备检修维护和试验能力有了大幅提高。

4. 技术实现

本次能力建设内容主要包括以下三个部分：

电站集控管理项目：完成在运电站设备自动化改造及区域集控，最终建立了阿勒泰总厂、阿克苏总厂、和田总厂、巴州总厂、喀什总厂、湖南总厂、宁夏沙坡头水电厂等多个区域集控中心。

电站运行管理项目：完成区域集控中心电站运行管理项目（HOMS）版本升级，从单电厂管理升级为异地多电站集控管理。

集团生产管理项目：完成公司所有电站集团生产管理信息系统（PMIS）的功能优化，主要有：生产实时工况、电力生产管理、生产对标管理、生产统计管理。

为使新华发电公司运行管理事业部在最短时间内了解各电站的生产情况，提高新华发电公司对所属发电企业的监管水平，新华发电公司联合外部技术方，湖南江河机电自动化设备股份有限公司共同完成了基于云平台的运管一体化信息平台建设。通过实时采集下属各电厂生产控制系统数据，并且实时上传到新华发电公司总部数据库进行存储和应用，从而实现实时在线监测机组运行状态、掌握机组安全状况，达到安全生产全过程监督和安全生产全过程在线可控；通过建立统一数据平台和数据中心，及时对数据进行分类、统计、对标、分析，提高安全生产管理水平和管理效率；通过信息化手段展示公司生产全貌，提高公司对下属各电厂生产运营状况的监管力度，提高公司信息化水平，提升公司外部形象。能力打造的总体业务模型如图 5-22 所示。

5. 数据开发利用

能力打造过程中开发了生产信息日报、生产水情日报、生产信息周报、电力生产信息快报、发电生产信息汇总、发电计划管理等数十个报表，可以准确及时获取新华发电公司下属各电厂生产情况相关数据报表，并且能将发电计划的完成情况及时反馈到管理人员的计算机或移动设备上，同时能根据采集的数据进行对标分析。

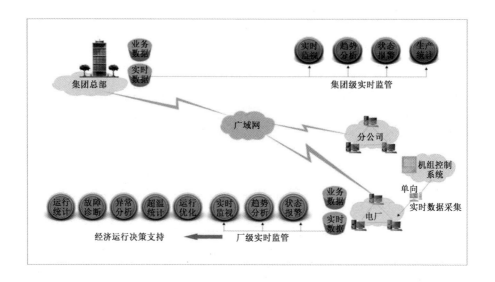

图 5-22　总体业务模型示意

通过能力建设，将各种应用系统、数据资源、关键指标等统一集成到新华发电公司，根据每个用户使用特点和角色不同，形成个性化应用界面。通过对事件和消息的处理传输把用户有机联系在一起，形成新华发电公司门户。在地理分布图上，以流域地图为基础，将水电、风电和生物质能等不同类型电厂用简单易懂、不同颜色的标注来展示下属各区域公司所有电厂的位置情况。在指标列表栏中显示新华发电公司总体发电情况，包括：投入装机容量、投入电站数量、昨日运行容量、昨日发电量、本月累计发电量、本年累计发电量、昨日上网电站、本月累计上网电量、本年累计上网电站、昨日综合厂用电量、本月累计综合厂用电量、本年累计综合厂用电量。同时显示新华发电公司月发电对比柱状图和区域公司年发电量饼图。

三、实施效果与主要作用

（一）实施成效

盈利能力明显增强。通过"异地多电站集中化在线管控能力"的打造，新华发电公司仅仅在 2018 年新华发电公司运行管理事业部落地当年就实现了发电量提高 6.69%、营业收入增加 8.57%、利润同比上升 15.08%、运营成本下降 0.98%、运营成本占收入比同比降低 10%。

实施多电站集中运维，电站运行费用大幅减少。借助云平台，可以实现流域或区域中小电站的集中控制和集中运维管理，实现了集中化、规模化、专业化运维，大幅减少单个电站的运维人员投入，使区域电站整体运维费用降低 50% 以上。

（二）主要作用

组织结构权责得到明确。新华发电公司通过两化融合管理体系贯标，统一了思想并建立了相应的工作机制，明确了各相关部门信息化战略的责、权、利，明确了组织结构和定位：规划运营部为公司信息化战略的发起人，各主营业务主管部门/单位为信息化战略的执行人；信息化部门起到"技术服务中心"和"评估和 IT 业务监察"的作用，即主要利用信息化技术手段，通过配合业务部门的项目建设，提高业务运营效率，支撑现阶段的业务管理。同时要编制符合实际的信息化指标体系，强化业绩导向和实效评价，用于指导各主营业务及领域的信息化工作，跟踪、评价、考核、对标，指导各主营业务及领域改进信息化工作。

两化融合相关过程进一步规范。这套 IT 治理和管控体系为新华发电公司转型升级，尤其是数字化转型战略提供了理论依据和实践方法，使得信息化建设成为支撑新华发电公司实现战略转型和战略落地的有效手段。

生产效率大幅提高。从电站客户的角度来看，云平台可以通过使用云端对电站进行远程监控，可以大量减少值班人员（至少可以减少 60% 以上），节省不断上升的人力成本；同时对云端存储的电站大数据进行分析，可以优化机组出力，提高综合发电效率 1% 以上；电站故障报警系统直接和云平台的专家系统连接，故障发生时自动推送故障的解决建议方案，框定故障关联的范围，减少平均故障处理时间 25% 以上；根据长期收集到的电站设备数据，定期给电站设备做设备体检报告，提示设备可能存在的故障隐患，至少减少后期的非计划停机时间 30%。

产品不良品率大大降低。通过云平台存储的大量电站设备静态和动态数据，对数据进行挖掘和分析，提示设备的性能状况、使用寿命及检测时间，长期保持电站设备良好率，100%保证电力生产的安全和稳定。

能源利用率普遍提高。利用云平台对水情系统接入的优势，监视区域内水力资源发展情况，做好水力资源预测，优化水库调度，提升水力资源的利用率，减少弃水量15%以上。

新华水力发电有限公司材料执笔人：宋华婷　周旭辉　陈述平

第七节　基于 BIM 技术的数字化管控能力助力桥梁工程建造的数字化转型——中铁大桥局集团有限公司

摘　要： 中铁大桥局集团有限公司（以下简称"中铁大桥局"）是中国中铁股份有限公司旗下全资子公司，是中国唯一一家集桥梁科学研究、工程设计、土建施工、装备研发四位于一体的承包商兼投资商，具备在各种江、河、湖、海及恶劣地质、水文等环境下修建各类型桥梁的能力，设计建造了桥梁 3000 余座。中铁大桥局通过打造基于 BIM 技术的桥梁工程建造数字化管控能力，实现了深中通道项目桥梁构件预制工厂化、业务管理数字化、建造过程智能化、信息展示可视化，材料损耗较 2019 年降低 1.8%，箱梁生产周期缩短 25%，钢筋加工效率提升 40%，作业工时平均降低 40%，施工设备自动化程度提高 60%。

一、企业推进数字化转型的需求分析

党的十九届五中全会提出"发展数字经济，推进数字产业化和产业数字化，推动数字经济和实体经济深度融合，打造具有国际竞争力的数字产业集群"。推动数字经济和实体经济深度融合，需要加强数字基础设施建设，促进互联互通，通过智能化、协同化的新生产方式对实体经济进行改造升级，全面提高实体经济的质量、效益和竞争力，打造数字经济形态下的实体经济，进而推动经济体系优化升级。

现阶段，国内建筑行业的数字化进程相对滞后，迫切需要利用大数据、云计算、物联网、人工智能、工业互联网等新一代信息技术助推管理方式由粗放型向集约型、精细化转变；迫切需要以数字化、智能化升级为动力，加大智能建造在工程建设各环节应用，实现建筑业转型升级和持续健康发展。

在当前建筑业面临绿色施工、环保风暴等政策压力,利润空间压缩的背景下,中铁大桥局建桥主业面临国有企业和民营企业的全面竞争,市场空间进一步压缩。中铁大桥局亟待围绕桥梁智能设计、智能施工及装备、装配式结构及高性能材料、智能管养等方面,全面开展桥梁智能建造技术研发与实践。通过基于 BIM 技术的桥梁工程建造数字化管控能力等新型能力体系的打造,显著提升桥梁建造的工业化、信息化和智能化水平,推动以"智能建造"为目标的企业数字化转型,以"智慧服务"为目标的桥梁服务市场新业态打造,推动中铁大桥局不断向网络化、数字化、智能化方向前进,推动桥梁产业转型升级,以争取在新一轮建筑业竞争中能占领新的制高点,塑造建筑业新业态。

二、企业新型能力识别和打造的方法和路径

(一)新型能力识别的方法和路径

中铁大桥局围绕"打造世界一流建桥国家队"愿景和"智能建造"数字化转型目标,以在桥梁工程智能建造、桥梁管养智慧服务、数据集成驱动的高效决策、施工技术智能化研发、桥梁产业生态服务、集团化协同管控等方面获取可持续竞争优势为具体方向,通过 SWOT 分析并结合内部需求分析,识别了中铁大桥局新型能力体系,主要包括:基于 BIM 技术的桥梁工程建造数字化管控能力、桥梁施工技术数字化研发能力、以数据为驱动的高效决策能力、桥梁管养综合服务能力、集团化协同管控能力、建桥产业链协同管理能力(见图 5-23)。

重点新型能力即基于 BIM 技术的桥梁工程建造数字化管控能力,旨在通过以 BIM 平台为基础,运用虚拟仿真技术开展工程设计,融合智能化建造技术交付,开展桥梁建造过程的智慧管理,包括项目信息、报表与文档、工作流程、工作协同、人机料等资源、计划与进度、安全质量、成本与计量、监测监控、大数据分析、可视化和报表、职能垂直管理等。同时以数据集成、业务协同为主线,积极引进改造智能化建筑装备、智能化船舶等。开展智慧梁场和智慧工地示范、协同、融合、创新发展,实现信息展示可视化、业务

管理数字化、建造过程智能化，以实现中铁大桥局"智能建造"数字化转型。

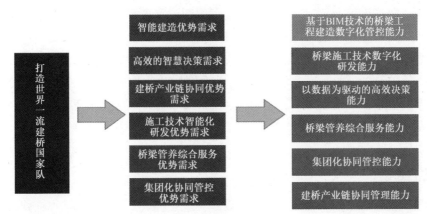

图 5-23 识别新型能力

中铁大桥局确立了基于 BIM 技术的桥梁工程建造数字化管控能力的量化指标（见表 5-17），主要有：箱梁预制周期缩短率、关键施工过程自动化率、材料损耗降低率、生产数据实时采集率、设备利用率、预制箱梁产品合格率等；基于 BIM 技术的桥梁工程建造数字化管控能力的目标为实现桥梁预制构件生产工厂化、现场施工装配化、关键施工过程自动化、可视化，提升项目管理能力和桥梁建造信息化水平。

表 5-17 基于 BIM 技术的桥梁工程建造数字化管控能力的量化指标

序号	新型能力指标	指标内涵
1	材料损耗降低率	（原材料损耗量-现材料损耗量）/原材料损耗量×100%
2	箱梁预制周期缩短率	（原箱梁预制时间-现箱梁预制时间）/原箱梁预制时间×100%
3	关键施工过程自动化率	关键施工过程自动数量/总关键施工过程数量×100%
4	预制箱梁产品合格率	合格品数量/总产品数量×100%
5	设备利用率	关键生产设备实际工作时间/设备计划工作时间×100%
6	生产数据实时采集率	各工序实时采集数据数量/总生产数据数量×100%

（二）新型能力打造过程的方法和路径

1. 实施方案策划

与其他土木工程相比，桥梁建造工程具有空间结构复杂、管理时空跨度大、高空和水上作业多、易受自然环境条件影响等特点，在桥梁建设过程中面临着施工作业面多，工序复杂，施工组织难度大等问题。中铁大桥局亟须通过桥梁构件预制的工厂化、现场施工的装配化、专用机械设备的智能化及工艺设计的流程化，施工组织的标准化来提升桥梁建造信息化水平。为打造基于 BIM 技术的桥梁工程建造数字化管控能力，中铁大桥局结合桥梁施工特点，选取深中通道项目部作为试点，对新型能力的建设过程进行了策划，涵盖了业务流程与组织结构优化、技术实现和数据开发利用等方面。

深中通道项目是世界级超大的"桥、岛、隧、地下互通"集群工程，中铁大桥局负责全线 60m 混凝土梁及 40m 小箱梁预制架设，全线 110m、60m 钢箱梁板运输安装、40m 钢箱梁架设。受建设场地限制及项目标准化建设要求，需运用 BIM 技术，构建智慧梁场协同管理平台，提升梁场生产管理水平及智能化水平。

基于 BIM 技术的桥梁工程建造数字化管控能力打造主要内容有：通过实施智慧梁场协同管理平台，新增智慧梁场综合管理、生产管理、设备管理、钢筋自动化加工管理、混凝土生产管理及监控监测管理等功能模块，通过运用 BIM 技术、智能传感设备等手段，实现对施工过程的可视化管理；通过运用三维建模及自动化钢筋加工设备，实现钢筋自动加工，并且实时统计材料消耗量及材料利用率；通过视频监控、无线传输及物联网等技术，实现预应力张拉、压浆、养护及混凝土生产数据自动采集、无线传输、自动分析；通过视频监控、结构应力应变监测等手段，实现对设备运行状态及安全状况等实时监控、预警；通过建设企业级 BIM 系统，围绕施工过程管理，新建施工进度、施工计划、机械设备、人员管理、成本管理、质量安全管理等功能模块，实时监测施工现场的施工状况，自动采集施工过程的关键数据，并且通过大数据的建模、分析及预警，实现桥梁施工"过程可模拟、质量可追溯、成本可预测、进度可管控"的目标，实现施工过程的标准化、精细化及可视化智能管理，改善施工质量，提高施工效率，降低质量安全风险，基本实现桥梁工程建造数字化管控能力。

2. 业务流程优化

传统业务流程按矩阵模式执行，可能导致信息流转及传达时效性不强、信息偏差及指令冲突、冗余流程等问题，过程趋于复杂，降低各节点工作效率。通过采用协同式管理，及时采集共享信息，实现业务流程简化。在打造基于 BIM 技术的桥梁工程建造数字化管控能力过程中，主要对建筑模型应用及深化设计流程、钢筋自动化加工流程、智能张拉生产流程、喷淋养护流程等业务流程进行了优化。

建筑模型应用及深化设计流程优化主要是通过利用 BIM 模型进行碰撞检测，检查设计图纸和 BIM 模型的"错、漏、碰、缺"，提前发现图纸和模型问题，进一步优化施工图设计，减少施工阶段可能存在的错误和返工，提升建筑信息模型的准确性、可校核性，加快施工进度、降低建造成本。

钢筋自动化加工流程优化主要是通过采用自动加工钢筋设备，安装自动生产管理系统，对钢筋生产的材料库存、生产流程进行自动管理，同时将钢筋加工 BIM 模型的钢筋数据传输至钢筋加工数控系统，实现钢筋按模型自动加工。

智能张拉生产流程主要通过采用智能张拉设备，使用无线传输技术及物联网技术自动采集智能张拉系统数据，将施工数据通过无线网络实时传输至智慧梁场管理平台，项目管理人员可以通过网页或手机端实时、远程了解项目施工信息，实现张拉施工信息自动记录，施工过程实时监督，确保项目安全和质量。

喷淋养护流程主要通过系统控制实现混凝土养护远程化、自动化控制，记录、查询混凝土的养护状态、温湿度趋势、历史喷淋数据等，实现喷淋养护自动化、智能化现场管理。

3. 组织结构变革

企业内部总体组织架构未发生变化，但进一步明确了相关部门的两化融合职责，针对新型能力的打造，成立新型能力小组负责实施。

深中通道项目部按项目法施工原理组建，按建设工程常规做法设立管理组织机构，设工程部、工经部、安环部、质检部、物机部、财务部及办公室、试验室，下辖两个分部，分别负责陆域引桥施工和梁体架设及预制梁场建设和梁体生产。深中通道项目工程部设有专职信息管理员，工作职责覆盖项目内的全部信息化作业；新增信息化控制中心，由专职信息管理员协同两名兼职管理员落实日常的系统运行、维护等工作。

在组织结构变革方面，由于业务流程改进和优化，使得作业区施工设备自动化程度提高 60%，场区作业人员减少 40%，主要体现在每条钢筋加工生产线由原来的 10 人减少为 5 人（钢筋自动化加工）、模板安装拆卸由原来的 20 人减少为 10 人（自行式液压模板）、振捣由原来的 16 人减少为 10 人（智能布料机）、张拉、压浆、封锚由原来的 6 人减少为 4 人。

4. 技术实现

通过实施智慧梁场协同管理平台，新增智慧梁场综合管理、生产管理、设备管理、钢筋自动化加工管理、混凝土生产管理及监控监测管理等功能模块，以预制混凝土箱梁为切入点，建设混凝土预制梁智能化预制生产线，包括基于 BIM 技术的数控加工、视频监控系统、智能喷淋系统，智能张拉压浆系统等智能工装设备，对箱梁预制施工进行优化，实现箱梁钢筋加工安装、混凝土生产运输、浇筑、养护、智能张拉压浆、存梁、移梁全过程的数字化管控，如图 5-24 所示。

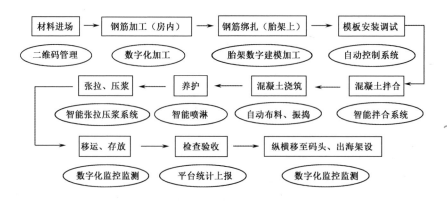

图 5-24　预制箱梁数字化生产流程

智慧梁场生产管理主要通过二维码扫描对箱梁的生产工序和台座使用情况进行填报，系统在模型中分析对应时段内整个梁场的生产情况及产值分析；同时与建设单位共享数据，导入其他标段施工进度安排进行智能排产，将制架梁施工计划与整体工程进度相协调。

设备管理主要是在各种设备加装定位设备，识别其位置信息及运行状态。重点监测架桥机、纵横移台车、"天一号"运架一体船等大型设备的地图位置和状态（空闲、运梁、架梁、空回），通过自动化数据采集反馈管理平台，实现其智能化管理。

钢筋自动加工管理主要通过运用 BIM 技术，实现三维建模，生成 XML 数据，并且通过模型数据传输，识别加工设备，自动下料批量生产，材料消耗量、利用率等指标同步生成并反馈于管理平台。

混凝土生产管理主要是集成智能张拉、压浆、养护及混凝土输送中心 ERP 系统的综合体，同时辅以管理平台，可通过视频监控、无线传输及物联网等技术实现预应力张拉、压浆、养护及混凝土生产数据自动采集、无线传输、自动分析，实现施工过程可视化、信息化、远程化控制的管理。

监控监测管理主要利用场区内布设的视频摄像头及智能传感设备，通过数据接口开发，管理平台集成实现视频监控、结构应力应变监测等功能，对构件应力应变、设备运行状态及安全状况等实时监控、预警、反馈。

5. 数据开发利用

在数据开发利用方面，中铁大桥局通过新型能力打造，实现了对生产数据的管理。

（1）产值完成情况统计报表：对项目当月产值完成情况、累计产值及年度产值完成情况进行统计分析。

（2）梁体生产进度报表：对梁体生产各专业工程的设计产量、开工累计产量及周完成量进行实时统计，实时查询制梁及架梁进度。

（3）安全质量问题月度统计报表：对每月质量问题、安全问题及问题的实时状态进行统计分析。

（4）水泥实验室检测数据报表：对水泥的试验日期、安定性、规范性、水泥品种、数量、出厂日期、拟使用部位、初凝时间、终凝时间等关键信息进行管理。

（5）钢筋加工报表：可实时对钢筋加工的单号、生产设备、客户、钢材编号、工序等加工信息进行查询。

（6）混凝土生产统计报表：实现了对各混凝土生产线的生产进度、计划浇筑时间、混凝土标记、施工部位、累计生产、累计发货等信息实时查询。

（7）混凝土车辆调度报表：实时对混凝土运输车辆派车编号、派车时间、产线状态、司机信息、运送位置等信息进行跟踪查询。

同时，中铁大桥局正在研发基于智慧梁场协同管理平台的箱梁预制、架设及下部结构的进度管控系统，通过与建设单位的数据共享，导入其他标段下部结构施工计划，同步与制架梁进度进行关联，实现各作业面协同管控、统筹计划、智能排产的目标。

三、实施效果与主要作用

中铁大桥局两化融合管理体系贯标的阶段成效，主要体现在以下几个方面：

（一）实施成效

1. 环境污染减少

混凝土输送中心采用大型循环环保设备，砂、石、水回收再利用，利用率提高10%，实现污水零排放；运用低压打料系统，噪声由原来的100分贝降低到70分贝，减少噪声污染。

2. 产品质量得到保证

钢筋制造精度达±5mm，钢筋绑扎采用胎架定位，间距精度达±2mm，预制箱梁合格率 100%，材料损耗率降低 1.8%。

3. 生产成本得到降低

由于智能化水平的提高，作业区智能化设备施工程度提高 60%，采用流水线作业模式，场区作业人员人工减少 40%以上。

4. 精益水平得到提升

运用智能排产系统，箱梁预制由进度调动生产，依据架梁主线顺序对台座、模板等资源实时调整安排，缩短周转时间 25%；梁体架设根据日排产随制随架，节省有限的存梁空间，从而达到提高制梁效能的目的。

（二）主要作用

1. 为企业战略转型提供了管理方法和手段

持续实施战略循环，引导中铁大桥局将两化融合充分融入企业总体发展战略之中，通过"发展战略—可持续竞争优势需求—新型能力"的战略循环过程及跟踪评测，寻求中铁大桥局战略、可持续竞争优势需求、新型能力建设的互动改进，进而实现企业可持续发展。

2. 为企业搭建了两化融合实施框架

以管理体系的思路和方式系统推进两化融合，引导中铁大桥局实现了从关注局部向统筹全局、从单纯强调技术向规范全要素的协同与创新、从重点关注技术应用转向能力提升、从传统粗放运营模式向数据驱动精细运营模式的"四个"转变。

3. 有效提高了全员两化融合意识

通过对两化融合管理体系的不断学习和深入推动，中铁大桥局全员（尤其是管理层）认识到贯标是企业提升核心竞争力的有效途径，两化融合不仅涉及技术的融合，更是一个业务流程优化、组织结构优化和管理变革的过程。

4. 有效保障了战略目标落地

建立从战略到两化融合落地的实施过程和管控的监测与绩效评价指标

体系，能够适时监控中铁大桥局两化融合建设的进展及绩效，确保两化融合管理体系有效运转，并且提供持续改进的框架，帮助企业通过不断打造新型能力持续获取与战略相匹配的可持续竞争优势。

5. 有效提升了企业影响力

2021 年 1 月，中铁大桥局荣获工业和信息化部 2020 年制造业与互联网融合发展试点示范企业。基于 BIM 技术的桥梁工程建造数字化管控能力所涉及的中铁大桥局深中通道项目部"智慧梁场"，多次接受交通运输部、湖北省、广东省、江苏省、辽宁省等社会各界领导及同仁的检查调研及学习考察。

中铁大桥局集团有限公司材料执笔人：叶庆旱　陶世峰　李　刚

第六章

智能化制造类能力建设最佳实践

随着新一代信息技术蓬勃发展，制造企业更加关注制造环节的全面自感知、自优化、自决策、自执行，实现生产设备、产线、车间及工厂的智能运行，识别与打造智能化制造类能力成为推进两化融合管理体系贯标升级的重要途径。本章选取了不同领域龙头企业打造不同智能化制造类能力的创新实践案例，结合实际分析了各类企业对于数字化转型的强烈需求，详细阐述了企业识别和打造不同智能化制造类能力的具体方法和实施路径，展示了能力建设取得的价值成效，以供具有共性能力打造需要的广大企业参考借鉴。

第一节　精细化生产管控能力助力富士康新一代移动通信终端生产数字化转型——富士康精密电子（太原）有限公司

摘　要：富士康精密电子（太原）有限公司（以下简称"太原富士康"）位于山西省太原市，属于计算机、通信和其他电子设备制造行业，是具有4万余人规模的民营企业，是全球最大的通信产品生产和维修基地，主要从事数字移动电话印刷电路板制造、组装与维修。为实现数字化转型，太原富士康打造了新一代移动通信终端精细化生产管控能力。通过新型能力的打造，创造了全新的制造业生产管理模式，引领了整个制造行业的技术变革，促进了中国制造智能数字化的长足进步。

一、企业推进数字化转型的需求分析

当前，新一轮科技革命和产业变革与我国加快转变经济发展方式形成历史性交汇，国际产业分工格局正在重塑。经济全球化促进了世界各国日益激烈的竞争。在逐步开放的经济环境下，以国际产业的调整转移为标志的全球化分工进一步深化，从而使得生产和贸易在全球范围内展开。当前我国制造业面临着以下困境：制造业企业处于产业价值链的低端，出口利润低；生产经营成本的提高与金融危机的影响，导致我国制造业进步缓慢；制造业企业缺乏核心竞争力。在核心竞争力的组成要素中，关键要素信息系统与大数据发展的不均衡，会影响到其他核心竞争力的要素效能，成为当前我国制造业发展的关键制约因素。推动两化深度融合，是我国转变经济发展方式、走新型工业化道路的必然要求，是促进产业转型升级、构建现代产业体系的重要举措。利用各项信息化技术和自动化手段进行创新，是制造业企业提升市场竞争力的必要手段。

面对行业痛点，太原富士康积极研发原创成果，提前布局专利、培养技术人才，不断提升自主创新能力、突破关键核心技术。同时，也深刻认识到，在供应链管理、制造协同、过程管控等环节依然存在着诸多痛点：生产设备自动化作业程度较低且无法与系统关联，导致各项数据需要二次分析，严重影响生产决策的效率；生产品质巡检耗时久，工单结案周期长，存在跨部门数据壁垒，关键生产数据更新滞后，可视化程度较低，管理效率较低。急需规划人机料法环互联互通的解决方案，打造多维度的智能决策工具，以实现生产、物料、物流、仓储等关键信息的整合。太原富士康在系统化、自动化、数字化转型的实践中，紧密围绕两化融合管理体系的科学方法，以建成全球通信产品航母为战略目标，通过全方位精细化生产管控能力的打造，全面推进两化深度融合，为实现全面数字化奠定基础。

二、企业新型能力识别和打造的方法和路径

（一）新型能力识别的方法和路径

为达成建成全球通信产品航母的战略目标，太原富士康通过开展两化融合现状诊断分析，基于与大量客户长期深入稳定的战略合作关系及规模效应下的产业及供应链优势，以建立精细管理、品质优良、多方共赢的可持续竞争力优势为方向，确定打造的新型能力体系包括：新一代智能移动通信终端精细生产管控能力、产品生命周期追溯能力、能源精准管理能力、生产质量管控能力。通过新型能力体系的打造，构建先进的信息化管理系统，实现生产运营状况的实时分析，降低运营成本、缩短产品研制周期、提高生产效率、

降低产品不良品率，真正做到"一秒钟做对决策，两秒钟执行到位"，进一步提升太原富士康的核心竞争力。

重点新型能力——新一代智能移动通信终端精细生产管控能力。在智能移动通信终端产品的装配过程中，经过制造制程管理（SFC）程序进行工站扫描获取信息，与 SFC 系统中的标准要求进行比对，防止错用物料；在产品测试过程中，使用客户专用测试设备和专用 PDCA 测试网络，将测试数据传输至 BOBCAT 测试数据库。开发导入工业互联网手机 TDK-M 项目，综合运用组装数据库和测试数据库，分析处理产能、良率、效率、人力、成本等信息，生产异常可以被及时准确地发现和处理。借助网络协同制造的先进技术，在提高生产效率和提升产品质量的同时，创新资源、生产能力和服务能力高度集成，推动了新一代移动通信终端生产的数字化转型发展。

太原富士康确定了新一代智能移动通信终端精细生产管控能力的量化指标（见表 6-1），主要为：产品组装品质抽检不良率、产品组装在线良率、设备完好率、客户抱怨次数、成品按时交付率、物料供应准时率等，详细拆分了 2019 年、2020 年、2021 年的阶段性目标。

表 6-1　新一代智能移动通信终端精细生产管控能力量化指标

新型能力名称	主要业务指标	指标说明	总体控制目标值			指标计算单位
			2019 年	2020 年	2021 年	
新一代智能移动通信终端精细生产管控能力	产品组装品质抽检不良率	检验不合格数/送检总数	≤0.5	≤0.48	≤0.4	%
	产品组装在线良率	在线检验合格数/生产总数	≥93.5	≥93.8	≥94.0	%
	设备完好率	设备点检完好数/设备点检总数	≥99.0	≥99.2	≥99.5	%
	成品按时交付率	成品准时交付批次/交付批次	≥98.0	≥98.5	≥99.0	%
	物料供应准时率	物料准时供应批次/总供应批次	≥99.0	≥99.3	≥99.6	%
	客户抱怨次数	客户对产品的质量/交期投诉次数	≤2	≤1	0	次/月

（二）新型能力打造过程的方法和路径

1. 实施方案策划

为打造新一代智能移动通信终端精细生产管控能力，实现预期的两化融合目标，太原富士康根据战略规划和信息化发展规划，依照两化融合管理体系的基本框架，对新型能力的建设过程进行了策划，涵盖业务流程优化、组织结构优化、技术实现、数据开发利用等方面。

通过持续改进，网络化制造资源协同云平台不断优化，部门间创新资源、生产能力和服务能力高度集成，生产制造与服务运维信息高度共享，资源和服务的动态分析与柔性配置水平显著增强。精细生产管控实现了效率、质量、成本、客户满意度等目标。通过网络协同制造的不断深入实施，基本实现太原富士康新一代智能移动通信终端精细生产管控能力。

在中国"智能制造战略规划"的时代发展趋势下，为应对制造业正在发生的翻天覆地的变革，建设数字化智能工厂已是必然趋势。富士康需要建立一套完整、全新的覆盖整个产品生命周期的软硬件系统，从产品的研发设计，到生产计划的制订、产品的生产制造及包装出货、售后服务，建立一体化的信息物理融合系统。通过 2～3 年的时间将太原科技园打造成全世界最先进的智能科技园。

2. 业务流程优化

在打造新一代智能移动通信终端精细生产管控能力过程中，业务流程优化是新型能力打造的重要环节，由于客户产品设计日趋复杂，生产人员技能差异及物料品质波动，现场管理人员需快速、精准定位异常，并且做到有效预防。因生产车间信息安全限制及办公硬件资源限制，传统的打电话或签核纸质表单的沟通方式，导致办公效率较低。信息化系统完善后，质量管理、生产管理、物流管理、设备运行分析等报表实现了自动生成和信息共享。借助信息化系统，包装段备料、产品可靠性测试、流水线停复线等作业实现精细管理。通过 TDK-M 工业手机，实现了综合性、多维度的分析，并且可以根据实际生产需要定制多个 App 功能模块，方便快捷地实现生产数字化管理。

3. 组织结构变革

为了更好地推动两化融合工作，太原富士康对组织结构进行了优化，成立了网络化制造资源协同云平台和工业信息安全管理等专门机构，各机构均配备了充足的技术人员，为两化融合提供技术支持和保障。

围绕新一代移动通信终端精细生产管控能力，不断优化管理流程，提升经营绩效。信息服务部门设立专门小组，负责架设信息系统必需的软、硬件工作环境，扩展和增强各类信息化系统功能，为下属工厂提供各种管理模块，包括制造数据管理、计划排程管理、生产调度管理、质量管理、设备管理、项目广告牌管理、生产过程控制、底层数据集成分析、上层数据集成分解等管理模块，打造了一个扎实、可靠、全面、可行的制造协同管理平台。

4. 技术实现

太原富士康结合自身业务开发工业手机平台，助力转型升级。过去的生产现场多采用传统的走动式管理模式，需专用办公网络电脑进行生产信息查询，大量的生产信息需要通过纸质版文件进行传递，会导致异常信息获取滞后，决策不及时。全新打造的 App 移动式办公平台,有效地解决了这个难题。移动办公不受场景限制，可随时随地查看生产信息，并且能及时发现生产异常，快速处理。实现管理流程简化，操作方便快捷，工作效率提高。

太原富士康开发了 IoT 程序，实现生产设备微传感器、控制系统、存储处理系统间数据的高效传输。同时软件与 OS 客制化结合，实现资安管控一体化，保证生产数据的安全性。程序兼容各数据库及文本文件，提供统一的数据接口，使各类应用的未来拓展成为可能。

移动办公 App 中各个 Icon 的功能定义不同，对应的基础数据及基本信息抓取都是从现有的 Oracle 生产数据库中获取，并且进行实时的计算、运行和呈现。

1）大数据存储规划及应用

数据存储量以 PB 为单位，利用 Hadoop 分布式文件系统对大量数据进行分布式处理，数据存储遵循读写分离原则，在确保数据来源可靠的同时，为数据读取提供安全保障；数据存储方式以 Oracle 为主，大量生产数据通过 Oracle OGG 同步至 Kafka 资料库，完成数据采样处理，为数据智能分析提供基础，保证运行结果正确、顺畅。

2）数据应用及数据模型规划

针对生产数据，根据规划数据的应用需求，建立数据模型。提取生产数据，论证数据对生产的影响。协助生产管理人员及时了解生产状况，并且为快速决策提供数据支持。

3）数据清洗及数据转储技术研发与探索

采用主备机制，核实数据来源及数据的一致性；对有效的数据，采用 OGG 方式，传输到所需 DB 中，在过程中处理无效值和缺失值；结合程序中的各类筛选 Job，定时定点标记和传输所需的数据。

其中部分模块（如数据智能分析）采用 AI 深度学习目标检测 Yolo V3 算法，利用 CNN 卷积神经网络直接预测不同目标的类别与位置，迭代速度快、准确率高，适用于高峰期大量生产、快速提升产能及产品迭代快的生产应用场景。

4）终端 App 框架开发与数据呈现

终端架构。App 采用 Bootstrap 框架，数据呈现采用 HTML5+CSS+JS 模式；后台数据处理采用 Oracle 存储过程+JOB 模式；数据对接采用 WebAPI+WebService 接口。

数据呈现。产线异常即时监控预警系统（数据的统计分析）：生产过程产生巨量的数据，包括产能、良率、测试、人员流动、物流等。全程可视化记录产线生产状况，实时呈现各楼层、线体、工站的生产状况，快速定位异常、分析原因并将信息传递给负责人，追踪异常的解决进度；呈现所有楼层前一天生产的各项 KPI 达标状况，挖掘各楼层、线体 KPI 未达标原因并将信息传递给负责人，促进异常的快速改善；收集了生产线巨量数据后，进行数学模型分析、大数据研究，预测产线未来动向及可能发生的问题点，做到事前预防与控制。

智能化良率诊断系统研发：结合大数据良率分析结果，挖掘出最易发生的生产不良类型，并且从制程、设备、物料三个方面分析造成生产不良的影响因素，采取有针对性的、有效的改善措施。

5. 数据开发利用

在数据的基础开发利用方面，通过对数据管理的优化，对不同维度的数据进行整合，建立了一套完整的生产组装、测试数据全流程管理系统，并且根据实际生产需要添加了多个客制化功能模块（见表6-2），同时结合用户使用特点进行功能权限的设定，用系统化的管理模式确保数据实时、可靠、有效、可追溯、可审计。同时，打通了其他各系统的数据接口，形成智能决策支持系统，可对产线的生产数据进行运算分析处理，并且将产线相关的工管、生管、品管、成管信息可视化、移动化，管理人员能够实时地清楚各项指标的变化。

表 6-2　TDK-M 功能汇总表

序号		模块名称	功能简介
已实现	1	人时率监控	及时呈现历史人时达成状况，协助生管和制造分析生产损失
	2	产线小帮手	实现漏扫工站通报、定岗定位、无证人员上岗及时通报、快速层别员工表现功能，供干部因材施教；实时了解各工站生产状况，及时处理异常机台，发现生产技能较差员工等功能，可以区分组装不良和测试不良，并且对两种不良进行排名；可以查看员工稳定度，预测员工离职风险；可以查看员工一周产能及良率，为绩效考评提供参考；可以智能推荐岗位安排方案
	3	产出监控	按生产制造处、生产楼层、生产段别呈现产出，便于生产管制部门实时掌握生产情况
	4	良率监控	可以让生产主管及技术人员实时发现不良并快速处理
	5	设备报修	通过 App 报修，辅助分析等，设备维修人员可以实时掌握设备运行状态，并且快速诊断和处理设备异常
	6	P Talk	实时沟通，实时互动，实现用更少的时间解决生产异常
	7	掌上物流	App 端可显示成品的每日进出库数据、各环节的数据，各厂区各产品的库存信息，以及出货销售信息
	8	信息共享	类似于手机消息通知，可推送人员、设备、物料相关消息
	9	云笔记	笔记可上传储存至云端，通过刷厂牌登录即可查询之前手机上做的笔记数据，实现"公器私用"

序号		模块名称	功 能 简 介
已实现	10	趣动	可统计使用人一天内的运动量，并且智能排序
	11	小智机器人	智能客服，可回答工业手机使用方法等问题
	12	工单结案监控	显示主副工单和超时 WIP 机台数量，未结工单可以按照生产制造处、生产楼层、生产段分别显示，可以协助生产主管快速定位异常机台
开发中	1	员工点名、出勤助手	手机 App 智能点名
	2	AXI 分析	可以实现辅助维修功能，提升制程改善效率
	3	AI-R	可以实现设备自动报警、推荐设备维修方案

6. 安全可控情况

太原富士康严格遵守国家法律法规，建立了工业信息安全管理制度和技术防护体系，具备网络防护、应急响应等信息安全保障能力。生产内外数据严格执行网络隔离、无线 AP 路由管控、拍照模组底层管控、文字与图片水印加密技术、屏蔽热屏截图及传输管控等信息安全手段来确保数据的安全性。太原富士康已通过 ISO 27001 信息安全体系评定。

工业互联网手机 TDK-M 项目拥有完善的项目开发团队，由平台需求架构、开发、运维等专业工程师组成，开发和维护能力十分优异。项目从开始建设至今，一直采用自主研发模式，并且根据业务需求不断地开发和升级，确保了平台自主可控。

三、实施效果与主要作用

（一）实施成效

为验证两化融合管理体系贯标的实施成效，太原富士康对两化融合管理体系完成情况进行了监测考核，结论为 2020 年各项量化指标均达标。其中，效率提升方面：良率查询时间由 5 分钟缩短至 1 分钟，效率提升 80%；查询数据报表作业时间缩短 62%（由 8 分钟缩短到 3 分钟）；品质巡检员的工作时间缩短 58%（由 12 分钟缩短到 5 分钟）。工单结案监控方面：每班节省线体超时定位时间 60 分钟，节省查询、报表整理时间 9 分钟/次。设备报修方面：制造即时报修、叫修时间由 10 分钟降为 5 分钟；工程节省维修取件时间 2 分钟。跨部门沟通方面：设备异常沟通时间减少 3 分钟（时间由 7 分钟降为 4 分钟）。

（二）实施作用

提高企业决策能力。 太原富士康两化融合管理体系贯标的实施作用，主要体现在数字建模和多维度分析两个方面。在数字建模方面，根据客户需求建立的生产数据模型，可以预测多种指标结果。通过数字模型的应用与多系统的整合，实现了多维度分析和数据呈现，为快速决策提供依据。

提升业务响应速度。 多维度分析方面，从不同部门、制程、指标、功能应用等多角度需求出发，打造多维度分析平台，解决数据孤岛，实现互联互通，帮助管理层掌握实时生产动态，快速决策。

通过两化融合管理体系的贯标，太原富士康提升了两化融合水平。通过体系的持续运行，建立了一套完整、全新的覆盖整个产品生命周期的软硬件系统。从产品的研发设计到生产计划的制订，从产品的生产制造到包装出货和售后服务，建立了一体化的信息物理融合系统，太原富士康新一代移动通信终端生产数字化的转型，带动了周边产业的发展，带来了新的就业机会，推动了"中国智能战略规划"在企业的具体落地，促进了制造业整体水平的提升。

富士康精密电子（太原）有限公司材料执笔人：冯彦松　李　飞　石照国

第二节　航空电器产品精益生产和敏捷制造能力助力企业数字化转型——上海航空电器有限公司

摘　要： 上海航空电器有限公司（以下简称"航空工业上电"），是一家致力于为客户提供照明系统、操控板组件及调光控制系统（CPA&DCS）、告警系统、二次配电系统和语音识别系统的创新型高科技企业。围绕数智上电发展，策划打造了面向现代化生产制造与运营管理的航空电器产品精益生产和敏捷制造能力，推动了产品研发、工艺设计、生产制造一体化管控，打通了业务链、数据链，促进产品平均开发周期缩短 30%，生产产能提高 87%，一次交验合格率提高 13%，运行成本降低 17%，加速了企业数字化转型。

一、企业推进数字化转型的需求分析

党的十九大开启了全面建设社会主义现代化国家新征程，对国企改革发展提出了明确要求，完善各类国有资产管理体制，深化国有企业改革，推动国有企业数字化转型，促进公司数字化、网络化、智能化发展，增强公司竞争力、创新力、控制力、影响力、抗风险能力，培育具有全球竞争力的世界一流企业。面对日益复杂的国际局势，国家全面推进武器装备现代化，朝着把人民军队建设成为世界一流军队的目标推进，装备研制打破行业壁垒，为整个行业带来新的挑战与机遇。

在这个建设航空强国新征程的关键时刻，集团党组提出"一心、两融、三力、五化"的新时代发展战略，以信息化、数字化、智能化深度融合发展并逐步向智能化转变。航空工业上电充分结合外部工业互联网和智能制造应用的创新发展，明晰了内部在经营上"小、散、弱、乱"，业务流程分段，不流畅；在研发上关键工艺缺失，交付受牵制；供应链掌控能力不足；生产效率不高，成本压力大，试验试制条件薄弱；知识管理重视度不足等问题。基于此，航空工业上电迫切需要全面建成贯穿需求生成、研发和生产、服务保障航空装备全生命周期并具有"持续创新、数据驱动、智能柔性、军民融合"特点的国际竞争力的现代化数智航空工业能力新体系，实现航空强国两步走的战略目标。

二、企业新型能力识别和打造的方法和路径

（一）新型能力识别的方法和路径

航空工业上电承接国家与集团要求，提出了夯实五大基础，打造四大能力，完成三大跨越，实现两个转型，成就一个梦想的"五四三二一"战略发展要求。

航空工业上电提出了全面推进数字化战略转型发展，实现在研发、生产、运营等方面信息化和工业化深度融合发展，识别符合企业战略发展的可持续竞争优势需求：建立开放型协同创新体系，提升公司核心竞争力，持续保持技术领先优势的需求；加强对市场个性化需求的反应及售后服务，保持市场竞争优势的需求；优化供应链体系，满足不断扩充的业务，持续提升供应链敏捷高效的优势的需求；建立"结构合理、层次科学、规模适当"的高素质人才队伍，持续打造在人才方面的竞争优势的需求；推进组织变革和流程再造，优化公司关键业务，提升整体运营效率，持续打造组织与管理的优势需求；针对在生产能力上的瓶颈，持续打造覆盖产业链的数字化、智能化"信息生态系统"，实现透明化、柔性化生产，通过对整个生态系统的数据统计分析，提高订单响应，打造产业链及智能制造的优势需求。

航空工业上电通过获取在技术、市场、供应链、人才、组织与管理、产业链与智能制造等方面的可持续竞争优势的需求，策划并打造在数字研发、综合管理、智能制造和协同运营等方面的新型能力体系，包括：精益生产和敏捷制造能力、高效经营管控能力、高效精准的技术研发能力、基于产业链协同的运营服务能力。缩小在产能效率、质量成本上的差距，为实现"成为最受尊重的声光电领域创新性高科技企业"的企业愿景提供保障。

当前，航空工业上电经营中的主要问题集中在订单交付环节里，其中涉及产品研发管理、产品工艺管理、生产计划管理、生产过程管理、生产物流管理、产品质量管理、生产数据采集、生产数据利用管理等整个经营过程。针对交付问题，生产订单完成情况作为其中的核心，决定公司交付达成情况，同时整个业务过程涉及采购、车间作业、质量等环节，问题主要集中于生产过程，因此确定了公司首先在精益敏捷的制造需求及在效率、成本和质量上不断改进的需求，重点打造面向现代化生产制造与运营管理的航空电器产品精益生产和敏捷制造能力。公司以 MES 系统及分布式数控系统建设为契机，推进实现 PDM、CAPP、ERP、DNC 等系统的数据集成，打通在产品研发、工艺设计、生产制造等环节的互联互通，提高业务数据和生产数据的传送速度和准确性，提升产品生产效率、质量及交付能力。同时通过产品数据和业务数据的整合，促进产品开发速度，缩短新产品开发周期。

航空工业上电针对影响生产的几个重要阶段，制定了相应的指标来衡量能力打造的主要目标（见表6-3）：制定采购订单综合完成率指标保障内部供应；制定生产订单综合完成率指标保证提升整个生产任务的交付；制定作业计划及时提交完成率指标来保证生产过程的顺利；制定军品一次交检合格率指标保障产品的质量管控；制定人均劳动生产率指标来量化整体的生产能力变化。从生产源头到产品交付的整个过程，通过本次项目实现上述指标的改善及持续提升，打造航空电器精益生产和敏捷制造能力，促进航空电器产品的高质量发展，更高标准地推进"十四五"数智上电的转型。

表6-3 航空电器产品精益生产和敏捷制造能力量化指标与目标

量化指标	指标解释	2019 年指标目标值	单位
采购订单综合完成率	采购订单综合完成率=本季度实际完成所有订单项数/（本季度计划订单项数+遗留订单项数）×100%	86	%
生产订单综合完成率	生产订单综合完成率=本季度实际完成所有订单项数/（本季度计划订单项数+遗留订单项数）×100%，生产订单=研发订单×30%+生产订单×40%+返修订单×20%+部件订单×10%	85	%
作业计划及时提交完成率	作业计划及时提交完成率=当月作业计划实际完成项数/当月作业计划计划提交项数×100%	83	%

量化指标	指标解释	2019 年指标目标值	单位
军品一次交检合格率	军品一次交检合格率=（一次交检合格数/一次提交总数）×100%	99	%
人均劳动生产率	人均劳动生产率=劳动生产总值/平均从业人数	33.48	万元/人

（二）新型能力打造过程的方法和路径

1. 实施方案策划

航空工业上电围绕航空电器产品精益生产和敏捷制造能力的打造需求，按照数据、技术、流程和组织四要素，策划形成了系统性解决方案，为航空电器产品精益生产和敏捷制造能力有效落地明确了建设方向。

在业务流程上，明确了研发与工艺管理、制造管理流程现状和优化需求。研发与工艺管理上，目前应用 PDM 系统实现了对研发设计过程的图文档、数字化文件、数据库记录等和所有与产品相关的数据和工作流等的管理；应用 CAPP 实现工艺设计过程管理。但对制造环节所涉及的研发与工艺数据则通过纸质方式下达，并且设计变更通知迟滞，导致生产浪费现象时有发生。需要实现研发与工艺数据的自动传递，实时将研发数据、BOM 清单、设计变更数据等及时传递给计划生产采购等相关环节。

在制造管理上，根据生产计划与过程缺乏信息化管控、插单变更频繁、计划制订不合理、计划完成情况难以统计、生产产品设计与工艺变更频繁、质量问题无法快速准确定位、工装夹具管理混乱等现状，需要实现生产订单的精准排产和精细化管理。对生产过程中的检验流程规范化，准确记录检验数据，实现对生产过程中的工装、刀具和夹具的流程化管理。

在组织结构上，现有研发、制造等过程执行的是职能驱动型的管理模式，相关部门责任划分明确，但跨部门、跨业务流程职责不清晰，导致产品研发和制造过程的跨部门流程衔接不畅，引起了相关流程传递滞后及问题不能迅速解决的问题。需要明确跨部门、跨业务环节的职责，确保跨部门业务得到有效处理，提升组织绩效。

在技术实现上，已建成产品数据管理系统 PDM，工艺管理系统 CAPP 及 ERP 等信息系统，但在生产制造上，缺乏信息技术工具的应用，并且现有系统之间并未实现集成应用，数据不能自动传递，导致信息孤岛严重。一方面需要建设生产管理系统，推进制造过程计划、生产、质量、工装夹具、线边库等管理过程的流程化和标准化；另一方面需要实现生产管理系统与现有 PDM、ERP 等系统的集成应用，完成从产品研发到生产制造等过程的数据集成，保障数据的唯一性和一致性。

在数据开发利用上，目前，信息系统相对比较独立，各系统中的基础数据均在各自系统中进行单独管理，没有进行统一的管理，导致公司出现多种数据规范的现象。同时生产过程缺乏有效的数据采集工具，生产过程绩效无法精准统计与分析。一方面需要建立统一的数据标准平台，运用平台对基础数据集中管理；另一方面需要加强生产过程的数据实时采集与监控水平，推进生产过程绩效的实施监控，提升生产现场的快速反应与决策能力。

航空工业上电围绕四要素的现状与需求，形成了推进生产集成管控的系统性解决方案，明确了相关资金投入和组织保障，成立了项目领导小组、项目工作小组、业务组、数据组、技术组和商务组。由航空工业上电一把手牵头，确保新型能力及其目标的有效达成。

2. 业务流程优化

围绕航空电器产品精益生产和敏捷制造能力及系统性解决方案的要求，系统梳理了与生产相关的业务流程，并且围绕其存在的问题进行了流程的优化，重点实现了对研发管理、工艺管理、制造管理等多个流程的优化。

在研发管理流程上，实现设计图文档及 BOM 清单等通过系统集成自动下发至相关人员，提高了信息传递效率。一旦设计变更，后续生产、计划、采购等环节将第一时间接收到变更信息，保证了信息的准确性与及时性，便于生产人员及时调整生产工艺和生产计划。

在工艺管理流程上，实现编制和发布的工艺通过系统集成自动传递至生产系统，无须打印和分发，产线工人可在 MES 系统中查看对应的工艺文件。

在制造管理流程上，实现生产计划、生产制造、质量检验、工装夹具管理流程的信息化，实现计划、制造、质量、工装管理的精准高效。建立线边库，实现主仓库发料到线边库，并且由系统进行线边库的实时库存管理。

3. 组织结构变革

通过业务流程的优化，实现了车间计划通过 ERP 自动导入和生产过程数据实时录入系统。减少了计划完成情况跟踪查询的时间，实现了物料齐套性检查后再发料，减少工单因缺料停产等待的情况，以及制品在生产的堆积量。也明确了各相关业务流程的职责，精简了相关岗位的人员数量。同时，建立了现场问题处理中心，实现了现场生产过程中发现问题的网络化反馈和处理，有效提升了现场问题的处理效率。

4. 技术实现

围绕设计、工艺、计划、生产、物流等主要流程的优化，通过 MES 系统的策划，并且与现有研发设计、资源管理、数据采集等管理系统集成，实现对研发、工艺、生产等环节的精细化管理，实现对订单的快速响应，实现对车间人员、设备、状态等数据进行统一管理和充分利用。

基于已经建立的 CAPP、ERP、DNC 等系统，通过开发 MES 系统并与其相关系统有效集成，打通从研发到生产的整体系统集成，实现从研发到生产的业务流程贯通。设计人员通过 PDM 系统完成产品的设计和 BOM 的搭建，通过数据总线，实现图文档及物料、BOM 等信息的自动下发，对研发变更导致的后续计划、生产及采购信息变更实现第一时间的通知，提升业务流转效率；工艺人员在 CAPP 中完成工艺规程的编制，通过数据总线把设计和工艺数据传递给 ERP 系统，同时将电子工艺文件直接下发至一线生产人员，省去了之前打印和发放工艺图纸的专人，实现了工艺信息的及时传递；ERP 系统集成 BOM、工艺信息，在接到客户订单后，通过运算得到生产和采购计划，并且把生产主计划通过生产订单的形式传递给 MES 系统，免去了人工EXCEL 计划的发送与解析，实时同步至 MES 系统，并且可以通过调取系统生产作业，直接管理计划任务的完成情况，便于因资源问题进行计划的调整；MES 系统按照订单的需求日期及物料到料情况，排定车间计划，并且开工生产，生产过程中可以在线查看电子化的最新有效的图文档和工艺规程，MES系统通过二维码产生及流转，实现现场作业的实时把控；结合生产制造流程，增加自检、首检、工序检、厂检等电子流程，将检验信息由原先的纸质单据，转变为及时在过程中反应、填报，加快问题处理速度，为后续的质量问题分析提供数据支持；MES系统同时为ERP系统提供关键信息，把开工、完工等节点信息返回给生产计划人员。DNC系统联通数控设备，实时采集设备状态和数据，并且实现远程监控。通过各系统间的高效集成和信息的快速传递，实现对研发及生产过程的精细化管控，同时对于生产过程的信息变更等能够敏捷反应，实现研发管理、工艺管理、生产管理等多个环节协同的敏捷反应机制。

研发管理： 公司建立产品数据系统（PDM），实现对所有与产品相关的信息（包括电子文档、数字化文件、数据库记录等）和所有与产品相关过程的管理，主要包括文档管理、工作流和过程管理、产品结构配置管理、查看和批注、设计零件库、基线管理及与其他各系统的集成。通过PDM系统与ERP系统的集成，当PDM系统完成产品研发并签审发布后，BOM会通过接口传送到ERP系统，使ERP系统能够进行物料和原材料的准备，并且能够协助ERP进行生产指导。公司属于多品种、小批量的生产模式，将不同产品的生产量发送到ERP系统，对BOM进行修改并产生新的版本，版本号和PDM系统保持一致。通过ERP系统与MES系统的设计数据，生产人员可以快速准确地调用设计信息，并且快速反馈设计和生产问题，通过系统间集成能够快速准确地传递产品设计、生产等信息。当发生ECN变更后，通过ECN把变更的BOM集成，ERP系统定时将BOM信息传给MES系统，实现了产品设计与生产制造的有效集成。公司通过运用并行工程的原理，使产品在设计阶段就可以让产品相关的各个部门参与进来，各部门协同工作。设计人员在设计初期就可以选用满足要求且低成本的零部件，产品设计的缺陷也可以被及早发现，从而减少了工程变更的次数，缩短了产品的研发时间。同时，各部门参与设计很大程度上缩减了审核时间，采购等环节对于产品的通用零部件可以提前采购备料，大大增加了生产的敏捷性，缩短了订单的响应周期。

工艺管理： 公司建有工艺管理系统（CAPP）作为工艺路线和工时的唯一

数据源头，为 ERP 系统及 MES 系统提供工艺路线和工时数据。工艺的管理主要包括正式工艺规程、临时工艺规程、典型工艺规程三个方面。工艺设计人员在 CAPP 系统中完成工艺规程编制和签审发布后，同步向 MES 系统提供工艺路线、工艺 BOM 和定额工时等数据。工艺路线的导入为 MES 系统提供了工序流转的依据，现场工人可通过操作 MES 系统调用 CAPP 接口，打开指定的工艺文件来辅助生产；工艺 BOM 的导入可支撑按工序配料和工序用料校验；定额工时的导入可辅助 MES 系统进行产线产能的预估和后续工时统计。工艺规程对应的工时任务发布后，同步工时数据到 ERP 系统的工序资源表，当工时变更重新发布时，同步更新后的工时到 ERP 系统。当发生 ECN 变更，工艺规程升版重新发布后，同步新的工艺路线到 ERP 系统。

制造管理： 基于现有的信息化系统，根据《信息化项目管理规范》的要求形成《制造执行系统设计方案》，明确了公司 MES 系统主要建设模块和功能实现要求。方案经公司的业务组、数据组、技术组共同确认后实施。按照设计方案的规划，公司制造执行系统平台的应用架构主要包括：车间作业、车间物料管理、设备管理、质量管理、车间人员管理、工装工具管理、生产监控管理等功能。

MES 系统接收 ERP 系统提供的车间主生产计划，作为 MES 系统排产计划的来源。计划员获取订单数据后，从 ERP 中将订单信息导入 MES。然后，在 MES 系统中针对订单做计划排程，确定计划交付月份及订单的优先级。相关的计划信息，车间可以在系统中进行查看。车间计划员依据车间需求和现场生产情况，可以对车间计划进行拆分或合并。依据车间计划进行生产准备检查，对未满足的检查项提前预警。基于车间计划，由库存管理系统向生产车间发料。通过 MES 系统与 ERP 系统的集成，ERP 系统定时将产生的生产订单传递给 MES 系统，车间计划员在 MES 系统中可以查询生产订单、工艺、订单物料、工艺资源等信息，并且可以在 MES 中继续进行计划编制。

生产过程数据实时电子化采集，可以随时随地查看所有产线的生产任务和进度。工人在 MES 系统的生产过程管控模块中扫描条码进行工序开工等操作，并且对已完工的任务记录进行查询（包含工时）。在工序完成后，点击"工序完成"按钮，系统自动进行下一道工序。生产/检验现场能够快速获取、查看 PDM/CAPP 技术文件，无纸化显示最新发布的版本技术文件，高亮显示文件的变更状态信息，提醒现场人员。通过现场质检信息的实时采集，对于质量问题的确定、原因、波及的范围实现快速准确定位并实现产品隐患的追溯和分析，对工艺过程的稳定性，产品良率、不良缺陷分布的波动状况进行实时监控并预警，对产线上的问题进行有效预防。检验信息电子化，实时记录、方便快捷，为质量问题追溯提供数据基础。

5. 数据开发利用

围绕航空电器产品精益生产和敏捷制造能力的数据开发利用需求，构建了企业数据架构方案，如图 6-1 所示，主要包括基础设施层、基础数据层、业务数据层、数据展现层。

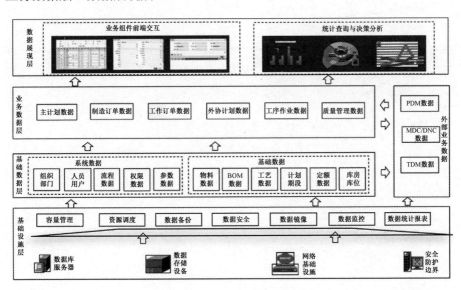

图 6-1　系统数据架构

通过对基础数据的有效采集和利用，车间的生产管理者和决策者可通过生产看板功能对生产过程中的各种业务信息进行可视化查询，即把生产过程进行"透明化"，打破传统的生产现场"黑箱子"现象，根据现场信息的快速反应和及时反馈为生产管理者提供生产科学决策依据。

通过数据开发利用，重点实现了生产过程在制品报表、完工入库报表、质量问题统计报表和提交检验统计报表的应用。同时，随着系统数据的日益完善，将会产生更多的数据开发利用场景，指导生产管理相关业务的优化。

6. 匹配与规范

围绕航空电器产品精益生产和敏捷制造能力所涉及四要素的有效推进，按照分系统设计—子功能开发—子功能测试—多功能联合测试—车间集成测试—车间生产试运行等阶段逐项开展工作。实现各个功能模块的指标性能检测，并且结合车间集成测试，对车间计划、生产过程管控、质量检验等模块进行了适应性调整，以便更符合车间实际应用的需求。

在试运行过程中，选取了 20 个实际生产订单进行全流程运行；在人员组织方面，设立了生产主计划、车间计划、现场调度、现场安全、工艺、装配操作、测试操作、转运操作等各个角色和职责；在试运行内容方面，从管理系统使用、自动化设备使用、流程验证、生产效率等方面进行了综合评估，积累了一手的现场数据，确保新型能力的有效达成。

通过航空电器产品精益生产和敏捷制造能力打造，形成了企业《二维条码技术应用通用要求》及作业指导书等规范性文件。同时，按照企业《信息化运行维护管理制度》，开展日常运行维护，按照企业《信息化需求管理办法》，开展日常需求变更，按照企业《保密安全管理办法》，开展日常风险管理。

三、实施效果与主要作用

通过航空电器产品精益生产和敏捷制造能力的打造，主要有以下成效。

（一）实施成效

通过 CAPP、PDM、ERP、MES 等系统的建设与集成应用，打通生产环节的计划排产、生产制造、物料供应、质量检验、仓储物流等，业务流程所涉及的人员、物料、成品与企业资源管理系统的人事、采购、财务、销售、报表集成，同时打通产品研发和管理，以及仓库系统的集成，建立了企业内部高度集成的数字化管理，实现了各订单业务的快速反应、敏捷生产、过程的实时追踪，以及产品跟踪体系，有效提高了企业的生产效率和质量管理水平。

通过航空电器产品精益生产和敏捷制造能力的打造，在采购端，减少了订单缺料的情况，为车间生产提供了有效保障，减少因工单齐套性问题产生的作业计划频变更，提升计划按时完成率，同时运用系统实现采购端来料质量问题统计，降低了重复性质量问题，提升产品一次性交检合格率，生产作业及质量的提高有效提升了产品的生产效率，对应的生产订单综合完成率有了质的提升，带动了人均劳动生产率的提升。

表 6-4　航空电器产品精益生产和敏捷制造能力量化指标完成情况

量化指标	指标解释	2019 年指标目标值	2019 年指标实际值	2018 年指标实际值	指标计算单位
采购订单综合完成率	采购订单综合完成率=本季度实际完成所有订单项数/（本季度计划订单项数+遗留订单项数）×100%	86	83.93	85	%
生产订单综合完成率	生产订单综合完成率=本季度实际完成所有订单项数/（本季度计划订单项数+遗留订单项数）×100%，生产订单=研发订单×30%+生产订单×40%+返修订单×20%+部件订单×10%	85	93.37	83	%
作业计划及时提交完成率	作业计划及时提交完成率=当月作业计划实际完成项数/当月作业计划计划提交项数×100%	83	78.20	80	%
军品一次交检合格率	军品一次交检合格率=（一次交检合格数/一次提交总数）×100%	99	98.80	98.6	%
人均劳动生产率	人均劳动生产率=劳动生产总值/平均从业人数	32.49	36.83	34.88	万元/人

（二）主要作用

通过两化融合管理体系的推进，优化公司的经营管理和制度体系，以战略、优势、能力为主线，梳理企业发展的战略目标，找准方向、明确定位，清晰地确定公司竞争优势。并且坚持"统筹规划、科学管理、精益制造、融合发展"的两化融合方针，优化公司的经营管理和制度体系。

　　缩短企业生产研发周期。在推进两化融合管理体系的过程中，航空工业上电通过对业务流程的优化，打通研发、工艺与生产的数据通道，大大缩减了从研发到生产的周期，降低因研发变更产生的生产成本。通过建立 MES 系统，实现对车间计划的精细化管控，从生产工具的领用与准备，到仓库发料的条码化管理，从另一方面提升生产效率，同时通过对接生产计划，将生产订单的执行情况进行了反馈，有效帮助计划部门进行资源的合理调配，提升订单完成率。

　　提高企业创新落地能力。航空工业上电以两化融合管理体系作为核心管理方法进行推进，制订了企业"十四五"期间的数字化转型规划，并且以此实现了管理模式创新、业务创新、应用创新的有效落地。

上海航空电器有限公司材料执笔人：唐　亮　韩　梅　赵　杰

第三节　高技术船舶的精益建造能力助力智能船厂建设——南通中远海运川崎船舶工程有限公司

摘　要：南通中远海运川崎船舶工程有限公司（以下简称"南通中远海运川崎"或"公司"）成立于1995年12月，是由中国远洋海运集团和日本川崎重工合资兴建的中国第一家大型中外合资造船企业。公司注册资本14.6亿元，总投资超过60亿元，年生产能力250万载重吨。公司主要从事高技术船舶的研发和建造，产品类型涵盖各型散货船、大型集装箱船、超级油轮、矿砂船、汽车滚装船等主流船型，以及多用途船、双燃料船、LNG船等特种船，其中9个船型建造时为国内首制。公司在中国第一个实现无余量造船，在船舶行业率先导入现代物流管理系统。钢材利用率、全员劳动生产率、人均实现利润、造船生产效率、万美元产值耗电量、单位土地产能、先行舾装率等指标屡创中国企业新纪录。正是因为这些"第一"，确立了公司在中国船舶界领先、在世界造船业最具竞争力的地位。公司以信息化环境下高技术船舶的精益建造能力为重点打造方向。在此过程中，以数字化精益设计为源头，集成化信息系统和工业互联网平台为支撑，精益生产和智能化装备为抓手，精益管理为保障，将两化融合作为信息化的主线、智能制造作为两化融合的主攻方向，建设智能车间、智能船厂，大大改进了业务流程，提高了生产效率、降低了劳动强度、稳定了产品质量、减少了人工成本。

一、企业推进数字化转型的需求分析

在国家层面，随着国家"一带一路"倡议推进，"海上丝绸之路"沿线国家间贸易大幅增长，为造船行业带来新机遇，工业和信息化部认定的船舶行业首家智能制造试点示范企业，地方政府愈加重视船舶产业发展，将其列为支柱产业之一，政策助力企业智能制造转型升级。

但是与日韩等造船强国相比，我国船舶工业造船技术仍存在差距，如数字化工艺设计能力严重不足，船舶制造装备与系统的自动化、智能化水平低，造船过程管控缺少有效的数据支撑，制造技术与信息技术的融合与集成程度低等。同时，国内造船市场仍旧低迷，劳动力资源使用成本提高，原材料价格增长较大，造船进入微利时代，严峻的市场需要更优秀的产品，没有高技术的产品，企业将被边缘化乃至淘汰。

打造高技术船舶的精益建造能力的初衷是面向客户和市场高效设计、建造、交付节能环保智能船舶。在此过程中，既需要研究、开发、设计高技术船舶，也需要提升船舶建造的质量和效率，保持在普通商船特定市场中的优势地位。面对低迷的造船市场，南通中远海运川崎要在残酷的市场竞争中获得一席之地，就必须在发展的质量和效益上寻求突破，必须在高技术船舶的精益建造能力方面取得突破；伴随智能制造技术的快速发展，以信息技术和控制技术为支撑的机器人和智能装备在造船业的应用是大型船企的竞争焦点。

二、企业新型能力识别和打造的方法和路径

（一）新型能力识别的方法与路径

南通中远海运川崎将两化融合作为信息化的主线，智能制造作为两化融合的主攻方向，两化融合管理体系贯标作为信息化主抓手，将扩大机器人应用和实施生产线自动化改造作为两化融合的切入点。围绕战略—优势—能力—目标主线，通过运用 SWOT 分析法对基于内外部竞争环境和竞争条件下的态势分析，坚持专业化战略、创新战略和品牌战略，研发高科技船舶，确立企业品牌，在已具备性能、品牌、效率、质量、成本、人才、信息化集成等竞争优势的同时，考虑绿色环保船型研发优势、低耗费资源的生产方式优势、滚动发展优势、行业领先优势等可持续竞争优势。确定将"高技术船舶的精益建造能力"作为公司在信息化环境下需要打造的新型能力。

为了更好地评价新型能力的打造效果，公司制定了一套评价新型能力的

量化指标体系，具体包括：造船效率（工时/修正总吨）、钢材综合利用率（%）（散货船）、专利数（公司累计总数）、研发经费内部支出占主营业务收入比重不低于（%）、技术人员占总人数比率（%）、关键工序数控化率达到（%）、分段无余量制造率（%）、焊接自动化和半自动化率（%）、机器人生产线和自动化生产线数量、涂敷系数等。

（二）新型能力打造过程的方法和路径

1. 实施方案策划

高技术船舶的精益建造能力建设基于精益设计、精益生产、精益管理和深度集成的信息系统。

（1）精益设计是高技术船舶的精益建造能力的源头和关键。

公司充分认识到精益设计对于整个生产组织的重要性，是保障公司全方面精益管理的不二选择。公司从经营全局的高度，即使在严峻的船舶建造市场环境下，从不放弃、始终维持精益设计的地位，从而在战略层面确立了"精益"工作理念，并且使之潜移默化地渗透到各个生产组织环节。

精益化设计核心是精准匹配客户需求与船厂资源能力。面向船东，定制出性能更好、满足船东和规范要求的绿色节能船舶；面向船厂，充分发挥生产装备条件、提高生产效率、节约生产资源。

一是高效安全的设计理念；二是对船型的优化设计，利用异地协同，各专业人员协同设计；三是设计与生产一体化。

（2）精益生产和智能制造是高技术船舶的精益建造能力的重要手段。

公司在船舶制造过程中，无论是对安全、质量、工期、成本四大生产要素的管理，还是各类先进技术的运用，无不充分体现"精益"的思想。以自动化、智能化设备使用为抓手，以产品价值实现全过程的计划管理为核心，以全公司网络平台和设计数据利用为重要支撑，通过制度化、标准化管理和持续改善，最终实现精益建造目标。

智能化生产线是打造高技术船舶精益建造能力的重要手段。南通中远海运川崎聚焦船舶建造的预处理、切割、焊接、装配、管舾等主要工序，自2012 年以来，建成投产 21 条自动化、智能化生产线，包括：型钢自动切割生产线、条材切割机器人生产线、小组立/大组立焊接机器人生产线、钢板全面印字生产线、大/中/小径管材加工焊接机器人生产线等，其中大部分智能化装备属于国内首台套应用。

（3）深度集成的信息系统是高技术船舶的精益建造能力的重要支撑。

通过建立深度集成的信息系统，将贯穿零件设计信息、工艺信息、工装信息、材料配套信息、加工信息和装配信息的信息生成和传输全过程，在采购申请单、物料清单、托盘清单等业务方面全面实现无纸化；将设计系统（CAE/CAD/CAPP/CAM）和制造执行系统（MES）及企业资源管理系统（ERP）、财务管理系统等深度集成在一起，使研发、设计、采购、制造、质量、财务、管理等业务实现一体化。

（4）精益管理是高技术船舶的精益建造能力的重要保障。

通过完善包括安全、质量、标准化管理等在内的管理提升，为建设低资源消耗、高生产效率、高产品质量的船舶智能制造模式保驾护航。

一是实行"追求三零目标"的安全管理。坚持人的安全与健康高于一切的理念，从企业的整体生产安全出发，将管理重点放在事故预防上，实行全员、全过程、全方位的自主安全管理，以追求"零事故、零伤害、零损失"为目标。

二是实行"追求卓越绩效"的质量管理。严格贯彻 ISO 9001 质量管理体系标准要求，建立"追求卓越绩效"的管理体系。严格按图纸、作业基准、作业要领等要求自行控制作业和产品质量，形成了"自主质量管理"的做法，不接受、不制造、不流出不合格品。

三是实行"全流程标准化"的作业管理体系。建立了完善的机构和岗位职责、经营管理体系、业务操作流程、作业基准，形成了严密科学的标准化管理体系。

2. 业务流程优化与组织结构变革

在打造"高技术船舶的精益建造能力"的过程中,精益生产和智能制造是重要手段。以"大组立焊接机器人生产线"为例进行说明。

首先,成立大组立焊接机器人生产线项目组;然后,项目组依据两化融合实施框架,为了打造高技术船舶的精益建造能力,组织相关业务部门进行多次调研和专题讨论,并且对现有业务流程和组织结构进行优化:

1)业务流程优化

原流程:

主板投入(大板龙筋)→肋板/纵桁吊装→脚手架搭设→手工焊接→修补打磨

优化后流程:

主板投入(大板龙筋)→肋板/纵桁吊装→机器人焊接→修补打磨→脚手架搭设

2)组织结构变革

制造本部根据优化后的业务流程重新进行班组结构调整。抽调骨干力量,集中至该生产线班组,专门负责该生产线的日常运行。

工务本部设备部安排专人负责设备使用过程中的维护。

技术本部信息技术保障部负责将网络敷设至车间、班组,有线网络不能到达的地方,采用无线网络,并且对无线网络进行集中管理。

原组织结构:手工焊接、修补8人→检查1人→管理1人

优化后组织结构:机器人操作1人→检查修补1人→管理1人

3. 技术实现

大组立焊接机器人生产线在安装、调试后进行试生产,然后通过验收投

产使用，实现大组分段的智能化焊接。其技术实现如下：

（1）增加车间内网络布点密度，将网络延伸到生产线区域。

（2）与生产线控制模块 KYDCT 建立数据传送，便于 KYDCT 模块生成的各工位数据用于后续开展的可视化工程进度跟踪。

（3）建立物流系统和生产线之间的关联，并且使该生产线和前后道工序联动，保障物料的及时供应。

大组立焊接机器人生产线由六轴机器人本体（含控制箱）、轨道、焊机电源控制柜三部分组成。应用第三代自适应编程技术（ALPT，Adaptive Logic Programming Technology）和面板线扫描技术（PLST，Panel Line Scanning Technology），可实现大组分段肋位处补板、条材、三角板等的角焊缝自动化焊接。

作业流程如下：

1）人工操作

启动设备，确认所需焊接区域后，点击继续。

2）机器人自动操作

① 机械臂自动由初始位置伸展至待扫描状态。

② 自动打开机械臂端部下方的点激光传感器，自动测量纵骨间距。

③ 机械臂自动伸展，焊枪前端的激光传感器对焊缝的起始点和末端位置进行精确扫描识别，记录焊缝位置信息。

④ 利用激光传感器装置防止机械臂与结构件发生碰撞。

⑤ 扫描完成后自动进行焊接。

⑥ 焊接完成后，机器人手臂自动收缩。

4. 数据开发利用

在大组立焊接机器人生产线设备定型阶段，根据主要船型的船体结构和设计基准，提炼出分段大组立阶段通用的贯穿形式；根据贯穿形式的特点和现场干涉测试的结果，明确以贯穿形式为对象的焊接工艺参数；建立焊接工艺参数库并固化到大组立焊接机器人的控制模块中；工作时焊接机器人基于激光扫描的结果获得待加工分段的尺寸和贯穿形式，自动为待加工分段选择合适的焊接参数；在实际生产中可以对焊接参数进行微调，并且对焊接工艺参数库进行优化以适应生产环境和加工对象的变化。

5. 匹配与规范

大组立焊接机器人生产线正式投产后，效果达到预期。基于测试与优化过程中总结的经验，对原有基准进行修正和规范，编制、发布文件规范（如《大组焊接机器人用户手册》《大组焊接机器人主控板线路说明》《大组焊接机器人作业基准》等）；同时还编制了相关培训计划，结合系统操作手册等，组织专门的培训。

6. 运行维护

根据两化融合管理体系要求和各部门职能划分，公司制订了相关设备设施和信息系统维护制度。明确工务本部负责自动化设备设施的点检、维修与保养等维护工作；信息化部门负责信息化设备和信息系统的日常运维。

7. 安全可控情况

南通中远海运川崎于 2008 年 1 月首次取得 ISO 27001 信息安全管理体系认证，2016 年 4 月通过两化融合管理体系贯标。为保证造船相关业务的持续性、保护核心技术和满足合同方信息安全需求，实施了保障信息安全的必要策略。如：通过工业防火墙技术、工业网闸技术、加密隧道传输技术，防止数据泄漏、被篡改，保障数据在源头和传输过程中的安全；通过平台入侵实时检测、网络安全防御系统、恶意代码防护、网络威胁防护等技术实现工业互联网平台的代码安全、应用安全、数据安全等。

三、实施效果与主要作用

（一）实施成效

南通中远海运川崎将两化融合作为信息化的主线、智能制造作为两化融合的主攻方向，打造信息化环境下高技术船舶的精益建造能力，在智能制造方面做出了一系列的探索和实践。自动化、智能化生产线的相继投产，大大改进了业务流程，提高了生产效率、降低了劳动强度、稳定了产品质量、减少了人工成本；主要生产车间实现了自动化、数字化、网络化、智能化生产。自动化生产系统使相应工序的生产效率提高了七成左右、个别工序提高了三倍。在确保生产安全和质量稳定的基础上，将产品建造周期缩短 10%～15%，生产效率提高 15% 以上，在船舶性能、造船效率和船舶质量上始终领先于国内主流船厂。

通过大组立焊接机器人生产线的成功运行，持续打造高技术船舶的精益建造能力。其效率提高如表 6-5 所示。

表 6-5　高技术船舶的精益建造能力打造主要效果

		传统手工焊作业方式	大组焊接机器人生产线	效率提高
作业效率（ST）	D/N 分段	0.194 小时/米焊缝	0.092 小时/米焊缝	52.6%
	BNH 分段	0.315 小时/枚	0.114 小时/枚	63.8%
其他效果		焊接质量更加稳定		

（二）主要作用

南通中远海运川崎坚持"精：专业化战略；强：创新战略；久：品牌战略"的总体战略，研发高科技船舶，确立企业品牌；打造高技术船舶的精益建造能力，以两化融合和智能制造推动企业转型升级。通过两化融合管理体系贯标，为系统部署、过程管理、评测与改进提出了更加明确、具体和可操作的要求，全面规范两化融合相关的管理活动和管理过程，实现两化融合工作的战略一致、过程可控和结果有效，并且在此基础上形成智能、高效、集约、精益的现代造船模式，公司步入了效率和效益同步增长的良性发展快车道。

1. 成功实现企业发展转型升级、提质增效

南通中远海运川崎在两化融合管理体系标准的全面、系统、规范的指导下，结合自身需求，逐步提升数据开发利用能力，不断加速技术、业务流程和组织结构的创新和持续改进，提高企业的开放性和动态性，以适应未来日益分散化、个性化的生产经营变革。

2. 实现资源集约利用最大化

南通中远海运川崎通过实施两化融合管理体系，最大限度发挥了土地、岸线、人员、材料等生产要素的有效匹配，实现了资源集约利用最大化。

3. 降低船舶建造成本，促进企业实现跨越发展

在产能不变的情况下，公司营销和盈利能力良好，与国内同等规模的造船企业相比具有明显优势。即使在航运市场持续不景气、造船业已进入微利时代的背景下，仍能实现持续盈利。

4. 主要技术指标接近日、韩先进水平

通过两化融合、智能制造，采用集成制造、快速制造技术，以及制造装备的自动化、智能化，最大限度提高生产效率，缩短建造周期，多项技术指标接近日、韩先进水平，国内领先。

5. 船舶制造质量优于国内其他船厂

随着两化融合、智能制造的深入推进，公司船舶产品更具市场竞争力，可以为公司带来更多的订单。公司始终把研发和制造各种类型高科技含量、高附加值和环保节能的优质船舶作为首要任务。建厂以来连续开发和建造了超大型油轮、超大型矿砂船、大型汽车滚装船、超大型集装箱船、大型双燃料推进运输船等，均为国内首创，成为国内商船设计和建造的领军企业，也成功打造了南通中远海运川崎的企业品牌。

南通中远海运川崎船舶工程有限公司材料执笔人：莫中华　马誉贤

第四节　航天设备制造精细化管控能力助推航天"三高"发展——上海航天设备制造有限公司

摘　要： 上海航天设备制造有限公司（以下简称"149 厂"）是我国唯一集运载火箭、空间飞行器和战术武器地面系统产品制造、总装测试和发射场服务于一体的国有综合型航天骨干企业。围绕企业核心产品——航天型号产品的高效生产研制需求，逐步打造信息化环境下的航天设备制造精细化管控能力。通过搭建 MES 系统，并且与 ERP、PDM 等业务系统集成，实现航天产品各专业制造过程精细化管控，细化现场生产的管理粒度，减少不增值过程，加强上下游协同，通过新型能力的打造，逐步实现"高质量、高效率、高效益推动航天强国和国防建设"的"三高"目标。

一、企业推进数字化转型的需求分析

随着新型工业化、信息化、城镇化、农业现代化同步推进，超大规模内需潜力不断释放，为我国制造业发展提供了广阔空间。各行业新的装备需求、人民群众新的消费需求、社会管理和公共服务新的民生需求、国防建设新的安全需求，都要求制造业在重大技术装备创新、消费品质量和安全、公共服务设施设备供给和国防装备保障等方面迅速提升水平和能力。全面深化改革和进一步扩大开放，将不断激发制造业发展活力和创造力，促进制造业转型升级。

新一代信息技术与制造业的深度融合，将促进制造模式、生产组织方式和产业形态的深刻变革，智能化、服务化成为制造业发展新趋势。泛在连接和普适计算将无所不在，虚拟化技术、3D 打印、工业互联网、大数据等技术将重构制造业技术体系，如 3D 打印将新材料、数字技术和智能技术植入产品，使产品的功能极大丰富，性能发生质的变化；在互联网、物联网、云计算、大数据等泛在信息的强力支持下，制造商、生产服务商、用户在开放、共用的网络平台上互动，单件小批量定制化生产将逐步取代大批量流水线生产；基于信息物理系统（CPS）的智能工厂将成为未来制造的主要形式，重复和一般技能劳动将不断被智能装备和生产方式所替代。

随着航天技术的快速发展，基于太空的应用尤其是卫星应用已渗透到社会经济活动的各个领域，成为人类应对全球性问题、发展新兴产业、保障可持续发展的不可或缺的手段。太空成为世界强国争夺的制高点之一，世界主要航天国家均加快部署实施航天计划，致力于提升进入空间和利用空间的能力，巩固和提高航天在国家整体发展战略中的地位与作用；众多新兴航天国家积极发展和利用航天技术，世界航天发展方兴未艾。我国航天正处于试验应用向业务化应用、产业化发展的转型发展关键期，面对日益增长的经济社会发展需求和国际竞争环境，亟须依托新一代信息技术，以新型能力打造为抓手，助力发展先进的航天装备体系，形成较为全面的宇宙探索能力，提高全球化、产业化、商业化发展水平，积极服务于国家战略和经济社会发展。

二、企业新型能力识别和打造的方法和路径

（一）新型能力识别的方法和路径

1. 企业战略目标及战略举措

"十三五"期间，企业围绕集团公司"推动航天强国建设、建成国际一流航天企业集团、成为国家科技创新排头兵"的总目标，深化科研生产管理模式转型，加快研发设计能力建设，以科研生产"信息化、数字化"为抓手，进一步夯实型号任务保成功的软实力，以"高质量保证成功、高效率完成任务、高效益推动航天强国和国防建设"的"三高"要求为核心内容，强化技术创新引领，坚实技术基础支撑，创新融合发展，提高科研生产保障能力，夯实基础管理能力。全面提升企业综合发展实力，全面提升企业核心竞争能

力，全面巩固行业领先地位。建成适合 149 厂发展的"产品研制中心、产业孵化中心"，构建行业内最具竞争力和影响力的小产业集团。

以中国智能制造战备规划为指导，以智能制造为发展方向，开展以总装总测、在线检测等为代表的数字化工厂建设。重点突破基于专家库的工艺优化设计、加工参数自适应控制、设备故障检测和诊断等关键技术，通过数控机构精密加工中心、热表处理中心、智能特种焊接中心等十大中心的发展，全面推进数字化工厂建设，实现生产过程实时检测监控、现场信息实时采集。

2. 识别和确定可持续竞争优势需求

根据企业的战略目标和战略举措，分析企业的可持续竞争优势有以下四个方面：

（1）基于精益管理的科研生产项目管理优势需求。

将信息技术应用到企业项目管理模式，建立以项目群为单元的科研生产项目管理模式，同时加强各项目在企业资源约束下的综合策划与协同，打造与航天制造的产品研制、项目计划、生产作业相协调的产品研制过程统筹管控；并且通过对财务、人力、供应链、生产、研发、绩效等进行一体化综合管控，打造高效经营管控优势。

（2）基于全过程的质量竞争优势需求。

为实现企业发展目标，提升企业军品产品任务份额和产品质量等，企业将持续加强产品产业竞争优势，在已有技术和质量的基础上，持续贯彻航天质量管理理念，通过技术创新和工艺改进生产出高质量、高性能的产品，落实全过程质量管理、产品数据包管理，打造同类产品质量更加稳定、品质更高的优势。

（3）航天产品的品牌竞争优势需求。

"十四五"期间，企业将结合已经建立的产品优势，进一步加强企业产品竞争优势，加强先进制造技术的研发与应用力度，提高量产效率与质量；加强军品研制综合保障能力，夯实科研生产基础。

（4）基于创新的核心制造技术优势需求。

先进的制造技术在航天领域具有超越经济价值的战略地位，企业大力开展精密加工、热表处理、特种焊接、阀门装试、总装总测等核心专业及先进制造领域重点技术的预先研究和技术创新工作，掌握先进制造技术，充分保证产品的先进性，在战略上可以形成一定的威慑力量、在技术发展上占据战略高地。

3. 新型能力的识别和确定

为稳定获取可持续竞争优势需求，综合考虑企业设备设施、企业信息化现状、行业发展趋势、技术现状等，结合工业企业信息化和工业化融合评估规范及 SWOT 分析等工具，完成了战略优势能力梳理，识别并规划了企业在信息化环境下需打造的新型能力：

（1）航天设备制造的精细化管控能力。

围绕企业核心产品——航天型号产品高效生产研制需求，逐步打造信息化环境下的航天设备制造的精细化管控能力。通过搭建 MES 系统，并且与 ERP 系统、PDM 系统、BPM 系统、质量数据管理系统集成，实现航天产品计划精细化管控，优化计划、工艺、生产制造过程管控流程、细化业务流程与现场生产记录的管理粒度，减少不增值过程、加强上下游协同，提高现场数据采集效率，提高航天产品生产效率，满足高密度发射需求。

（2）航天产品全生命周期质量管控能力。

打造高质量、高性能的航天产品是企业的立身之本，围绕航天产品工艺管理、过程控制、不合格产品管理、产品检验、外协质量控制、工艺管理、生产现场的全生命周期过程，打造信息化环境下的航天产品全生命周期质量管控能力，实现产品数据包电子化，产品研制生产过程中形成结构化、规范化的质量数据，提高对过程量化控制和智能质量决策的信息化支持能力。

（3）航天产业链一体化协同能力。

基于航天产业链一体化协同能力，致力于实现制造企业、设计院所、供应商、客户间的协同运作能力，在内部集成系统的基础上，将航天制造业上下游的协同能力延伸，打造航天产业的协同平台，及时共享设计资源、生产计划、物料需求、采购计划、生产状况及质量信息的内外部共享，加强航天产品设计、研发、采购、计划、生产、交付等核心环节之间的综合集成运作，深化航天设备制造的精细化管控。促进航天产业链上下游的系统创新和一体化发展体系，完成对产品的全生命周期、全产业链的掌控，有效发挥价值链效应。

根据企业的发展规划和信息化建设现状，围绕 149 厂核心航天型号产品高效生产研制需求，企业将优先打造"航天设备制造的精细化管控能力"。

（二）新型能力打造过程的方法和路径

1. 实施方案策划

企业以"航天设备制造的精细化管控能力"作为优先打造能力，将优先开展基于 MES 系统的制造过程管控，实现与总装车间生产计划的统一对接、统一协调、统一监控，同时实现各加工车间之间生产过程的相互协作，车间工序间的相互流转，形成统一的生产过程追溯记录，力争实现生产各个环节的精细化管控。

（1）现场作业流程数字化、信息化，建设车间制造执行管理平台。

以工艺文件结构化、流程化为基础，车间计调人员通过 ERP 系统下达生产计划，MES 系统获取全部工艺信息和物资信息，在 MES 系统中创建工艺过程卡，作为源头发起物资发料申请和总装现场作业，并且通过系统贯通生产业务流程，包括生产调度管理、生产准备管理、生产作业管理、生产过程质量管理、车间配套库管理、工装工具管理、仪器仪表管理等，实现生产过程的精细化管控。

（2）实时追踪总装生产全过程，建立车间运营信息管理平台。

实现各个环节的数字化作业，生产过程中充分利用编码与扫描技术，减少人工干预，提高作业效率的同时降低差错率；实现生产准备的状态管理，对于生产准备的各项条件，通过与各业务系统衔接，提前获取生产条件完备所需的信息，便于生产计划的准确排产；建立车间数字化看板，根据管理和监控需要，实时反映各项工作状态、进度等。

（3）MES系统与各业务系统集成，实现计划、工艺、制造、质量等过程的数据贯通。

与PDM系统集成，实现生产BOM、全部工艺数据的接收；与ERP系统集成，实现生产计划下达、物料信息处理，转换成车间生产任务进行生产过程管控；与BPM系统集成，实现对生产过程中发现的质量问题快速闭环；与质量数据包管理平台集成，实现与产品全生命周期质量数据的采存管用。

2. 业务流程优化与组织结构变革

优化前车间现场作业进度依赖计调人员线下追踪，车间作业计划依靠生产调度会进行协调，生产现场的状态不透明，依赖生产周例会进行信息汇总；优化后数字化跟踪现场进度，提供生产准备时间和资源，生产状态和生产进度通过系统及时反馈，节约生产协调时间。

优化前现场生产准备协调环节多，物资配套的纸质合格证明现场管理散乱，交付资料以纸质方式管理，容易发生信息缺失的问题；优化后条码化物料生产工序配套作业，电子化管理合格证，减少纸质文件现场管理，电子化交付零件合格证等产品资料，条码化管理物料消耗（包括外配套件的管理与物料消耗），防止现场错装、漏装的情况发生，并且自动生成装配实物BOM。

优化前现场生产问题反馈和跟踪不及时，问题难以及时闭环；优化后生产问题在MES平台发起与跟踪，及时掌握在制品生产历史状态。

优化前现场操作人员以纸质工艺流转和管理，质量数据以纸质文件记录，声像记录与生产过程分离，需要后期人工匹配，工作量巨大，并且质量数据难以被追溯和利用；优化后结构化工艺文件解析，现场在线采集质量数据、声像文件，为产品质量数据包提供可追溯的产品电子档案（见图6-2）。

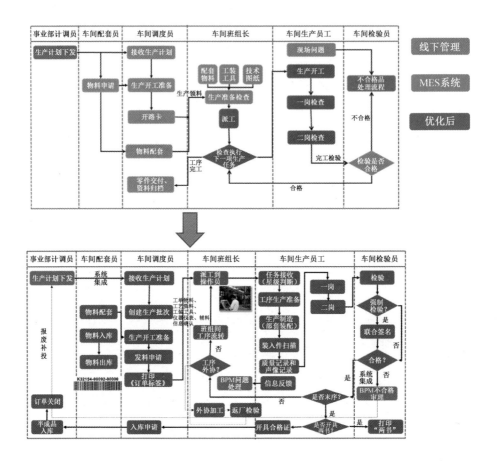

图 6-2　业务流程与组织结构优化前后对比

3. 技术实现

　　企业智能制造执行系统（MES）实现了从分厂接收事业部下发的生产计划并对生产计划信息进行管理，包括生产物料准备、工艺准备、工装仪器仪表准备查询、生产作业管理、生产过程质量管理、车间配套管理、合格证申请、现场问题反馈、生产完工入库申请、工装工具管理、仪器仪表管理及基础建模与工艺建模管理，并且与 ERP 系统、PDM 系统、BPM 系统、条码系统、质量数据包系统集成，完成数据在各业务系统间的有效传递。

1）生产调度管理

实现车间计划的创建和下发，同时能接收事业部下发的计划，形成车间级的生产计划；现场可以按照生产批次号、产品名称、图号、时间信息等查询生产计划，并且可以追踪生产进度，便于掌握生产进度，监督和管理生产；可实现对工人、设备任务情况的查询，便于计调人员任务安排；计调人员可通过生产准备看板查看实际的生产计划准备情况，对于已经具备装配条件的生产计划，可进行任务派发的工作；实现对部套装配任务进行批次管理，可支持对生产批次的创建，以及与之对应的加工过程的管理。

2）生产现场执行管控

现场作业执行管理是以最佳的方式将企业生产的诸要素、各环节和各方面的工作有效地结合起来，形成联动作业和连续生产，以最少的耗费，取得最大的生产成效和经济效益。为了实现149厂下设各个分厂的生产现场管理的连续性、平行性、协调性和均衡性，系统通过条码化的解决方案，以工艺过程卡上的批次条码为主要管控和追溯对象，最终实现在制品的追溯管控功能。

3）物流管理

车间配套员根据生产订单到物资库领取物料，物料到分厂的配套库，配套员通过扫描物料合格证条码进行入库作业；通过与 ERP 系统集成，获取物料的属性信息。

① 发料申请：根据离散订单、批次信息，向物资部申请发料。

② 生产准备管理：生产执行前获取工艺、物料、工装、刀量具等准备情况，判断开工条件。与 PDM、ERP 系统集成，通过实时接口获取工艺、物料等准备情况及具体数据。

③ 配套管理：车间配套员依据 PBOM 检查，将齐套的物料进行合格证扫描，生成并打印物料配套码，完成物料配套。

④ 物料配送：当现场人员到配料库领取物料时，车间配套员扫描配套码、

员工编码，将已配套完成的物料发放给现场人员。

4）生产过程质量管理

车间质量管理是航天器结构件智能生产的核心环节，需要对下设各个分厂的生产线来料、在制品和成品质量进行严格控制，主要由检验、分析、控制三个环节组成，通过系统可以有效管理产生的各种质量问题、分析故障原因、及时反馈质量问题，并且采用必要的手段处理质量问题，从而有效地监控物料的质量。

5）与各业务系统集成

与 PDM 系统集成，实现 PBOM、工艺文件、结构化工艺要求的传递；与 ERP 系统集成，获取项目计划、物料信息，实现车间生产任务的过程管控；与 BPM 系统集成，对生产过程中的质量问题进行闭环处理；与质量数据包平台集成，实现质量信息的采集、存储和利用。

4. 数据开发利用

1）质量数据包应用

企业通过 MES 系统的建设，梳理并规范了现有数据资源，打通与质量数据管理平台的集成链路，有效提取 MES 系统中的装配信息及质量数据，通过装配实物 BOM 的获取，提取产品的工艺使用情况、物料装配情况、生产过程控制情况、质量问题处理情况等，对采集的过程信息进行数据梳理、分类、筛选和汇总，形成基于单件产品的质量数据包，并且通过线上形式提交客户。同时数据的积累也为后续产品质量分析、物资选用、基线比对、工艺设计优化等做支撑。

2）生产现场可视化看板应用

为满足生产现场各类管理人员了解生产信息的需求，基于 MES 系统的工艺数据、计划执行情况数据、生产过程数据及检验检测数据等，定制车间个性化看板，便于生产过程的透明监督与管控。根据车间的不同角色及展示维度，看板内容主要分为总体型号看板、分厂看板、部套看板、班组/工位看板四大类型。各类看板通过参数设置，显示相应的内容，包括各分厂离散订单总体情况、计划完成情况、问题信息反馈情况、工艺变更次数等。

三、实施效果与主要作用

通过在信息化环境下新型能力的打造活动，在"航天设备制造的精细化管控能力"方面取得了以下成效与作用：

（一）实施成效

1. 新型能力年度目标全部实现

通过全年信息化环境下的新型能力打造，两化融合目标全部实现。车间生产效率在 MES 系统的牵引下得到显著提升，计划完成率大于 90%；工艺检验结构化工作除原来的阀门装配车间、总装车间的总装工艺，此次的检验结构化工艺还扩展到钣金、电装等专业加工工艺，涉及的型号由原来的 26 个提升到今年的 36 个，结构化占比也有较大幅度提升，占全部结构化工艺的20%；关键工序设备新增智能物流存储装备、车铣复合加工中心、卫星大型复合材料构建装配等 9 台设备，钣金车间的钻膜及拉弯设备联网运行，使得关键工序设备数控化率和关键数控设备联网运行率有效提升，达到目标值；内部故障成本通过 MES 系统中对质量检验要求的细致拆分，以及质控过程的线上把控，内部故障成本率控制在 0.26% 以下，并且较往年下降 8% 左右。

2. 总装配套产品进度效率提升

通过 MES 系统的应用，将需要手工填写的数据用扫码等方式代替，现场操作填写某一工序检验记录的时间从 1 分钟缩减至 30 秒，减少工人和检验员手工填写记录的工作量 50%；将声像记录的采集方式由相机拍摄、手工导入，替代为用 MES 系统自动上传绑定到数据采集点，分厂检验员收集声像记录的时间从 2 分钟缩减至 1 分钟，提高声像记录采集效率 50%；从用扫码装入半成品和元器件，到系统自动生成装入件清单和元器件清单，填写装机清单的时间从 5 分钟缩减至 1 分钟，提高装入件原始质量记录效率 80%；通过系统查询质量记录时间从 10 秒缩短至 2 秒，提高质量追溯效率 80%。

3. 批次性合格率显著提升

通过系统自动比对、纠错，可以对现场生产使用的工艺版本进行有效控制；对工序加工的人员星级进行系统判断，扫码记录加工人员和检验员，可以有效控制操作人员的加工能力；通过现场填写实测值的系统自动比对，可以有效提高产品的检验质量。根据质量部门季度指标统计：2020 年第三季度比第一季度合格率提升 0.58%，批次性不合格次数降低了 38.23%，批次性报废次数降低了 42.10%，故障成本率下降 0.04%。

（二）主要作用

1. 帮助公司有效识别和打造新型能力

两化融合管理体系帮助公司有效识别了与公司战略一致的可持续竞争优势和新型能力需求，并且按照一套行之有效的方法策划和打造新型能力，引导公司有效识别战略、优势和能力。贯标过程中，通过战略管理工具开展自我诊断和对标，从战略出发，识别可持续竞争优势，开展新型能力的顶层设计，提出目标和实现路径，形成业务流程优化需求、组织结构和职责调整需求、技术实现需求、数据开发利用需求、资源保障需求等，并且进行统筹安排和协同推进，持续跟踪和评估能力打造过程，确保新型能力的有效实现。

2. 促进公司建立适应数字化转型时代的治理体系

以新型能力为主线组织开展两化融合活动，帮助公司统一目标和共识，建立起适应数字化转型时代的可持续竞争优势需求的治理体系。促使公司建立起全员参与的两化融合组织体系。通过贯标工作，统一了各级领导乃至全员对于两化融合重要性及目标、路径的认识。建立起一把手担任最高管理者、决策层领导担任管理者代表、各职能和层次领导共同参与的两化融合组织体系，明确了职责和任务分工。搭建起覆盖全员的两化融合考核、评估、总结及项目专题会的协调沟通机制。对照两化融合管理体系标准，公司结合自身业务特点和管理需求，系统梳理并补充完善了现有管理制度，以流程为导向调整优化制度间的关系，破除部门职能分工壁垒，建立起信息化环境下新型能力的识别与策划、打造及运行机制。

3. 引导企业提升数据的核心驱动作用

两化融合管理体系中强调了数据的核心驱动作用，以及对数据开发利用的制度化要求，引导公司将数据作为可持续发展的核心驱动要素。培养全员的数据意识。通过贯标，向全员传达了数据的重要作用，明确了信息资源标准化、数据管理、数据开发利用等的责任主体、内容和方法，同时提升数据对技术、流程、组织的优化作用。引导公司在新型能力打造过程中重点关注海量数据的跨职能、跨层次、跨时间的全面采集、实时传输和深度挖掘，依据绩效指标、生产经营等方面的数据结论，不断改善和优化技术应用、业务流程和组织结构。

上海航天设备制造有限公司材料执笔人：杨　柳　程　辉

第五节 智能电表精益生产与柔性制造能力助力威胜数字化转型——威胜集团有限公司

摘 要: 威胜集团有限公司(以下简称"威胜集团")成立于 2001 年,是中国智能计量、智能配用电与能效管理整体解决方案的领先供应商,专业从事智能电、水、气、热计量产品的研发、制造和能效管理综合服务。威胜集团从数字化转型需求出发,以战略、优势、新型能力为主线,以 ERP、PLM、MES、WMS 等多系统的集成为基础,结合自动化产线的改造、智能装备的升级来打造精益生产与柔性制造能力。通过能力的建设实现产线加工柔性化和生产的精益化管理,支撑数字化智能工厂。

一、企业推进数字化转型的需求分析

近年来,智能电表在国内行业集聚度越来越高。在国网、南网统一了智能电表的技术标准,并且采用集中招标的采购模式后,传统的智能电表生产厂商的经营战略重点从原来的产品设计创新、满足不同市场的差异化需求,逐步转换成快速响应客户需求,生产模式演变成多品种小批量或多品种大批量模式。同时,需要企业在满足质量和成本要求的同时,实现快速、敏捷交付。

威胜集团目前是中国先进的能源计量与能效管理产品研发制造基地之一,公司主营产品为智能电表。威胜集团能源计量及控制产品品种多,集团业务涉及智能电表、智能终端、配网电气等多个业务,早期客户下单均为大规模批量的订单,数量大,规格相对统一。随着互联网发展,客户的个性化定制需求越来越多,每天各种规格型号的生产订单个数达数百个,用户对交期也有明确的要求。公司 2009 年就已上线了 SAP、ERP 系统,但工业化设备设施的数字化、智能化基础有待提升，系统与设备间、系统与系统之间缺乏有效集成。早期的自动化设备只适应大批量生产方式，在智能装配、柔性制造方面适应度不高，已经不能满足多品种小批量、多品种多批量生产模式，因此迫切需要通过打造"智能电表精益生产与柔性制造能力"来实现产品质量提升和快速响应市场需求，提高企业竞争力，实现可持续发展。

二、企业新型能力识别和打造的方法和路径

（一）新型能力识别的方法与路径

自 2017 年起，威胜集团开始实施"数字化工厂改造项目"与"生产过程信息化项目"，与此同时，导入两化融合管理体系，按照两化融合标准要求，打造和持续优化精益生产与柔性制造的能力，数字化管理水平得到大幅提升。

公司依据"十四五"规划，确定了"市场与销售创新、技术与产品创新、运营与服务创新"三大创新战略，结合内外部环境、业务需求，以及在装备、技术、经营管理、市场营销等方面的实际状况，识别、确定与公司战略相匹配的可持续竞争优势需求，包括快速响应市场、装备升级与智能制造、研发与创新、供应链管理、营销与服务五大优势需求。基于集团创新战略及优势需求，威胜集团识别出了需要打造的新型能力体系，包括智能电表精益生产与柔性制造能力、基于大数据的运营监控&分析与决策能力、数字化产品及工艺设计能力及数字化营销与服务管理能力。战略、优势及新型能力的匹配关系如图 6-3 所示。

其中，当前阶段威胜集团重点打造的能力为"智能电表精益生产与柔性制造能力"。智能电表精益生产与柔性制造能力基于行业多品种小批量及客户需求复杂多变的特点，基于 ERP、WMS、MES、PLM 系统及智能生产与检测设备的集成，实现设计与制造、计划与生产控制的一体化。具体如下：

——通过二维、三维结构及电路设计软件与西门子 TeamCenter PLM 系统的集成，实现设计与产品的数据集成，输出产品工艺路线、设计图纸、作业指导书、物料清单等，将产品设计快速转换为产品数据。

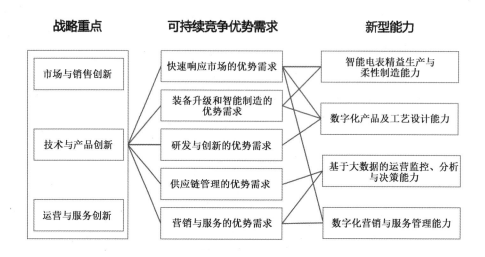

图 6-3　战略—优势—新型能力匹配关系

——基于 ERP 系统实现销售订单、采购、生产计划及库存全过程控制；动态组织原材料采购齐套，精准控制库存，精准配送上线，提高小批小量差异化与客户需求变化的柔性响应能力。

——通过自动化生产线的改造和智能装备的升级及工艺的优化实现产品加工柔性化：包括自动化插装、机器人自动焊接线、机器人自动组装线、自动化检测、自动化包装、自动传送等。

——MES 系统与 ERP 系统、智能装备集成，实现自动排产、物料配送、工艺控制、数据采集、质量检测、异常预警、生产防错、生产报工、设备运维、生产履历追踪、人员管理、环境监控等功能。

——WMS 系统导入，并且与自动化仓储设备，以及 ERP、MES 等系统集成，实现物料拉动式生产方式下的快速响应，精准配送。

同时，确定能力指标及目标值，包括生产计划达成率、成品库存周转率、生产工单（计划批）达成率 、计划量达成率（计划量）、产品可制造性及 OEE。具体指标值如表 6-6 所示。

表 6-6　新型能力指标值

量化指标	指标解释	目标值
生产计划达成率	达成生产计划订单数/生产计划订单数	97.5%
成品库存周转率	本月成品出库金额（上月底库存/2+本月底库存/2）	72%
生产工单（计划批）达成率	评价生产线/车间生产完成工单数与计划完成工单数之差异的管理指标。计算公式：（实际完成工单数÷计划完成工单数）×100%	85%
计划量达成率（计划量）	评价生产线/车间生产完成实际数量（合格品数）与计划生产数量之差异的管理指标。计算公式：（实际生产数量÷计划完成数量）×100%	90%
产品可制造性	通过对比上线产品 DFM/DFT、同比基础版本等改善率进行综合评估得出新品可制造性指标	90%
OEE	设备综合效率	80%

（二）新型能力打造过程的方法和路径

1. 实施方案策划

在威胜集团数字化转型过程中，基于智能电表行业多品种小批量的行业特点及客户需求的复杂多变，以及客户对交付进度和高质量等的要求，针对能力体系中的各项能力，优先策划打造智能电表精益生产与柔性制造能力。整个能力建设的过程以 ERP 系统、PLM 系统为基础，关注产线柔性化改造、MES 系统、WMS 系统及各系统集成。能力策划包括三个阶段：

一阶段是智能装备及机器人自动组装线的升级改造，通过装备智能化和上线机器人自动组装线，实现柔性化装配生产。

二阶段是 MES 项目实施及与 ERP 系统和智能化设备集成，部署制造过程现场数据采集系统和传感器，建立生产过程数据采集和分析系统。该系统能充分采集制造进度、现场操作、质量检验、设备状态等生产现场信息，并且与车间制造执行系统集成实现数据集成和分析。开发大数据故障诊断专家分析系统，与 MES 系统集成，利用显示终端可视化，实现生产线智能化生产管控。

三阶段是 WMS 项目及智能仓储项目，通过 WMS 系统导入，并且与自动化仓储设备，以及 ERP、PLM、MES 系统等集成，实现物料拉动式生产方式下的快速响应，精准配送。

"精益生产与柔性制造能力"的打造过程按照 GB/T 23001 标准要求展开，从业务流程与组织结构优化、技术实现、数据开发利用、匹配与规范、运行控制等方面来推进。

2. 业务流程优化与组织结构变革

公司在具体项目策划过程中确定了九大改善课题，优化了订单处理、生产排产、生产指令下达、生产计划执行及反馈、物料配送、物料追溯、质量控制、操作防呆、人员管理共九个主要类别的业务流程，并且在 MES 系统、ERP 系统和 WMS 系统中分别部署实施。

同时，对组织结构进行了优化调整：

（1）将原工艺技术部与生产自动化部，从架构上进行了整合，成立一个大的"生产技术部"，负责生产、工艺、自动化工作，确保 MES 系统和自动化生产线安全、稳定运行。

（2）按照能力梳理部门岗位职责，对能力主要涉及的质量部、生产技术部、计划部、仓储部、采购部等部门，优化了相应的部门职责及岗位说明书。

（3）岗位优化方面，通过自动化生产线和智能装备的引入改造，实现车间一线员工减员 30%。WMS 系统及智能物流配送上线后，对仓储物料员与生产物料员岗位进行合并；MES 系统中可视化看板及报表自动化完善后，减少统计人员 5 人。同时，MES 对外协厂商管控，减少外协管理岗位 50%。

3. 技术实现

公司在数字化转型过程中确定了信息化整体技术架构，同时，针对"精益生产与柔性制造能力"确定主要系统的技术架构。

1）技术实现原理

整体技术实现覆盖了设计、供应链及生产三个环节，即：产品设计柔性化的实现、快速交付的物料齐套能力的实现和生产的精益与柔性的实现。

产品设计柔性化的实现：通过 CAD、CAE、SolidWorks 等计算机辅助设计工具，实现产品数字化设计和工艺仿真，满足客户个性化定制，实现产品设计柔性化。与西门子 TeamCenter PLM 系统的集成，输出产品工艺路线、设计图纸、作业指导书、物料清单等，将产品设计快速转换为产品数据。

快速交付的物料齐套能力的实现：SAP（ERP）与 SRM（供应商门户）集成，根据销售订单需求与变化，动态编制生产主计划，结合物料库存和生产消耗动态，适时生成物料需求计划，及时传达给供应商，开展原材料采购网络化配套协同，实现生产性物料 JIT 配送，提升生产订单快速交付的物料齐套能力。

生产的精益与柔性的实现：MES 系统与 ERP 系统、智能装备集成，实现自动排产、物料配送、工艺控制、数据采集、质量检测、异常预警、生产防错、生产报工、设备运维、生产履历追踪、人员管理、环境监控等功能。WMS 系统导入，并且与自动化仓储设备，以及 ERP、MES 系统等集成，实现物料拉动式生产方式下的快速响应，精准配送。

2）技术实现路径

通过 ERP、SRM、WMS、MES、PLM 系统的一体化应用，实现上述几方面柔性化制造能力，快速响应客户需求变化，快速满足产品差异化生产，快速组织物料齐套，快速组织生产调度与工艺变更。

能力打造过程中的核心为 MES 系统，MES 系统主要功能模块包括工厂建模、物料管理（物料管理、物料拉动管理、物料履历及监控）、产品管理（产品/BOM、工艺路线等）、条码管理、追溯管理（产品追溯、物料追溯、在制追溯）、生产管理（生产工艺管控、生产实绩管理、产品不良管控、返工工艺管理、首件管控）、维修管理、预警管理、品质管理、设备管理等。

MES 系统与产线设备集成方面实现了 SMT 设备数据采集、SPI 自动化数据采集、贴片结自动化数据采集、AOI 自动化数据采集。

MES 系统与 ERP 系统接口，打通物料基础数据、材料库存、供应商管理、物料 BOM 等，通过 MES 系统直接将生产计划排产到设备，实现生产过程的数据采集、生产防错、生产报工、设备运维管理、工艺路线指示等，以及现场可视化管理、质量追溯管理、员工绩效管理、报表管理等。

在系统的集成方面，实现了 PLM 系统与 MES 的集成，实现产品设计数据转换成产品工艺数据；SAP 系统与 MES 系统集成，实现计划与生产控制一体化；MES 系统与 WMS 系统集成，解决现场的物料精益配送、精准配送；WMS 系统与现场的仓储管理系统及自动化传输系统集成，提高配送的效率；MES 系统与生产、工艺与检测设备的集成，实现产品数据的自动采集与生产过程中人机料法环的全要素的追溯。

3）看板管理

通过看板管理（含车间管理看板、设备监控看板、指标监控看板）实现对制造现场的数字化管控。

各系统的实施过程以《技术实现控制程序》为指导，按照准备阶段（签订软件授权、服务和维护合同、业务现状分析、功能模块确认）、分析阶段（调研及需求分析、输出整体解决方案）、详细功能设计（概要设计、详细设计、数据库设计、基础数据管理、设备接口方案）、开发及测试四个阶段来实施。

设备设施及产线升级改造：设备设施升级及产线升级改造主要项目实施内容包括：SMT 电子元器件的贴片封装、机器人自动焊接线、机器人自动组装线（含自动焊接单元）、自动化的检测（单、三相电能表计 QA 自动化检定线）、自动化的仓储物流设备。

其中，机器人自动焊接项目主要应用在电装车间，将 DIP 环节 PCB 板插装物料的自动化焊接作业，由原有的人工烙铁焊接作业转换成机器焊接进行自动化作业。

机器人自动组装线主要是应用机器人自动组装线对单相表产品进行总装，由原有的人工总装作业转换成机器人并结合专机的模式进行自动化作业。自动组装线将实现电表自动化组装，其中包含自动端子排焊接、自动上底盒、自动装 PCB 板与端子排、自动扫描关联、自动撕液晶膜、自动上电检测、自动装面板、自动盖上、自动锁螺丝、自动装载波模块等。

4. 数据开发利用

在能力打造过程中，数据的开发利用包括两个部分：一是各系统之间的数据集成；二是各类分析报表的开发。

数据集成方面实现了 MES 系统与 ERP 系统的集成，使得销售人员、生产人员能够实时了解产品的最新状态，而研发人员则能了解最新的物料利用状态，实现了销售、研发、生产一体化管理。2D 设计模板、3D 模型与工程图关联，实现快速关联关系查询。通过集成建立物料与图纸的关联关系，实现关联关系记录与查询。

同时为规范数据的开发和利用，针对基础数据（如人员信息管理、质量代码管理、物料主数据、工位器具管理、客户管理、BOM、工序、物料包装管理、供应商管理、成品/半成品管理等）组织编制了《基础数据维护管理流程》，对数据进行统一管理，使数据资源标准化，提高共享和协作效率。

报表开发方面，信息部负责生产数据的报表开发和利用，生产技术部负责对生产大数据进行自动化采集、优化和重构，同时，制订各类生产和质量分析数据模型，为生产流程优化、生产质量改进、生产效率提升和生产成本控制提供科学决策依据。根据需求开发如表 6-7 所示统计分析报表。

表 6-7 数据开发利用过程中的主要报表

报表类别	主要报表名称
产品质量类	日产量报表、废品率统计报表、返修率统计报表
生产计划类	生产计划完成率报表、未完成计划次数统计报表、车间日、月、季度、年汇总报告
设备类	设备故障率统计报表、设备总体效率（OEE）统计报表等

5. 匹配与规范

MES 系统按照定义的作业流程和方法进行试运行，边试用，边发现问题，边调整优化，同时对生产管理人员和现场作业人员进行操作培训。试运行过程中制订 SIT 计划，对系统所有功能进行测试，包括系统整体功能测试及系统接口测试。项目组核心成员编写了《操作手册》《系统操作规范》，指导现场作业人员正确操作软件。

自动化生产线严格按设计的方案进行安装、调试和试运行。根据试运行过程中发现的问题，修改方案、调整设备和测试验证。对试运行中出现的技术难题进行攻关处理，对容易出现的操作问题，整理成《操作规范手册》，并且对每个单元自动化生产线指定专人负责，对负责人开展培训，确保负责人有能力对自动化生产线进行问题诊断和基本的调试。

6. 运行控制

信息部负责系统运行过程中 IT 设备设施的运行和监控；信息安全按照 ISO 27000 的管理体系执行。信息部、生产技术部等部门持续在各车间进行优化、验证，不断提升 MES 系统、设备设施升级及产线柔性化改造在公司生产过程中的应用，持续优化并提升精益生产及柔性制造能力。

生产部负责工业设备的运行控制，制订维修保养计划、按时巡检，并且对车间准时交付及合格率、公司改善项目的跟进及实施、生产车间材料用量损耗分析及跟进、车间员工培训、公司管理层精益项目的培训，以及各机台操作员的工时及效率进行考核。

三、实施效果与主要作用

（一）实施成效

企业各项能力指标持续完善，以 2018 年、2019 年、2020 年、2021 年连续四年为例，均达到了原有计划值，且能力指标持续优化（见表 6-8）。

表 6-8　能力打造过程中各项能力指标完成情况

量化指标	2018 年	2019 年	2020 年	2021 年
生产计划达成率	96%	97.5%	98%	98.3%
成品库存周转率	70%	72%	75%	75.8%
生产工单（计划批）达成率	80%	85%	88%	89%
计划量达成率	85%	90%	95%	97%
产品可制造性	85%	90%	95%	99%
OEE（设备综合效率）	75%	80%	85%	89%

其他综合性指标提升明显，生产效率平均提升 40%以上；综合运营成本降低 25%以上；产品研制周期平均缩短 35%；产品不良品率综合降低 50%以上；能源利用率提高 11%以上；客户开箱合格率提升 50%。

（二）主要作用

通过"智能电表精益生产与柔性制造能力"的持续打造过程，公司开展智能制造改造工作及自动化生产线与数字化工厂的建设，自动化功能检测项目不断增多，已成为行业内自动化程度最高的企业之一；人机协作机器人第一次在电力计量产品的装配中应用；工业机器人协助作业保证节拍均衡，提升了生产效率；MES 系统应用实现过程管控、数据采集，缩短了交付周期，大大提升企业生产能力。

以生产线的改造为例，改造前：传统周转容器周转，生产周期长，生产操作人员密集，自动化程度低，质量一致性把控难。改造后：工序间自动物流传递，减少工序断点，生产周期最优，少人化自动组装与检测，质量一致性佳。

实现对制造过程的数字化管控，实时采集各车间、各工单的完成情况，质量数据采用看板方式呈现。

示范效应如下：

（1）内部系统集成，数据同源、标准统一，实现了业务流程横向集成、生产计划与控制纵向集成、内外供应链交付与配送协同，这些应用，对同类企业，特别是中小企业有很好的示范作用。

（2）通过数字化改造和生产自动化装配、检测、包装和物流配送的全面引进，与管理系统集成，实现了管理与作业控制的纵向集成，为打造智能工厂提供了示范效果。

威胜集团有限公司材料执笔人：刘　毅　刘志伟

第六节　汽车关键零部件柔性制造的过程管控能力助推汇众"绿色制造"理念落地——上海汇众汽车制造有限公司

摘　要： 上海汇众汽车制造有限公司（以下简称"上海汇众"）是华域汽车系统股份有限公司下属汽车底盘系统生产的企业，是国家企业技术中心、上海市高新技术企业、上海市专利工作试点企业。公司具备铝合金差压铸造、冲压、电泳、热处理、焊接、机加工和装配等先进制造技术和装备，并且逐步建立了底盘电子制动系统研发及制造能力。公司产品覆盖 A0 级车—C 级轿车、SUV、MPV 等各款乘用车和商用车底盘系统，是上汽大众、上汽通用、上汽乘用车等业内整车企业的核心供应商，同时为一汽大众、比亚迪汽车、华晨宝马、特斯拉等国内知名整车企业提供产品研发及制造，并且加深与客户在新能源底盘系统与零部件同步开发方面的合作，不断获得认可。上海汇众通过汽车关键零部件柔性制造过程管控能力的打造，基于自动化技术、信息技术，对生产进度管理、生产过程监控管理、质量管理、设备管理、库存管理等制造全过程进行实时管控，持续提升产线的自动化率，兼顾产线的柔性化与高效率，从而实现通过数据直接控制整个生产过程。规范管理执行过程，提高生产制造的精细化管理能力，实现快速响应及产品质量监控与追溯，推动智能化工厂建设助推精益生产管理。

一、企业推进数字化转型的需求分析

上海汇众作为上汽大众、上汽通用各款轿车底盘系统的配套供应商，对这两家汽车生产商的产品市场占有率接近100%，并且在不断拓展其他品牌汽车的产品市场，争取在国内汽车零部件市场中占有更大份额。随着汽车行业需求的快速增加，汽车零部件的订单和需求激增，上海汇众原有生产设备、信息系统已经不能完全满足企业发展的需求，目前上海汇众在生产效率、供应链管理、柔性制造、生产管控等方面面临迫切的转型需求。

在生产效率方面，企业运营中的生产效率不高，设备等固定资产不足以获得明显的规模优势；在柔性制造方面，汽车零部件制造中的应用远不及汽车整车四大工艺中的应用成熟，尤其缺乏在多品种混线生产模式下，自动化、柔性化、精准化、敏捷化的生产能力；在供应链管理方面，上海汇众致力于成为底盘系统集成供应商，对供应商统一系统管理，基于产能调研进行合理采购，物流、库存保证最优，财务同步对账，满足整车厂对外协零部件的质量控制及供应链的管理需求；在生产管控方面，公司目前仅实现加工单元级的自动化，并未实现企业级的自动化、信息化及有效集成、监控与优化。

传统制造模式的生产加工效率、质量把控已经无法满足企业当下的发展需求。基于上海汇众在生产效率、供应链管理、柔性制造、生产管控等方面获取可持续竞争优势的迫切需求，上海汇众亟须通过两化深度融合，打造信息化环境下的新型能力，提升公司的竞争力。

二、企业新型能力识别和打造的方法和路径

（一）新型能力识别的方法和路径

随着新一代信息技术、新能源、新材料等前沿科技成果在汽车工业领域深度集成应用，汽车产业加速向新能源化、智能化、网联化、共享化转型。上海汇众紧密围绕上汽集团"电动化、智能网联化、共享化、国际化"和华域汽车"零级化、中性化、国际化"的发展战略要求，以创领未来的"三擎四驱"战略为指引，聚焦产品转型升级，聚力智能制造，积极践行"追求劳动创造价值，实现企业持续发展"的企业使命，向"创领绿色制造，打造国际化汽车底盘平台集成能力，为客户提供优质的产品和服务"的公司愿景迈进。

上海汇众根据战略和可持续竞争优势需求的分析，结合公司信息化发展

战略和两化融合评估情况发现，上海汇众在汽车关键零部件的柔性制造过程管控能力、协同设计能力、供应链管控能力、全生命周期管理能力、绿色制造与智能制造平台构建方面需加强。为此，上海汇众对应可持续竞争优势需求，结合支撑信息系统，逐步打造汽车关键零部件的柔性制造的过程管控能力、基于物联网的设计与制造集成管控能力、基于大数据的敏捷高效的供应链协同运营能力、基于客户个性化需求的汽车关键零部件智能制造能力、绿色制造与智能制造平台构建能力等新型能力体系。

1. 汽车关键零部件的柔性制造的过程管控能力

为满足产品柔性化制造的需要，对生产进度管理、生产过程监控管理、质量管理、设备管理、库存管理等制造全过程进行实时管控，从而实现通过数据直接控制整个生产过程，规范管理、执行过程，提高生产制造的精细化管理，实现快速响应及产品质量监控与追溯。

2. 基于物联网的设计与制造集成管控能力

将无线传感器网络技术与现代数字化车间的加工制造模式相结合，以快速响应市场需求为中心，将汽车制动盘的产品研发、工艺设计、产品制造等过程进行协同管控，从而提高对市场的快速反应能力、提高市场竞争力。随着物联网技术的快速发展，市场供需快速变化，企业只有提高快速响应市场的能力，才能得以生存和发展。利用物联网技术，企业可以优化生产流程和产品结构，提高设备利用率，改善企业运作方式。

3. 基于大数据的敏捷高效的供应链协同运营能力

以打造敏捷制造为目标，通过运用大数据技术，提升汽车零配件产品采购与制造的协同能力。运用信息化手段收集设备、客户、供应商的动态信息并分析，建立与多客户和供应商的对接系统，实现上下游企业间的信息交互，从而带动整个上下产业链的发展与突破，大幅度提升运营效率，获取敏捷供应链管控优势。

4. 基于客户个性化需求的汽车关键零部件智能制造能力

以满足客户个性化需求为目标，实现客户需求、产品设计、计划落实、采购执行、生产制造、质量管理等全过程的精益管控，从而实现了数字化设计，推进计划与实施的集成管控，规范采购行为，提高生产制造的精细化管理和现场质量问题处置能力。随着经济发展，用户对产品品质和服务的需求也不断提升，不断地提升品质的稳定性，满足终端市场对品质、产品设计的需求，进而获得更广阔的市场空间。

5. 绿色制造与智能制造平台构建能力

通过应用新工艺、新技术提高生产过程及产品的环境友好性，以数据为核心驱动，在产品开发、生产制造、供应链等方面形成成熟方案，不断提高智能制造水平。汽车行业政策及行业环境在节能、环保、安全、智能等方面的应用趋势给汽车及零部件企业提出了更高的要求，也提供了新的机会。上海汇众需要加快新工艺、新材料的研发力度，尽快实现产业化。在产品开发、生产制造、供应链管理等方面形成较好的解决方案。

通过新型能力的建设主要实现如表 6-9 所示量化指标。

表 6-9　汽车关键零部件柔性制造的过程管控能力量化指标目标值

量化指标	指标说明	2021 年目标值	2022 年目标值	指标计算单位
OEE	产量×节拍时间/开机生产时间	84.5	89.5	%
边际贡献率	边际贡献额/主营业务净收入	18.2	18.8	%
产品合格率	当日合格零件数量/当日生产总量	100	100	%
工艺自动化率	设备时间/（设备时间+人机时间）	90	91.5	%
最大柔性产品数	制动盘生产线最大产品数	12	17	种
结构成本率	结构成本/主营业务净收入	14.9	14.3	%

（二）新型能力打造过程的方法和路径

上海汇众按照两化融合的相关要求，组织各相关部门进行两化融合水平自评估，并且输出《两化融合水平自评估报告》。通过了解公司当前两化融合总体水平和各项关键指标，并且与行业标杆和国家平均水平对比，识别差距，为企业的后续发展指明方向。同时，对各业务部门提出业务需求和目标，对基础条件和资源现状进行分析并提出需求，对业务流程、组织结构、技术、数据开发利用现状进行分析，并且将其作为两化融合实施方案策划的重要输入。

基于前期分析资料的整理，围绕公司两化融合的总体战略、内外部环境分析的结果，确定业务流程和组织结构优化、技术实现、数据开发利用及公司支持条件和资源等方面的需求及实施计划、进度要求，形成新型能力实施方案。

1. 业务流程优化

业务流程优化方面：针对需求快速响应流程、动态排产计划流程、生产工艺管控流程、精准物料管理流程、过程质量管控流程、全面设备管控流程进行系统梳理，并且逐步进行优化。

1）需求管理流程优化

优化前需求管理流程中存在的弊端有：考虑到客户不同 EDI 平台，客户需求获取依靠手工处理不同样式的 excel；人工跟踪试制计划单、配件计划、内配套计划；需求分解依赖员工个人经验；能力计划表、产线排程表、计划下达表、实绩报交表样式不唯一，不易被系统读取。

优化后需求管理流程具备了以下优点：需求平台可以自动获取、汇总客户需求，大幅度降低人员工作量，提高了工作效率；系统自动获取试制需求、配件需求、内配套需求，并且对需求进行智能化分解，提升了柔性生产能力；系统可对产线进行排程，并且产生生产订单，实时现场扫码反馈实际生产进度情况，提高了生产精细化管理及响应速度。

2）物料管理流程优化

优化前物料管理流程中存在的弊端有：备料需要人工根据经验判断；人

工巡线、沟通，查看看板卡，才能确定物料配送需求；配送需求响应是通过人工沟通完成并回收看板卡，易出错，追溯性较差；物料账务处理、余料回收需要手工统计并录入 SAP 系统，耗时耗力。

优化后物料管理流程具备了以下优点：系统经过后台数据分析，自动给出备料建议，备料数量更加科学，加强了企业库存管理，降低了企业的存货成本，提升了核心竞争力；可通过电子看板、按灯系统精准获取物料的配送需求，优化了生产管理过程，避免了过程浪费；可以在 LED 监控、配送工作台看到配送需求响应反馈，保证物料配送的及时性；可以用手持终端扫描物料条码，快速获取物料信息，并且在系统内高效完成物料账务、余料回收。

3）制造执行流程优化

优化前制造执行流程中存在的弊端有：邮件获取格式不一的订单，班组长根据经验对订单进行排序；生产过程中的异常信息依靠停线报告，信息滞后度较高，严重影响生产进度；生产工序信息无法数字化获取，完工报交需要手工录入 SAP 系统；车间运行管理依靠大量的纸质报表或是电子的 excel 表，人员工作量大，易出错。

优化后制造执行流程中具备了以下优点：系统专门有订单管理平台，可依据车间各订单生产进程，对订单进行主动型管理，提高设备利用率；利用按灯系统全面、实时采集异常信息，有利于管理人员对异常进行快速、高效处理，确保生产进度不受影响；可通过车间监控平台直观掌握车间运行状况，实时性强，管理层可快速了解一线生产效率。

2. 组织结构变革

业务流程优化会引起相应的组织结构优化调整，需求、排产、工艺、物流、质量、设备管理流程优化，会涉及生产运行部组织结构、工艺开发部组织结构、质量保证部组织结构、新产品检测中心组织结构、信息支持与管理部组织结构的调整与优化。

3. 技术实现

上海汇众通过智能制造平台投入使用并和企业资源管理系统、供应商管理系统进行联通，提升汽车关键零部件的柔性制造的过程管控能力，技术方案的部分内容描述如下：

1）生产进度管理

针对插单、多品种混线生产现状，智能制造平台生产进度管理界面可实时查询指定生产线的生产进度，以生产线为单位实时显示生产订单的计划数量，完工数量，并且实时显示指定工作单元的生产订单状态，实现订单动态排产。

2）生产过程监控管理

现场操作人员可通过按灯提示进行设备维修、物料配送等工作，车间管理人员可通过区域看板查看人员生产效率、设备利用率等指标，拉动看板帮助物料员、计划员、管理者将时间用在解决异常问题和流程持续改善中，提高工作效率。高层管理人员通过办公室电子大屏实时了解设备、人员、订单运作效率。

3）质量管理

在生产过程中发现质量不合格品，由生产线的班组长提出报废申请，在智能制造平台中选择需报废产品对应的订单和物料，输入需要申请的数量，确认后打印报废申请单。生产现场发现不合格产品，该不合格产品无法当场返修，需移至 HOLD 区，提高质量检测的及时性，精准管理不良品。

4）设备管理

制程大师系统中的设备管理界面能够对设备进行应急性维护、预防性维护处理。在设备管理模块，产线工人对应急故障进行保修，维修人员会在系统中实时发现故障保修信息并做出响应，维修人员消除故障后，会在系统中确认维修完成。通过在设备管理界面创建预防性计划，跟踪预防性计划执行进度，维护完成可在线确认。设备管理有利于提高设备利用，降低因设备故障所引起的经济损失。

5）库存管理

仓库人员根据智能制造平台库存管理界面查询获取物料的编号、现有量等信息，智能制造平台依据生产现场使用物料的情况，自动计算各生产订单所需物料的配送时间、物料规格、配送数量等数据，特别是库存的盘点和预警功能的完善，进一步加强了仓库管理人员对仓库库存量的实时控制与调整。库存台账的设立除了解决对现有货品的统计查询外，还要对仓库的仓储能力及库存量的预测，确保柔性制造过程物料及时供给。

4. 数据开发利用

上海汇众数据采集系统分为四层，由下到上分别为设备层、产线级控制层、企业级控制层、私有云大数据分析层。

从设备层获取底层的生产数据，如产品制造数据、设备状态数据、能耗数据、RFID 等数据，传输到产区/产线级 MES 中进行处理分析。产区/产线级 MES 层通过工单管理、追溯管理、设备管理、目视管理、质量管理等模块得到各功能模块下的统计信息，并发送给企业级 MES。

企业级 MES 对各模块状态信息进行逐条处理分析，生成评估得到的各模块状态信息，并且将其发送给大数据分析系统进行数据的综合集成分析。基于系统分析结论，管理人员可向企业级 MES 层下达新的生产计划信息。企业级 MES 根据计划信息向产区/产线级 MES 下发相应工作指令。产区/产线 MES 根据工作指令控制生产设备进行相关生产活动。

通过 BI 系统对接企业原有控制系统，实时采集各系统数据，整合数据资源，从而便于进行统一分析处理，并且实时追踪物料配送情况、生产参数、质量信息等各环节生产数据，为实现自动化生产和加工提供数据依据。同时，建立数据化运营体系，真正实现数据驱动决策（通过数据来做出的决定，要优于常规决策）。

5. 匹配与规范

在试运行前，项目组制订了上线计划，并且严格按照计划进行试运行。同时制订了试运行应急预案，助力识别风险隐患、了解突发事件的发生机理、明确应急救援的范围。通过以智能化业务系统为主要系统交付过程管控项目的运行及调整，在物料接收、物料入库、物料发货至生产线、产线总成报交入库、成品出库对应模块上线运行支持中，项目组不断收集、总结、识别出现的问题并进行分析，由项目组组织确认相应的优化调整方案，经评估和运行后进行调整或更改，确保实现数据、技术、业务流程、组织结构的有效匹配。通过规定时间的试运行，智能化业务系统优化运行趋于稳定。

6. 运行控制

为保障异常问题得到及时有效的解决，信息支持与管理部为公司系统运行维护的责任部门，其他各部门为配合部门，制订了运行控制规范及相应故障处理应急响应机制，并且按规定进行数据备份、病毒防御、入侵防护等信息安全防护，由专人负责用户支持、系统及基础架构日常维护，使运维过程实现规范化、制度化管理，提高系统运行的可用性和连续性。信息支持与管理部进行信息化系统问题、需求收集，处理和反馈，定期对 BUG、关键用户提出的新需求进行收集整理，并且根据 BUG 的严重性进行紧急修复，定期进行部分功能升级。公司定期总结、回顾信息化工作和两化融合情况，并且不断根据市场情况、技术趋势和企业发展过程中遇到的机会和挑战，调整、完善信息系统，更好地支持公司发展。

三、实施效果与主要作用

（一）实施成效

上海汇众通过新型能力体系的打造，提高了网络化协同设计能力，有助于提升产品设计与制造一体化水平，促进产品开发与工艺设计同步进行，缩短产品研制周期，增强质量管控、物流管理与生产执行高效协同，满足高质量、低库存的生产要求；有助于提高企业网络化协同制造能力；有助于提升产供销一体化水平，促进企业内部资源和供应商资源配置同步进行，共同响应以客户为中心的大规模定制需求计划，增强供应商协同产品设计与制造，满足大批量、多品种、高效率的生产要求；有助于提高网络化协同管理和服务能力，有助于提升跨区域的制造资源共享水平和异地协作能力，促进异地多研发中心、多工厂之间的产品数据、设计模型、订单需求、制造资源、备品备件的协同共享及动态配置，提高跨区域协同研发和制造效率，满足跨地域、低成本的生产要求。

通过两化融合管理体系的持续推进，企业各项指标得到质的提升。目前上海汇众的 OEE 指标由贯标前的 78%提升至 81.3%，产品合格率由 95%提升至 99.7%，工艺自动化率由 59%提升至 90.3%，最大柔性产品数由 2 种提升至 11 种，结构成本率由 15.60%降低至 14.87%（见表 6-10）。

表 6-10　汽车关键零部件柔性制造的过程管控能力量化指标完成值

量化指标	指标说明	2018 年实际值	2020 年完成值	指标计算单位
OEE	产量×节拍时间/开机生产时间	78	81.3	%
边际贡献率	边际贡献额/主营业务净收入	14.8	17.7	%
产品合格率	当日合格零件数量/当日生产总量	95	99.7	%
工艺自动化率	设备时间/（设备时间+人机时间）	59	90.3	%
最大柔性产品数	制动盘生产线最大产品数	2	11	种
结构成本率	结构成本/主营业务净收入	15.6	14.87	%

（二）主要作用

1. 完成了公司的战略规划和业务流程的梳理

上海汇众实施两化融合管理体系以来，重新梳理了公司的战略规划，特别是信息化规划，用管理体系标准全面、系统、规范地指导和引导公司战略的需求，逐步提升数据开发利用能力，建立上海汇众的智能决策管理体系，不断加速技术、业务流程和组织结构的互动创新和持续改进，从而有效、高价值地支撑企业战略的落地。按两化融合管理体系要求，上海汇众全面梳理了业务流程，实现了"标准化、动态化、精细化、信息化"的业务流程管理，推进了职能化管理向流程化管理转变。

2. 提高了生产制造的精细化管理

在体系落地过程中，通过执行标准，发现差异并改进，实现了通过数据直接控制整个生产过程规范管理、执行过程，提高了生产制造的精细化管理，实现了快速响应及产品质量监控与追溯，从而改善了整个公司的生产管理，有助于提升客户满意度和产品市场竞争力，有利于上海汇众传统制造方式的转型升级。

3. 构建了绿色制造与智能制造平台

上海汇众通过应用新工艺、新技术提高生产过程及产品的环境友好性，以数据为核心驱动，在产品开发、生产制造、供应链等方面形成成熟方案，不断提高智能制造水平。公司正在积极引导产业链上下游企业开展两化融合管理体系贯标，形成资源要素富集、企业良性互动、竞争优势互补的产业链可持续发展新生态。

通过数字化转型，突破上海汇众企业内和企业间基于互联网的协同设计、协同制造，协同管理与服务，提升我国汽车底盘制造的关键技术，提升我国汽车核心部件的制造水平，带动国内相关制造工艺技术的重大创新，促进我国制造过程自动化、精益化和智能化。产品的网络化智能制造将使生产制造过程更为高效、优质、节能、环保，其市场需求巨大，发展前景不可限量。提高我国汽车底盘制造业的综合能力，提高国际市场竞争力。通过网络化智能制造技术在其他领域的延伸拓展，将会对我国的工业互联网和两化融合起到积极推动作用。

上海汇众汽车制造有限公司材料执笔人： 李　华　方　平　单国文

第七节　制造工艺数字化仿真验证能力塑造汽车工艺研发新优势——北京汽车股份有限公司

摘　要： 北京汽车股份有限公司（以下简称"北汽股份"）是北汽集团乘用车整车资源聚合和业务发展的平台，是北京市政府重点支持发展的企业，也是行业中品牌布局及业务体系最为优秀的车企之一。自主乘用车业务主要从事 BEIJING 品牌的车型设计、研发、制造及销售。北京汽车将数字化作为企业的内生发展要素，不断打造数字化转型新能力。通过建设数字化工厂，实现虚拟与现实之间的"所见即所得"。通过建设数字化制造工程系统，打造制造工艺数字化仿真验证能力，实现了工艺开发虚拟与现实的相通和本部设计与异地工厂制造的一体化数据协同管理。新车型相较以往的工艺开发验证效率提升 30%，开发验证准确性达到 100%，有效提升了企业数字化水平和智能制造能力，塑造了汽车工艺开发在质量领先、成本精益、制造敏捷上的竞争力和新优势。

一、企业推进数字化转型的需求分析

我国经济已进入由高速增长向高质量发展，由制造大国向制造强国转型的阶段，粗犷型传统制造不再能适应环境发展变化的需要，调整结构、转型升级、提质增效已刻不容缓。党中央、国务院高度重视两化融合创新发展，将信息化与工业化深度融合是中国制造转型升级的必由之路，企业的数字化转型是行业创新发展和实现智能制造进阶的必然选择。

汽车行业是典型的大型离散型制造行业，具有供应链高度分散、生产工艺复杂、产品结构精密等特征，面临研发设计周期长、供应链管理低效、下游需求碎片化、服务要求高端化等行业痛点，亟须加快数字化转型步伐，全面提升研发设计、生产制造、产供销管理、经营模式等环节的数字化水平，发挥数字生产力，实现价值链提升。如以往的工艺开发主要依靠人的技术能力和经验进行数据分析，制造资源管理分散，线下工艺设计管控的系统性、完整性不足，容易遗漏或出现偏差、效率低下，需要利用可靠的数字化虚拟仿真手段代替人或辅助人实现更加科学的验证分析。

北汽股份在 2014 年启动数字化工程系统的规划及建设，实现与产品数据管理系统（PDM 系统）的对接和仿真软件的集成化建设，将产品数据与工厂设备数据在计算机虚拟环境中进行数字化生产，模拟生产全流程。工艺开发业务需与上下游部门形成高效的作业协同，面对跨平台、多车型共线生产、产品种类多、产品结构复杂、批量变化大的实际情况，亟须通过采用先进的数据管理、工艺规划与工艺仿真方法，采用协同工作平台来提升产品创新性与工艺开发质量，加快产品开发周期，降低开发风险，满足客户个性化需求。

二、新型能力的识别与打造

（一）新型能力识别的方法和路径

北汽股份"十三五"自主品牌的战略目标，即：以客户为中心，以工匠精神为准绳，以奋斗者为本，向经营者转型。通过 SWOT 方法分析识别出运营管控、研发设计、生产制造、营销服务四个可持续竞争优势需求。

结合差异化可持续竞争优势需求，规划并形成"十三五""十四五"期间北汽股份需要打造的新型能力体系。基于公司跨区域、集团化的管理模式，进一步分析了北汽股份新型能力建设的四个方面（见图 6-31）：制造工艺数字化仿真验证能力、基于数据的集团型经营分析能力、支持产品全生命周期的企业级 BOM 管理能力、面向精益生产的供应商管理能力。

在新型能力建设四个方面总体推进的基础上，将制造工艺数字化仿真验证能力作为该阶段的重点能力打造，旨在提升产品工艺质量和制造竞争力，进一步缩短产品开发周期，提高制造效率，缩减制造成本。北汽股份以开展工艺虚拟验证数字化平台的建设与应用为整体拉动（即建设数字化制造工程系统），以结构化、可视化的产品数据、工艺数据、工厂数据和资源数据为基础，在计算机虚拟环境内，在整车全生命开发周期中进行制造评审、规划、虚拟仿真、输出指导生产的工艺文件等，打造制造工艺数字化仿真验证新型能力。

该能力建设中设定的主要量化指标包括：数字化工厂搭建完成率、本身自动化线工艺仿真验证完成率、新车仿真问题修正比例、环比研制周期缩短等（见表6-11）。制造工艺数字化仿真验证将原本繁杂的研发生产过程简化或重构，使得虚拟生产成为可能，大幅提高工艺开发质量，保证产品稳定性。

表6-11 新型能力量化指标与目标值

量化指标	指标说明	2019年目标值	2020年目标值
数字化工厂搭建完成率	车身总装结构化工艺线体搭建完成数量/车身总装生产线体数量	40%	60%
车身自动化线工艺仿真验证完成率	车身自动化线工位仿真完成数量/车身自动化线工位数量	40%	80%
总装工艺仿真验证完成率	总装完成工艺仿真数/总装工艺仿真	40%	80%
新车仿真问题修正比例	仿真问题修正数量/仿真问题总数	50%	90%
环比研制周期缩短	新车型研发周期缩短时间/对比车型研发周期	—	50（人/天）

新型能力分作三个阶段打造，包括业务需求调研、系统建设与应用、标准化管理与应用提升。

——**业务需求调研**是新型能力建设的前提，根据业务需求确定新型能力建设做什么和怎么做。

——**系统建设与应用**是新型能力的核心，按照业务需求完成系统各项功能的建设与完善，对用户进行培训，引导工程师转变工作模式。

——**标准化管理与应用提升**是关键，系统建设完成后需要有相应的标准制度确保系统正常运行与管理，在项目应用中对系统功能进行迭代优化，实现系统价值与效率双提升。

（二）新型能力打造过程的方法和路径

1. 实施方案策划

为完成制造工艺数字化仿真验证能力建设，根据公司"十三五"发展战略规划，对新型能力的建设过程进行了策划，主要包含业务流程与组织结构优化、技术实现、数据开发利用等方面。结合公司发展战略和业务需求，于2014年进行调研规划和前期准备，形成可行性分析报告。需求调研用于确认"要做什么"及未来建设的详细需求，包含对北汽股份相关业务需求的分析，并且结合北汽自主品牌整车开发流程制订适合自身特点的虚拟验证及数字化平台流程，包含工艺数据管理、工艺规划、工艺管理和工艺仿真一体化管理等。

2. 业务流程优化

业务流程优化是新型能力打造的重要环节，在数字化制造工程系统平台上，各部门可同时开展工艺搭建、工厂资源数据评审、产品数据评审、设备选型、机器人仿真、人机工程验证、线平衡分析、工艺文件线上编制审核与下发等。经流程优化，所有流程切换至线上，同一车型实现异地跨部门在线协同，流程效率得到大幅度提升。

通过数字化制造工程系统的应用实施，向上对接 PM 项目管理、PDM 研发数据管理，以及产品管理，承接 ERP、MES 及透明工厂管理内容，叠加订单管理，提前发现研发设计等方面的问题，实现从 ERP 到 MES 执行过程的有效控制。在工装准备方面，实现最优化的生产制造路径，确保产品制造可控、缩短制造周期。数字化工艺虚拟验证的投入势必会影响传统的工艺开发过程，通过梳理工作内容，逐步优化业务流程，逐步完善并统一工艺管理规范和标准，规范化管理工艺文件、工艺描述、工艺参数和工艺资源等。

3. 组织结构变革

为快速推进工艺开发数字化与专业业务的深度结合，推进系统平台实现汽车工艺开发流程在纵向及横向的跨组织、跨部门的在线协同。纵向协同上游研发部门和下游工厂制造执行，横向协同冲焊涂总及质量、物流等。

在线协同作业简化业务流程并带动业务更加灵活，提升总体集成和协同开发能力。同时，为确保打造新型能力涉及的业务流程职责，基于工艺开发的过程建立职责协同机制，分配各部门在整个产品开发过程中的角色和职责。

4. 技术实现

依据两化融合规划、业务流程与组织结构优化方案，评估现有相关技术及其应用情况，开展技术需求分析、论证适宜的技术路线，明确了技术实施范围并形成技术方案，扎实规划和建设数字化制造工程系统（见图6-4），该系统具备数据管理、工艺规划、工艺管理和虚拟仿真验证等主要功能，实现将工厂数据与产品数据在虚拟环境中进行数字化生产。

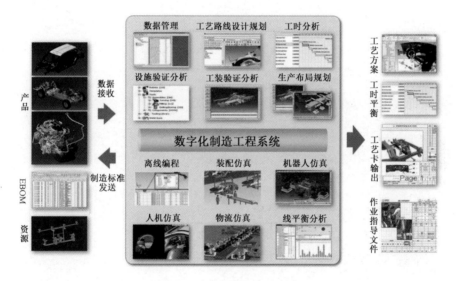

图6-4　数字化制造工程系统

工艺数据管理：基于系统，实现科学的产品数据开发和管理，合理的产品开发流程。可实现统一结构的虚拟样车，统一的设计成熟度规范，合理的发布控制和管理，可以帮助工艺设计部门确定阶段性设计要求，打通部门间的协同工作，并且建立完善的反馈机制，形成科学的评审指标。

工艺规划：基于系统，以数字化手段满足工艺和设备验证、产品优化、资源重用、最优工厂规划、平台化标准化等工艺需求。

工艺管理：数字化制造工程系统的建设极大提升北汽股份工艺管理能力，

通过工艺早期规划、适时调整更新，基于制造工艺信息及时获取和共享，工艺路线、工装设备清单、工艺文件等工艺交付物形成作业标准化和知识积累，同时结合生产布局验证、人机仿真等功能模块，可进行早期的装配能力分析、模拟验证分析、优化分析、人机工程分析、装配次序分析等。如通过系统管理作业工时库，对工艺编程快速线平衡分析，并且实现仿真软件对生产节拍的动态验证。

工艺仿真：通过建设数字化制造工程系统与研发云的数据交互和有效打通，不仅实现在产品开发时考虑生产制造时的需要，提升产品生产品质，而且实现通过虚拟制造仿真，尽早发现并解决工程设计问题，保证整车开发进度，提高整车开发质量。实现产品开发数据贯通整个生产制造过程，以及生产制造环节前探至产品开发过程，再结合客户云提供的市场用户信息，可有效提升北汽股份数字化制造能力。

5. 数据开发利用

在数据的利用及管理方面，对数据来源、数据确认与数据储存方面严格把控，建立数据的标准化管理流程。通过对数据的选取、分析和应用，进而全面实现数据价值。

数据来源：新产品及技改项目实施过程中购建或自制的各类工艺设施，因数据化工艺验证、评审的需求，由项目实施部门收集、整理相应工艺设施的三维数据，数据的格式、种类及提交方式、命名要求等须在项目中明确。

数据确认：数据的完整性、与实物的一致性由各专业技术部门对各构建部门提供的数据的可用性进行确认。数据的编码、命名应符合相关标准的要求。工艺设施三维数据以数字化制造工程系统存储并发布的有效数据为准。

数据储存：工艺数据分析的负责部门对三维数据进行存储管理，确保数据的唯一性、有效性。版本根据实物调整情况及时更新，直至版本数据冻结。

6. 安全可控情况

北汽股份建立了网络安全制度体系。数字化制造工程系统采用基本安全模式，系统用户拥有独立的账号和密码，防止非法用户登录，同时对用户角色分组，确保系统文件隐私安全。数据库不间断进行日常备份，保证数据的安全性，当网络中断连接时，最大限度地避免数据丢失。

三、实施成效与主要作用

（一）实施成效

通过制造工艺数字化仿真验证能力的建设，极大促进了北汽股份工艺开发业务的数字化水平，在产品数据与工艺设计阶段实现前置化预防问题和解决问题，实现了传统工艺开发向数字化、智能化新模式的转型。BEIJING-X7 车型应用系统相较以往车型的工艺开发验证效率提升 30%，开发质量得到显著提升，准确性达到 100%，研发和制造效率显著提升。2020 年同比 2019 年取得的进步成效如下：

1. 量化指标的监测与提升方面

（1）数字化系统应用人员同比 2019 年翻一番。

（2）数字化工厂搭建完成率同比提升 20.3%。

（3）车身自动化线工艺仿真验证完成率达到 100%，总装工艺仿真验证完成率达到 90% 以上，同比提升 40%。

（4）新车仿真问题修正比例达到 100%。

（5）新车型研制周期环比缩短 60 人/天。

2. 数字化虚拟仿真专业应用成效方面

冲压：3D 仿真模拟实现冲压设备与机械手运动轨迹虚拟验证并导入生产线使用，实现虚拟与现实的"所见即所得"，提高节拍 1.5 次/分钟，提高生产效率，降低单件成本。

焊装：实现新车型工艺开发全序列数字化仿真应用，包含机器人焊接（点焊、CO_2 焊接）及搬运可行性验证、可达性仿真、运动分析、工序干涉及空间校核，人工焊接区域的人机仿真验证，车间级物流仿真实现整体物流规划及产能校核等，提升了工艺分析与验证效率、准确率。

涂装：应用 Ecoatmaster 电泳仿真实现虚拟防腐分析，将内腔泳透性问题验证由 EP1 实际拆解阶段前置到数据阶段，应用 ALSIM 进行排气沥液分析，前置化解决积气积液问题，由实车生产进行工艺参数优化改进为数字化虚拟验证，降低物理样车的浪费，确保车身防腐并实现绿色生产。

总装：应用数字化制造工程系统进行 DMU 动态仿真模拟装配动作，保证产品结构满足工艺装配性，通过工具空间校核、人机工程分析，消除了装配空间干涉与人机操作问题，有效降低工艺遗漏，规避再发问题。

从"制造工艺数字化量化指标成效"和"数字化虚拟仿真专业应用成效"两个方面总结具体实施情况（见表 6-12）。

表 6-12　量化指标实施成效

分项	指标项	达成水平	实施成效描述及分析
制造工艺数字化量化指标成效	数字化工厂搭建完成率	车身和总装车间数字化工厂搭建完成率达到 88%以上	完成主补焊线、机舱地板线、门盖线等自动化线体仿真环境 100%搭建，用于新车型车身工艺分析工作；完成总装 16 个线体的数字化搭建，完成率 88%
	车身自动化线工艺仿真验证完成率	车身自动化线工位仿真完成数量/车身自动化线工位数量达到 100%	车身自动化线工艺仿真验证完成率达到 100%，包含新车型各阶段数据自动化线关键工位机器人焊钳可达性、抓手可达性，以及离线程序输出并现场应用
	总装工艺仿真验证完成率	总装完成工艺仿真数/总装工艺仿真总数达到 90%以上	完成新车型关键工位的工艺仿真验证；结合电动车特性，调整仿真工序内容，进行关键工位的工艺仿真验证
	新车同步分析仿真问题修正率	仿真问题修正数量/仿真问题总数达 92%以上	新车型典型仿真问题全部修改完成，同步分析仿真问题修正率达到 100%
	新车工艺开发周期环比缩短	新车型研发周期缩短时间 60 人/天	1. 创新应用大批量焊点焊接空间快速分析方法，提升可焊性分析效率，缩短新车型开发周期 29 人/天 2. 工艺流程图优化为线上编制，提升编制效率 29%，缩短车型开发周期 24 人/天 3. 离线程序输出并于现场调试，较以往缩短现场调试周期 7 天 综上实现单车型开发周期缩短 60 人/天

分项	指标项	达成水平	实施成效描述及分析
数字化虚拟仿真专业应用成效	冲压 3D 仿真轨迹模拟	线下轨迹模拟线上直接应用，平均 SPM 从 10 次/分钟提升到 11.5 次/分钟	线下轨迹模拟输出轨迹配方，线上直接使用，节省调试与优化时间约 30 天/车型；应用模拟配方平均 SPM 提升 1.5 次/分钟
	机器人搬运可行性仿真	实现新车型机器人上件仿真	实现新车型机器人上件仿真，完成关键工位路径优化 100%
	机器人连续特征焊接可行性仿真	实现仿真环境中模拟 CO_2 连续焊接操作	实现连续制造特征导入仿真环境，完成 CO_2 连续焊接操作应用
	人机仿真应用	实现新车型人工焊接区域重点工位人机仿真验证	完成新车型人工焊接区域人机操作验证，包含动态仿真、静态可视、焊接舒适度等，有效降低现场实物验证问题发生率
	物流仿真应用	新车型实现自动化线物流仿真模型搭建与集成，计算 JPH、产能	完成设备故障率等数据收集，100%搭建并集成新车型自动化线体物流仿真模型，完成 JPH、产能验证及瓶颈工位改善
	涂装内腔泳透性验证	实现白车身泳透性虚拟仿真分析，数据阶段完成防腐性虚拟仿真效果验证	数字化仿真替代了原有经验分析方式，将内腔泳透性问题验证由 EP1 实际拆解阶段前置到数据阶段，实现实车阶段因泳透性造成的修模费用由以往的 20 万～30 万元/车型降低至万元以内
	机器人仿形分析	实现机器人喷涂轨迹仿形	应用系统的 PS 模块，研讨机器人动态移动，实现涂胶机器人的动态仿形
	三维工厂搭建	应用系统，构建涂装虚拟三维工厂	从静态通过性分析向动态通过性分析进阶，逐步实现动态通过性分析验证
	总装 DMU 动态仿真	确立关键工序 DMU 仿真清单，新车型仿真率 100%	明确分析对象，有效降低工艺遗漏、规避防再发问题
	总装生产线共用性虚拟分析	生产线设备硬件分析 100%，分析标准量化和分析对象清单化	分析标准量化，提升分析效率；分析对象清单化，避免出现分析遗漏
	总装线平衡分析	实现主要车型的线平衡分析	实现瓶颈工位查找、分析，进行工艺流程优化，编程效率均提升至 85%以上
	总装工艺设计数字化	实现线上五种工艺文件的线上输出	提高工艺文件的统一性，为共线车型的工艺流程优化提供基础，提高工艺流程的准确性和变更便利性

（二）主要作用

通过两化融合新型能力的打造，数字化制造工程系统的应用落地，北汽股份的制造工艺数字化仿真验证能力得到快速提升，在工业和信息化部重点项目《面向新能源汽车大规模个性化定制的智能制造新模式》中，北汽股份工艺数字化建设获得评审专家的一致认可，为数字化工厂建设及数字化工艺工程打下了坚实的基础。

数字化制造工程系统，实现了设计与制造一体化数据管理，实现了三维车间、立体生产线、产品仿真、工艺仿真、离线编程、虚拟调试、虚拟装配在数字化工厂虚拟环境下的集成。2018年6月完成二期项目的部署上线，实现北京本部用户和株洲、广州生产基地用户的在线协同工作。通过工厂、车间、产线设备数字化模型的建立，可在虚拟环境下对生产线进行仿真分析，验证可达性、合理性，可实现离线编程，在虚拟环境下调试机器人轨迹导入现场使用。

北汽股份制造工艺数字化仿真验证能力的建设不仅取得了显著的数字化收益和成果，对未来发展还有以下三点意义：

技术意义：推动数字化应用技术的掌握，确保公司对核心技术的掌握，为打造研发与制造的高效一体协同奠定了坚实的基础。

能力意义：推动数字化转型发展，确保公司综合竞争力，逐步建立在智能制造发展建设中分阶段的能力，沿流程化管理、数字化建设、网络化集成、智能化生产、产业链协同的有序路径做好强化、提升、突破及挑战。

人才意义：推动数字化及智能制造发展，确保人才队伍建设、企业核心知识资产的软实力，进而形成企业竞争中的硬实力。

北京汽车股份有限公司材料执笔人：朱百庆　白国利　李　强

第八节　基于工业互联网的智能化柔性制造能力助力航天"三高"发展——上海航天精密机械研究所

摘　要： 上海航天精密机械研究所隶属于中国航天科技集团有限公司第八研究院，是上海航天的发源地，现主要承担战术武器总体结构和总装综测、运载火箭箭体结构和大型环境试验等航天军工产品的研制、生产任务。面对"高质量、高效率、高效益"的发展要求，以及型号种类、生产当量持续高位的快速研制需求，企业以数字化、网络化、智能化为手段，把信息化与智能制造上升为企业战略层面，将其定位从服务保障向变革引领转变，顶层谋划企业数字化转型布局，着力推进科研生产管理模式转型，按照"平台+场景"的思路，率先打造了航天离散协同制造工业互联网平台，围绕产品实现过程打造了7类20余个数字化制造典型工业场景，解决业务痛点10余项，大幅提升了智能化柔性制造能力，局部应用环节效率提升从20%至10倍不等。

一、企业推进数字化转型的需求分析

随着新一代信息通信技术的快速融合发展，全球制造业孕育着制造技术体系、制造模式、产业形态和价值链的巨大变革。发达国家纷纷制定数字化发展战略，抢占数字时代发展先机，美国发布《先进制造业伙伴计划》《国家人工智能研发战略计划》，德国出台《工业4.0》等。全面推进数字化转型是国家顶层部署，党的十九届五中全会提出要发展数字经济，推进数字产业化和产业数字化，推动数字经济和实体经济深度融合。在制造业高质量发展的大背景下，受制于人员、资源的约束，传统外延扩张式的发展模式正遇瓶颈，迫切需要探索更加集约化的内涵式发展道路。

数字化转型作为军工核心能力提升的关键要素，中国航天科技集团有限公司第七次工作会对数字化支撑建设世界一流航天企业集团工作和保障"高质量、高效率、高效益"要求进行了战略部署，提出 2030 年基本建成数字航天，推动航天数字化产品、数字化研制、数字化管理和数字化产业协同发展。作为中国航天和军工行业的骨干研究所，上海航天精密机械研究所对满足"三高"发展需求和支撑数字航天建设仍存在以下不足和需求：科研生产管控能力有待进一步提升，生产决策的实时性、精准度、有效性尚存在差距；生产过程柔性化水平有待进一步提升，生产过程人机料法环的动态调整和资源快速优化配置仍存在不足；制造过程智能化水平有待进一步提升，大数据、人工智能、边缘计算、数字化孪生新技术的应用尚不深入。

航天产品研制面临着"三高"发展要求，在型号种类和生产当量持续增加及装备性能不断提升的情况下，给短周期快速响应制造带来了严峻挑战。如何提升数字时代的生存能力、科研生产新模式的构建能力是军工企业面临的共性、现实问题。综上所述，通过打造基于工业互联网的智能化柔性制造能力，将工业互联网平台技术，以及数字化生产线设计、柔性制造、数字化物流、精益生产管理等数字化车间技术推广应用，构建集成化、柔性化、智能化的智能车间，可实现航天飞行器多品种、变批量共线、高效生产，提高多型共线研制能力。

二、企业新型能力识别和打造的方法和路径

（一）新型能力识别的方法与路径

1. 新型能力识别

围绕建成"国内一流的航天武器装备总装综测、航天装备材料与结构研究智造高科技企业"的企业愿景，结合航天多品种、小批量产品研制经验、技术优势和需求，识别了以打通计划、物流、数据、管控等各要素的壁垒为核心的可持续竞争优势，包括快速集成竞争优势、个性化定制竞争优势和高度柔性竞争优势。结合企业在航天离散制造工业互联网平台创新应用实践，聚焦智能车间建设资源优化配置、透明化管控、柔性化生产、数字化物流、

智能化决策等要素，识别出基于工业互联网的智能化柔性制造新型能力，具体包括以下要素：

资源优化配置：重点打造生产计划数字化体系，形成透明、高效、协同的资源优化配置能力，实现多型号任务并行、计划变更频繁背景下的混流均衡生产，达到一次计划达成率 80%。

透明化管控：通过打造融合航天工艺知识，覆盖科研生产、经营管理核心业务领域，具有全业务、柔性灵活、自主可控等特点的航天离散协同制造工业互联网平台，实现业务全在线、过程全透明、数据全追溯。

柔性化生产：依托传感器、自动化、柔性装夹、智能技术等先进技术，打造柔性化的制造单元/产线/车间，形成高度自主化和柔性化的新型制造模式，实现多型产品快速共线生产，典型单元/产线设备共用率 80%以上。

数字化物流：通过融合数学规划、仿真优化技术构建面向物料精准配送的数字化物流系统，基于生产过程中闭环的数据流，按照生产节拍，并且结合智能排产调度，实现物料自动按需及时配送，配送准确率 100%。

智能化决策：结合生产过程中采集的实时数据，并且利用大数据技术，构建智能化生产和决策的算法模型库，实现生产过程排程调度、质量预警、设备监控等的决策优化，决策效率提升 50%，同时利用看板实现信息可视化。

2. 新型能力内涵

基于工业互联网的航天多品种、变批量产品智能化柔性制造能力是基于柔性制造、单元制造和精益制造等先进理念，并且结合新一代工业互联网平台及技术，对航天产品研制工艺流程进行分析、重组与优化，围绕智能车间数据自主采集、分析与决策，通过硬件设备柔性化、智能化改造，以及工业互联网平台服务 App 柔性灵活配置，提高资源柔性和装配过程人机协同水平；通过制造资源和系统的柔性化快速响应非均衡滚动生产和装配现场动态不确定性对制造系统带来的挑战；通过标准接口设计与各层之间的无缝集成，彻底打通装配过程的信息流、物流，实现各单元及单元之间人、设备和其他制造资源的深度融合，形成高度自主化和柔性化的新型制造系统；并且结合大数据分析、智能调度、基于知识的决策等先进手段，提高资源重组效率，从而敏捷响应多批次、变/小批量的型号任务。

（二）新型能力打造过程的方法和路径

1. 实施方案策划

邀请专业咨询公司全程驻厂式论证，深化五年数字化转型规划，按照"战略分解与需求分析—业务蓝图与模式设计—技术架构与核心项目设计—实施方案与计划制订"方法论，历时八个月完成咨询报告，确立了全面数字化、适度智能化目标和"5381"工程蓝图，形成所级战略基线，以规划为蓝本有序推进数字化转型工程实施。

数字化企业转型和IT技术发展对架构提出了全新的要求，"好的架构成功了一半"。为了避免颠覆性变化和重复性投入，组织业务和信息化条线人员开展密集式调研，得出调研结论：当前处于数字化转型机遇期，拟借鉴微服务、中台、大数据、工业互联网等理念，构建新一代一体化平台型数字信息系统解决方案，如图6-5所示。

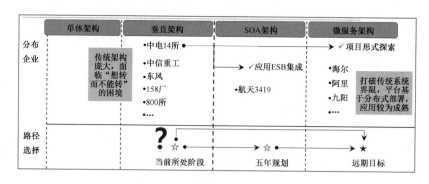

图6-5 架构调研及路径选择

2. 业务流程优化

流程是影响企业运营效率的关键。通过设立流程优化委员会，制订流程优化管理办法，完善企业流程地图，建立端到端的流程框架和分类分级的流程清单，为全面的流程梳理和优化建立清晰的结构框架，并且明确流程的责任人，落实流程监控与持续优化的责任主体，以消除不增值的环节，同时对优化后的流程进行 E 化和固化，提升流程效率，业务流程优化示例如图 6-6 所示。

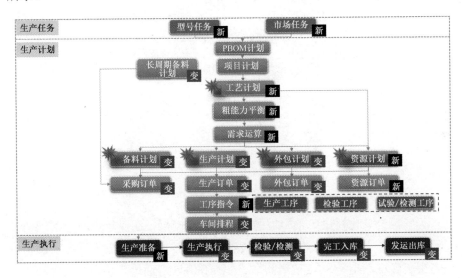

图 6-6　业务流程优化示例

通过梳理形成一级流程 39 个，每个一级流程下包括多支二级流程和三级流程。按照急用先行的原则推进流程优化工作，以计划排产为例，瞄准将生产计划模式由基于经验的人工排产向基于知识的协同一体化自动排产转变的目标，通过对原有计划排产流程进行分析、优化和再设计，建立统一的计划管理体系，实现计划的编制、审核、分解、监控、协调、考核的全流程管控，打通各部门计划壁垒，实现部门内部、各部门之间、外包计划的全面协同。

3. 组织结构变革

推行类型号系统工程管理模式，借鉴成熟的型号研制管理模式，引入系统工程思想，遵循"需求分析、总体设计、系统集成、总体优化"实施途径推进数字化转型工作，建立完善的组织架构，设总指挥、总师、技术负责人，以及推进办公室、专题负责人和部门负责人，通过优化组织体制、完善工作机制，解决指挥权和资源配置问题（见图6-7）。

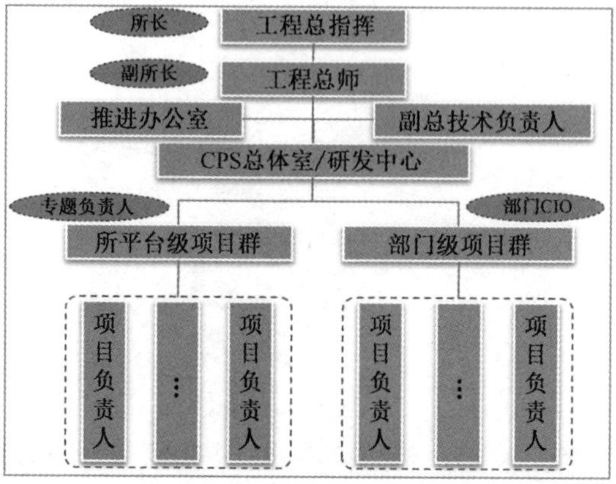

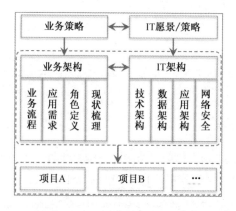

图6-7　组织结构调整优化

为解决信息化建设中常出现的"两张皮"问题，在信息化与智能制造推进过程中以项目为抓手，按所平台级和部门级对项目进行分类分级管理，对重点项目实行"业务+IT"双组长负责制，强调业务前进一步，信息化后退一步。按照"从业务场景到技术解决方案，再从技术解决方案到具体软硬件系统"两道翻译过程的推进路线，以业务需求为牵引，构建业务与IT的混编团队，通过理解与分析业务需求及IT能力，将业务需求与IT能力有效结合（见图6-8）。

图6-8　业务与IT混编项目团队

4. 技术实现

聚焦航天离散制造技术状态多变、工艺环节多、质量要求高、协作关系复杂对制造系统柔性配置、精益质量、全业务融合的需求，以及传统架构下信息系统用不好、用不深和业务与 IT 难深度融合创新等问题，借鉴云计算、工业互联网、中台等理念，并且结合自身工艺经验知识，基于微服务架构构建新一代一体化平台型数字信息系统解决方案，推出了具有航天特色的全业务融合、柔性灵活、自主可控特点的军工离散协同制造工业互联网平台，涵盖 7 类 34 个微服务 100 多个业务场景，覆盖科研生产和经营管理核心业务领域。

平台建设具有前瞻性，从传统架构直接到微服务架构，是一个跨代的平台，具备三个特点：全业务融合，平台是一个一体化的科研生产管理系统，替代了传统的 ERP、MES、TDM 等系统；柔性灵活，可以按照业务需求快速进行功能配置和应用 App 定制开发；自主可控，平台完全基于开源技术自主搭建。按照"平台+场景"的思路，围绕产品研制全流程打造了智能工艺、生产管理、试验管理、资源管理、供应链管理、智能检测、售后服务等数十个解决业务痛点的典型应用场景，有力支撑了业务过程全在线、生产过程全透明，初步形成了以智能化生产为主，网络化协同、服务化延伸、个性化定制为辅的工业互联网协同创新应用新模式，初步实现了业务全在线、过程全透明、信息全追溯。初步估算，使用本平台后，提升综合效率 20%以上。同时以此为支点，探索构建工业互联网应用新模式协同创新生态，实现数据增值与知识创效，赋能离散制造业高质量发展，翘起未来十年的数字空间。

5. 数据开发利用

上海航天精密机械研究所在新型能力建设过程中，通过智能化柔性制造场景打造，不断提炼、整合相关数据资源，深度挖掘数据的潜在价值和应用范围，构建了数字化产线等数据开发利用新模式，进一步延展数据利用深度和广度。

上海航天精密机械研究所打造了"无人化"舱体数字化产线，对标"黑灯"工厂，完全自主设计集成，提高各环节数据流集成协同能力，包括工艺布局与仿真、工艺优化、生产节拍、工艺装备、物流系统集成、综合控制系统等，建成了一条行业领先、国内先进的国产高端装备示范应用验证线，集中体现于用数据说话、用数据决策、用数据管理、用数据创新、用数据赋能，充分发挥数据对工艺仿真、装备验证的支撑作用。数字化产线主要由 2 台车铣复合加工中心、3 台卧式五轴加工中心、1 台桁架机器人、1 台地轨机器人等组成，具备加工过程数字化、批量生产柔性化、数控装备国产化、工艺过程集约化、加工检验一体化、综合软件自主化等特点，数据资源丰富。舱体数控加工程序基于 MBD 模型自动生成，加工过程信息数据自动采集、存储，便于质量监测与分析；通过工艺数据分析，将舱体原来 25 道工序集中于 5 道工序完成，设计的生产节拍 3 小时/件，可适用于 $\phi300\sim\phi340$ 直径范围内 4 型 8 种舱体结构件加工，设备有效利用率达到 65% 以上，实现了多个型号舵机舱壳体、电子舱壳体换线生产。数字化产线的打造充分发挥了数据聚合资源、提高效率的作用，打造泛在连接、全局协同、智能决策的新型制造体系，促进上海航天精密机械研究所全要素生产率和核心竞争力大幅提升，为研究所数字化转型提供重要动力。

三、实施效果与主要作用

（一）实施成效

通过打造基于工业互联网的智能化柔性制造能力，率先推出了具有行业特色的航天离散协同制造工业互联网平台，平台规划了 7 类 34 个服务，覆盖科研生产、经营管理核心业务领域，实现了业务 100%在线、过程 100%透明、数据 100%追溯，成功入选 2020 年工业和信息化部"特色工业互联网平台"试点示范单位；按照"平台+场景"推进思路，以生产线布局重组优化为牵引，以工艺流程重组优化为突破，以资源优化配置、透明化管控、柔性化生产、数字化物流、智能化决策为核心功能，打造了空气舱全自动激光焊接单元、"无人化"舱体数字化产线、航天产品总装综测数字化车间等智能化、柔性化制造工业应用场景，实现了一次计划达成率 80%、局部环节整体效率提高 30%、设备共用率 90%、物料配送准确率 100%、生产决策效率提升 50%等技术指标，有力支撑了航天产品的"高质量、高效率、高效益"研制生产。

（二）主要作用

基于工业互联网的智能化柔性制造能力的构建，形成了基于微服务新一代技术途径的数字信息系统解决方案，助推了航天产品制造生产模式向数字化智能化转型升级，将该工业互联网平台及智能化生产、数字化管理等工业互联网创新新模式推广应用于其他多品种、小批量产品的柔性制造，可为多品种、变批量离散制造企业提升制造过程柔性化与智能化水平提供借鉴。

上海航天精密机械研究所材料执笔人：戴　铮　郭具涛　钟珂珂

第九节　卷烟生产全过程一体化管控和系统运作能力助力红塔高质量发展——红塔烟草（集团）有限责任公司玉溪卷烟厂

摘　要: 红塔烟草（集团）有限责任公司玉溪卷烟厂（以下简称"玉烟"）位于云南省玉溪市,是具有2800余人规模的烟草国有企业,承担着红塔集团高端高档及主要品牌（玉溪、红塔山系列）的卷烟生产任务。以"打造世界先进的行业典范工厂"为发展目标,玉烟打造了卷烟生产全过程一体化管控和系统运作能力。通过两化融合管理体系的贯标和新型能力的打造,建立获取了工厂可持续竞争优势的长效机制,实现整个价值链的全面重构,优化流程和组织结构,提升卷烟制造的总体反应速度,降低中间环节的成本,提高卷烟成品质量,全方位、系统化提升管控水平,促进"玉烟四大优势"的持续获取,助推烟草行业高质量发展。2020年,22项对标指标水平同比提升11项,持平1项,指标提升率达54.55%,对标指标水平处于行业前列。

一、企业推进数字化转型的需求分析

如今,云计算、5G、大数据等新兴技术的快速发展,正促使着人类社会迈向数字经济时代。面对蓬勃发展的数字经济,数字化转型已经成为当今各行各业转型提升的重要方向。作为我国实体经济的主要组成部分,烟草行业也顺应时代发展,开启了数字化转型之路。

国家局指出,"十四五"时期,烟草行业要以数字化转型为主线,积极推进数字技术与烟草产业深度融合,着力打造上下贯通、左右连通、内外融通的一体化烟草数字产业链、供应链,为畅通一体化组织运行开拓新路径,为行业高质量发展注入新动能。在此形势下,烟草企业未来将深入推进融合创新工作,深入推进数据资源应用工作,推动数据服务由生产导向型向需求导向型转变，服务方式由被动服务向主动服务转变，服务内容由数据报表向分析报告转变。

从目前来看，虽然越来越多的烟草企业在积极建设一体化平台，推进两化深度融合，但是在建设过程中面临着一系列的问题和挑战，主要体现在四个方面：**一是支撑业务协同**，烟草企业上下级、部门间协同的问题日益凸显，价值链业务协同需求迫切；**二是促进数据打通**，商业与工业、工业各业务系统之间，形成了部分数据孤岛，需要打通；**三是敏捷化响应需求**，营销需求变化、产供销业务规则变化导致应用对于技术敏捷化响应的需求提升；**四是融合新老架构**，行业逐步引入数字化中台之后，新、老架构将长期共存，未来需要有机融合。

作为卷烟制造工厂，玉烟一直将订单的持续获取作为可持续竞争力的体现。当前，玉烟亟须快速应对市场的变化，实现柔性排产动态调度，弥补当前生产经营大数据运用和卷烟生产一体化管控方面的不足，充分释放两化融合互联网时代新技术力量，实现数据驱动、数据赋能，全面促进企业工厂数字化转型升级，有效解决主力规格产品竞争力减弱和单箱结构差距所面临的危机。

二、企业新型能力识别和打造的方法和路径

（一）新型能力识别的方法和路径

为实现"打造世界先进的行业典范工厂"发展战略目标，玉烟综合考虑国家政策、企业现状、技术环境等，并且将其作为输入，运用 SWOT 分析方法，识别出企业内部具有的优势和劣势，外部机遇和威胁。经内部评审，玉烟明确提出两化融合"三步走"总体战略目标，即由数字卷烟工厂，到智慧卷烟工厂，再到精益智慧工厂的发展模式；并且进一步识别出与企业战略相匹配的"四大"可持续竞争优势需求：

1. 系统化管理的"玉烟模式"可持续竞争优势需求

按照玉烟标准化、模块化管理要求，对工厂产品线生产和业务管理进行调整和布局优化，引入、优化信息化系统及管控平台，结合自动化、数字化、

联网化设备的应用，实现工厂卷烟生产全过程信息化的"玉烟模式"，通过卷包综合测试台、制丝工控、实验室信息管理、能源管理系统等平台，实现前方生产业务数据的实时准确采集和处理，通过信息化系统实现企业资源信息整合、生产制造过程管控、订单引导驱动、管理协同的过程管控，最终实现卷烟生产全过程一体化系统管理的"玉烟模式"。

2. 数据说话、系统判定的"玉烟指标"可持续竞争优势需求

通过卷包综合测试台、制丝工控、实验室信息管理、能源管理系统等信息系统的引入，实现生产过程数字化、过程分析模型化、结果判定系统决策化，从而解决了以前人工分析存在的统计口径不一致、统计分析过程烦琐、结论判定主观性等问题，真正做到"数据说话、系统判定"的"玉烟指标"，从而促进工厂在质量、成本、物耗、设备、安全管理等方面的持续改进，达到指标实现过程和结果的卓越。

3. 问题引导智能管理的"玉烟机制"可持续竞争优势需求

以调度指挥管控平台为核心，运用数据分析方法，引入"问题管理"持续改进控制机制。通过综合集成工厂卷烟生产全过程业务信息数据流，协同控制分析过程信息流，融入生产、质量、设备等业务管理标准、技术标准，高效精准挖掘业务流程管理中存在的风险和问题，并且纳入"问题管理"，进行部门、岗位、人员快速分解、落实整改，彻底改变以往"人找事"低效率的问题处理方法，运用系统形成高效的"事找人"的问题改进"玉烟机制"，持续提升过程管控水平。

4. 大质量过程管控的"玉烟制造"可持续竞争优势需求

围绕生产主线，加入大质量过程管控的精益思想，通过信息化系统的优化、综合调度平台的建设优化，搭建集团质量数据中心，构建中烟集团工厂上下贯通，生产质量设备左右协同、质量资源信息共享、内部对标持续改进的一体化质量管控平台，改变以往仅针对产品结果的质量控制方式，让质量管理深入制造过程，提升卷烟生产的质量管理水平。

基于两化融合"三步走"总体战略目标和"四大"可持续竞争优势需求，

玉烟识别出未来三到五年内需要打造的新型能力体系，包括卷烟制造全过程质量追溯能力、集团财务集中管控能力、制造过程的数字化协同能力、核心信息化基础管理能力、卷烟生产全过程一体化管控和系统运作能力、基于工业大数据的智能分析决策能力。

其中，当期重点打造的新型能力为卷烟生产全过程一体化管控和系统运作能力，即通过系统综合集成与协同创新，打破部门壁垒、专业壁垒，消除信息孤岛和信息不对称，强化视图共享、信息协同，形成工厂系统化运作环境；通过自动化、数字化、联网化设备的数据采集，卷包综合测试台、制丝工控、LIMS、能源管理等业务系统的功能管理，MES 系统和运营管理中心系统平台的一体化管控，实现工厂管理过程系统化；利用高度精准的烟草生产数据统计和数据挖掘，建立科学合理的数据模型，实现指标结果、过程分析判断、问题风险的自动导出，实现大质量过程管控的精细化柔性生产。

该能力的提升目标为从技术支持力、成本控制能力、质量保证能力、市场反应能力、文化引导力、环境安全保障力等核心技术力和组织力（见图 6-9）方面提升工厂全方位、系统化管控水平，进一步促进"玉烟四大优势"的持续获取。经分解得出该能力的具体量化指标，详见表 6-13。

表 6-13　卷烟生产全过程一体化管控和系统运作能力量化指标

新型能力名称	指标名称	指标解释
卷烟生产全过程一体化管控和系统运作能力	单箱可控费用	单箱可控管理费用=可控费用/卷烟产量，按国家局"卷烟工厂对标"口径计算
	大中片率合格率	各单批次等级或模块的大中片率抽检合格次数之和/各批次等级或模块的大中片率抽检总次数×100%
	成品水分合格率	质量监督检测站出厂检验成品水分合格率
	质量事故次数	1. 消费者及商业工厂反馈卷烟成品生产制造质量缺陷的质量事故次数（月） 2. 质量监督检测站卷烟成品出厂检验质量事故次数（月/季/年）
	卷烟产品出厂合格率	指质量监督检测站对工厂卷烟产品出产合格率的检验结果
	对标指标提升率	指工厂对标指标的提升率。对标指标提升率=本月工厂对标指标累计值同比提升项数/工厂对标指标数×100%
	卷接设备运行效率	按国家局"优秀卷烟工厂"评选标准计算，详见［国烟办综〔2011〕411 号］文件中主要经济技术指标解释说明

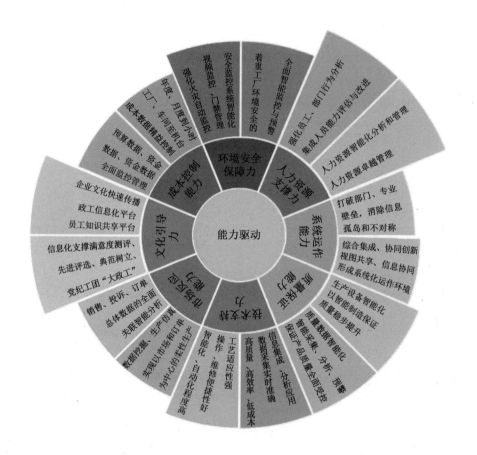

图 6-9　核心技术力和核心组织力

（二）新型能力打造过程的方法和路径

1. 实施方案策划

为打造卷烟生产全过程一体化管控和系统运作能力，玉烟按照《玉溪卷烟厂两化融合管理体系操作手册》（文件架构详见图 6-10）对两化融合实施方案策划的输入、输出及方案的评审、批准和调整进行管控。在考虑工厂战略、可持续竞争优势、新型能力要求等内容的基础上，根据烟草行业的技术发展趋势和自身业务需求，梳理技术、业务流程、组织结构、数据开发利用现状，评估企业的基础条件和资源现状，完善两化融合规划，编制了新型能力实施方案，涵盖内外部环境分析、现状需求分析、优化需求、实施职责及方法、进度等方面。

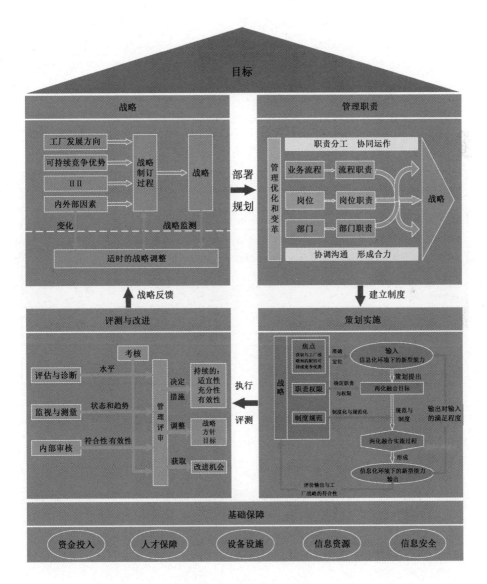

图 6-10　管理体系文件架构

2. 业务流程优化

围绕卷烟生产全过程一体化管控和系统运作能力打造，以 MES 项目优化推广、运营管理中心建设优化等为契机，充分分析现有业务流程，以精益管理为设计原则，尽量简化流程和操作，梳理和固化了核心流程 100 多个（生产管理相关流程 36 个、设备管理流程 15 个、质量管理流程 62 个），并且在系统中进行信息化实现。

生产管理业务流程优化示例如表 6-14 所示。

表 6-14　生产管理业务流程清单

流程编码	流程名称
MES-PP-001	卷烟生产年计划管理流程
MES-PP-002	卷烟生产月计划管理流程
MES-PP-003	卷烟生产排程及周滚动计划管理流程
MES-PP-004	卷烟生产三日计划管理流程
MES-PP-005	生产标准管理（看板、落地）
MES-PP-006	生产调度监控管理流程
MES-PP-007	原料、香糖料调运管理流程
MES-PP-008	出口卷烟生产计划管理流程
MES-PP-009	复烤生产年计划管理流程
……	……

优化前：工艺质量部在进行生产标准制修订后，对生产标准的下发、接收、维护及转发等的管理缺少有效的信息化流转，后续依据生产任务形成生产任务单，并且进行任务执行时，存在标准与执行的偏差。

优化后：经由 MES 系统进行修订后的生产标准下发，通过 MES 系统接收生产标准、进行标准维护和转发，车间在系统中进行生产标准接收确认，保证流转至下一环节的生产标准的高效、准确。

3. 组织结构变革

由于业务流程的优化及调整，造成岗位职责及部分部门职责发生变化，主要组织结构优化情况如下：

（1）成立联合调度指挥组，实现统一生产调度。随着生产调度指挥大厅的正式上线启用，工厂适时建立涉及能源、复烤、制丝、卷包联合调度管理组（常驻调度员 4～6 人）进驻大厅开展全厂生产调度工作。实现生产调度流程大幅精简，柔性排产能力全面提升。

（2）在各部门设置"兼职信息化管理员"岗位，提升系统运作保障。在工厂各车间、科室设置"兼职信息化管理员"岗位，负责需求/投诉/业务的沟通、部门内的两化融合宣传与培训、两化融合制度执行监督等工作，第一时间、第一现场反映各业务部门的持续优化问题和需求。

4. 技术实现

围绕建立"一体化"管控模式，构建"工业互联"企业运作环境的业务需求及生产经营管理优化需求，开展 MES 系统优化提升和运营管理中心的建设升级，对工厂包括供应链管控、计划管控、进度管控、生产管控、财务管控、成本管控、质量管控等在内的业务活动进行优化改进，形成基于生产控制的数字化管控模式，形成工厂系统化的运作环境。卷烟生产全过程一体化管控和系统运作能力建设中技术获取方式采取外购的形式，由工厂联合外部系统实施方组成技术实现项目组，采用项目制的方式对 MES 系统、运营管理中心进行建设升级。

1）MES 优化与推广项目

围绕打造"一流卷烟制造基地"目标，按照"全计划、全工单、全模型、全标准"的"四全"要求设计实施 MES 系统，充分挖掘卷烟制造全过程产生的"数据"这一核心资源，着重提升"反市场能力和精益制造能力"，探索工业互联、大数据分析应用，夯实智能制造基础。主要技术实现工作包括虚拟化平台建设、工业数采体系设计实现、系统集成交换等，涉及生产管理、产耗管理、工艺标准、质量管理、设备管理、物资管理等功能模块。

MES 总体架构，它是一个典型的多层架构，由数据层、模型层、组件层、界面层及集成层组成：

① **数据层**：通过实时数据采集平台，实时采集生产现场数据，以提升系

统实时性及快速反应能力。

② **模型层**：建模及模型驱动组件是系统架构的核心，通过该组件建立、维护生产模型，提升系统对业务的适应性。

③ **组件层**：基于 MES 系统平台提供的业务组件，采用业务逻辑层与表现层分离的模式实现功能要求，业务层以服务的方式提供，表现层以页面组件方式构建，通过配置实现系统的灵活性、高扩展性。业务功能服务组件包括生产管理组件、质量管理组件、设备管理组件、成本管理组件、对标管理组件、指挥中心组件、工厂经验库组件、综合评价分析组件、信息服务组件、基础配置组件等。

④ **界面层**：对应用客户端、移动终端、电子看板等界面进行统一设计，形成一体化用户界面，界面采用简洁、典雅、流畅、简单、易用的风格。界面设计时，坚持用户体验第一，用户交互符合一定规范和用户习惯，同时在移动终端的交互设计时考虑多点触控交互方式，实现交互方式的扁平化和智能化。

⑤ **集成层**：通过应用集成组件，与企业其他信息系统实现松耦合集成，体现系统的开放性。应用集成组件的接口技术要求应符合行业标准和集团信息集成规范的规定。

2）运营管理中心优化项目

玉烟运营管理中心系统建立各种对数据库、数据仓库信息模型访问的服务，用于连接业务逻辑处理和底层的数据存储，不采用业务逻辑直接对接数据库的方式，保证了信息传输的安全、准确、可靠。系统的业务逻辑处理，则通过 BPM 流程引擎建立各种业务处理的业务模型，支持桌面访问、浏览器访问的方式，支持大屏输出、手机、平板电脑等智能设备访问。将业务处理的逻辑封装到各种业务模型中，使不同的业务处理分离开来形成模块化开发，保证了开发的准确性、高效性，也保证了业务处理的清晰可靠。

玉烟运营管理中心系统通过对下层业务执行层系统的数据集成和业务

集成，形成决策、车间、班组三级"驾驶舱"。功能组成主要包含系统接口管理层、数据中心平台、部门指挥平台、厂级指挥平台、生产指挥运作平台、事件预警平台等。

5. 数据开发利用

能力打造过程中，运营管理中心、MES 系统共搭建生产、设备、财务、质量、企业云盘等 18 个模块，全面开发 450 个视图，并且大部分视图具有数据下钻功能，实现数据大集成、同分享、共决策，进一步推进提高工厂系统运作能力，两化融合向"协同创新"阶段迈进。主要动态视图和报表举例如表 6-15 所示。

表 6-15　能力打造输出报表清单

序号	模块	报表名称
1	生产模块	复烤生产年、月计划表
2		卷包生产排程与周滚动计划表
3		计划码段执行管理表
4		叶组生产实时追踪表
5		卷烟生产三日计划管理报表
6		香糖料调运报表
7		能源调度管理报表
......		......
1	质量模块	打叶复烤过程质量数据采集监控报表
2		复烤过程质量分析表
3		制丝过程在线质量数据表
4		制丝过程质量自检报表
5		工艺质量标准执行情况报表
6		滤棒过程质量试验报表
7		品牌合作质量趋势分析报表
......		......
1	设备模块	设备维护计划执行报表
2		设备维护交接班报表
3		设备润滑保养报表

序号	模块	报表名称
4	设备模块	设备综合检查问题趋势报表
5		备件领用和存量趋势报表
......		......
......	......	......

6. 匹配与规范

在项目试运行前，玉烟制订了项目试运行计划（含测试计划、硬件切换计划、业务测试方案等），并且组织各相关业务部门进行评审。评审内容包含系统测试时间、数据导入准备、业务准备、终端设备正式切换时间、应急方案、上线后问题处理流程、关键业务用户及职责等，同时进行数据准备、正式系统切换方案、应急预案、人员培训等上线前准备工作，确保系统实施与玉烟生产运营管理规范相匹配。

三、实施效果与主要作用

自 2014 年贯标实施两化融合管理体系以来，玉烟获得了战略实施和控制的方法论，构建了"一核双线"两化融合精益管理模型，有效助力构建卷烟生产全过程一体化管控和系统运作环境：通过深度整合企业管理体系，建立获取可持续竞争优势的长效机制；通过 MES 系统和运营管理中心系统平台的一体化管控，实现工厂核心技术力和核心组织力全面有效提升，进一步促进"玉烟四大优势"的持续获取，形成基于生产控制的数字化管控模式。

（一）实施成效

通过对两化融合管理体系量化指标进行追踪考核，2020 年各项量化指标考核指标均达标，22 项对标指标水平同比提升 11 项，持平 1 项，指标提升率达 54.55%，对标指标水平处于行业前列；卷烟产品市场各级抽检合格率均为 100%，具体如表 6-16 所示。

表 6-16 两化融合管理体系量化指标 2020 年度完成情况

新型能力名称	指标名称	指标解释	2020 年目标值	2021 年目标值	指标完成情况（2020.12）	指标计算单位
卷烟生产全过程一体化管控和系统运作能力	单箱可控费用	单箱可控管理费用=可控费用/卷烟产量，按国家局"卷烟工厂对标"口径计算	≤111	≤109	达标	元
	大中片率合格率	各单批次等级或模块的大中片率抽检合格次数之和/各批次等级或模块的大中片率抽检总次数×100%	≥99	≥99.2	达标	%
	成品水分合格率	质量监督检测站出厂检验成品水分合格率	≥99.3	≥99.6	达标	%
	质量事故次数	1. 消费者及商业工厂反馈卷烟成品生产制造质量缺陷的质量事故次数（月） 2. 质量监督检测站卷烟成品出厂检验质量事故次数（月/季/年）	0	0	达标	次
	卷烟产品出厂合格率	指质量监督检测站对工厂卷烟产品出产合格率的检验结果	100	100	达标	%
	对标指标提升率	指工厂对标指标的提升率。对标指标提升率=本月工厂对标指标累计值同比提升项数/工厂对标指标数×100%	≥50	≥54	达标	%
	卷接设备运行效率	按国家局"优秀卷烟工厂"评选标准计算，详见［国烟办综〔2011〕411 号］文件中主要经济技术指标解释说明	≥96	—	达标	%

（二）主要作用

玉烟作为烟草行业工业生产工厂，在国家烟草专卖体制下，不涉及投标、融资等情况。但通过两化融合管理体系评定后，进一步在烟草行业内部提升企业形象，其卷烟生产全过程一体化管控和系统运作能力也得到了较大的提升，主要作用如下：

订单获取能力优化：玉烟两化融合工作成为上级推荐学习的标榜，在卷烟生产制造和销售流中易获得相关客户的信任，如烟草商业工厂对原料、销售的支持，云南中烟对新品研发、产品营销的支持，有力支撑了企业持续获取订单的能力。

社会示范效益提升：通过两化融合管理体系评定，2017 年两化融合管理体系贯标示范企业的玉烟成为两化融合工作标杆企业，大量的同行到玉烟考察交流，如川渝、曲靖厂等，起到了示范性作用，企业公信力大大提升。

红塔烟草（集团）有限责任公司玉溪卷烟厂材料执笔人：

吴永兴　周晓龙　何　倩

第十节 产品全流程质量管控能力建设助力上海锅炉转型发展——上海锅炉厂有限公司

摘 要: 上海锅炉厂有限公司(以下简称"上锅")位于上海市,是国内一流、国际领先的综合能源及化工工程解决方案提供商,隶属于上海电气集团。作为新中国最早创建的专业设计制造电站锅炉的国有大型企业,主要进行锅炉、工业锅炉、特种锅炉等能量转换装置及成套设备的研发、设计、制造和销售等业务。公司连续荣登中国机械500强,先后获得上海市市长质量奖、中国电力科学技术奖、国家科学技术奖等荣誉。2020年订单承接再度突破百亿,其中非煤电业务占比超过60%。为了从单一设备商向综合能源及化工工程整体解决方案提供商转型,上锅依托信息技术开展智慧质量规划与过程参数监控智能预警,加强产品全流程质量管控能力,通过对检验过程数据的分析与监控实现产品质量预防控制和全闭环质量跟踪,获取能量转换装置类产品全流程质量管控可持续竞争优势。同时依托智慧产品开发提升客户服务质量,对产品的运行进行指导优化。

一、企业推进数字化转型的需求分析

近年来中国能源结构发生了翻天覆地的变化,煤电占比断崖式下跌,清洁能源装机快速替代,火电及下游产业不断萎缩;全球政治经济形势风云变幻,国内外市场风险飙升;以及自2019年底开始席卷全球的新冠疫情,让世界经济发展猛然刹车,2020年全球经济增速放缓,普遍出现经济负增长,对于劳动密集型的传统型制造企业受冲击现象尤其显著。

当前上锅正处于转型发展的关键时期,面对新市场、新客户、新产品需求与传统习惯、资源配置和原有运营方式的结构性矛盾,迫切需要通过互联网、大数据，人工智能等数字技术来支撑企业的数字化转型。上锅一方面需要从研发、制造、售后服务延伸等多维度加强质量管控，才能更好地提升产品的竞争力，降低质量风险与成本；另一方面需要依托工业化与信息化深度融合等新一代信息技术的支撑，具备产品全流程的质量管控可持续竞争优势能力，助力新产品市场的开拓及确保项目产品质量目标的顺利达成。

二、企业新型能力识别和打造的方法和路径

（一）新型能力识别的方法和路径

上锅确立"三个转变"的发展战略，构建以核心技术能力为基础，向工程和服务两端延伸，电站锅炉、化工工程、产品服务、工业锅炉等多业务协同发展的目标，并且通过 PEST、SWOT、波特五力分析，识别并确定与公司战略相一致的全流程的质量管控、供应链一体化系统管控、创新研发的多地高效协同、能量转换装置类产品主动服务的快速拓展，以及基于数据驱动的资源共享与高效运营等可持续竞争优势需求。基于企业发展战略及可持续竞争优势需求，识别并规划了企业在信息化环境下需打造的新型能力体系，包含以下五个方面：能量转换装置类产品的全流程质量管控能力、基于物联网的供应链协同一体化管控能力、面向区域协同的多地协同研发设计能力、基于工业互联网的能量转换装置类产品主动服务能力、基于数据驱动的资源共享与高效运营能力。

综合考虑企业各类资源匹配，结合工业企业信息化和工业化融合评估规范，上锅识别并规划了企业在信息化环境下需打造的重点新型能力：能量转换装置类产品的全流程质量管控能力。产品全流程质量管控能力能够保障公司能量转换装置类产品的安全性、有效性，通过物联技术及新一代信息技术，对产品研发、生产制造、售后服务等全流程进行动态管控，从而实现通过数据有效管控产品质量，实现降低产品内外部损失、确保产品水压、168 等关键节点 100%通过率、持续提升客户满意度的目标（见表 6-17）。

表 6-17　部分量化指标表

序号	项目	单位	考核频次	目标值
1	外部质量损失同比降低	%	年度	20
2	机组整套启动（即点火）一次通过	%	季度	100
3	非计划性停运等效小时数	小时	年度	20
4	整机水压试验一次通过	%	季度	100
5	168 试运行一次通过	%	季度	100
6	顾客满意度	%	年度	95

（二）新型能力打造过程的方法和路径

1. 实施方案策划

为打造能量转换装置类产品的全流程质量管控能力，实现预期的两化融合目标，公司组织相关责任部门，从市场环境、适用的法律法规、可持续竞争优势获取对信息化环境下新型能力的要求，由管理者代表组织，两化融合领导小组协助，召集公司相关业务部门确定业务流程和组织结构优化。通过质量检验平台等信息技术实现质量过程的监控，并且对过程收集的质量数据进行开发利用，完成产品全流程质量管控实施方案策划。

2. 业务流程优化

公司管理工作部组织各业务部门与人力资源部、制造部、质量保证部等一同梳理公司现有质量管控的相关流程，从流程优化需求的严重性、紧迫性和准备度三个维度进行排序、选择和评审，最终确定优化方案。

针对公司产品全流程质量管控流程，讨论分析后确定，优化涉及的二级流程包括三维设计仿真、原材料采购检验流程优化、质量计划创建与管控、检验任务下发与执行、仓库条码收货可追溯、焊接工艺管控及焊接监控流程、智慧锅炉服务等业务流程。

原先的方案设计及详图设计均采用二维设计，流程优化后，通过二维和三维相结合的方式进行方案设计，并且通过产品的仿真模拟数字化应用，实现对锅炉烟、风、煤流场等的仿真模拟分析，为设计优化提供支撑；通过搭建交互式的三维设计平台，实现正向三维设计，同时以核心三维软件为基础，扩展三维设计软件和接口群。并且通过仿真装配，模拟部件实际受力、作用工况进行分析，提高产品安全性等。

检验计划的下达和检验委托方面通过质量检验平台，依托数据集成进行线上的下达和委托交验，并且及时反馈检验的结果，加强质量计划变更管控，提高质量计划执行效率；在系统中进行检验结果汇报，数据集成相关信息系统、减少差错，保证数据的准确性与实时性；系统将上传的各版本文件保存至服务器，可随时供查询、下载或查看，实现可追溯并直接按模板生成质量报告，大大减少了质量保证部人员的工作量，提高工作效率。

3. 组织结构变革

在组织结构方面，依据《业务流程和组织结构优化方案》的相关要求，公司在原有的组织架构中对职责进行调整和明确，使质量保证部和制造部条线结构更加扁平化。

除此之外，对部分耗费人工较多且成本较高的岗位进行优化调整，如检验任务分配管理岗、质量技术交底管理岗、焊接工艺管理岗、焊接质量分析管理岗等岗位耗费人工较多、容易出差错，需要直接通过信息化系统的升级优化对这些岗位进行精简和调整，全年内部调动（含调整）85人次；让人员将更多的精力投入到需要创造力的高附加值岗位上，提升了效率。以服务战略、支撑业务、服务员工为工作指导，从优化人才队伍结构、激发人才动力潜能、提升人才队伍能力三方面着手，持续提升人均效能，充分挖掘人才价值，有效助力转型发展。

4. 技术实现

依据新型能力的整体打造计划，上锅确定优化建设能力打造的支撑系统——质量检验平台，在公司内部进行项目立项，并且根据项目需求调研，编制了质量检验平台解决方案、开发方案等技术文档，成立了项目团队，明确了项目组和相关部门之间的相关职责要求和技术实现的需求，为了更好地对项目实施管控，确保质量检验系统、仓库条码系统、焊接系统、焊接过程监控系统、智慧锅炉等管理系统按期保质上线与后期运维，上锅与武汉开目、上海索擎等供应商从项目管理、质量控制、探伤、理化、原材料等质量检验环节及信息化与工业化技术等方面综合考虑，选用优质资源，组成项目团队，并且明确关键用户职责、项目资源投入等全方位保障项目开展，经相关部门评审，报由管代批准。

1）研发设计质量提升

上锅投建了基于 infiniband 的高性能计算集群网络，拥有 Ansys Fluent、Barracuda 等大型商用仿真软件，开展丰富的数值模拟计算工作，开展电站锅炉燃烧模拟及煤粉着火燃烧子模型开发优化、电站锅炉受热面沾污结渣模拟及优化、锅炉污染物排放模拟及控制策略、工业级流化床锅炉流态化仿真等工作。依托检验设备、煤粉气流着火试验台、一维炉试验台、多功能煤燃烧热态实验平台等多种仪器设备及实验平台，不断开展产品研发升级研究，提升与保障产品质量。

采用 SOLIDEDGE、TEKLA、PDMS 进行三维建模设计，根据部组件特点选取最佳软件，有效提升管道设计质量；极大简化管道应力分析工作。通过三维节点开发、二维自动标注、参数化设计等二次开发帮助企业高效地进行产品开发，提高产品质量、降低成本、缩短产品研发周期。

2）原材料及过程质量管控

在原材料采购管控中，以 SRM 供应商管理系统为源头，通过仓库条码系统、质量检验系统、NCR 系统、质量索赔系统等实现原材料出厂批次跟踪、收货实时过账、在线提交检验委托和检验结果及时反馈。实现原材料质量监控及质量问题的及时解决，提高质量问题的处置效率，并且以此作为供应商的评价标准，对不合格供应商进行质量索赔。对重复发生或重大质量问题进行 CAPA 预防纠正系统流程分析、验证、实施、评价，形成质量问题处置闭环。

基于质量检验系统，新建材料模块、过程检验模块、理化模块、探伤模块、竣工模块、竣工文件模块、见证通知模块、检测设备模块等。与公司的相关系统（SAP 系统、PPMS 系统、pro 系统、焊接信息系统、仓库条码系统）信息集成，实现集委托交验、报告出具等功能，关联产品报完工与竣工文件、实现产品与质保文件同步出厂，进而实现质量检验记录数据化及质量检验过程、质量检验流程的全程受控。

5. 数据开发利用

上锅按照体系文件《两化融合数据开发和利用管理》的相关管理规定和要求，提取、整合全流程质量管控相关的业务数据，进行多维度、多层次的分析，作为公司经营管理的依据和发现问题并提升的依据。

一方面利用质量信息平台收集质量过程数据并进行分析。质量数据是质量控制、质量跟踪、质量分析的基础，单纯的文档档案管理模式远远不能满足需要。随着市场对企业产品质量管理和控制的要求越来越高，质量文档的规范化、电子化、数字化已成为必然趋势，通过搭建质量检验平台达到如下效果：

（1）迅速响应和定位生产作业现场出现的质量问题，为生产服务提供即时服务。

（2）提供质量查询、质量分析的数据累积，为质量的控制提供有力的依据。

（3）随时可以汇总、统计在线生产和历史的合格率，追踪不合格品的所有相关信息，如材质、供应商等。

（4）利用先进的技术体系，实现质量数据的标准、规范、完整，实现数据的全程可追溯。同时不断重新修正和改善信息系统，以便更好地发掘信息价值，将其转化为对企业有用的信息资源，充分发挥数据的核心价值。

另一方面依托上锅在锅炉产品领域全专业、全流程的优势，核心算法上充分考虑设计理念、燃烧机理及运行经验，以智能设备采集的参数为基础，通过工业互联网，将智能设备、智能仪表、工业机器人等工业设备采集的锅炉参数传递到控制层，通过对锅炉运行状态的分析与实时监控，运用大数据、人工智能、云计算等信息化手段实现锅炉产品的智能预警、故障诊断、设备寿命分析、性能效率优化等功能，达到智能闭环控制和设备状态检修。

6. 匹配与规范

在质量检验等系统的推进过程中，根据《信息化项目管理》制订详细的试运行方案，对各项任务进行定义说明，落实到相关部门，确保试运行有序开展。同时将试运行期间收集的问题汇总至质量检验系统项目组，由项目组组织确认相应的优化调整方案，形成质量检验系统试运行总结，经评估和测试后进行调整或更改。在检验工序管理功能中，可设置人员资质要求，自动过滤资质不符合要求的人员。

上锅按照匹配与规范管理的相关要求，在数据、技术、业务流程与组织结构匹配性调整完成后，确立了《产品检验管理》《过程检验管理》《无损检测管理》《理化试验管理》等制度规范，并且经过批准后发布实施。质量检验平台在进入运行维护阶段后，纳入上锅公司整体信息系统框架进行运维管理，由专人负责用户支持、系统及基础架构日常维护，并且按照公司故障处理流程统一进行事件、问题管理。同时依据公司制订的信息化管理制度，管理工作部对服务器、网络设备、存储设备、客户端操作系统进行监控，检查服务器运行状态、系统日志，检查磁盘空间，系统自动备份数据库。

三、实施成效与主要作用

（一）实施成效

通过质量检验平台等信息系统的上线及供应商全生命周期的系统管理，建成智能化车间的产品智能制造体系、物料输送、质量管控智能体系；实现MES系统数据共享，智能化设备具备数据的双向追溯能力，包括产品信息追溯、物流信息传递等；缩短了生产周期，实现生产线上同类产品切换功能；质量检测信息实时共享，质量研发、制造、供应链、服务等全程精细化管控与追溯，不良品率下降；优化了研发、生产、供应链及产品运维服务质量管控，风险人员减少，成本降低，效率提升。同时，实现在垃圾焚烧余热炉、超超临界π型锅炉产品上的生产过程智能化，实现全程水压监控、焊接参数监控、机加工的数控加工中心设备及工厂的MES系统等智能设备集成应用。

对内夯实质量管理基础，对外强化供应链质量管控，以"降低内外部质量损失"为重点，围绕关键项目积极开展质量管理提升。通过质量信息化，创新管理思路，强化岗位责任，不断提升公司质量管理成效，顺利完成各项质量指标，部分量化指标完成情况如表6-18所示。

表6-18 部分量化指标完成情况

序号	项目	单位	考核频次	完成值
1	外部质量损失同比降低	%	年度	50
2	机组整套启动（即点火）一次通过	%	季度	100
3	非计划性停运等效小时数	小时	年度	9.36
4	整机水压试验一次通过	%	季度	100
5	168试运行一次通过	%	季度	100
6	顾客满意度	%	年度	96

过去的一年，面对一系列突发事件的挑战，上锅沉着应对、积极求变，承受多方因素带来的冲击，充分发挥两化融合管理体系在推动企业战略转型、管理变革、流程优化、技术创新和数据开发利用等方面的主要作用，主动出击把握市场机遇、加速新旧动能转换、促进转型成果落地，在行业转换、角色转变、区域转变上成效显著：自接订单高速增长、多点开花，自接订单金额较2017年年底翻了18倍，全口径订单也在时隔5年后再度重回百亿。

（二）主要作用

通过一段时间对两化融合的学习，上锅对两化融合管理体系贯标有新的认识和理解，通过对自身的客观评估，上锅明确了两化融合发展重点、路径和方向，同时为企业转型升级指明方向和路径。

保障企业战略实施：通过两化融合管理体系贯标，使企业的战略及战略的实施步骤更加清晰明了，使得公司"合理重构组织结构与职能，持续优化产业布局，聚焦形成三大主营业务板块、九大业务单元入口"的转型升级工作有据可循、有章可依。

推动企业技术创新：两化融合为企业实现产品创新、性能提升提供了方法、手段和途径，成为企业加速转型升级和创新发展的重要驱动力量。助力上锅围绕新产品、新工艺、创新项目、产学研合作等课题研究，持续保持上锅在锅炉等高端装备制造领域的技术优势，提升企业的核心竞争力。

促进企业数字化转型：以数字化转型为目标顺应市场形势和业务发展需要，通过建立以 ERP 系统为底座的全要素连接，持续提升企业的运营效率。同时通过模式创新和体验提升来加速推进企业的供应链创新与应用，完善行业生态的建设，提升企业影响力。

上海锅炉厂有限公司材料执笔人：徐迎群　胡　曦

第七章

网络化协同类能力建设最佳实践

随着传统制造业务由企业内各部门流程式运作逐渐向内外部并行协同发展，网络化协同类能力的打造逐渐成为我国制造企业开展两化融合管理体系贯标实践的热点。本章选取了不同领域龙头企业打造不同网络化协同类能力的创新实践案例，结合实际分析了各类企业对于数字化转型的迫切需求，详细阐述了企业识别和打造不同网络化协同类能力的具体方法和实施路径，展示了能力建设取得的价值成效，以供具有共性能力打造需要的广大企业参考借鉴。

第一节　面向全球异地协同的商用飞机研发设计能力助力大飞机研发数字化转型——中国商用飞机有限责任公司上海飞机设计研究院

摘　要: 中国商用飞机有限责任公司上海飞机设计研究院(以下简称"上飞院")位于上海市,属于交通运输装备制造行业,是具有4000余人规模的国营性质事业单位,是国内大型商用飞机主机所,担负着中国民用飞机项目研制的技术抓总责任,承担着飞机设计研发、试验验证、适航取证及关键技术攻关等任务。秉承开展航空技术研究,促进航空工业发展的宗旨,为建成国际一流的民用飞机研发中心,上飞院打造了面向全球异地协同的商用飞机研发设计能力。通过新型能力的打造,打通了民机研发全生命周期的数据链和业务链,打造了民机正向研发新模式,打通了数据孤岛和流程孤岛,实现了数据在线、全生命周期协同,为民机研发产业链提供了数字化的研发能力服务,带动提升了整个行业的数字化水平。

一、企业推进数字化转型的需求分析

目前,中国装备制造业正处于从传统的模仿学习、改进设计到自主研发的转变过程,在两化深度融合的国家战略背景下,除亟须解决人机料法环互联互通的问题外,现阶段最需要加强的是:如何在设计端提升基础创新能力、掌握先进的数字化协同研发手段。纵观全球航空行业数字化协同研发的现状，以波音777为代表的全球第一个全三维数字样机，开启了数字化协同研发的序幕。波音787引入了一个统一的全球化的广域协同环境，采用了基于模型的定义（MBD）技术，消除了设计与制造之间协同的樊篱。空客A350在全球统一平台的基础上，围绕单一数据源和可配置数字样机为主数据的协同研发环境做了大量的投入和建设工作，取得了预期的效益。

对标国际一流的商用飞机制造厂商，国产大飞机作为典型的装备制造业，具有技术密集、知识密集、多学科集成、产业链条长等特点，面临着研制复杂度增加、研制成本和周期大幅压缩的挑战。为实现建成国际一流的民用飞机研发中心的目标，设计出航空公司愿意买、飞行员愿意飞、乘客愿意坐的飞机，切实需要改变传统的基于文档的设计模式，需要大力建设异地协同研发的能力，建设基于工业互联网平台的仿真建模能力，实现数据驱动的设计，不断提升设计研发效率和质量，促进数字化新业务的培育，带动民机产业链水平的提升。两化深度融合的具体需求如下：

提升设计研发效率：一方面，在飞机设计研发过程中，专业间的技术和数据壁垒导致协同深度不足，降低了内部专业之间的协同设计研发效率；另一方面，民机产业链较长，涉及的产学研单位较多，跨单位之间的协同手段不足，降低了产业协同的研发效率，因此，亟须提高飞机设计研发效率。

提升产品质量和价值：数据驱动设计的应用需要持续深入，需要不断提升产品质量，以满足日益增长的研发需求。然而，民机研发创新门槛高，需要通过融合发展为创新进行赋能，提升产品创新水平，让产品为客户带来更多价值，最终提升产品质量和价值。

促进数字化业务培育：大飞机研发过程产生了海量的数据，数据价值挖掘的迫切性较强，工业知识的沉淀、软件化和复用可以为设计研发中心带来新的数字化业务，培育新动能。

提升民机产业链的数字化水平：由于信息化应用门槛较高，民机产业链的很多中小企业数字化水平偏低，上飞院作为设计龙头单位，需要通过工业互联网平台为民机产业链的数字化水平提升进行赋能。

根据上述需求，上飞院制定了"聚焦两化融合、围绕型号研制、加强总体集成、做实需求工程、面向 X 的设计、全生命周期管理"的原则，在此原则基础上开展基于两化融合管理体系的数字化转型工作。上飞院在两化融合管理体系建设的引领下，通过面向全球异地协同的商用飞机研发设计能力的打造全面牵引研发业务数字化转型工作。

二、企业新型能力识别和打造的方法和路径

（一）新型能力识别的方法和路径

在建成国际一流民机设计研发中心的总体战略目标基础上，通过 SWOT分析，明确了优势、劣势、风险和机会，识别出了构建研发人员互联网优势需求、设计技术优势需求、集成管理优势需求、协同设计优势需求、智慧设计优势需求等五大可持续竞争优势需求。根据所识别的可持续竞争优势需求，确定了上飞院需要打造的信息化环境下的新型能力体系包含四个方面：面向全球异地协同的商用飞机研发设计能力、基于云的民机数字研发能力、全生命周期协同资源规划管理能力、基于工业互联网平台的民机研发服务创新能力。

考虑能力打造的阶段性和递进性，以及其有效支撑预期的可持续竞争优势获取的系统性，基于上飞院当前的需求和新型能力打造的目标，最终确定打造的重点新型能力为面向全球异地协同的商用飞机研发设计能力，旨在支撑全球协同研制，即"主制造商—供应商"研制模式，在提高研制效率和质量的同时，打通民机研发的上下游产业链，为产业链中的不同主体提供研发能力服务，带动整个民机产业体系的向前发展。

上飞院确定了全球异地协同研发能力的量化指标及目标值，详见表 7-1。

表 7-1　全球异地协同研发能力量化指标及目标值

量化指标	指标解释	2020 年目标值	指标计算单位
通过协同研发平台发放的技术文件与总技术文件的比例	通过协同研发平台发放的技术文件数/技术文件总数×100%	93	%

量化指标	指标解释	2020年目标值	指标计算单位
协同研发平台有效账号数	使用IDEAL平台外部供应商数量	1450	个
设计人员工作效率	C919机型设计年度总工时/投入C919机型设计人员数	500	小时/人
产品数据来源线上唯一比率	内部各专业和外部供应商上传的产品数据的唯一性	100	%
研制过程需求验证率	已被满足的需求数/验证矩阵中应被满足的需求数×100%	≥70	%
C919项目任务月计划完成率	计划任务完成数/计划任务总数×100%	96	%
大客图样错误造成的设计更改比例	图样错误造成的设计更改次数/考核期总设计更改次数×100%	≤2	%

（二）新型能力打造过程的方法和路径

1. 实施方案策划

为打造面向全球异地协同的商用飞机研发设计能力，实现预期的两化融合目标，公司根据战略规划和信息化发展规划，依照两化融合管理体系的基本框架，本着实现"三个一"的目标，对新型能力的建设过程进行了策划，涵盖业务流程与组织结构优化、技术实现、数据开发利用等方面。

同时，为满足C919项目设计研发的业务需求，产品数据管理和协同研制管理系统实现了研制数据管理、设计上下文管理、适航系统、机载软件与电子硬件管理、供应商主数据管理等功能。通过IDEAL协同研发设计平台的不断深入实施，基本实现上飞院面向全球异地协同的商用飞机研发设计能力。

2. 业务流程优化

在打造协同研发能力过程中，业务流程优化是新型能力打造的重要环节，通过"过程数字化"管理，可以全面梳理和优化飞机研发业务的流程，不断提升管理能力，规范设计制造协同工作。

其中，设计协同的流程是设计与制造、机体供应商、系统供应商等的异地协同设计的过程，随着供应商全球分布的特征日益明显、知识产权保密性的要求愈加重要，上飞院对设计协同流程进行了优化，包括基于多工作区的模块化及并行设计、基于互联网的在线设计协同流程、基于上下文设计环境的供应商协同方式等。优化后，所有流程都实现线上化，各供应商在异地根据配置条件获取 C919 等机型全机数字样机中与该工作包相关的接口数据，基于单一数字样机开展飞机的并行协同研制。同时，基于全机结构、几何条件、系统过滤的方式，在构建上下文设计环境后，工作包在线发放至供应商，供应商基于上下文环境进行设计或浏览，确保设计成果的保密性。设计协同流程的优化实现了模块化设计及并行开展，实现了基于上下文设计环境的供应商协同方式，强化了设计成果的保密性。

数据接收发放流程是上飞院与制造、机体供应商、系统供应商等进行相关数据接收和发放的控制流程。随着设计数据量的不断增大，严格控制数据接收和发放的流程，是保障研制数据唯一性和安全性的重要途径。经过流程优化后，数据接收区与 C919 等机型主数据区完全隔离，数据接收单位只能访问其数据接收区。数据发放接收由流程控制，在流程结束后进行数据授权。在数据发放流程中，将新发与更改完全隔离，保障数据的正确性。数据访问安全性得到了全面控制。

3. 组织结构变革

在组织架构方面，为了提升专业耦合度、减少协调界面，提升总体集成和协同设计能力，以聚焦型号研制、做实需求工程、面向协同的设计、加强总体集成和全生命周期管理为原则，实现协同研发能力的打造，将原来院、部门两级结构调整为院、所、部门三级结构（见图 7-1），整合了原先分散的各设计部门的设计资源及人才，成立"五所五中心"，以发挥专业集中优势。

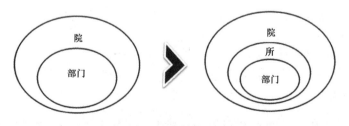

图 7-1　上飞院三级组织架构

4. 技术实现

以基于模型的在线协同设计为思路，建设了大型客机全生命周期管理平台，实现流程管理、构型管理、BOM 管理、协同工作等功能，支撑面向全球异地协同的商用飞机研发设计。

在设计专业内部协同方面：基于数字样机开展设计协同，引入构型管理思路，支持模块化设计和多方案设计，以及总体及各专业协调，形成了 C919 飞机的单一设计数据源，确保了数据的完整性和一致性。同时实现了基于单一 DMU（Digital Mock-Up，数字样机）的协同研制，支持完整、闭环的设计与协调业务过程，对于设计协调人员，将可以在系统中完整地保存协调历史记录。在构建全机 DMU 的基础上，设计上下文定义及发布模块。全球范围内各家供应商基于单一 DMU，在异地获取工作包。

在民机产业链协同方面：实现上飞院和供应商之间的数字化协同，保证上飞院和供应商之间设计数据的一致性、正确性、关联性，实现高效高质协作；实现供应商各个角色间的协同，进而极大提高产品研制效率，缩短研制周期，提高研制效率。通过研制协同化管理，将更改过程更多地在研制初期进行完善，进而极大降低更改成本。同时，在基于数字样机的设计协同方面，引入构型管理思路，支持模块化设计和多方案设计，以及总体及各专业协调，形成了 C919 飞机的单一设计数据源，确保了数据的完整性和一致性。

在产业链协同方面：在 IDEAL 平台中打造 C919 协同工作区，为各供应商设置协同工作区，根据角色，定义权限策略、数据存储方式等，确保数据的一致性和安全性。

5. 数据开发利用

在数据的基础开发利用方面，上飞院通过对数据管理的优化，建立了数据的单一来源，并且明确每个数据源中数据产生、更改、删除的责任相关方及职责权限，确保数据实时、可靠、有效，可追溯、可审计。其次，打通其他各系统的数据接口，形成决策支持系统。该系统可以从合同管理平台、IDEAL 协同研发设计平台、CPC 协同研发设计平台、WBA 协同研发设计平台、航线数据库、航空动态数据库等多个应用系统中抓取数据，并且进行大数据整合分析，形成决策支持的依据。

在管理信息系统数据利用方面，上飞院开展了 BI 数据分析可视化工具的学习探索和以上飞院飞机设计支持工程技术所为对象的试点实施工作。针对飞机设计支持工程技术所外场支持多、人员分布广的特性，基于上飞院现有考勤系统数据实时抽取、清洗分类，并且利用 BI 数据分析和可视化工具，实现了上飞院设计人员出勤休假、人员分布、出差出国、领导日程等信息的实时查询，同时输出所内各部门考勤数据的可视化报表，为考勤管理和决策提供有力的数据支撑。

在数据的深度开发利用方面，上飞院将研发周期积累的数据提炼为知识，形成面向不同业务场景的知识专题库，已形成流程类知识 368 条，问题知识库 1283 条，最佳实践知识库 1953 条，岗位知识 9891 条。在知识建库的基础上，开展知识图谱、知识本体的研究应用，将知识有针对性地推送到设计研发人员的办公环境中，提升设计质量，目前已实现 CATIA、SPDM 等系统的知识推送。

6. 安全可控情况

1）完善的网络安全制度体系

上飞院依据国家层面的网络安全法律法规，建立了适用于本单位的、完善的网络安全制度体系，并且制定了《C919 飞机供应商计算机及网络接入管理规定》《IDEAL 平台供应商用户管理规定》等针对供应商等外部用户接入时的管理规范，要求外部用户接入客户端必须遵从上飞院统一的安全管理策略，并且禁止供应商计算机在接入上飞院网络的同时接入其他网络。同时，上飞院系统运维的风险应急预案，包括《信息系统故障应急预案》及《信息安全事件应急操作程序—机房相关事件》。

2）技术的自主可控水平

上飞院从开始建设此平台至今，一直坚持以上飞院为主的开发能力建设，供应商辅助进行开发工作。上飞院平台开发团队对此平台具有完整的开发维护能力，并且每年根据业务需求对平台进行升级开发工作。项目开发团队人员 20 人左右，专业涵盖了平台的需求架构、开发、运维等方面，对此平台具有完全的自主可控能力。

三、实施效果与主要作用

（一）实施成效

自上飞院实施两化融合管理体系以来，以文件化和制度化的方式保障两化融合管理体系工作的正常开展，确保得到战略层面的资源匹配和关注度。建立从战略到信息化管控落地的监视与测量、绩效评价指标体系，确保两化融合管理体系切实有效地运转起来，并且提供持续改进的框架，帮助上飞院源源不断地获取可持续发展所需的新型能力。

上飞院通过监测考核的方式对两化融合管理体系完成情况进行考核，2020 年各项量化指标考核均达标。其中，通过协同研发平台发放的技术文件与总技术文件的比例实际完成值 94.23%；协同研发平台有效账号数实际完成值 1495 个，较 2019 年提升 9%；设计人员工作效率实际完成值 525 小时/人；产品数据来源线上唯一比率实际完成值 100%；研制过程需求验证率实际完成值 71.2%，较 2019 年提升 0.2%；C919 项目任务月计划完成率 96.9%，较 2019 年提升 1%；大客图样错误造成的设计更改比例实际完成值 0.34%，较 2019 年提升 83%（见表 7-2）。

表 7-2　全球异地协同研发能力量化指标完成情况

量化指标	指标解释	完成值	指标计算单位
通过协同研发平台发放的技术文件与总技术文件的比例	通过协同研发平台发放的技术文件数/技术文件总数×100%	94.23	%
协同研发平台有效账号数	使用 IDEAL 平台外部供应商数量	1495	个
设计人员工作效率	C919 机型设计年度总工时/投入 C919 机型设计人员数	525	小时/人
产品数据来源线上唯一比率	内部各专业和外部供应商上传的产品数据的唯一性	100	%

量化指标	指标解释	完成值	指标计算单位
研制过程需求验证率	已被满足的需求数/验证矩阵中应被满足的需求数×100%	71.2	%
C919项目任务月计划完成率	计划任务完成数/计划任务总数×100%	96.9	%
大客图样错误造成的设计更改比例	图样错误造成的设计更改次数/考核期总设计更改次数×100%	0.34	%

（二）主要作用

通过两化融合管理体系的贯标，打造了民机协同研发新模式，打通了数据孤岛和流程孤岛，实现了数据在线、全生命周期协同。催生了建模仿真工业互联网 App 生态构建，模型库、工业 App 应用中心等初具规模，提升了上飞院全球异地协同研发设计能力。

1. 明确了上飞院数字化转型的战略

通过两化融合管理体系的贯标和建设，上飞院明确了以两化融合管理体系为引领，加速数字化转型的战略：以新型能力建设为数字化转型的核心路径，按照大飞机研发业务价值体系优化和创新的要求，以新型能力建设全方位牵引大飞机研发数字化转型活动，由流程级迈向网络级和生态级，实现数据驱动设计，打造大飞机产业链协同发展的开放价值生态。

两化融合管理体系帮助指导上飞院依据自身战略需求，规范地建立新型能力，确保两化融合管理体系相关过程持续受控。指导规范上飞院开展两化融合管理体系工作过程中做好基础保障、人才保障、资金投入、设备设施等管理工作，有效引导和帮助上飞院以融合创新的理念方式打造两化融合管理体系。两化融合管理体系是全面推动上飞院转型升级的重要抓手。

2. 以上飞院为设计龙头，为整个民机产业链提供研发能力服务，带动民机产业体系的快速发展

通过新型能力的打造，为整个民机产业链提供了协同设计能力服务，有效带动了民机产业体系的快速发展。目前协同平台上的供应商主体已超过150家，有效用户超过10000个。

3. 打通民机研发全生命周期的数据链和业务链，促进民机数字化协同设计水平和能力提升

通过协同研发能力的打造，使企业拥有更加开放、协同、柔性的组织形态，实现公司内部不同专业和业务环节之间的综合集成，打通民机研发全生命周期的数据链和业务链。基于产业链协同发展需求，进行跨企业间协同竞争优势和能力需求的识别、业务流程的同步优化、组织结构统筹调整、技术的协同开发；以及数据的自动流转和协同利用，使资金、技术、人才、信息等资源要素在全产业链上自由流动、合理配置、释放活力，形成可持续发展的全产业链生态系统。

同时，通过全生命周期的数据链和业务链，保障在飞机研制的 8～10 年时间内，飞机使用的 20～30 年时间内飞机产品数据的"唯一性、有效性、完整性、可追溯性"。

中国商用飞机有限责任公司上海飞机设计研究院材料执笔人：

许成伟　王　晨　谢萍萍

第二节 数字化工艺设计与协同能力助力西飞航空大飞机研制——中航西安飞机工业集团股份有限公司

摘 要：中航西安飞机工业集团股份有限公司（以下简称"中航西飞"）是集科研、生产为一体化的大型航空制造工业企业，也是国内大中型军民用飞机的研制生产基地，先后主导或参与了 30 余种型号的军民用飞机的研制生产。中航西飞以产品创新带动产业升级，各项经营指标持续高速增长，营业收入连续多年超过 100 亿元，并且通过与波音、空客、加航、意航等世界著名航空制造公司进行航空产品生产合作，飞机结构件转包生产已处于国内同行业领先水平。"十三五"期间中航西飞以大飞机研制为抓手，通过打造数字化工艺设计与协同能力，逐步建立了完整的数字化飞机研制技术体系，建设的飞机型号全生命周期协同研制平台第一次将信息化全面贯通到设计、制造、工装、备件、检验的飞机研制工作全流程，各型号产品工艺技术文件的规范率已达到95%，技术原因导致的拒收单控制率已降低至25%，工装设计错误造成的工装更改控制率已降低至 0.75%，通过数据快速的整合利用分析，全力保障了型号研制的成功，对信息化与工业化的深度融合进行了全面探索。

一、企业推进数字化转型的需求分析

近年来，美国提出"以快制慢"的"第三次抵消"战略，以数字化工程构建全新的军事装备敏捷研制体系，加快突破应用，抢占军工体系竞争制高点，使得我们必须加快推进数字化、智能化进程，利用新一代信息化技术实现敏捷研制、高效供给和高质量发展，提升我国国防科技工业创新能力。国家战略吹响了从制造大国向制造强国转变的号角，航空工业在国家规划的基础上结合行业特点，全力推进信息化和工业化深度融合发展，指导各单位从业务系统的全面应用向综合集成、协同创新迈进，不断打造航空工业竞争新优势，引领国内航空产业发展，跻身世界先进飞机制造公司行列。

中航西飞作为航空工业集团主要的主机研制单位，经过多年的能力建设和型号发展，在机械化制造模式的基础上，在信息系统、标准、技术、管理、能力等方面建立了一套比较完整的体系。随着数字化制造技术在工装、零件、装配等多个环节的应用，已建立起了覆盖较为全面的信息化网络体系和研制生产主要业务管理系统，2017 年公司开展了以流程为核心的运营管理体系变革，形成了以价值创造为主线的管理思维模式，为"两化"深度融合奠定了坚实基础。

长期以来，航空产品的研发周期、产品质量一直是影响其交付和使用的主要"瓶颈"问题。飞机设计与制造中的工艺设计数据是生产、制造执行、采购、成本管理、客服等环节的唯一执行依据，工艺设计数据规范性、一致性、及时性是制约飞机全生命周期技术状态管理及规范性管控的重要条件。工装是飞机生产的重要保障，工装设计错误导致工装制造频繁更改，严重影响了飞机产品的研制周期、产品质量和成本。

近年来，航空装备全面跨代升级的进程日益加快，国家对大飞机的战略需求激增，而中航西飞传统研制、设计、生产模式已无法解决大飞机生产制造中项目管控难度大、研制周期长、资金成本占用高、产业协同高度复杂等突出问题。中航西飞亟须在跨地域的设计所与制造厂之间、主机厂与供应商之间，以及在企业内部各业务领域之间构建信息化、数字化协同研制平台，通过数字化工艺设计与制造协同能力的建设，与其他各业务系统集成，打造全面信息化、适度智能化的协同设计与制造环境。

二、企业新型能力识别和打造的方法和路径

（一）新型能力识别的方法与路径

中航西飞在"两线融合、十轮驱动、建设智慧西飞"的战略发展目标指

引下，将通过融合贯通大飞机制造智能化、运营体系流程化两条主线，重构新型商业模式和产业价值生态链，提升核心产业、重点产品的领先优势，提升企业核心竞争力和可持续发展能力。

为实现战略发展目标，中航西飞亟须获取从飞机设计、试验、试制生产到定型，从供应链、装配线到飞机交付各环节的竞争优势，涵盖产品设计、工艺设计、工装设计及日常管理各要素。在科学高效的科研生产流程化和公司运营体系的保障下，充分运用数字化、网络化和智能化技术手段，以数字化工艺设计与制造协同能力打造为抓手，赢得大飞机市场的竞争优势。

拟打造的"数字化工艺设计与协同能力"基于工艺设计与协同的全面信息化、适度智能化协同环境，通过金航网、商业网实现主要合作伙伴与飞机设计系统，主要合作伙伴间的跨地域关键业务的数据协同；在内部协同方面，需具备工艺顶层规划与工艺详细设计协同、装配工艺与零件工艺协同、零件工艺与物料配套协同、工艺设计与工装设计协同，以及工艺系统与生产、采购、客服、质量、财务、经营等业务系统协同；在工艺、工装设计方面，应具备设计技术状态管控、工艺系统顶层规划及各项技术工作详细设计、数据管理及业务流程管控能力；在飞机技术状态管控方面，应具备对工程更改指令、技术单、拒收单等文件的贯彻管理及状态管理能力。

该能力拟打造的能力指标与目标如表 7-3 所示。

表 7-3　数字化工艺设计与协同能力量化指标与目标

序号	能力目标	2017 年	2018 年	2019 年	2020 年
1	工艺技术文件规范性控制率	85%	88%	90%	91%
2	工装设计错误造成的工装更改控制率	1.10%	1.00%	0.90%	0.80%
3	批产型号技术原因拒收单占比	36.7%	34%	32%	30%

（二）新型能力打造过程的方法和路径

为了打造"数字化工艺设计与协同能力"，实现预期的两化融合目标，中航西飞总经理、CIO 组织相关部门组成两化融合能力提升团队，识别出了新型能力需要满足的业务需求、四要素现状、支持条件和资源现状，形成了体系化的工作推进方案，范围覆盖业务流程、组织结构、技术实现、数据应用、运行维护等方面，明确了从顶层方案设计至具体业务活动的分层分类管理要求，同时将质量、保密等外部体系要求进行详细分解，将各项要求逐层落实到业务框架中，确保能力建设符合中航西飞内外部体系的各项要求。

1. 业务流程优化

业务流程是新型能力打造过程的重要环节，为满足数字化工艺设计与协同研制模式的要求，提高产品数据管理的一致性、准确性，中航西飞从实际业务出发，识别出了需要优化的管理流程 11 条，经过多轮的讨论评审，最终新增备件工艺管理流程、一次性成品申请流程、工装设计数据归档流程等 3 条流程，优化了编制管理 PBOM/MBOM 流程、工艺指令管理流程、工装申请流程、编制交接状态流程、工程更改贯彻流程、检查工艺纪律流程等 6 条流程，改进了设计与工艺的协同、工艺与生产的协同、主机厂与供应商的协同模式，建立了基于设计制造协同的产品 BOM 数据管理标准，为工艺资源及制造数据管理的合理性与科学性奠定了基础。

（1）围绕"工艺技术文件规范性控制率"目标，规范定义了 PBOM/MBOM 中的数据类型、BOM 结构，统一了工艺指令、交接状态的管理模板、管控要点及审批流程，完善了工艺纪律检查及考核的具体实施要求，实现了多源设计数据的统一管理，为生产、执行、采购、成本管理等环节提供了完整、准确的飞机 BOM 数据源，提升了工艺设计的管理能力。

（2）围绕"工装设计错误造成的工装更改控制率"目标，优化了工装申请的管理模板，增加了工装设计数据电子化归档管理要求，规范定义了工装 BOM 的结构及数据格式，为工装全生命周期管理奠定了基础。

（3）围绕"批产型号技术原因拒收单占比"目标，固化了工程更改指令、技术单等设计类更改贯彻管理要点及流程，完善了工程更改（EO）贯彻过程中设计、工艺、计划、调度、检验等多部门及角色的流程协作，强化了飞机全生命周期技术状态管控能力。

2. 组织结构变革

为全面实施飞机产品的数字化制造技术，实现工艺信息流、业务流的统一管理和高度融合，并且依据需要优化的 MBOM 构建流程，对组织结构和相关单位职能职责的匹配性做出了相应的调整；建立了零部件交付中心、物流管控中心、精益加工中心、工具管理中心等部门，分管公司零部件生产、供应、零组件外扩、工装扩散与机体部件采购管理、包装发送等工作；同时在制造工程部下成立装配数据组，主要负责开展构建顶层 MBOM 数据等工作，保证了工艺数据的完整性、唯一性、准确性。

3. 技术实现

中航西飞在型号数字化研制的背景需求下，基于 MBD 技术统筹规划、分步实施，建立了一套面向飞机型号全生命周期的协同研制平台，支撑新型大飞机的制造工作。协同研制平台是数字化工艺设计与协同能力建设的核心系统。协同研制平台通过异地、分布式、统一的工作流和数据流管理模式，实现了数字化异地协同模式下工艺审查、BOM 数据、工艺数据、工装数据、工程更改数据的管理，打通了"在制品状态—工程更改—技术贯彻—实施封闭"和"偏离申请—设计处理—技术贯彻—实施封闭"各环节信息通道，加强了对飞机技术状态的有效管控能力，确保数据的一致性、有效性、完整性及可追溯性，从而保障飞机型号研制工作的顺利进行。

1）产品 BOM 数据管理

以设计发放数据为唯一制造依据，按照与飞机设计单位共同定义的接口文件，通过对 windchill 统一接口或 XML 接口的开发，达到正确还原设计平台产品 EBOM 数据的效果，辅助工艺部门正确、快速地理解设计意图，方便了制造方与设计方的沟通交流，提升了产品的可读性和一致性。利用对象化管理、数据库技术等实现了 PBOM、MBOM、三随 BOM、备件 BOM 等各类BOM 数据的快速搭建，建立了基于设计制造协同的产品 BOM 数据管理模式，为工艺资源及制造数据管理的合理性与科学性奠定了基础。同时通过 Web service 或 DBLink 的方式将各类 BOM 数据作为唯一数据源向 ERP、MES 等系统传递，确保了数据的一致性。

在 PBOM 中添加了等效工程号、零组件类型、零组件来源等数据类型定义；对非结构化或结构化不彻底的设计数据进行整理，完成各机型技术单、小票、技术通报、拒收单等新增特制件、借用件的结构化 PBOM 构建和管理，如图 7-2 所示，使得全机结构化 PBOM 数据趋于规范、完整和准确。

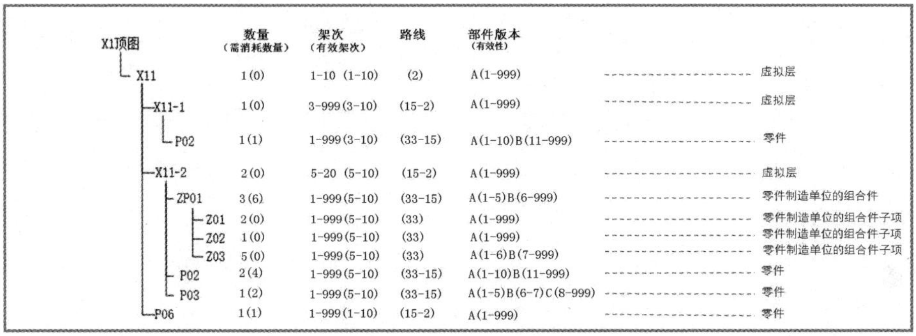

X1顶图	数量 （需消耗数量）	架次 （有效架次）	路线	部件版本 （有效性）	
└ X11	1(0)	1-10 (1-10)	(2)	A(1-999)	------------ 虚拟层
└ X11-1	1(0)	3-999(3-10)	(15-2)	A(1-999)	------------ 虚拟层
└ P02	1(1)	1-999(3-10)	(33-15)	A(1-10)B(11-999)	零件
└ X11-2	2(0)	5-20 (5-10)	(15-2)	A(1-999)	------------ 虚拟层
└ ZP01	3(6)	1-999(5-10)	(33-15)	A(1-5)B(6-999)	零件制造单位的组合件
└ Z01	2(0)	1-999(5-10)	(33)	A(1-999)	零件制造单位的组合件子项
└ Z02	1(0)	1-999(5-10)	(33)	A(1-999)	零件制造单位的组合件子项
└ Z03	5(0)	1-999(5-10)	(33)	A(1-6)B(7-999)	零件制造单位的组合件子项
└ P02	2(4)	1-999(5-10)	(33-15)	A(1-10)B(11-999)	零件
└ P03	1(2)	1-999(5-10)	(33-15)	A(1-5)B(6-7)C(8-999)	零件
└ P06	1(1)	1-999(1-10)	(15-2)	A(1-999)	零件

图 7-2　全机结构化 PBOM 结构示意图

2）工程更改管理

针对工程更改贯彻情况无法统计、贯彻过程无记录等问题，中航西飞以设计文件、图纸模型为依据，在协同研制平台中建立工程更改台账，下发更改任务，以任务的形式驱动工艺人员、检验人员等按流程完善相应的工艺文件，确保相关单位及时、准确完成工程更改贯彻，实现贯彻过程要点及流程的记录。协助工艺部门、质量部门按照机型、架次、贯彻情况等进行更改贯彻记录的统计分析，监督工程更改贯彻过程，提升飞机研制质量，降低拒收风险。

3）工艺文件管理

中航西飞组织标准、工艺、质量、信息等多个部门分析各机型工艺指令管理要求，按机加、钣金、装配等专业形成统一、规范的标准工序模板，嵌入信息化系统，并且通过 Web Service、JDBC 及 DBLink 等方式与设备、工装、MES、档案、定额、编码等管理系统集成，实现在详细工艺设计过程中，直接调用标准工序、设备、工装、刀量具、NC 代码、引用文档、配套材料、配套标准件，以及固化工艺设计过程及管理要求，提高了工艺文件的标准化和规范性，为资源统一规划、利用奠定基础。

4）工装管理

工装是飞机研制的基础保障，工装的生产周期、质量直接影响飞机研制周期和质量，中航西飞借鉴飞机管理模式，完善现有工装管理体系，使工装全生命周期涉及的各业务系统充分协同，实现工装申请、设计、采购、制造、库存、使用、报废的全流程贯通。在工装申请时增加了技术条件及工艺防差错设计要点，并且运用 FMECA 进行潜在故障模式、影响及危害分析评估，协助工装设计人员防范工装设计错误，提高工装设计的可靠性、适用性。通过工装 MBD 模型检测工具，对工装模型进行数据规范性和数据质量的自动化全面检测，提升工装模型的准确性。

4. 数据开发利用

在企业数据应用中，实现了多源异构复杂数据的整合、利用和资源共享，全面贯通从设计、制造、工装到检验的飞机研制工作全流程，实现异地多厂所的一体化协同和数据资源的集成共享。建立了唯一且准确的数据源，支撑各型号项目基础数据在整个业务链的顺畅流转与使用，同时通过与相关信息化系统的集成，保证研制生产有序、高效推进。形成基于统一数据源头的数据驱动基础，通过基于数字化模型的平台搭建及不断优化，在复杂航空产品研发生产中实现了流程/模型/数据的连续传递及在组织运营管理中端到端业务流程的敏捷，为智能制造、"两化"深度融合奠定了基础。

1）统一数据源

基于 MBD 的数字化设计、制造、检验、装配及各业务协同，整合设计单位、合作伙伴、客户的设计、制造、采购数据，统一了中航西飞内部唯一数据源，实现了对大飞机研制、批产、备件、工装等数据的统筹管理。

2）飞机研制过程数据统计分析

利用 Oracle、Windchill 等软件实现了工艺系统工作的统计分析和监控考核，辅助工艺部门按照型号、BOM 层次、部门、人员、时间段等多维度开展工艺审查、考核。

利用帆软等工具软件，完成工程更改记录、拒收记录、工装设计记录的统计分析，协助工艺部门、质量部门、工装设计部门、生产计划部门按型号、有效性等维度对工程更改的贯彻执行情况、拒收情况、工装设计情况进行监督检查。

5. 信息安全可控情况

公司按照一级保密资格标准和涉密信息系统分级保护相关要求，建立了较为完善的信息安全技术防护体系，并且不断完善加强信息系统、信息设备和存储设备安全保密管理，及时修订信息安全保密管理体系文件，提升信息系统、信息设备和存储设备的安全保密防范能力，加强监督检查，定期对信息系统进行安全审计、安全保密检查及风险自评估，对发现的问题和安全隐患及时处理闭环，并且进行考核与惩处。信息安全保密管理体系运行有效，信息安全风险可控。

为完善中航西飞计算机和信息系统的网络与信息安全应急响应机制，规范信息安全应急响应流程，有效预防和处置突发事件，及时控制和消除突发事件的危害和影响，保障公司计算机和信息系统安全稳定的运行，制定了《计算机和信息系统突发事件应急预案》（D616012）。

三、实施效果与主要作用

（一）实施成效

按照中航西飞"十三五"两化融合总体规划，紧密围绕中航西飞运营管理体系，构建了覆盖全业务模块的信息化协同环境，逐步提升完善以主价值链为核心的高效运营体系能力，基于数据的业务驱动，中航西飞工艺技术文件规范性控制率已达到 95%，批产型号技术原因拒收单占比已降低至 25%，工装设计错误造成的工装更改控制率已降低至 0.75%，新型能力的打造缩短了大飞机研制生产周期，使企业不断向以项目经营、产业运营为核心的精益化、智能化方向发展。

（二）主要作用

1. 提升企业全局性效能

近年来，通过数字化工艺设计与协同能力的建立和推进，形成与中航西飞架构特点及发展战略相适应的设计研制一体化、数字化集成管控模式，构建了一套在产品装备研制领域内虚拟与现实深度融合、IT架构清晰科学、流程应用精益高效和数据利用规范有序的物理信息系统，实现了企业标准、技术、管理、能力等各方面在复杂产品研制中的全局性效能提升。

2. 优化组织管理架构

中航西飞通过近年两化融合能力的不断深入和拓展，将架构、精益等管理理念，适航、安全、质量、合规运营等管理要求在系统的流程和控制中予以渗透和体现，企业不断调整优化组织结构和职责分工，挖掘企业信息的潜在价值，实现产品全生命周期维、价值链维和企业生产制造各个环节的科学及高质量发展。

3. 提升飞机生产能力

数字化工艺设计与协同能力的建设是中航西飞飞机研制信息化的一次革命性进步，极大地改变了传统的研制模式，是大型飞机研制技术管理的一次飞跃，对未来中航西飞信息技术的发展有着深远的影响。实现了产品数据从设计、制造、工装到检验的飞机研制工作全流程贯通，同时支持异地多厂所协同研制环境，在信息化平台、管理、标准、技术、能力、人才等方面，形成了比较完整的数字化技术体系，以最高标准统一了行业制造标准和数字化制造数据源，支撑了"一个模式、六个统一"联合研制新模式在航空工业全集团范围内的全面落地，开启了军民融合保障大飞机研制的先例，也对信息化与工业化的深度融合进行了全面探索。

中航西安飞机工业集团股份有限公司材料执笔人：

李红卫　杨　莹　胡成丹

第三节　铝轮毂协同研发管控能力促进戴卡高质量发展——中信戴卡股份有限公司

摘　要： 中信戴卡股份有限公司（以下简称"中信戴卡"）是全球最大的铝车轮及铝制底盘零部件供应商，铝车轮产销量连续 12 年位居全球第一，国内市场占有率 53%，全球市场占有率 33%，在最新的全球汽车零部件供应商百强中名列第 66 位。中信戴卡通过铝轮毂产品协同研发管控能力的打造，建立了以 PLM 为基础，基于各类专业设计及仿真分析软件、仿真分析作业调度 PBS 系统、实验数据管理系统集成，覆盖设计、工艺、试验、仿真领域的铝轮毂全球化协同研发平台，搭建了研发项目的矩阵式管理和研发资源的系统化调配管理体系，实现了 24 小时全球化、不间断产品创新研发，年获取专利数突破 1500 件，立项新品超过 1 个/天，推动产品快速创新。

一、企业推进数字化转型的需求分析

中信戴卡作为世界最大的铝车轮生产和出口企业集团，技术创新能力突出，产品研发、试验技术全球领先。随着汽车产品市场全球化，主机厂市场格局发生很大变化，受成本压力的影响，开始执行全球化采购策略。

中信戴卡在技术创新领域，需要进一步整合内外部研发资源，开展研发前移以帮助客户创造真正价值，扩大铝铸造技术储备，以便更好地参与全球化竞争，获得竞争对手无法超越的技术研发能力，提高国际影响力和全球领导力。在研发管理领域，目前已经完成了研发产业布局，涉及全球三大研发基地及若干国内研究分院，加上并购了 KSM，多元化产品发展使得研发任务繁重，研发管理模式亟须转型。

为了突破技术创新和模式瓶颈，中信戴卡需要通过信息化实现研发项目的矩阵式管理，使得全球研发资源都在系统中进行调配，提高产品研发响应的敏捷性，实施更高效的产品和过程开发，实现产品创新的最大化，增强交付客户化产品的能力。通过打造协同研发管控能力，提高生产效率，降低研发成本，进一步抢占技术制高点，引领客户新需求，成为行业标准的制定者，实现技术产业化。

二、新型能力识别和打造的方法和路径

（一）新型能力识别的方法与路径

中信戴卡按照"巩固优化存量、内联外合促增量"的战略重点，制定了市场营销与全球服务、技术创新、生产基地布局、产业链布局、全球协同研发、管理优化六个方面的战略举措，明确了四个方面的可持续竞争优势需求。

技术创新优势需求：公司目前的技术研发实力在行业内已经是第一位，根据"巩固优化存量"，公司需要主动积极开展新材料、新工艺研究，真正实现从造型理念到产品实物的无缝转化，为客户提供强大的绿色轻量化铝车轮和铝制零部件制造的整体解决方案，在技术创新、快速交付上做到绝对领先。同时需要将研发环节产生的数据在工厂的各个系统间实时传递，把数据管控从设计端向制造端延伸，保证形成数据平台的数据共享，为实现智能制造及系统集成打造良好的基础。

智能制造优势需求：智能制造将智能传感器技术、工业无线传感网技术、国际开放现场总线和控制网络的有线/无线异构智能集成技术、信息融合与智能处理技术融入生产各环节。智能制造重点体现在智能设计（产研协同）、智能配送（原材料供应）、智能物流（成品物流）、智能计划调度（完美订单）、智能工厂（自动化生产、智能化协同），以及大数据运营决策几个方面。公司需要通过智能制造进行规划建设，实现全流程智能制造，实现高效生产、生产全流程可视化、自动化、低碳化、大数据运营决策等目标。

管理创新优势需求：公司需要通过运营模式优化、运营提升、产品组合及资产结构调整等方式，提升公司整体业务管理水平，需要进一步通过完善组织管理体系的管理效能和决策效率，提高运行效率和效益。

客户服务优势需求：在激烈的市场竞争中形成对市场的快速反应和应变能力是中信戴卡生存和发展的重大问题。目前由于信息共享程度较低、信息传递及信息处理手段仍然较为落后，导致对市场的应变能力较差，决策不够及时、准确度不够理想。公司需要持续完善覆盖全球的客户网络，建立起高效的全球服务体系，提升客户服务水平，满足客户需求。

为确保可持续优势需求能够持续保持，中信戴卡结合两化融合规划与建设，识别出包括轮毂产品协同研发管控能力、轮毂产品生产数字化管控能力、基于集成系统的供应链协同管理能力、基于集成系统的集团财务管控能力、基于大数据平台和决策系统的决策支持能力和基于集成系统的客户需求快速响应能力的新型能力体系，如图 7-3 所示。

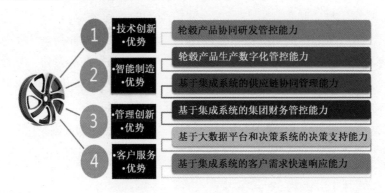

图 7-3　新型能力体系

中信戴卡当前急需打造形成的新型能力为铝轮毂产品协同研发管控能力，其内容包括：

为数字化产品研发提供一个独特的模型驱动的系统工程工作环境。采用MBD（Model-Based Definition）技术，将 PMI（Product Manufacturing Information）与三维设计信息共同定义到产品的三维模型中，辅助工程技术人员方便快捷地完成模型设计。

部署集成仿真分析系统。采用世界先进水平的仿真分析系统，模拟产品使用及试验状态，预先判断产品可靠性，实现结构优化，从而减少物理试验，缩短开发周期。利用中信戴卡的工程仿真系统，可以对产品使用过程中的各种工况，以及铸造过程的各种参数进行高效、准确的模拟，大大提高了产品设计和工艺研发的水平。

部署数字化试验系统。 通过工艺仿真分析、加工工程仿真分析、数字化实验数据，全面模拟产品可靠性和制造过程，缩短研发周期，减少物理试验。集成生产 ERP 系统、MES 系统，实现设计、执行、制造一体化，同集团生产厂、主机厂客户进行数据对接，快速响应全球设计和生产需求。

中信戴卡基于 PLM 平台，集成各类专业设计及仿真分析软件、仿真分析作业调度 PBS 系统，将项目、业务（产品设计、仿真分析、工艺设计、模具设计、制造加工、质量管理、维护维修等）、数据、人员关联起来，将系统工程、知识工程、价值工程与产品全生命周期的管理融为一体，为跨领域、跨部门、跨区域的产品研制提供一体化的信息化管理中枢驱动，为中信戴卡的北美、欧洲、非洲、日本研发中心提供数字化产品异地研发协同平台。中信戴卡当前急需打造的铝轮毂产品协同研发管控能力量化指标和目标值见表 7-4。

表 7-4　铝轮毂产品协同研发管控能力量化指标和目标值

新型能力名称	量化指标	指标解释	目标值	指标计算单位
铝轮毂协同研发管控能力	新产品研发立项数	年度新品研发立项数量	450	个
	新产品研发量产品种	年度新品量产品种（含上一年度未完成结转）	900	个
	新增专利数	年度获取的专利数量	1200	个

（二）新型能力打造过程的方法和路径

1. 实施方案策划

中信戴卡已经完成了研发产业布局，涉及全球三大研发基地及若干国内研究分院，加上并购了德国 KSM 铸件集团，产品已向多元化发展。中信戴卡研发任务繁重，工程技术研究院必须拥有竞争对手难以模仿的技术创新能力，尽快实施研发智能化、协同化具有战略意义。

中信戴卡通过信息化实现研发项目的矩阵式管理，使得全球研发资源都在系统中进行调配，从而改善产品研发的速度和敏捷性，形成更高效的产品和过程开发，实现产品创新的快速化，增强交付客户化产品的能力。同时还需要实现两大目标：主动开发、抢占技术制高点，引领客户新需求；成为行业标准的制定者，实现技术产业化。

1）业务流程优化需求

产品研发设计：产品研发的所有业务均由管控平台实现管控，包括多CAD环境集成、仿真分析管理、客户沟通确认等。

模具、工装设计：模具、工装设计任务需在线化管理，开展模具程式设计、模具制作、工装图纸设计和下发、模具履历管理等流程优化，实现模具和工装标准化设计的电子化管理。

试验、试制：包括试验资料管理、试验委托申请管理、试制计划管理、试制过程管理、试制过程反馈管理流程优化。

项目管理：需要完善项目计划和监控，项目计划落实到每个项目成员，对每个项目成员的任务进行跟踪和监控。

2）组织结构变革需求

工程设计研究院建立前瞻技术、创意设计部门，归集工艺研究职责，进一步明确工程技术研究院工艺组的职责，并且通过部门岗位职责进行调整和固化；建立产品数据规范化组和IT技术支持科室，承担数据规范化和研发系统运维职责；信息管理部成立数据管理科室，统一管理公司产品数据在生产运营方面的日常维护管理和研究分析。

3）技术实现需求

部署PLM系统、仿真分析作业调度系统PBS，各类设计和试验系统集成；开展PLM与采购平台、SDM等系统的集成；所有设计文档实现网络化审批、签审，以及流程任务查询与统计。

4）数据开发利用需求

建立电子数据的编码和命名规范，明确系统产品数据为唯一正确的数据源；建立 BOM 结构规范、三维设计入库及浏览规范；建立项目交付物管理规则，在执行过程中收集产品研发数据，为后续的工作任务进行数据传递与共享；加强项目综合管理的能力，通过单、多项目看板的方式，对项目的进度情况进行综合管理。

两化融合方案实施过程按照《中信戴卡项目管理制度》和《中信戴卡项目组织管理手册》开展项目实施，明确过程管控职责要求，开展项目进展及项目质量控制。

2. 业务流程优化

中信戴卡围绕研发项目从立项、设计、仿真分析、试验、小批量试制到批量制造的全链协同开展，涉及多个部门流程，如图 7-4 所示。

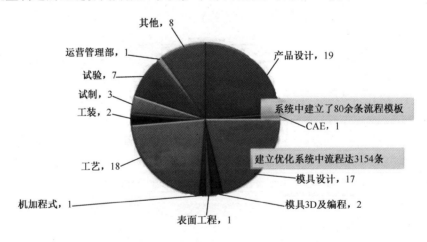

图 7-4　组织结构与部门流程

中信戴卡通过详细设计文档、二次开发规则说明、开放方案及计划，明确了主要业务流程的优化内容及优化收益。三维设计方面引入 PLM 的 JT 技术管理三维设计模型，实现无须安装三维设计软件即可浏览三维模型，并且可以进行流程审批及圈阅，三维设计完成后同步转 JT 进行入库；工艺管理方面开展包装工艺表单化、结构化，实现工艺模板、通用工艺、典型工艺、工艺资源管理，快速生成包装工艺；项目管理方面，建立公司统一的全面的项目计划、监控、汇报机制，并且结合实施方在项目管理方面的经验，建立统一的项目 WBS 模板，提高项目计划的一致性，通过规范的方法确保项目计划被有效执行，使过程透明化，使项目团队协作更紧密。开展项目里程碑的管理和基线管理，对单项目看板和多项目看板进行项目综合管理，掌控项目的整体状态、进度情况，进而实现研发项目计划落实到每个项目成员，跟踪和监控每个项目成员的任务，实现项目交付物管理规则，在执行过程中收集产品研发数据，为后续的工作任务进行数据传递与共享等。

3. 组织结构变革

业务流程优化后，中信戴卡进一步明确工程设计研究院涉及的开发部项目管理组、产品研发组、模具设计组、仿真分析组，技术部的表面工程组、工艺组、工程交付科、试验中心及市场部、采购部、质保部、生产计划部、制造管理部、制造生产线、模具车间等部门的职责要求，并且通过部门岗位职责进行调整和固化。同时，信息管理部的数据科统一管理公司数据日常维护管理和研究分析。

4. 技术实现与数据开发利用

中信戴卡主要实施了 PLM 系统、仿真分析系统 PBS、试验数据管理系统、产品智能设计系统、PLM 与多业务系统集成等项目。

PLM 方面：以产品图文档管理为基础，以项目管理为核心，实施基于西门子 TC 系统的产品生命周期管理系统，实施内容包括服务器双机热备、建立产品库、工装库、项目管理提升、终端移动设备界面开发、分析与报告、多项目管理、图文档管理、产品结构管理、分类管理、工作流程管理、版本管理、CAD 集成、编码管理、工艺参数化设计、试验数据结构化管理、异地协同等。

PBS 方面：涵盖仿真分析系统基本软件方面，包括 Ansys、Abaqus、Fe-safe、Magma、Procast 等仿真分析系统，以及建立 PBS 仿真分析作业调度系统,通过服务器计算集群建立并集成多项仿真求解器,在 CAE 仿真所全面应用站点管理、作业自动转移、作业设备可视化、多异构计算,参考 CAE 在产品设计中的经验、数据和流程,建立仿真数据管理平台,实现专业化数据管理、人员及任务管理、PBS 集成、PLM 集成、流程规范化管理、全方位产品分析过程的自动化操作系统等。

PLM 系统与采购 SDM 等多系统集成方面:实现多系统之间的系统集成、数据共享、流程协同,推动研发管理进一步精细化、高效化;实现了 MBOM 的自动生成,优化完善了包装工艺的设计模型和物料模型,完成对工艺数据的全覆盖;实现 FEA 在线化、流程化,进一步发挥了研发数据平台的功能。

中信戴卡基于以上项目实施,形成唯一的产品数据源。同时,基于统一研发数据平台,公司可以对客户研发项目分布、客户项目拖期数量进行分析,对项目周期状态实施跟踪,给各项目经理提供决策参考。项目经理根据各项目进展、客户性质开展更为合理的项目安排,实现对项目的全程把控。

中信戴卡通过企业信息资源重组,逐步建立起围绕数据的技术、流程和组织体系,建立以数据为核心的资源组织方式:采购管理部物料信息科将新物料信息传到采购平台,技术中心产品审核科将产品主数据传到数据管理科,信息管理部数据管理科经过审核合格以后,进行数据维护,实现对公司采购物料和各种产品数据的统一管理,实现整个公司内信息的一体化管理,有利于信息共享,大大提高技术研发能力和管理水平,使各层次、各专业的管理人员和工艺、产品研发人员和能迅速获得所需信息。

5. 项目上线及日常控制

中信戴卡在系统试运行过程中,制订了集成测试计划并进行评审,在试运行期间制作系统管理员手册、用户手册,并且通过多种方式对关键种子用户进行培训,同时搭建相应的测试系统,按照项目测试计划进行数据导入及系统功能测试,记录相关问题清单并制订解决方案,形成并保存相关记录。

系统正式运行后,由工程设计研究院关键用户负责信息系统的相关运行维护工作,由信息管理部网络科负责 IT 设备设施的运行维护工作,由信息管理部数据科提供数据维护咨询支持。运行维护过程形成并保存现场和系统记录。

目前，已建成依托 PLM 平台，集成 TDM、SDM、I-SODA、ERP、采购平台、MES 平台的全球协同工作平台，为复杂产品的研制提供了一个独特的模型驱动的系统工程工作环境。该平台将项目、业务、数据、人员关联起来，将系统工程与产品全生命周期的管理融为一体，为跨领域、跨部门、跨区域的复杂产品研制提供统一的信息化管理中枢。目前平台应用范围为中国秦皇岛、中国长春、中国宁波、中国成都、美国 DNA 工厂、美国 KSM 工程办公室、德国工程办公室、德国 KSM 集团、摩洛哥研发中心、摩洛哥工厂、日本研发中心等全球各个研发及办公机构，真正形成了全球网络范围的研发办公协同。

三、实施效果和主要作用

（一）实施成效

中信戴卡通过铝轮毂协同研发管控能力的持续建设，建立全球化研发的语言系统，简化了流程，极大地增加了流程的可执行性，增加流程的即时最优性，提升项目管控能力，持续推进企业的产品创新和改进。通过新型能力打造，主要实现了以下成效：减少重复设计，降低时间成本，新产品研制周期缩短 20%，成品率提高近 5%，设备利用率提高 8%，不良品率降低 20%，物料成本降低 10%。

中信戴卡的铝轮毂协同研发管控能力目标指标达成情况见表 7-5。

表 7-5　铝轮毂协同研发管控能力目标指标达成情况

新型能力名称	量化指标	指标解释	达成值	指标计算单位
铝轮毂协同研发管控能力	新产品研发立项数	年度新品研发立项数量	466	个
	新产品研发量产品种	年度新品量产品种（含上一年度未完成结转）	916	个
	新增专利数	年度获取的专利数量	1432	个

（二）主要作用

中信戴卡通过新型能力建设加快企业数字化转型，推动产品数据全息管理，实现产品研发活动数字化；建立工程协同工作模式、建立可视化协同环境；提升研发项目的项目监控能力；促进产品研发创新的标准化，持续推进产品创新和改进，进一步巩固和扩大市场占有率，同时培养了一批又一批的能工巧匠和业务骨干，确保中信戴卡长期有序向好发展。

中信戴卡通过新型能力建设，在业务融合、产品融合、技术融合等方面全面推广，为集团业务提供有效的管控手段。在提高铝车轮生产效率、创新企业管理模式、保障安全生产、节能减排等方面，集团的数字化管控能力不断提升，使得集团各成员公司之间、各公司内部的有效信息能够及时传递和共享，为公司管理决策提供即时有效的依据，为企业经济增长点等方面产生了良好的效益。

中信戴卡通过新型能力建设，帮助企业系统全面认识内外部环境的变化，以两化融合全新的方法论为指导，促进企业战略转型。深化企业管理创新，持续和可控地推进企业管理体系创新，提高企业经营效益和核心竞争力塑造。推动企业组织变革，以优势塑造和能力建设为牵引，建立起常态化的流程优化机制，完善公司治理结构、组织架构和业务流程，推动组织业务和管理变革，使得流程更加精细化、可控化。公司内部实现整个公司内信息的一体化管理，有利于信息共享，大大提高技术研发能力和管理水平，使各层次、各专业的管理人员和工艺、产品研发人员能迅速获得所需信息，公司核心业务更快、更好地进行决策。

新型能力打造对企业产品质量提高及保障产品一致性有强有力的保障。中信戴卡主要产品市场占有率上升到全球市场份额的 33%左右，公司客户涵盖奔驰、宝马、奥迪、福特、通用、克莱斯勒等国际主流汽车企业，是奔驰、宝马、奥迪在华主要供应商。

中信戴卡依托新型能力打造通过两化融合评定，评定采信效益显现。在示范宣传方面，中信戴卡获得了工业和信息化部和河北省工信厅的高度认可，被评为"2017 年两化融合管理体系贯标示范企业"，在相关展览会上给予中信戴卡展示的机会，在智能制造方面予以大力支持和帮助。在融资授信方面，中信戴卡得到金融系统的大力支持，融资余额从 18 亿元增加到 30 亿元，授信余额从 20 亿元增加到 100 亿元，在利率和贷款额度方面都享受最优惠待遇，在很大程度上缓解了中信戴卡运行过程中的资金压力。

中信戴卡股份有限公司材料执笔人：陈绍杰　段志强　王　辉

第四节　高效协同数字化研发能力助推上海宇航"三高"发展——上海宇航系统工程研究所

摘　要： 上海宇航系统工程研究所是我国运载火箭总体设计单位之一，也是上海航天基地载人航天工程、探月工程等领域的抓总研制单位。为应对科研生产任务高密度交付与发射新态势，以"流程驱动、数据驱动、知识驱动"为抓手建设数字航天，进一步强化新一代信息技术与航天科技工业体系的深度融合，打造了高效协同数字化研发这一新型能力。从基于模型的系统设计、基于知识的全三维设计、基于 EBOM 的数据管理、基于三流程融合的协同、产品数据包电子交付及基于大数据的远程测发六方面打造数字化设计、数字化测试、数字化交付等新模式，助力实现"高质量保证成功、高效率完成任务、高效益推动航天强国和国防建设"（以下简称"三高"）的发展目标。

一、企业推进数字化转型的需求分析

第四次工业革命对传统行业带来冲击甚至颠覆，人工智能、5G、数字孪生等数字技术与工业融合将会给全球经济增长带来新的动能。"中国智能制造战略规划"和"创新驱动发展"战略为航天转型发展和技术升级营造了良好的外部发展环境。对照国资委关于世界一流示范企业的建设要求，航天企业必须抓住全球数字化发展新趋势，增强核心竞争力和价值创造力，推动实现数字化转型。

当前航天产业竞争环境更加激烈，高价值发射市场更加开放，传统的任务分配和运行管理模式已经松动；面对不同的用户需求和业务形态等现状，需要提供高质量、高效率，以及高度定制化的解决方案，以适应日益激烈的市场竞争。

航天科技集团明确数字化转型是实现航天"三高"发展的内在需要。航天科技集团型号研制任务重、周期短、质量要求高，需要新一代信息技术与航天科研生产任务紧密融合，需要管理和商业模式深度变革重构，通过科研生产和经营管理数字化转型，构建以数据为核心的数字航天工业新体系。数字化转型将是改造提升传统动能、培育发展新动能的重要手段。在开展航天数字化转型的过程中，需要紧密围绕两化融合管理体系的科学方法，将新一代信息技术与上海宇航系统工程研究所科研生产任务紧密融合，坚持"统筹规划、互联集成、数字管理、智慧航天"的两化融合方针，打造高效协同数字化研发能力，构建以数据为核心的数字航天工业新体系，实现"高质量、高效率、高效益"发展。

二、企业新型能力识别和打造的方法与路径

（一）新型能力识别的方法与路径

在建成数字航天企业的总体战略基础上，基于波特五力模型、PEST 及 SWOT 分析，明确了优势、劣势、风险和机会，识别出了构建全流程数字化科研模式的优势需求、精益卓越的经营管控的优势需求、人才储备和人才高地建设的优势需求及以大数据为核心的协同共享的优势需求，进而确定上海宇航系统工程研究所需要打造的新型能力体系，主要包括四方面：高效数字化协同研发能力、精益化经营管控能力、融合全产业链的大数据运营和管理能力及数字化智慧研究所构建能力。

作为航天总体研制单位，面临多型号并行、多任务并举、研制与批产并重、高密度发射等多重挑战。研发能力是总体所发展的重要因素之一。传统研制模式下，协同研发能力总体偏弱，尚未形成基于模型的正向设计模式。设计过程中需求变更响应不及时，方案论证和设计不够充分，多专业间协同设计困难，设计和制造环节信息协同困难，信息孤岛现象仍然严重，难以支撑型号的高效设计、敏捷迭代、快速响应和持续创新。通过对这一薄弱环节的识别，明确了当前重点建设的新型能力为"高效数字化协同研发能力"。

高效数字化协同研发能力将针对目前的不足构建一套能够持续发展的基于模型的一体化协同研制环境，覆盖需求论证和分析、总体方案快速设计与验证、多专业（机械、电气、软件、热、控制）协同设计和数字化试验测试验证等环节。

高效数字化协同研发能力明确了四项量化指标：典型产品设计周期、产品协同研制效率、数据入库率、仿真覆盖率。指标具体含义和目标见表 7-6。

表 7-6　高效数字化协同研发能力量化指标

新型能力名称	量化指标	指标解释	2019 年目标值	2020 年目标值	2021 年目标值	指标计算单位
高效数字化协同研发能力	典型产品设计周期	典型产品（管路）设计周期减少	90	80	75	天
	产品协同研制效率	设计、制造厂所间业务协同周期	45	40	35	天
	数据入库率	典型型号的单机数据、分系统数据、综测数据、飞行数据入库率	20	50	80	%
	仿真覆盖率	专业仿真和系统级仿真在型号研制过程的应用程度（已具备仿真能力的核心专业数/全部核心专家）	80	90	100	%

（二）新型能力打造过程的方法和路径

1. 实施方案策划

为打造高效数字化协同研发能力，实现预期的两化融合目标，根据战略规划和信息化发展规划，依照两化融合管理体系的基本框架，本着实现"三高"的目标，对新型能力的建设过程进行策划，涵盖业务流程与组织结构优化、技术实现、数据开发利用等方面。

在系统梳理型号研制工作和流程的基础上，构建基于模型的系统设计、基于知识的三维设计、基于 EBOM 的数据管理、基于大数据的远程测发、基于三流程融合的协同及产品数据包电子交付六大数字化版块，支撑航天产品"总体设计—专业设计—设计生产一体化—产品交付—数字化测试"完整链路的数字化研制过程。

2. 业务流程优化

在打造协同研发能力过程中，业务流程优化是新型能力打造的重要环节。航天型号存在项目管控、产品保证和技术研制三流程，当前存在三流程未紧密融合的现象。通过流程优化实现三流程合一，将计划、技术、产品保证相互融合和约束，确保型号研制过程信息一致、有效协同。

基于流程优化的协同对项目初始信息进行型号研制流程的分解并明确工作的范围，通过任务节点触发对应的设计、仿真等研制技术工作，并且在其运行过程中穿插必要的产保控制工作流程，驱动型号研制过程有序推进。同时基于各任务活动组织技术与管理要素的融入，辅助和约束工作的开展，形成相关计划任务的交付闭环，最终形成计划、技术、产品保证三流程融合并举的协同研发模式。

3. 组织结构变革

组织结构方面从数字化转型的整体组织变革和业务流程驱动的组织变革两方面开展探索。

企业成立了信息化项目办公室专项推动数字化转型。信息化项目办包括信息化指挥、首席信息官、信息化总师、主任、专业技术人员，研究当前政策发展、技术发展，制定数字化转型目标和发展规划，推动落实年度数字化具体工作。

业务数字化变革中同样涉及组织结构的变化。在基于模型的系统工程实践中，发现和现有型号的业务划分不完全一致，因此成立基于模型的系统工程（MBSE）团队，明确基于新组织架构的各方职责，建立业务管理特区。基于 MBSE 的新模式组织架构如图 7-5 所示。

图 7-5 基于模型的系统工程组织架构

4. 技术实现

高效协同数字化研发能力的实现包括数字化研发能力革新、研制流程再造、研制状态管控等多个方面,以五个具体技术实现为能力建设实现的抓手,推动研制模式转型。

1)基于模型的系统工程实施

基于模型的系统工程,应用技术难度大,理念变化大,采取总体策划,分步实施的模式推动。目前主要实现了系统模型框架定义,在统一方法论后开展各层级模型的建模和关联设计。

经过研究形成航天型号 MBSE 模型管理模板,将建模过程分成两个维度:横向按对象抽象层级分成 Operation(业务)、Function(功能)、Logical(逻辑)与 Physical(物理)四个阶段;纵向表示每个阶段都需要执行的建模任务,包括 Requirement(需求定义)、Decomposition(分解)、Interaction(交互描述)等。

建立可追溯、可跟踪的系统到分系统的需求网络建模模型,实现需求管理和集成验证、需求变更和分析,完成系统的运行剖面及场景分析,提取相关涉众(外部相关系统、约束和用户等),定义系统和分系统的边界。

开展航天器系统功能架构设计和功能架构验证,形成一套可复用的模块化航天器型号系统级功能架构模型;开展系统逻辑架构设计,明确各个分系统技术指标要求、参数约束,开展分系统逻辑架构验证,形成一套可复用的模块化航天器型号分系统逻辑架构模型、分系统技术指标、分系统参数约束及各类分系统设计任务书；针对系统和分系统逻辑架构模型构建系统和分系统逻辑架构性能验证模型，检验系统逻辑架构模型的设计。

2）基于 EBOM 的数据管理

构建统一的产品数据管理平台，以 BOM 为主线实现研发数据统一管理，包括多类型 BOM 管理、基于 BOM 的机电软协同管理、BOM 审签流程优化管理、基于 BOM 的设计制造协同管理、基于 BOM 的闭环变更管理等。

实现多类型 BOM 管理。按照产品研发过程将 BOM 分成不同的类型，如设计 BOM、工艺 BOM 等。梳理 BOM 管理规则，不同类型 BOM 管理不同类型的研发数据，研发数据包括设计输入数据、详细设计数据、外购外协数据、仿真数据、试验数据等。按照业务要求，构建不同类型 BOM 间的关联关系，追溯产品的演变过程。

实现基于 BOM 的机电协同管理。完整的 BOM 包含机械、电气等专业产品结构，建立总体与各专业协同管理 BOM 的业务模式，总体负责产品结构策划并明确跟各专业之间的分工，各专业负责细化各自专业负责的产品结构。支持 Creo 集成生成机械产品结构，基于 BOM 管理三维模型；支持 Altium 等电气设计工具集成生成电气产品结构，基于 BOM 开展元器件应用统计分析。基于 BOM 开展不同专业间的设计变更影响分析，提升技术状态管理效率。

实现 BOM 审签流程优化管理。按照结构、电气专业的 BOM 审签要求，将 BOM 审签要素结构化，BOM 审签要素的自动检查和人工检查相结合提升 BOM 规范性和准确性。

实现基于 BOM 的设计制造协同管理。实现基于 BOM 的三维模型及技术文件的跨单位工艺会签和跨单位数据发放，通过协同流程实现设计更改的及时发放，提升设计制造协同效率。

实现基于 BOM 的闭环变更管理。支持跨专业、跨单位的设计更改闭环管理，工艺基于设计更改发起工艺更改并反馈工艺更新信息给设计，制造基于工艺更改落实更改措施并反馈落实情况给工艺，设计师基于 BOM 统计设计更改落实情况。

3）基于流程驱动的协同

从项目管控、产品保证、研制方法、技术状态四个角度入手，建立面向型号研发过程管控的统一工作和管理平台，实现计划、技术、产保，三大流程相互融合和约束，确保型号研制过程信息一致、有效协同，同时建立基于输入输出、工具、质量的多要素向导式工作环境，提供有序、规范的工作模式，过程中结合关键点评审、问题闭环管理，以及质量要求检查等手段，提高研制过程质量控制能力，协助产品保证工作开展，以流程为主线，工作项为核心，组织型号的数据网络，为各层级人员提供准确的信息查阅和追溯手段。

4）产品质量数据包电子交付

通过"数据包策划→数据采集→数据管理→数据应用"的业务流程，实现对产品全生命周期数据的采集、存储、管理、监控和利用，采用信息化手段实现产品研制质量信息结构化在线提交确认，通过示范产品和示范型号的应用验证，支撑型号在线产品保证的实现，提升总体对型号产品各级供应链质量的管控能力。

5）基于大数据的远程测发

远程测发中心通过与分系统单位、各大发射场的网络连通，实现分系统测试、总装总测及发射场数据的采集、存储，与分析应用，初步探索了基于大数据的后方远程判读、故障分析、远程监控等应用场景。通过大数据技术，实现不同发次间数据的横向对比，以及不同研制阶段间数据的纵向对比，具备包络分析、质量问题追溯能力，提升运载火箭测试发射的信息化支撑和保障能力，形成远程测发能力。

5. 数据开发利用

在数据利用方面，上海宇航系统工程研究所从数据定义、数据采集、数据分析三方面开展建设，实现产品设计、制造、检验、交付全生命周期技术活动客观记录和评价；确保质量数据的系统性、完整性、一致性、实时性和可追溯性。

数据定义方面依据型号产保要求，完成产品数据包内容和数据格式的定义，形成"一品一册"的数据管理模式，实现数据由非结构化文档向结构化数据转变，为数据分析应用奠定基础。定义数据包数据模板，其中单机级产品数据包 103 个清单项、分系统产品数据包 52 个清单项、系统级产品数据包 54 个清单项、软件产品数据包 48 个清单项，并且明确了 65 个表单模板。

数据采集方面实现"总体单位—分系统单位—产品配套单位"之间互联互通、线上线下互联互通（在线、离线），实现跨厂所、跨地域的产品数据包信息交互与传递。目前大数据中心采集数据已实现百发火箭飞行数据，48 发次发动机数据，各型号约 15 项试验、108 个数据集和 806 个分系统、单机级产品数据包数据入库。

数据分析方面开发产品数据符合度分析、横向纵向比对分析、包络线分析等功能，实现数据监控分析与综合利用，如同一型号跨发次的容测数据比对、同一型号跨发次的称重数据比对，以及根据测试数据数值的变化分析其具体变化的趋势等具体应用场景，为产品质量确认、质量复查、故障诊断等提供支持。

6. 运维与支撑

数字化转型久久为功，力出一孔，从启动数字化转型开始，上海宇航系统工程研究所一直坚持自主可控的能力建设策略。坚持面向型号研制场景，建立型号和信息化的融合，设立型号数字化副总师，构建专业完整的数字化团队，涵盖了业务需求分析、系统架构设计、软件开发、系统运维等工作，具有对平台的自主可控能力。

多方联合建立数字化标准体系，形成了面向航天型号的需求建模、三维数字样机建模、质量产品数据包管控、大数据管理等 65 份系列标准，进一步固化了数字化转型成果。同时制定完整的安全保密规范，确保系统安全、稳定和可靠运行。

三、实施效果与主要作用

（一）实施成效

通过两化融合管理系统的贯标，上海宇航系统工程研究所打造高效数字化协同研发能力，典型产品设计周期相比 2019 年缩短 13%，产品协同研制效率相比 2019 年提升 11%，试验数据入库率相比 2019 年提升 30%；仿真覆盖率超过 90%，具体实现情况见表 7-7。

表 7-7　高效数字化协同研发能力量化指标实现情况

新型能力名称	量化指标	指标解释	2019 年实现值	2020 年实现值	指标计算单位
高效数字化协同研发能力	典型产品设计周期	典型产品（管路）设计周期缩短	90	78	天
	产品协同研制效率	设计、制造厂所间业务协同周期	45	40	天
	数据入库率	典型型号的单机数据、分系统数据、综测数据、飞行数据入库率	20	50	%
	仿真覆盖率	专业仿真和系统级仿真在型号研制过程的应用程度（已具备仿真能力的核心专业数/全部核心专家）	80	90	%

产品设计效率显著提升。通过基于模型的系统工程的实践实现飞行动态能源平衡的快速设计和评估；实现多方案的快速权衡分析，其中某型号接点表的设计周期从 180 天缩减到 2 周。三维设计方面，通过电缆网敷设、管路、复材结构、箭体结构等快速设计能力，实现三维数字样机设计效率提升 50%。

接口协调能力增强。接口协调方面打通了单机、分系统、系统、综测的接口，实现接口变更关联管理；基于骨架协同实现机械总体和结构、动力、地面的接口协调，当总体发生变更时实现各相关方的关联提醒。

数据入库率显著提高，仿真实现全覆盖。试验设备自动化采集率提升到 70%、设备联网率提升到 90%、数据电子化率提升到 80%、结构化率提升到 60%、数据入库率提升到 60%。仿真方面实现气动力学、流固耦合等 11 类专业仿真设计工具 100%全覆盖。开展系统和体系级仿真，由单一面向型号研制任务保障的任务仿真，向航天器"论、研、试、训、用"全周期的全体系数字化仿真转型。

（二）主要作用

1. 提升技术协同研制水平

通过两化融合管理系统的贯标，上海宇航系统工程研究所加快了数字化转型进程，打造模型和数据双轮驱动的科研生产数字化新体系，提升了型号协同研制水平。采用基于模型的系统工程方法，进一步完善航天协同研制环境，实现需求的结构化定义和追溯关联分析、总体方案的快速论证；基于MBD技术构建数字样机，以数字样机作为制造和装配的依据；基于产品数据管理平台实现厂所间的跨域协同和型号技术状态管控；基于产品质量数据包管理系统优化了产品验收环节，实现了过程质量控制重心的前移。

2. 实现数字化流程管理

高效协同研发能力建设打通各流程环节，实现线下流程向线上流程的转变，提升流程电子化水平；以流程为视角，调动各阶段、各类业务的有序开展；打造了企业数据集散中心，实现型号数据从示范型号推广到全型号的数据采集治理，通过数据资产可视化分析，实现对数据治理成果的集中展现；基于数据有序治理，打造数字孪生产品，为孪生产品可信度评估、数字伴飞等提供数据支撑。

3. 助力社会效益提升

为适应复杂多变的国际形势，大力发展航天数字化转型，深化新一代信息技术与航天科技工业体系融合，立足数据思维推进数字航天建设，形成了航天企业数字化转型模式，逐步形成数字航天的优势，打造融合创新的新发展格局，以数据为基础精准施策、科学治理，以数据思维全方位赋能航天研制模式转型和产业升级。勇担航天强国使命，为航天强国和世界一流军队建设、服务经济社会发展和民生福祉做出贡献。

上海宇航系统工程研究所材料执笔人：邹 薇 李江道 陈若飞

第五节　船舶协同研发设计和精益制造能力打造数字化新广船——广船国际有限公司

摘　要：广船国际有限公司（以下简称"广船国际"）是中国船舶集团有限公司下属的现代化造船企业。广船国际在 MR、LRI&LR Ⅱ、VLCC、VLOC 型船舶，以及半潜船、客滚船、极地运输船等高技术、高附加值船舶和补给船、布缆船、救助船等保障船型方面掌握核心技术，并且已拥有了一定的市场地位。为成为全球海洋装备与科技应用产业技术领先、服务卓越的一流企业，广船国际打造了大型及高技术船舶协同研发设计和精益制造能力。通过新型能力的打造，实现了研发设计协同、设计与制造协同、设计变更协同，提升了研发设计能力，实现了生产和设计、采购、材料、质量、成本的信息贯通，同时能够有效识别资源瓶颈，推进均衡生产、有序生产和节拍生产，提升实现了一体化和高效化的精益制造方式。

一、企业推进数字化转型的需求分析

当今世界正经历百年未有之大变局，经济形势复杂严峻，不稳定性、不确定性较大。随着我国经济增长的内需潜力不断释放，党中央做出逐步形成以国内大循环为主体、国内国际双循环相互促进的新发展格局的战略抉择。海洋经济是国家未来重点发展的产业之一，基于"国油国运"等重要战略物资运输政策，拉动国内需求，依托新阶段造船行业军民融合和军贸业务的契机，结合新一代信息技术，推动我国从造船大国向造船强国转变，成为造船行业产业转型升级的必由之路。

造船行业是世界上最古老的行业之一，长期需求仍然向好，扩大内需是长期战略基点。造船行业属于劳动密集型、资金密集型、技术密集型行业，目前技工人才严重短缺，随着社会升级发展，人才结构性矛盾更加突出。为了化解行业难题，当前主要造船国家逐渐明晰发展智能船舶、智能制造领域的思路，并且推动优势配套产品集成化、智能化、模块化发展，实现产品结构的高端化。

现阶段，广船国际生产效率较低，并且短期内难以获得大幅度、本质性的提升。广船国际未来竞争力保持和提升的关键主要在于以下三个方面：发挥研发优势，保持主力船型的先进性，持续开拓、占领高技术船舶市场，优化产品结构；借助信息化、自动化、智能化，不断提升生产效率，缩小与优秀企业的差距，实现降本增效；通过不断优化客户服务和客户管理功能，深度挖掘客户需求，开拓新客户，巩固与优质客户的长期合作关系。广船国际通过借鉴先进发展经验，对标企业内部发展困境和竞争优势需求，认为迫切需要通过引进新一代信息技术促进产业数字化转型升级，运用数字化、自动化造船技术，打造智能化发展能力，提高协同研发和精益制造水平，提升造船效率和效益。

二、企业新型能力识别和打造的方法与路径

（一）新型能力识别的方法和路径

广船国际企业发展战略清晰，企业的愿景是"成为全球海洋装备与科技应用产业技术领先服务卓越的全球一流企业"，其中造船业务要"成为具有优秀制造能力的船舶海工装备生产组织者"。

基于企业发展愿景和业务发展目标，通过 SWOT 分析，明确了优势、劣势、风险和机会，识别出与企业战略相匹配的可持续竞争优势有：在油轮全系列，以及半潜船、特种船、客滚船、科考船等高技术船舶的定制协同研发设计优势；采用现代造船模式的精益造船优势。

为了获取可持续竞争优势，综合考虑公司整体的战略要求、信息化发展的水平、业务流程和组织结构建设的水平等，确定广船国际新型能力体系包含的三个方面：大型及高技术船舶协同研发设计能力、精益制造能力和协同

服务能力。

为全面推进两化深度融合，提升协同研发设计能力和精益制造能力，当前阶段需要重点打造的能力是大型及高技术船舶协同研发设计能力和精益制造能力。

1. 大型及高技术船舶协同研发设计能力

发展大型及高技术船舶协同研发设计能力，需要打造统一、协同的设计数字化平台，基于产品研发、三维建模、生产设计、3D工艺、建造仿真等环节，建设一个真正统一的三维设计平台，实现研发设计协同、设计与制造协同、设计变更协同，奠定数字孪生、仿真制造和智能制造的基础，提升研发设计能力。

2. 大型及高技术船舶精益制造能力

发展大型及高技术船舶精益制造，需要建立一体化的资源管控管理数字化平台，通过开展基于生产资源一体化智能管控平台建设工作，以设计数据为源头、中间产品为对象、计划为导向、劳务结算为载体、生产准备为抓手，覆盖项目全过程管理，实现生产和设计、采购、材料、质量、成本的信息贯通，同时能够有效识别资源瓶颈，推进均衡生产、有序生产、节拍生产，力争实现一体化、高效化的精益制造方式。广船国际确定了新型能力量化指标如表7-8所示。

表7-8 大型及高技术船舶协同研发设计能力和精益制造能力量化指标表

序号	名称	指标解释	2020年目标值
1	班组量化派工实现率	已实现班组量化派工班组个数/班组总数×100%	≥85%
2	工时效率	完成计划工时/完成实动工时	≥0.97
3	出坞完成率	产品船出坞完成工时/产品船总工时数×100%	≥75%
4	造船核心业务一体化率	生产资源一体化智能管控平台造船核心业务包括生产管理、设计管理、供应链管理、质量管理、成本管理五大业务，核心业务一体化率是核心业务已经在一体化平台上线应用的业务数比例	≥90%
5	三维协同设计平台的稳定运行率	三维协同设计平台全年稳定运行时间占全年计划应用时间比例	≥99.2%

（二）新型能力打造过程的方法和路径

1. 实施方案策划

为打造大型及高技术船舶协同研发设计和精益制造能力，实现预期的两化融合目标，企业根据发展战略，结合企业信息化推进规划和年度重点工作计划，依照两化融合管理体系的基本框架，本着实现企业目标，对新型能力的建设过程进行了分阶段策划（见表 7-9），涵盖业务流程与组织结构优化、技术实现、数据开发利用等方面。

表 7-9　大型及高技术船舶协同研发设计能力和精益制造能力建设过程策划表

新型能力	能力打造阶段	能力打造涉及成果
大型及高技术船舶协同研发设计能力、精益制造能力	第一阶段	三维协同设计平台：实现 3DE 平台全专业、全流程实船验证
		生产资源一体化智能管控平台：建立各类基础标准，G1070 船设计、物资、生产模块上线运行
		PDM 产品数据管理系统：实现统一底层架构、统一界面，完成与生产资源一体化智能管控平台对接，实现基础数据共享，设计数据发布
		智能制造方面：焊接智能联网管控平台及薄板分段智能生产线完成安装调试、投产工作
	第二阶段	三维协同设计平台：完成 3DE 平台实船应用推广，基于三维模型的数据发放
		生产资源一体化智能管控平台：实现线上劳务结算、生产准备跟踪及数据分析决策
		PDM 产品数据管理系统：要实现升级，应用新 B/S 框架进行前后台功能开发，从而实现无客户端安装，即网页直接访问
		智能制造方面：小组立智能生产线扩大作业范围，在民船产品上投入使用
	第三阶段	三维协同设计平台：开始进入多专业仿真、虚拟制造试点应用
		生产资源一体化智能管控平台：大数据管理及分析、功能细节优化
		智能制造：智能焊接扩大作业范围，智能涂装系统扩大作业范围，管子智能机器人焊接系统在管子制作过程中投入运行，扩大管子智能机器人作业范围，开展智能物流系统建设

2. 业务流程优化

在打造协同研发设计和精益制造能力过程中，业务流程优化是新型能力打造的重要环节。

1）设计数字化平台的业务流程优化

随着全新的设计数字化平台全面实船应用，主要优化了管路设计流程、结构智能出图和三维模型显示。

管路设计流程的优化：设计院来图纸→CAD版意见反馈→详细设计录入→对照图纸模型创建管路→插入附件→完成管路创建，模型的数据来源于单个管路的LINEID，LINEID数据均经过校对，生产设计建模数据来源全部为LINEID数据。

结构智能出图的优化：创建图纸→插入船体模型→启动结构视图生成程序→选择需要输出的图面列表→增加其他说明信息。

三维模型显示的优化：设计人员只要负责设计模型，填写模型设计信息，生成制作图纸，然后通过提取模型信息至三维显示平台显示，自动生成安装需要的表单，后面工序人员可以随时清晰地在电脑端或移动端查看模型信息，极大地方便了后面工序的参与人员，提高了生产效率。

2）生产资源一体化智能管控平台的业务流程优化

应用生产资源一体化智能管控平台对流程进行查漏补缺，优化并固化流程，主要优化了工时标准、托盘及图纸标准和生产准备跟踪。

工时标准的优化：根据生产效率各要素，将其标准化分为不同的基准工时及作业难度系数，计算出各工序的标准工时，并且拆分到工作包及派工单中，作为依据指导现场生产。2020年已完成船体和涂装标准工时的计算，在此基础上继续推进舾装工时规则及计算。

托盘及图纸标准的优化：细化设计需求，将设计图纸、托盘与生产计划严格关联起来，标准化图纸及托盘的生成规则，按目录跟踪设计出图进度，确保设计进度可查可控。

生产准备跟踪的优化：整合跟踪要点，按跟踪类别设定不同的跟踪报表，便于跟踪设备及物资采购、设计研发等生产准备进度，包括跟踪设备准备、设备采购、舾装采购、钢材采购、指示单采购等进度。

（3）PDM产品数据管理系统的业务流程优化。

随着生产资源一体化智能管控平台的全面上线应用，配合信息系统打通了信息化需求，PDM系统进行了大量的业务流程和功能优化，主要有中间产品信息的优化、物资编码体系的优化、产品数据发布的流程优化。

中间产品信息的优化：中间产品（区域、分段、单元、系统）信息在生产资源一体化智能管控平台统一维护，不分专业。同一条船同一个记录，不出现同一个中间产品对象（区域、分段等）有几个不同的代号，保证作业对象代号统一，后续业务也可以围绕此中间产品跟踪物资、计划、施工等。

物资编码体系的优化：船用物资编码体系结构分为4段式，共计14位编码，通过大、中、小三层分类结构基本将物资的分类划到最小颗粒度，从而实现其他业务对物资的组合管理需求，统一材质属性标准、表面处理描述标准、协议图号编制规则。

产品数据发布的流程优化：PDM发布的数据自动拆分为生产托盘和物资托盘，分别按照生产施工和物资采购的不同维度统计这两种托盘物量，发布到生产资源一体化智能管控平台的不同数据表、作业对象和工序与生产工作包一一对应，并且在发布数据接口里自动进行了库存匹配和在途减订，最大程度上利用库存，避免重复采购。

3. 组织结构变革

一方面，为了提升专业耦合度，减少协调界面，提升协同研发设计能力，将原来的一个中心两个所合并重组为一个研究院，下设一室两部五所，整合了原先分散在各设计部门的设计资源及人才，以发挥专业集中优势。

另一方面，为提升精益制造能力，将原来七个生产部门调整为四个生产部门，整合了原先分散的生产资源及人才，以发挥一体化、高效化的优势。

4. 技术实现

以打造基于模型定义的协同研发设计平台为思路，开展了设计数字化平台建设，实现产品研发、三维建模、生产设计等功能，开展 3D 工艺、建造仿真等试点应用，支撑广船国际大型及高技术船舶协同研发设计。

在基于一体化智能管控的精益制造方面，通过生产资源一体化智能管控平台建设，实现包括设计管理、计划生产管理、采购与集配管理、质量与成本管理在内的完整的、一体化的业务管理。

5. 数据开发利用

生产资源一体化智能管控平台基于数据组件，从公司运营系统上采集海量数据，建立企业大数据分析模型，对公司进行运营分析，包括经营、建造、效率、设计、物资、成本、质量等多角度，发现瓶颈并不断优化管理。

在项目实施过程中，根据各类角色、管理目标，进行需求的调研与分析，并且建立各类业务模型，然后对业务层数据进行分析。通过对数据的不断积累形成大数据，以及业务模型和数据抽取组件的不断完善，建立大数据分析，对公司运营进行实时分析、预警，实现形成包括公司运营、项目建造、设计、供应链、成本、质量等多角度的分析报告，报告呈现可通过图表化、管理驾驶舱、仪表盘等直观手段显示，从而提升企业管理运营效率，降低运营成本。

综合运营分析：实现公司层面的综合运营分析，通过对业务运营数据的积累，实现包括实现大节点、建造、项目管控、运营指标、售后船舶等多维度大数据的看板分析。

生产管理分析：对项目建造状态、物量情况、生产准备、生产效率、工序流通、工时执行情况等进行多角度大数据分析，及时发现偏差，不断优化生产业务。

设计研发分析：对设计研发过程进行分析，包括详设、生设、设备计划、图纸入库、设计质量、设计工时等多角度大数据的分析。

供应链分析：对物资配套、缺损件物资、库存资金占用、库龄等进行大数据分析。

质量分析：对内检、外检、探伤进行质量大数据分析，包括合格率、缺陷类型，按部门、专业、劳务队、项目、时间等进行多角度分析。

成本分析：对项目成本，包括各类物资如材料、设备、舾装等成本进行分析，并且能追踪到具体的订货下发、采购、领用等环节。成本包括目标成本、采购成本、发生成本等信息。

设备与能源分析：对智能互联的设备作业信息、效率、故障等进行多角度分析，对能源包括水、电、气等进行管控分析。

三、实施效果与主要作用

（一）实施成效

广船国际在恶劣的生存形势下，通过两化融合管理体系的推进，明确提出重塑信息化优势的要求，打造了大型及高技术船舶协同研发设计和精益制造能力。一方面重点建立统一数据源的设计平台，使企业在产品研发、三维建模及工艺仿真、生产设计等环节基于统一平台，实现研发设计协同、设计与制造协同、设计变更协同等，奠定虚拟制造和智能制造的基础，最大限度发挥研发技术实力；另一方面建立造船一体化的资源管控平台，使企业在决策规划、经营接单、物资采购、仓储物流、生产策划、质检质控、车间管理、排产派工、产品交付、产品售后等各环节实现一体化的精益管理，最大限度发挥管理效能。

2020年广船国际新型能力建设各项指标完成效果显著：班组量化派工实现率达到91.2%，比2019年提升11%；工时效率达到0.97，工时效率稳步提升；出坞完成率达到78.1%，比2019年提升6%；造船核心业务一体化率达到90%，比2019年提升10%；三维协同设计平台的稳定运行率达到99.3%。在远期规划中，广船国际要实现建立智能制造平台和企业大数据中心、企业云等目标，建设智能物联网体系及智能制造管控平台，使各种生产设备及保障设备智能化、网络化、平台化，实现企业的智能制造，最大限度发挥设备及生产资料的生产效率。

大型及高技术船舶协同研发设计和精益制造能力量化指标达成情况见表 7-10。

表 7-10　大型及高技术船舶协同研发设计能力和精益制造能力量化指标达成情况

序号	名称	指标解释	2020 年目标值	2020 年实际值
1	班组量化派工实现率	已实现班组量化派工班组个数/班组总数×100%	≥85%	91.2%
2	工时效率	完成计划工时/完成实动工时	≥0.97	0.97
3	出坞完成率	产品船出坞完成工时/产品船总工时数×100%	≥75%	78.1%
4	造船核心业务一体化率	生产资源一体化智能管控平台造船核心业务包括生产管理、设计管理、供应链管理、质量管理、成本管理五大业务，核心业务一体化率是核心业务已经在一体化平台上线应用的业务数比例	≥90%	90%
5	三维协同设计平台的稳定运行率	三维协同设计平台全年稳定运行时间占全年计划应用时间比例	≥99.2%	99.3%

（二）主要作用

通过两化融合管理体系的推进和运行，使得广船国际持续推进产品转型升级，提升高端产能，进而增强了广船国际的市场竞争能力，主要表现在：

不断优化船型指标，提高油轮产品竞争力。广船国际通过产品研发与优化不断推出升级换代产品，使得油轮全系列产品技术经济指标处于世界领先水平，在继续保持 MR 型和 AFRA 型两个拳头产品的基础上，力争实现油轮系列全覆盖，如企业新开发并承接了 5 万吨甲醇船、11.4 万吨双燃料液货船和 15.8 万吨 LNG 双燃料原油轮等船型。

积极开拓客滚船市场，巩固市场领先地位。企业积极致力于客滚船产品市场的开拓，在建造了多艘出口欧洲的豪华客滚船、地中海客滚船和海峡客滚船的基础上，欧洲船东又在广船国际订造了 2 艘豪华客滚船，较好地巩固了广船国际在豪华客滚船市场的领先地位。

生产效率大幅提升。2020 年人均产值同比提升 30%，完成了集团公司下达的目标。造船各工序生产效率提升明显，中合拢同比增长 9.81%，船体大合拢本协工人均效率同比提升 21%。

船海产业订单质量高。2020 年广船国际手持造船订单 61 艘/363.4 万载重吨，造船保障系统在集团内排名前列。

广船国际有限公司材料执笔人：殷　杰　陆茂华　王良平

第六节 高效数字化协同制造助力长飞光纤 "智造" 转型——长飞光纤光缆股份有限公司

摘 要: 长飞光纤光缆股份有限公司（以下简称"长飞公司"）位于湖北省武汉市,自建成以来持续保持在光纤光缆行业国内第一的位次。经过33年的持续创新及在智能制造领域内的深耕,自 2016 年起长飞公司成为全球最大的光纤预制棒、光纤、光缆供应商。长飞公司对自身发展战略和使命愿景有着清晰的认识,通过对企业内预制棒、光纤、光缆生产过程及应用服务等业务域的深入分析,制订了一系列的公司数字化协同建设方案。通过自主开发 MES 系统、全面生产要素数字化、集成运营系统纵向无缝、优化实时资源,实现数字化协同制造能力、生产过程控制与在线监测能力、面向客户响应的集成产品研发能力、面向订单的快速交付及营销能力和智能决策能力的打造。经过系列能力的打造提升,长飞公司实现了业务和决策的数据驱动,实现预制棒生产效率提高 26%,运营成本降低 27.3%,产品研制周期缩短 34.4%,企业生产效益获得大幅度提升。

一、企业推进数字化转型的需求分析

我国拥有完整的工业体系,也拥有最为丰富的制造加工资源。工业制造业作为第二产业,是国家重要的经济支柱。随着先进制造技术的发展及物联网与云计算的兴起,制造业的信息化技术研究与应用取得了一系列成果,同时智能制造和工业互联网也成为当前制造业核心竞争力的关键因素。为积极响应"智能制造战略规划的号召,作为全国首批智能制造试点示范企业,依托长飞科技园和长飞潜江科技园两大新建产业园,长飞公司推进产业智能化升级,实现智能制造和循环经济,打造全球领先的光纤产业基地。

在光纤行业中，光纤预制棒是光纤制造的源头，占据光纤光缆产业链利润的 70%，是产业链中制造技术最难、生产工艺最复杂的产品，凝聚着产业链绝大部分的核心技术。由于技术壁垒高，长期以来，预制棒最先进的生产工艺被发达国家企业所垄断。长飞公司瞄准国际领先的光纤预制棒三大主流制造工艺技术，依托自主知识产权的智能化装备的应用、制造执行系统的管控，实现高端智能装备的数字化管理，产品制造过程和质量追溯的数字化管理，以及生产绩效的数字化管理，最终策划构建光纤光缆行业领先的"数字化协同制造平台能力"。同时制定了两化融合方针和目标，通过自上而下的梳理长期目标和短期目标，最终使两化融合工作可监测、可测量。

随着长飞公司的发展，集团各分子公司之间开展业务联动、协作的重要性越来越凸显。产品生产、工艺、销售等关键信息的共享能力直接关乎集团整体效率的高低，因此推动集团内部、产业链上下游的协同，推进研发与生产、生产与管理、生产与销售、业务与财务、总部与分支的信息化集成，实现产供销、业务与财务、集团管控的一体化势在必行。通过多年的实践积累，长飞公司实现了基于信息深度自感知、智慧优化自决策制造装备的智能制造，形成了基于数据挖掘、数据链精准分析的智慧决策能力，打造了基于供应链上下游企业信息协同的智慧产业链，巩固了公司在光纤光缆行业的领军地位，持续为产业链上下游合作伙伴创造新的价值。

二、企业新型能力识别和打造的方法和路径

（一）新型能力识别的方法和路径

2020—2024 年公司承接"成为信息传输与智慧联接领域的领导者"的愿景，基于全业务增长、技术创新与数字化转型、国际化地域拓展、相关多元化、资本运营协同成长五大战略举措，识别出了产业链协同优势需求、质量保障优势需求、技术领先优势需求、智能制造优势需求和营销能力优势需求等可持续竞争优势需求。未来五年，除了巩固信息传输领域（主要指预制棒、光纤光缆）的龙头地位外，还要大力发展光模块、系统集成、综合布线等业

务，通过打造高效数字化协同制造能力体系，向智慧联接领域综合解决方案延伸，实现传统业务"全球第一，行业领袖"的总体目标。

高效的数字化协同制造能力体系包括数字化协同制造能力、智能决策能力、面向订单的快速交付及营销能力、生产过程控制与在线监测能力、面向客户响应的集成产品研发能力，相关量化指标和目标情况如表 7-11 所示。

表 7-11　高效数字化协同制造能力体系量化指标与目标情况

新型能力	量化指标	指标解释	2020 年目标值	指标计算单位
新型能力 1：数字化协同制造能力	单位设备产能	总产量/关键设备数量	935417	公里/生产线
	A 级品率	A 级产品/总量	99.6	%
	周生产计划达成率	周生产计划达成率=符合计划要求的产品数量/周计划数量	100	%
	库存周转率	库存周转率=该期间出库总金额/〔（期初库存金额+期末库存金额）/2〕	4.54	%
新型能力 2：生产过程控制与在线监测能力	客户退棒率	（退棒根次数/发给光纤部拉丝的总预制棒根数）×100%，仅指由于预制棒部的原因导致的退棒	≤0.18	%
	制造效率	设备综合效率，主要展示设备的损失，提供设备效率提升的方向 OEE=产量×标准工时/设备负荷时间=时间稼动率×性能稼动率×良率	≥72	%
	光纤利用率	光纤耗用达标率=光缆实际产出芯公里 a/（光纤领用量 b-外卖半成品芯公里 c-（周转光纤期末量 d1-周转光纤期初量 d2）-非制造原因的报废光纤量 e）×100%	≥97.25	%
新型能力 3：面向客户响应的集成产品研发能力	技术变更控制比例	根据技术变更程序进行的技术变更数量/公司内技术变更的总数	100	%
	研发项目流程执行率	按流程执行的研发项目的数量/研发项目的总数（研发项目包含年初立项的项目和年中临时研发项目，均需按流程执行）	100	%
	芯棒制造效率	（合格芯棒根数/总生产芯棒根数）×100%	≥97.7	%
新型能力 4：面向订单的快速交付及营销能力	国内光缆合同准确率	（正确执行订单数量 / 所有执行订单数量）×100% 合同执行指从合同评审到计划输出	≤0.9	‰

新型能力	量化指标	指标解释	2020 年目标值	指标计算单位
新型能力 4：面向订单的快速交付及营销能力	国内光纤预制棒合同准确率	（正确执行订单数量／所有执行订单数量）×100% 合同执行指从合同评审到计划输出	≥0.75	%
新型能力 5：智能决策能力	顾客满意度	指用以测量顾客满意程度的一组项目因素，客户满意度见第三方报告或结案报告	≥92.80	%
	光缆按时运输到货比例	按合同数计算	≥99.8	%

（二）新型能力打造过程的方法和路径

1. 实施方案策划

1）客户供应链协同管理

通过与客户的供应链协同，以流程为主线，通过长飞前端 CRM 系统与客户的供应链系统对接，根据客户需求的变化，动态调整设计、采购、生产、物流方案，实现订单的有序、快速、合规流转，以及订单相关数据的共享，从而全面提升企业的运营效率和服务能力，最终实现了与客户的计划协同。

通过与客户的供应链协同，以产品为中心，将企业生产过程中所有与产品相关的信息和过程通过互联中台集成并统一管理，实现数据的有序规范、设计过程的优化和资源的共享，从而缩短产品研发周期、降低成本，赢得主动权和竞争优势，最终实现了与客户的设计协同。

通过与客户的供应链协同，将客户需求长度自动同步至生产管理系统，结合生产计划，基于工业互联网平台自动计算光纤分切点，输出筛选计划表，并且在筛选机中进行光纤的智能筛选，提升光纤长段率90%，减低断点率80%，最终实现了与客户的生产协同。

2）长飞集团库存协同管理

长飞公司通过十几年库存协同经验，两次库存协同失败并总结经验教训，最终成功实现集团内所有 OEM 厂商库存协同的经验总结如下。

对于全资子公司，在库存协同时通过全量数据协同的方式；对于非全资和非控股的 OEM 厂商，按照订单进行库存协同，从而提升分子公司的配合度。

通过集团部署一套 WMS 的方式，对于信息化较弱的分子公司，可以共享其 WMS 系统，并且将其数据进行协同。

2. 业务流程优化

1）自研 MES 系统

MES 系统通过对生产过程中的人机料法环测全要素管理，实现了全工艺流程信息化、数字化。系统主要功能包括：

工厂建模：对系统自定义配置，适应多产品、多工艺路线的柔性化生产，满足各类订单的产品需求。

生产管理：承接来自集团的 ERP 生产计划，将生产计划分解成工作指令（细分到机台/人/天），并且根据生产现场的实时情况，对生产任务进行调度管理。

作业管理：以设备为主线，通过计划排产，按任务有序执行生产过程，按照生产过程中的工艺要求和质量标准进行生产。对每个工序的上下料进行管理，实时掌握各工序的生产情况。

质量管理：通过全面的质量数据记录，实现产品的生产组织全过程质量追溯，实现对生产现场中质量的全面管理。

环境及安全生产管理：对生产环境的温度、湿度、洁净度及外围设备实施监控与综合分析，实现在线预警，故障预测，实现全年零安全事故的目标。

设备管理/能源管理：通过设备联网，实时采集设备运行的相关数据，对设备运行状态进行监控与分析，预测设备预防性维修维护计划，保证设备高效使用；有效提升设备 OEE，降低能源消耗。

人员管理：对车间人员的考勤、资质、生产排班、生产工时等进行管理，实现人员绩效在线考核。

文档管理：对生产过程中所涉及的所有文档进行管理，如作业指导书、工艺指标、质量要求等，指导现场生产与管理。

异常及追溯管理：对生产过程的异常进行流程化管理，实现异常的闭环管理。全流程使用条码管理，实现从产成品到原材料或从原材料到产成品的双向追溯。

生产成本管理：通过各生产工序过程的成本卷积，实现生产成本的精细化管理，可细化到以产品、工位、时间等进行统计分析。

看板管理：根据不同层级的管理要求，形成机台看板、产线看板、车间看板和指挥中心的四级监控体系，以支撑企业对生产的全面管控。

2）全面生产要素数字化

人：从人员排班、人员绩效、交接班等多方面进行管理。系统严格授权，员工只有在当班时间内，才能操作授权范围内的设备，进行相关作业操作。系统自动完成人员绩效分析和考核。

机：设备全面联网，单体设备智能化程度很高，人员基本只需要辅助和巡检。设备根据计划排产安排，按任务有序执行生产。运行过程的状态、执行情况及时反馈到 MES 系统进行记录与存储。系统针对设备维修保养和备品备件管理也有相应的功能模块支持。设备全面实现数字化管理。

料：所有原材料、半成品、成品全部实现条码管理，生产过程全程通过扫码确认，质量参数通过系统集成传递，实现原材料到产成品或产成品到原材料的双向跟踪和追溯，系统数据与实物账实相符。

法：工艺是公司的核心技术，其管理也更加精细。在 MES 系统之外，特别研发了智能工艺管理系统。工艺文件、工艺配方都实现了数字化。工艺控制闭环管理。

环：厂区的温度、湿度、洁净度、外围设备的各项参数等全部实现了自动采集和联网，实时监控、在线预警。

测：所有半成品、成品实现线上质量检测，测试数据自动采集到 MES 系统，经过模型分析后将测试结果以图形化方式展示，辅助生产与工艺工程师实时了解产品质量情况。

3）实现运营系统纵向无缝集成

从集团 ERP 获取订单，分解成生产任务进行生产，通过 MES 对库存进行有效管理，通过集成云平台实现订单的全生命周期管理。与 ERP、光纤智能测试系统、立库系统、自动物流系统、智能工艺系统进行集成，公司全流程实现数字化。

4）实现实时资源优化

对车间人员的考勤、资质、生产排班、生产工时等进行管理，并且在此基础上，对每个工人的生产效率进行精细化管理。

对生产计划进行排程，让生产人员可以随时了解每个设备的排产情况，通过对生产节拍的管理，减少设备等待时间，提高设备的利用率。

对生产、物流、设备进行统一调度和指挥，实现光纤从包装到分拣，到氘气，到入库、出库的全流程自动化。

系统通过自动配棒技术，避免了手工差错，提高了配棒的效率，同时通过数据分析、配棒的自动比对、匹配，可以减少分切和熔接的次数，减少资源的浪费。

对生产及外围设备的管理信息化、流程化，让设备维修维护人员合理、按时地接收、执行维修维护任务，以此降低设备的维护时间，提高设备利用率。

产品的测试结果以图形化方式展现给用户，给生产、工艺提供决策依据，提高产品质量，减少报废。

3. 组织结构变革

在组织结构方面，为提升产、供、销、业、财一体化协同能力，减少各业务部门跨领域、跨业务环节的阻碍，公司从业务流程整合与组织结构变革入手，整体提升公司的数字化业务协同能力。以聚焦客户需求为中心，打造面向产业链协同的柔性制造模式；加强总体系统与业务集成，实现数字化协同制造能力的构建；将原来各业务单元的项目负责人、项目经理及业务 BP 进行明确，使组织与多业务角色灵活匹配，战略分解到各级组织、部门、角色，实现基于业务驱动的组织结构。通过组织结构的不断优化与变革，提高了长飞公司设备、生产、订单等信息的利用率，实现了棒、纤、缆业务数据的深度互通与协作，增强了数字化协同制造平台能力，使得长飞棒、纤、缆产业链集中优势得以充分发挥。

4. 技术实现

为实现基于产业链的协同制造，需要实现全面感知、可靠传输、智能柔性的工业场景，通过实时库存采集系统、物流管理系统、5G+全光网、大数据平台、制造执行系统、质量检测系统、车间生产环境的智能监控系统、供应链上下游统一业务平台建设，长飞公司实现了车间智能化装备与自动化设备的应用，全面支撑数字化协同制造目标的达成。

1）长飞实时库存采集系统

以集团整体采购供应成本最小和供货价值最大为目标，提升订单交付效率，供货及时可控，降低物资呆滞，仓库高周转。建立生产基地库存管理系统，将集团内、外的加工基地纳入库存管理系统，实现实时更新库存数据，以支持实时更新订单的实时产出信息。

通过打通子公司与合营公司的库存管理系统，长飞公司实现了各关联公司的库存数据的实时采集，能够在集团层面统一协调资源，集中应对客户的采购需求，以实现资源集约，交付及时，库存减少等效益。

2）长飞物流管理系统

通过 TMS 与销售系统、WMS 系统的集成，实现了与销售业务和仓储作业的协同。基于路线规划功能和装箱算法，使得算柜时间缩短 80%，装载率提高 10%，发货速度提高 50%，优化订单发货流程，全程物流信息可预期、可管控、可追溯。

3）5G+全光网应用与生产

长飞公司在企业内将 5G 通信、物联网、人工智能等新一代通信信息技术与实际生产及管理相结合，开展技术创新工作，建立光纤视觉检测、生产安全监控、远程控制、设备预测维护等新技术实验场景。利用 5G+全光网络广连接、低时延的特性，对棒、纤、缆所有装备建立了数字孪生模型并进行设备数据采集和高清视频监控，实现生产设备的远程运维与数字孪生。

4）工业大数据平台应用与生产

通过采集海量实时数据，应用工业大数据平台、AI 算法，引入专家系统，自主设计开发了智能工艺平台，涵盖了工艺文件管理、样品管理、日常巡检管理、任务管理、异常管理、设备校准管理、工艺控制环、拟合管理、设备监控、可视化等功能模块。通过智能工艺平台实现了产品组合由"人工匹配"变革为"自动拟合"，事故由"事后处理"变革为"事前预防"，质量由"人工调优"变革为"在线自主调优"。

5. 数据开发利用

为了提升长飞数据开发和利用效率，长飞以数字化转型为切入点，通过"数据湖"的建设，推动实现从思维模式到业务侧重的一系列变革。

统一管理企业元数据，明确人员在系统维护中的职责，通过元数据发布流程管理，保证数据的权威性和可控性。提供数据定义、口径，如指标、报表的定义和统计口径等，帮助理解和使用，更好地维护业务数据之间的关系一致性，增加对数据的信任度，促进数据价值发挥。统一制定企业统一数据标准，并且将这些标准应用至实际数据模型中，完善改造现有系统，约束新增系统，逐步提升整个企业的数据标准化水平。

通过数据资产盘点，初步梳理出企业数据资产总体情况，通过组织企业数据资产，形成企业数据资产目录元数据，全企业数据逻辑集中，作为企业数据的统一发布源，利用管理技术手段，优化企业数据管理，发挥数据资产价值。

实现数据质量管理，通过对数据质量的识别、定义、监控、问题分析和整改的闭环管理，及时发现并解决数据质量问题，提升数据的一致性、完整性、唯一性和准确性，从而不断改善数据质量，提升数据资产的业务价值。

6. 安全可控情况

根据数据的重要性对数据进行分类分级管理，遵循最小权限和动态授权原则，在数据全生命周期各个阶段建立数据可信接入、数据加密、认证授权、数据操作审计等措施，实现数据可见、可控、可管，为业务的稳定、可靠运行保驾护航。同时达到对数据行为可审计、安全事件可溯源、高危行为可预警、涉敏应用可监管的管理目的。

主机安全：对接入公司网络的硬件资产进行自动发现，以便准确了解网内设备的软硬件信息、软件变更信息、操作系统、补丁信息等，辅助资产管理与运维，提高工作效率。

应用安全：可对网内的计算机进行软件批量分发，并且支持批量静默安装软件（软件需支持静默安装命令），以便于公司统一管理计算机软件及计算机安全，根据用户不同分权进行管控，以确保计算机安全高效地为员工提供持续服务。

数据安全：为了降低数据泄密风险，规范终端桌面的使用，对终端安全、外设接入、资料打印、文件外发等进行管控；通过公司统一的补丁服务器，在互联网获取系统补丁，下载到本地，并且通过本地的策略，分区分时间段下发到终端进行默许安全。

网络安全：通过堡垒机对服务器的访问进行权限管控，在网络出口设置防火墙，网内设有北塔网关系统、抗 DDOS、WAF、漏洞扫描、日志审计等安全设备，对网络进行安全防护。

三、实施效果与主要作用

（一）实施成效

长飞通过高效数字化协同，截至 2020 年年底，库存周转率达到 4.57%，制造效率达到 72.2%，光纤利用率达到 97.26%，芯棒制造效率达到 98.4%，订单准确率达到 100%，顾客满意度达到 93.35%（见表 7-12）。

表 7-12 高效数字化协同制造能力体系量化指标达成情况统计表

新型能力名称	量化指标	指标解释	2020 年目标值	2020 年达成值	指标计算单位
新型能力1：数字化协同制造能力	单位设备产能	总产量/关键设备数量	935417	935978	公里/生产线
	A 级品率	A 级产品/总量	99.6	99.65	%
	周生产计划达成率	周生产计划达成率=符合计划要求的产品数量÷周计划数量	100	100	%
	库存周转率	库存周转率=该期间出库总金额/〔（期初库存金额+期末库存金额）/2〕	4.54	4.57	%
新型能力2：生产过程控制与在线监测能力	客户退棒率	退棒根次数 / 发给光纤部拉丝的总预制棒根数）×100%，仅指由于预制棒部的原因导致的退棒	≤0.18	0.18	%
	制造效率	设备综合效率，主要展示设备的损失，提供设备效率提升的方向	≥72	72.2	%
		OEE=产量×标准工时/设备负荷时间=时间稼动率×性能稼动率×良率			
	光纤利用率	光纤耗用达标率=光缆实际产出芯公里 a/（光纤领用量 b-外卖半成品芯公里 c-（周转光纤期末量 d1-周转光纤期初量 d2）-非制造原因的报废光纤量 e）×100%	≥97.25	97.26	%
新型能力3：面向客户响应的集成产品研发能力	技术变更控制比例	根据技术变更程序进行的技术变更数量/公司内技术变更的总数	100	100	%
	研发项目流程执行率	按流程执行的研发项目的数量/研发项目的总数（研发项目包含年初立项的项目和年中临时研发项目，均需按流程执行）	100	100	%
	芯棒制造效率	（合格芯棒根数/总生产芯棒根数）×100%	≥97.7	98.4	%
新型能力4：面向订单的快速交付及营销能力	国内光缆合同准确率	（正确执行订单数量 / 所有执行订单数量）×100%	≥0.9	0	%
		合同执行指从合同评审到计划输出			
	国内光纤预制棒合同准确率	（正确执行订单数量 / 所有执行订单数量）×100%	≥0.75	0	%
		合同执行指从合同评审到计划输出			

新型能力名称	量化指标	指标解释	2020年目标值	2020年达成值	指标计算单位
新型能力5：智能决策能力	顾客满意度	是指用以测量顾客满意程度的一组项目因素，客户满意度见第三方报告或结案报告	≥92.80	93.35	％
	光缆按时运输到货比例	按合同数计算	≥99.8	100	％

（二）主要作用

1. 提升企业数字化水平

通过机器人、AGV和自动物流线实现了工厂内的全自动物流。通过构建工业大数据平台，使得生产计划与执行、制造过程、供应链管理、物流和产品质量的全过程、全要素透明化，实现了业务和决策的数据驱动，成功实现了预制棒生产效率提高、运营成本降低、产品研发周期缩短、产品不良品率降低、能源利用率提高的目的。

2. 提升企业管理体协同能力

定义主数据管理和系统边界，通过内外部供应商协同，实现订单、产品、供应商的全生命周期管理，经营管理和产品全流程管理得以优化，提升了人均工效、库存周转率、产品交付周期，降低了废料比。

3. 构建信息化服务平台新生态

借助长飞自研基础信息化服务平台的优势、结合各类企业信息化App在长飞内部建设和实施经验，通过构建长飞基础信息化服务平台+标识解析服务，为长飞集团的各分子公司及上下游企业搭建电子化—信息化—数字化的阶梯，通过技术上的优势帮助其他企业在传统业态下的设计、研发、生产、运营、管理、商业等领域进行变革与重构，进而推动企业重新定位和改进当前的核心业务模式，完成数字化转型，提升智能制造水平。同时，长飞公司还将企业内部数字化转型能力和经验分享给其他中小企业，提供可充分利用和共享的制造资源，形成长飞公司新的业务增长点。

长飞光纤光缆股份有限公司材料执笔人：戴维娇　唐权斌　胡　鹏

第七节　基于 HOPE 平台的开放式并联交互创新能力助推海尔转型发展——海尔集团

摘　要： 海尔集团创立于 1984 年，是年产值近 3000 亿元的家电制造业领军者，是全球领先的美好生活解决方案服务商。海尔始终以用户体验为中心，连续 3 年作为全球唯一物联网生态品牌蝉联 BrandZ 全球百强，连续 12 年稳居欧睿国际世界家电第一品牌，旗下子公司海尔智家位列《财富》世界 500 强。海尔集团作为物联网时代的探路人，积极推动全球化布局和技术跨界融合，率先开启由家用电器品牌到家庭生活场景服务品牌的战略转型。面临用户需求、全球资源和技术领域高度分散化的挑战，海尔将"面向海量离散资源的平台化企业开放式创新能力塑造"确立为企业应对战略转型与发展环境变化要求的新型能力，通过平台策划、业务流程和组织结构优化、技术与服务实现搭建了全流程并联交互开放式创新平台（HOPE 平台），赋能企业研发流程由串联式向并联化、网络化转型，构筑了全球协同、跨界协同的创新体系，持续在技术创新、标准创新、颠覆性产品创新、抗击疫情等方面保持行业引领地位。

一、企业推进数字化转型的需求分析

全球化、数字化、网络化转型叠加对传统产业的可持续发展造成了冲击，随着人工智能、先进计算、新型材料等技术日益成熟，技术溢出、跨界融合也对传统产业产生了颠覆性的潜在威胁。对家电产业而言，随着市场日益饱和，产业壁垒逐步消失，产业面临内容服务供应商、智能终端供应商、智能家居供应商等潜在竞争者颠覆风险，产业转型升级压力凸显。

产业转型期的突出特点是必须快速满足用户的个性化需求，原来企业的大规模制造必须变成大规模定制的模式，即从原来的先造产品再找用户变为先创造出用户再造产品。企业需要首先发现、收集、分析用户需求，并且以用户需求驱动企业的产品研发和资源整合，为用户提供美好住居生活解决方案。

为满足用户的个性化、碎片化需求，海尔集团迫切需要立足当前发展阶段，通过运用新一代信息技术打造开放式并联交互创新平台，通过开放的模式吸引和整合全球一流的资源，不断创造出差异化的、可持续的竞争优势。

二、企业新型能力识别和打造的方法和路径

（一）新型能力识别的方法和路径

海尔在 2019 年开启了第 6 个战略发展阶段——生态品牌战略，从过去卖冰箱、洗衣机、空调等单品，到现在围绕用户家庭生活场景提供衣、食、住、娱、健康等全套智慧生活解决方案，从传统制造企业转为开放的创业平台、共创共赢的物联网生态。

生态化转型打开了海尔的边界，平台化转型向接入的生态合作伙伴开放资源。海尔将生态化、平台化转型带来的差异化可持续竞争优势定位在持续为用户带来原创科技加持的极致体验，持续为生态伙伴提供无缝的用户需求与资源对接支持。由此，海尔形成了自身新型能力打造的核心认识：以用户需求为中心，支撑原创科技持续迭代的开放式并联交互创新能力。

同时也对企业的两化融合提出了新需求：一是面对越来越多变的用户需求与市场竞争环境，如何规避"伪需求"与"伪创新"陷阱，快速准确定位真实需求；二是如何让接入企业的生态合作伙伴准确、高效地跨界整合碎片化的海量创新资源，快速研发新技术，迭代新产品，保持行业领先的技术创新优势。

为此，海尔顺应转型要求，以信息增值支撑 IT 服务运营，探索建立了以HOPE 平台为支撑的并联交互创新能力与跨界资源整合能力，构建并强化符

合自身战略的差异化可持续竞争优势。

海尔在推进两化深度融合，打造新型能力的过程中，始终高度关注用户最佳体验，以用户需求为中心，以信息驱动业务发展，搭建了全流程并联交互开放式创新平台（以下简称"HOPE 平台"），构建了以海尔全球布局的十大研发中心为节点统合链接海量全球资源的创新生态圈，打造了全球化、网络化环境下多维度技术共享和技术转移的创新服务体系，逐步演进形成了用户、供应商及全球研发资源并联交互产生创意及解决方案的创新模式，聚焦颠覆式创新和数据增值，在技术广泛跨界、产业快速迭代的时代形势下，获取可持续竞争优势。

在新型平台能力的建设过程中，主要实现三个方面的目标：

一是平台要提升自身开放创新服务水平，主要包含全球接入平台的创新资源数量与质量，平台服务的研发任务数量，资源匹配的满足率，研发任务后续投产带来的直接产品销售收入等指标。

二是平台要支撑企业整体创新能力提升，主要包含对企业整体研发流程效率提升的支撑，对企业整体产品研发的覆盖率，支撑企业科技创新取得的各类成果与奖励，支撑企业全球知识产权布局等指标。

三是平台要保障企业平稳应对市场变化，主要包含支撑引领性、颠覆性产品开发，维持企业市场竞争力；支撑企业应对疫情等重大市场冲击等能力。

（二）新型能力打造过程的方法和路径

海尔将 HOPE 平台作为打造提升新型能力的核心关键，通过平台策划、业务流程和组织结构优化、技术升级、服务实现和数据开发利用，全面支持企业创新能力提升，依托平台打造全球最大的创新生态系统和全流程创新交互社区，服务海尔内外全生态的创新者，激发生态整体创新活力，支持企业创新能力持续引领。

1. 平台策划

平台遵循开放、合作、创新、分享的理念，通过整合全球一流资源、智慧及优秀创意，与全球研发机构和个人合作，为平台用户提供前沿科技资讯及超值的创新解决方案。最终实现各相关方的利益最大化，同时使得平台上所有资源提供方及技术需求方互利共享。

在用户资源开发上，在海尔用户数据库基础上，通过平台与用户双向选择，构建了不同的用户社群，围绕用户痛点、产品使用习惯洞察为中心打造微洞察服务。可在产品概念开发或产品迭代升级期间，通过互联网手段收集用户在一段时间内的行为、活动、体验数据，基于真实的用户生活场景素材，通过搜集、整理、分析用户数据，为产品创新提供用户需求挖掘、创新机会点挖掘、辅助产品开发和功能定义。

在外部资源链接上，平台通过与国际知名的创新平台合作，保持与更多一流资源的快速连接能力。目前，平台已经与国际上一流的开放创新平台如Ninesigma、inno-360、yourencoure 等签订战略合作协议，建立了覆盖全球范围的创新资源网络，海量资源在平台注册，全球资源网络覆盖了100+的核心技术领域，实现区域创新资源共享，覆盖原型设计、技术方案、结构设计、快速模型、小批试制等全产业链的创新资源，能够快速满足创新转化过程的各类资源匹配。

在平台服务开发上，平台面向企业小微和生态伙伴提供多种能力支持：需求众包服务，为客户明确的需求项目寻找解决方案；创意产出服务，帮客户产出明确的有市场竞争力的产品概念；技术资讯类服务，提供客户关注的技术领域的最新情报；开放创新模式、平台咨询，创新方法 TRIZ 培训。

在外部资源运营上，通过在线注册会员方式，搭建起以由高校教授、科研人员、技术型创业者和工程师等创新者组成的创新合伙人社群，社群资源矩阵覆盖了纳米材料、食品保鲜、物联网、传感器等百余个领域。

2. 组织结构变革和业务流程优化

在组织结构变革方面，海尔通过"人单合一"的企业管理层级扁平化改革，打破创新体系的层级，领导从管控者变为服务者，员工变成创业者、创客，这些创客组成小微创业企业，小微企业联合起来结成链群，共同创造用户、市场。小微加上企业外部生态的伙伴，形成很多并联平台的生态圈，共同为不同市场和不同用户创造价值。

在企业组织结构优化后，海尔将企业研发中心与 HOPE 平台融合，把 HOPE 平台打造成为企业技术与产品创新的"数字底座"与研发创新主流程的入口，全面支撑企业创新能力提升。

海尔通过 HOPE 平台把用户和研发团队、外部专家资源直接连在一起，研发以用户为中心，建立用户、供应商、资源间零距离深度交互平台，最大限度地引入用户参加全流程交互，让用户自愿参与从需求洞察、需求拆解，到智能匹配全流程的交互。将原有缺乏用户交互的串联式创新流程优化提升为新的开放式并联交互创新流程。

3. 技术实现

HOPE 平台包括 Web Server、Access Control、Presentation、Application、Interaction、Data，并且采用成熟的开发技术构建。平台业务可划分为线上和线下业务，线上业务包括平台运维、数据统计和分析、数据库管理、数据模型设计、社区运营等，线下业务则主要包括营销推广、技术交流与合作等。这样，整个平台实现了需求发布、技术发布、技术社区、技术咨询等功能模块，营造了良好的技术交流和合作氛围。

海尔通过与战略、管理、流程、IT、技术、设备等各类服务提供商开展合作，将应用系统运维和开发需求委托外部实施方处理，海尔持有整个 HOPE 平台的自主知识产权，并且保留了二次开发和推广的权利，保证所形成的成果可以持续迭代升级和推广。应用系统的运行维护主要由企业管理信息平台负责，对用户提出的应用系统的使用问题进行解答，处理用户遇到的系统问题，并且承接用户的新增系统变更需求。为了更好地贴合业务，提供无缝的支持服务，运维由原来的按单套系统运维的模式变更为业务流服务的形式。

4. 数据开发利用

HOPE 平台同步组建 30 多人的专业运营团队，多数团队成员拥有超过 10 年的创新管理和技术转移经验，并且拥有多种专业背景。

依托互联网与大数据技术，有效搭建分布式语义化网站，完成外部系统与内部系统的机器对话互联；平台专有的搜索引擎与互联网智能爬虫，对互联网上的海量数据进行跟踪、分析、处理，收集到的信息通过海尔结合本行业深度优化自主建设的本体数据库，进行深度语义分析与语义识别，过滤互联网噪声与无效信息，有效识别技术线索与情报；信息综合处理引擎通过有效结合线上机器自动识别算法与线下人工进行判断处理的方式构建了人与机器的高效协同工作流程；技术资源管理系统全程跟踪项目的发展情况，提供精准的甘特图、里程碑跟踪与报警。

5. 服务实现

HOPE 开发了内容服务、需求拆解、智能匹配、资源评估等创新服务。

内容服务基于数据抓取与数据智能分析，一方面基于 HOPE 关键词库，主动监控全球相关领域技术、竞品、专利文献的最新进展，为客户提供实时的第一手信息；另一方面也可以提供基于具体关键词的深度数据挖掘服务。

在需求拆解服务中，HOPE 通常把需求分为三类：

（1）技术迭代类需求：即明确需要哪些技术，如需要寻找一些薄膜、传感器等。

（2）功能迭代类需求：即功能要求明确，但所需技术不明确，如冰箱需要干湿分储功能等。

（3）产品需求：即还没有明确的功能需求，只是要更好的产品，如要更高级的洗衣机等。通过需求拆解，HOPE 把各类需求全部分解为技术迭代类需求，从"产品需求"到"功能迭代类需求"，再到"技术迭代类需求"。

智能匹配服务首先对用户及资源进行标签化细分，然后基于模式识别的匹配模型，实现用户需求与技术方案的精准匹配。HOPE 不但可以利用用户参与交互的特征定义区分用户，还能够根据用户的需求，将资源库中的技术方案快速匹配到需求上。如果现有库中信息量不够，系统将自动启动爬虫系统，通过网络匹配相关信息。

资源评估服务依靠 HOPE 建立的一套五维资源评估体系，包括评团队、评技术、评产品、评价值、评合作五个环节，深入剖析技术的先进性、成熟度、可行性和市场价值，全方位评估技术资源。

三、实施效果与主要作用

海尔通过推进两化深度融合，打造开放式交互平台化研发创新新型能力，研发创新方面取得了显著成效。

（一）自身开放创新服务水平提升

通过遍布全球的研发中心和创新中心，并且与各类机构、平台合作，HOPE 自身构建了可以覆盖 1.3 万名实名认证专家的资源网络。平台依托其创新需求、技术方案、科技资讯、社区交互等功能模块，实现全球技术资源的聚集和交互，创新合伙人社群注册用户超过 12 万，平均每天 1000 家资源在线交互。平台与国际一流开放创新平台，如 Ninesigma、Inno360、Ideaconnection 等建立合作关系，通过 HOPE 平台发布的需求可快速送达 500 万专家。

2020 年，HOPE 平台依托海量创新资源，每年支持完成研发任务 100 多项，为研发任务匹配的创新资源平均接受率达到 57%，立项任务满足率达到 84%，支持产品上市产生直接效益 80 亿元。

HOPE 平台建立的开放创新体系和开放创新服务得到了政府和行业的一致认可。2011 年，"以开放式研发平台建设为核心的创新体系"项目荣获国家科技进步奖二等奖；2016 年，HOPE 平台主导的智慧家庭国家专业化众创空间入围科技部首批国家专业化众创空间示范名单；2017 年，"'人单合一'开放创新平台项目"荣获工业和信息化部 2017 年制造业"双创"平台示范企业称号；2019 年，在科技日报社主办的首届"创新中国"评选中，HOPE 开放创新平台获评"2018 创新服务平台"。

（二）支撑企业整体创新能力提升

1. 支撑企业整体研发流程效率提升

作为企业研发创新主流程的入口，新资源、新技术通过 HOPE 平台融入企业的开放式并联交互研发流程，快速变现为市场收入。目前 HOPE 平台支持了 70%以上的海尔新产品开发。国际知名的开放创新平台 Ninesigma 的技术方案匹配周期为 12 周，而 HOPE 平台初期借助大数据智能匹配系统，能够保证在 6 周内完成对用户需求的技术方案匹配。截至 2020 年，HOPE 平台约定任务方案平均交付周期是 2 周，平均实际交付周期是 11 天。

2. 助力科技创新成果取得丰收

HOPE 平台支撑了海尔主要的新产品开发，获得了各界的广泛认可。截至 2020 年，海尔累计获得国家科技进步奖 16 项，是家电行业获奖数量最多的企业。海尔还获得国际著名设计奖项 144 项，家电行业全球领先、国内引领，包括 iF 设计奖、红点设计奖、IDEA 设计奖、G-mark 设计奖、中国优秀工业设计奖等奖项。其中，包含 iF 金奖 2 项，红点至尊奖 1 项。获得专利金奖 9 项，占行业一半。累计主导或参与 76 项国际标准和 560 项国家/行业标准的修订工作。

3. 引领知识产权全球化布局

HOPE 平台所在的海尔研发中心还设置了专门的标准专利服务平台，服务新产品开发过程中形成的技术成果及时转化形成知识产权。截至 2020 年，已累计申请专利 5.2 万余项，其中发明专利 3.1 万余项，占比 60%，覆盖 25 个国家和地区，海外发明专利数量近 7000 件，是中国在海外布局发明专利最多的家电企业。

（三）保障企业平稳应对市场变化

1. 在快速迭代中保障企业产品市场引领能力

在面临用户需求和产品的快速迭代时，HOPE 平台的全流程并联交互的开放创新模式有力支撑了海尔新产品的市场引领能力。行业首创的天樽空调、免清洗洗衣机、全球首创 Smart Window 智慧窗冰箱、全球首款组合式智能空气产品空气魔方、最安全的无 CO 燃气热水器、全球首款真正静音的固态制冷酒柜、海尔星盒、双子云裳洗衣机等产品解决方案，都是在平台的支撑下诞生的，持续给用户带来更好体验。

2. 保障全球化研发协作应对疫情暴发

疫情暴发后，海尔迅速通过 HOPE 平台向遍布全球的创新中心和创新合伙人公开征集家电抗菌消毒技术解决方案，短短一周内征集技术超过 300 个。在技术向产品转化阶段，平台支撑 300 多个创新团队进行线上路演，全球 2000 多名研发工程师深度交流。在平台支持下，海尔与美国、日本、比利时及广东的多家公司合作推出近 10 类具备抗菌消毒功能的新款家电产品。此外，平台还支持多家海尔生态合作伙伴企业引进转化抗菌消毒技术，推出多款新产品。海尔及时将平台众创众包中凝聚的创新智慧标准化，目前已主导参与 14 项家电抗菌消毒类标准制修订，其中包括 6 项国家标准，全面涵盖了冰箱冷柜、洗涤、空调、热水器、厨电等各类家电产品。

海尔集团材料执笔人： 王　晔　王　栋　滕东晖

第八节　协同交付能力助推中车太原公司市场竞争力提升——中车太原机车车辆有限公司

摘　要： 中车太原机车车辆有限公司（以下简称"中车太原公司"）属于轨道交通装备制造行业，是以铁路货车造修、电力机车升级重造为主的专业企业。公司坚持创新驱动发展，持续完善技术创新体系，不断提升自主创新能力，搭建了完备的产品技术平台，能够满足多样化、个性化的产品定制需求。货车产品实现了铁路货车车型的全覆盖，是中国铁路货车技术主导厂之一。为快速响应市场需求、加快数字化转型，中车太原公司打造了货车造修协同交付能力。通过新型能力的打造，构建了与货车造修业务发展相适应的产、购、研一体化和优化排产的系统平台，打通了从研发到采购的业务链，实现了降本增效、提高客户满意度的目标。

一、企业推进数字化转型的需求分析

两化融合相关战略部署的提出，为制造企业转型升级、结构调整、商业模式创新，带来发展机遇。深入推进两化深度融合是应对全球范围内新一轮科技革命和产业变革做出的战略选择，也是顺应新一代信息技术与制造业深度融合发展的大趋势，是推动我国制造企业抢占全球产业发展制高点的重要战略部署。

在新一轮科技革命和产业变革中，轨道交通装备制造业想获得可持续发展的竞争优势，必须依靠信息化平台实现协同的设计、供应链、生产与产品服务。当前，世界先进的装备制造业都是依靠先进的信息化手段，构筑起覆盖全球范围集团管控、自主创新、资源配置、风险管控、高效协同的能力，要发展成为具有全球竞争力的世界一流企业，中车集团必须主动全面对标先进的跨国公司，加快数字化转型，加快打造由信息化支撑的、具有国际一流水平的技术平台、管理平台、制造平台和服务平台，实现对全领域、全级次子企业生产经营全要素的实时有效管控，提高抗御风险的能力，提升运营效率和经济效益。

随着中车太原公司业务的不断发展及国家数字化转型发展对企业的要求不断提高，常规的管理模式、生产模式显然已不能满足现实发展的需要。对标铁路机车车辆及动车组制造行业，中车太原公司在产供销集成、财务与业务集成、产品设计与制造集成及产业链协同方面均低于行业平均水平，这极大地影响了公司在行业中的竞争力。为有效地做好业务协同，加强供应链集成运作水平，缩短产品交付周期，建立信息流、物流、资金流，实现协同共享的能力，打破部门间、业务系统间的信息壁垒，中车太原公司需要建立与发展需求相适应的网络平台、业务平台、管理信息系统，紧密围绕两化融合管理体系的科学方法，通过新型能力体系的打造，全面推进两化深度融合，快速促进数字化转型。

二、企业新型能力识别和打造的方法和路径

（一）新型能力识别的方法和路径

为扎实推进中车太原公司国际化、多元化、协同化发展战略，从"文化引领、价值重构、数字变革"的主题出发，中车太原公司需加强技术创新，研发满足用户个性化需求的产品，形成全系列的自主设计制造生产能力；通过内部业务协同和资源整合，规范运营管理，降低经营成本；通过提高装备的数字化和网络化水平，加强过程控制，贯彻精益制造理念，减少浪费，提高生产效率和产品质量。公司识别和确定了当前需要获取的与战略匹配的可持续竞争优势，包括四个方面，即研发优势、协同优势、质量优势、成本优势。具体如下。

1）研发优势

把产品研发作为企业走出困境、走向发展的核心驱动力，借助研发信息

化，以客户需求来引导产品的升级和创新，为用户提供系统解决方案。

2）协同优势

基于中车集团的集中采购平台，打通内外部供应链相关业务流程，实现供应链的共赢，提升公司对市场的反应速度，聚焦交付能力，提升顾客满意度，提高企业效率和效益。

3）质量优势

依托生产过程信息化和设备数字化改造，实现数据的实时采集和生产过程情况的实时监控，提升产品的可靠性和一致性，打造高端产品，获取质量优势。

4）成本优势

通过加强基础管理，信息系统的集成运用，提高管理与决策水平，强化产品质量管控来提高效率和效益，降低公司运营成本和产品成本，建立成本优势，提升竞争能力。

结合现阶段发展情况，中车太原公司确定了拟打造的信息化环境下的新型能力体系，通过协同交付能力、高效协同的设计能力、精益制造能力、全面质量管控能力、成本精细化管控能力的打造，逐步提升核心竞争力。可持续竞争优势需求和信息化环境下的新型能力之间的对应关系如表 7-13 所示。

表 7-13　可持续竞争优势需求和信息化环境下的新型能力之间的对应关系

优势—能力	协同交付能力	高效协同的设计能力	精益制造能力	全面质量管控能力	成本精细化管控能力
研发优势	★	★			
协同优势	★	★	★		
质量优势	★		★	★	
成本优势	★		★	★	★

通过战略优势能力分析，经识别、评审和研讨，确定首先打造"货车造修协同交付能力"，充分利用中车集团集中采购平台在行业中的优势地位，建

立基于互联网的产业链协同体系，打通内外部供应链相关的业务流程，建立主数据平台，升级 ERP 系统、上线 PLM 系统、RS10 系统，实现中车集团集中采购平台和 ERP 系统、PLM 系统与 ERP 系统；主数据平台与 PLM 系统的集成应用；升级 HMIS 系统，实现订单执行与生产计划、设计、库存、采购、生产过程管理、质量管理等协同。

中车太原公司确定了货车造修协同交付能力的量化指标（见表 7-14），主要为：生产计划完成率、设计开发变更率、存货周转率、采购成本降低率、订单交付及时率、货车新造一次移交合格率、货车检修一次移交合格率、货车检修周期。货车造修协同交付能力的目标为实现从订单、采购、生产计划、设计、生产过程控制、质量管理的协同，实现订单的快速交付。

表 7-14　货车造修协同交付能力量化指标

新型能力名称	量化指标	指标解释	2020 年年末目标	指标计算单位
货车造修协同交付能力	生产计划完成率	机车分公司、车辆新造、车辆检修的生产计划完成率	≥95	%
	设计开发变更率	设计冻结后，发生影响产品质量、外观、性能、功能等，造成批量经济损失的设计变更发生的频率	≤5	%
	存货周转率	销售成本与平均存货的比率	≥11.89	%
	采购成本降低率	查看原材料采购成本降低情况	≥2	%
	订单交付及时率	货车造修订单及时交付给客户的情况	≥98	%
	货车新造一次移交合格率	货车新造一次交付的合格情况统计	≥98	%
	货车检修一次移交合格率	货车检修一次交付的合格情况统计	≥95	%
	货车检修周期	货车检修从入厂鉴定到验收出厂的时间	≤12	天

（二）新型能力打造过程的方法和路径

为确保中车太原公司两化融合管理体系贯标工作的顺利开展，促进管理体系各项规范与要求长期有效地落实，中车太原公司成立了两化融合管理体系贯标组织结构，由董事长、总经理及各级领导合力推进贯标工作，从两化融合管理体系范围与边界的确定、新型能力建设方向的把控、体系策划与建立过程中资源配置到新型能力建设的各项具体工作等，涵盖新型能力建设的各个职能和层次。

中车太原公司新型能力打造过程如下：

1. 实施方案策划

为打造货车造修协同交付能力，实现预期的两化融合目标，中车太原公司根据战略规划和信息化发展规划，结合数据、技术、业务流程和组织结构现状，依照两化融合管理体系的基本框架，从业务流程优化、组织结构优化、技术实现情况、数据开发利用情况对新型能力的建设过程进行了策划。

以快速响应市场需求和提高客户满意度为方向，以提高产品质量、效率和效益为追求，以增强综合竞争能力为目标，中车太原公司在主数据贯标和业务流程优化的基础上实现包括产品研发、生产过程、采购在内的信息系统集成应用，全面建设与业务相适应的管理信息系统与决策支持平台，加强供应链资源整合，深入挖掘数据资源，围绕订单提高供应链协同管理水平，货车造修协同交付能力不断迈上新台阶。

2. 业务流程优化

业务流程优化方面，从研发到采购以研发设计流程优化、生产管理流程优化及采购管理流程优化为重点，加强各部门间的协同配合，改变传统的管理模式，实现了从缺乏沟通到跨部门协同、从手工作业到系统管理的跨越。

从主数据的申请入手，搭建主数据管理平台，通过主数据的线上申请、审核、发布等环节，从源头上保证了数据的唯一性、真实性，实现了主数据的统一管理，并且为后续业务系统集成奠定了基础。在研发阶段，通过PLM系统的实施，设计方案的评审由线下审批转为线上审批、设计文档的保存及流转进行电子归档，同时PLM系统与主数据平台（MDM）的集成，也实现了数据流的资源融合。在生产管理环节，强化了业务流程跨部门间的协同，通过货修生产计划管理、分解细录管理、物流管理、生产管理等流程的优化，实现货车修理从入厂鉴定到修理完工入库的全过程管理。在采购管理过程中，将采购业务集中到中车供应链管理平台(EC)中,在采购平台形成采购协议,规范中车太原公司采购流程,提升网上采购率,EC 平台与主数据平台及财务系统、生产系统的集成应用,也打通了从研发、采购、生产到销售的供应链,货车造修业务协同交付能力进一步得到提升。

3. 组织结构变革

为积极应对外部市场的激烈竞争,减少管理层级,提高管理效率、提升市场响应和自身的发展能力,加强基于订单的货车造修协同交付能力的打造,中车太原公司梳理既有的组织架构与管理模式,在聚焦职能定位、缩短管理链条等方面进行了横向与纵向整合,重构适应市场与环境变化的内部组织,形成了"六中一司"的概念组织体系,整合产品研发、工艺设计等部门成立技术中心,整合各营销部门及售后服务部门成立营销中心,整合各生产单位及仓储物流等部门成立制造中心,更快速、有效地保障订单的及时交付。

4. 技术实现

中车太原公司从业务需求、现有信息系统应用及构架、当前信息技术应用水平和技术实现手段等方面进行了全面的分析,以打造货车造修协同交付能力为目标,确定技术实现途径。

(1)推进信息标准化工程,搭建主数据管理平台。

建立统一的主数据管理平台,统一主数据的申请、审核、发布流程,对物料、客户、供应商数据实施贯标,实现了主数据的标准化、统一化管理,达到"一个中车,一套标准,一套数据"的目标,为中车太原公司建立统一的数据平台,进行系统集成应用奠定了基础。

(2)提高产品研发信息化,助力精益研发体系建设。

推广实施 PLM 系统,建立起以零件为核心、以 BOM 为主线的产品数据管理系统,构建了企业级的协同工作环境,规范了产品开发技术管理,优化了产品开发流程,实现了产品数据信息的共享。同时,应用可视化的三维设计数字化技术,提高了工作的细化程度、可理解性和指导性,以及数据的系统集成性,这些都为公司精益研发体系建设打好了坚实的基础。

（3）加强过程管控，助推精益生产创新能力。

实施 HMIS 轮轴工位信息管理系统，加强轮轴生产过程质量控制，对轮轴造修生产全过程数据进行信息化管理，通过手持终端或工业平板实现轮轴生产过程信息、质量信息的实时动态录入、管理，实现了质量信息数据的可追溯，助推精益生产能力得到创新提升。

（4）开展业务融合，两化融合水平更上一个台阶。

开展业务融合，部署实施 RS10 系统，以货车检修为出发点，覆盖销售、采购、库存、货车修理业务，实现货车修理从入厂鉴定到修理完工入库的全过程管理，实现生产异常的快速响应与处理，提升了货车修理的生产组织能力，改变了原有的手工作业模式，真正走出了"向管理要效率"的信息化变革之路。

（5）业务集成、流程优化，精益管理水平得到提升。

不断推进业务系统的集成应用，实现了主数据管理系统（MDM）、中车供应链管理平台（EC）、ERP 系统、RS10 系统及 PLM 系统的集成应用，形成了面向供应链管控与服务的协同化、集成化应用格局，不断探索数据、技术、业务流程的融合创新，为精益管理提供强有力的数据支撑。

5. 数据开发利用

在数据开发利用方面，通过建立系统集成的统一接口规范，统一编码规则，进一步提高数据的安全性与可靠性。同时，结合 MDM 系统、ERP 系统、PLM 系统、EC 平台、HMIS 系统等的实施，有针对性地根据业务需求开发业务报表，在生产管理环节自主研发 ERP 系统看板功能，对车辆在厂分布、在厂时长、鉴定时长、所处位置、种类及数量、生产异常等数据的分析与实时展示，做到生产数据的实时化、可视化监控，为管理决策提供了坚实的数据支持。

6. 实施保障情况

为了实现系统实施后的知识转移，不断对业务人员、管理人员进行强化培训，并且制订系统使用手册、操作规范及管理办法等，固化现有流程，明确相关业务流程和岗位职责等。同时，加强信息安全保障水平，内外网全部隔离，实施图文档加密系统及终端安全管理系统，确保涉密不上网、上网不涉密，保证数据资源的安全、可控。

三、实施效果与主要作用

（一）实施成效

为不断完善货车造修协同交付能力建设，通过各项基础建设、信息化建设、人才建设等新型能力建设，2020 年各项能力指标均有所提升且全部完成既定目标（见表 7-15）。相较于 2019 年，生产计划完成率由 94.9%提高到 100%，提高了 5.3%；存货周转率由 11.89%提高到 9.78%，提高了 17.8%；采购成本降低率由 2.27%提高到 2.83%，提高了 25%；货车新造一次移交合格率由99.85%提高到100%；货车检修一次移交合格率由99.48%提高到100%，中车太原公司在铁路行业的竞争能力进一步提高。

表 7-15　2020 年年末货车造修协同交付能力指标完成情况

新型能力名称	量化指标	指标解释	2020 年指标实际值	2019 年指标实际值	指标计算单位
货车造修协同交付能力	生产计划完成率	机车分公司、车辆新造、车辆检修的生产计划完成率	100	94.9	%
	设计开发变更率	设计冻结后，发生影响产品质量、外观、性能、功能等，造成批量经济损失的设计变更发生的频率	0	0	%
	存货周转率	销售成本与平均存货的比率	9.78	11.89	%
	采购成本降低率	查看原材料采购成本降低情况	2.83	2.27	%
	订单交付及时率	货车造修订单及时交付给客户的情况	100	100	%
	货车新造一次移交合格率	货车新造一次交付的合格情况统计	100%	99.85	%
	货车检修一次移交合格率	货车检修一次交付的合格情况统计	100	99.48	%
	货车检修周期	货车检修从入厂鉴定到验收出厂的时间	7.9	9.61	天

（二）主要作用

中车太原公司两化融合管理体系贯标的阶段成效，主要体现在业务融合与管理创新两个方面。**在业务融合方面**，通过新型能力的打造和完善，将中车太原公司信息化建设与生产过程进行深度融合、创新发展，实现了系统之间的数据共享、流程同步。**在管理创新方面**，从研发到生产到采购的信息化集成应用，为构建一体化经营管理平台、向集成应用、创新发展及协同管理迈进奠定了基础，同时也提升了供应链管理效率。这是中车太原公司的一次创新性突破，也为同类装备制造业的转型升级提供了良好的示范作用。

随着贯标评定工作的有序开展，两化融合管理体系评定结果的市场采信机制逐步完善，评定结果采信在供应商遴选与评价、销售授信、招标投标、资质认证等领域取得了一系列突破。作为装备制造企业，中车太原公司以两化融合的先进理念为指引，紧扣行业特点与企业发展需求，更多地关注研发设计、生产制造、营销服务、质量控制等方面能力的打造，通过新型能力体系建设，从产品、技术、管理等方面不断提高核心竞争力，进一步明确了未来发展方向。2019 年被评为国家级企业技术中心，2020 年被评为国家工业企业知识产权运用试点企业，并且被授予太原市工业互联网产业技术联盟副理事长单位，进一步奠定了在铁路装备制造业中的行业地位，同时作为太原市标杆企业，多次进行经验分享，两化融合为公司高质量发展插上了腾飞之翼。

中车太原机车车辆有限公司材料执笔人：史洪斌　张晓康　李　霞

第八章

个性化定制类能力建设最佳实践

　　越来越多的制造企业为更有针对性地满足客户对产品的差异化需求，通过个性化制造和精准交付等方式打造个性化定制类能力，推进制造业数字化转型进程。本章选取了不同领域龙头企业根据自身需求打造个性化定制类能力的创新实践案例，结合实际分析了不同领域企业对于数字化转型的强烈需求，详细阐述了企业识别和打造该类能力的具体方法和实施路径，展示了能力建设取得的价值成效，以期为有意打造个性化定制类能力的制造企业提供参考借鉴。

第一节　基于 JIT+C2M 模式的定制服务能力助力南钢打造智能制造新模式——南京钢铁股份有限公司

摘　要：南京钢铁股份有限公司（以下简称"南钢"）始建于 1958 年，于 2000 年 9 月在上海证券交易所上市，是国家特大型、江苏省重点钢铁企业，具备年产 1000 万吨钢的生产能力，已形成以精品板材和优特钢棒线材为主导的品种结构。2020 年南钢股份营业收入 531.2 亿元，利润总额 38.8 亿元，位列中国企业 500 强第 148 名，中国制造业 500 强第 55 名，南京市制造业第 1 名。为构建国际一流受尊重的企业智慧生命体，南钢重点打造了基于 JIT+C2M 模式的定制服务能力，为客户提供个性化定制配送服务，建设独具特色的工业互联网，促进上下游产业链间的融合发展，示范引领钢铁业个性化定制模式，使得客户体验、精益服务能力和大规模个性化定制类能力持续提升，助力南钢从传统制造型钢铁企业向现代化服务型钢铁企业转型。

一、企业推进数字化转型的需求分析

我国经济发展进入新常态，制造业发展面临新挑战，资源和环境约束不断强化，劳动力等生产要素成本不断上升，主要依靠资源要素投入、规模扩张的粗放发展模式难以为继，调整结构、转型升级、提质增效刻不容缓。钢铁企业面临的能源和生态环境约束压力进一步加大，迫切需要依靠创新实现转型发展。根据国家"十三五"规划，智能制造将是钢铁行业未来发展的方向，企业要在自身的发展战略中充分体现智能制造的引领作用。国家同时提出两化深度融合的战略指导，也为企业落实智能制造，形成数字化工厂、智能化工厂开拓了崭新思路。

钢铁企业作为传统制造业，金融危机以来，下游用户用钢需求已发生明显变化，普遍提出个性化要求，钢铁材料规模化定制时代正在来临。以船舶行业用钢需求为例，以前都是整规格、批量订货，满足钢厂大规模生产模式；而现在需要钢厂进行"分段配送"，按照船厂的生产进度要求，分批次、分段，以高质量为保证，准时送达船厂。钢结构、风塔、桥梁、海洋工程等行业也急需同样的配送服务。但是个性化定制和规模化生产对钢铁企业来说一直是相互矛盾的，定制配送存在规格零散、生产组织困难，质量稳定性和一次合格率要求高，信息化程度高等诸多难题，而钢铁生产是长流程，很难实现柔性化和个性化。为此，南钢研究并推动传统钢铁生产方式向"个性化定制"的智能制造模式转型极有意义，"个性化定制"不仅可满足下游用户的个性化需求，还可实现集约化生产，使资源分配更合理、生产更高效，从而与下游用户分享供应链增值，突破规模化生产和个性化需求的矛盾，在钢铁企业抓牢下游用户的同时，创造新的利润增长点。

二、企业新型能力识别和打造的方法和路径

（一）新型能力识别的方法和路径

南钢确立"一体三元五驱动"发展战略，构建"国际一流受尊重的企业智慧生命体"的企业愿景，通过 PEST、SWOT、波特五力分析，识别并确定与公司战略相一致的 C2M 产业集群优势、全球商业服务优势、绿色生态优势等可持续竞争优势需求。南钢以用户价值为驱动，构建以智能制造生态圈为核心的 C2M 产业互联网平台和"在线定制+离线深加工"的"C2M"生态圈，形成一个高效便捷、共生多赢的 C2M 产业集群生态圈；南钢充分发挥总

部集团的赋能、管控和共享服务能力，建立全球商业服务中心，向企业内部不同的业务单元提供标准化共享服务。

基于此，南钢识别并拟打造的新型能力体系包含基于 JIT+C2M 模式的定制服务能力、全球化生态圈协同能力、绿色发展"产城融合"能力、敏捷型组织和"T"型人才建设能力、共享服务能力、基于区块链技术的分布式智能生产能力。

重点新型能力——基于 JIT+C2M 模式的定制服务能力：JIT（Just In Time 准时制生产方式）+C2M（Customer-to-Maker 用户对制造端）模式。新模式为客户提供个性化定制配送服务，建设独具特色的工业互联网，促进上下游产业链间的融合发展，示范引领钢铁业个性化定制模式。其中，制造端秉承工匠精神，以用户为中心，通过新一代信息技术，与用户直接触达与交互，使客户参与到产品、服务的设计和制造过程，通过规模化、精益化、柔性化制造为用户提供个性化定制服务。

南钢以客户为中心，打造基于 JIT+C2M 模式的定制服务能力，持续提升内部智能制造和外部服务能力，实现在销售收入、合同兑现率、原钢种合格率、全员劳动生产率、配送量、顾客满意度等方面的提升。

（二）新型能力打造过程的方法和路径

1. 实施方案策划

为打造基于 JIT+C2M 模式的定制服务能力，实现预期的两化融合目标，南钢围绕"一体三元五驱动"战略布局，按照两化融合管理体系的基本框架，对新型能力的建设过程进行了策划，涵盖业务流程与组织结构优化、技术实现、数据开发利用等方面。

南钢成立两化融合领导小组，明确南钢战略运营部负责日常推进两化融合管理体系的贯标、内审、管理评审等工作；江苏金恒信息科技股份有限公司作为南钢工业化、信息化融合业务管理的支持、咨询服务专业部门，紧紧围绕南钢采购与供应链、产品质量、生产制造、营销服务、财务运营等主要过程工作，为实现企业生产经营转型升级为"经营数字化、管控可视化、决策智能化、运行低碳化"而贡献智慧。

2. 业务流程优化

南钢通过两化融合打造基于 JIT+C2M 模式的定制服务能力，贯彻 JIT+C2M 个性化定制模式的理念，以客户为中心推动整个流程变革、业务变革、模式创新，以数字化建设为主线，在生产制造方面和产业链协同方面进行业务流程优化。

在生产制造方面实现"设备自动化、业务信息化、服务网络化、运营智能化、信息互联化"，即在现有信息系统基础上，借助物联网、互联网+、云计算、大数据、电子商务及智能优化模型等技术手段，打通钢铁制造全工序的信息壁垒，对钢铁制造过程控制和业务流程进行优化升级，实现端与端的协同信息交互与生产过程的智慧化控制。

在产业链协同方面，改变以往信息线下传递方式，构建以 E2E、GMS 等为代表的采购、招标、营销、服务等全链条的平台化服务，实现产业链数据的无缝衔接，形成与用户的直接触达，促进协同业务流程优化和价值链增值，让传统制造转变为适应个性化需求的精益化、敏捷化、柔性化、智慧化、低成本的智造，构建产业链协同新生态。

3. 组织结构变革

经过南钢多年的两化融合推进，将产品研发、采购、生产、质量、物流、销售、服务等全条线的信息打通，形成全链条的数据互联，夯实了组织结构优化基础。故南钢以"事业部制"改革为抓手，成立四大事业部，将原先分散的研发、生产、质量、营销和服务等组织进行了全面整合，打造了产销研用联合小组、SBU 项目组、数字阿米巴等，对组织进行了扁平化、便捷化升级，能够响应市场并快速联动，提升南钢整体核心竞争力。

同时为加快推动数字化转型战略的有效落地，持续打造提升两化融合新型能力，南钢专门成立数字应用研究院，负责南钢外部宏观趋势研究和洞见输出、内部数字化战略制定、推动和监督战略落地实施等。同时构建了横向与纵向交互的数字组织架构，承担数字化战略项目落地，以及数字化创新建议输出。成立南钢智能制造专家智库，引入面向钢铁行业、高校、科研院所、IT 等领域最优秀的行业专家，帮助南钢解决智能制造重点难点、趋势性、方向性等问题。

4. 技术实现

南钢在业内首推 JIT+C2M 个性化定制模式，以数字化建设为抓手，从面对市场及工厂两个视角出发，发挥工业互联网联通客户到生产及智能制造的柔性化生产优势，形成南钢独具特色的全球化发展生态圈。

（1）面向企业内部，提升智能制造和运营管理水平。

面向企业内部，打通全工序互联互通，通过工业模型的运用，加快生产过程控制的智能化升级，从而进一步促进智能工厂快速迭代。南钢构建了生产过程优化、产品性能预报、板坯表面检测、废钢判级等控制优化和服务效能提升的模型，打造了一批服务钢铁制造和经营管理的工业 App 集群。

打造 5G+工业互联网的 JIT+C2M 智能工厂，自主实现对数控机床、六轴机器人、桁架机器人，以及 AGV 小车等高端制造装备的端到端集成，通过 5G+工业机器人协同作业，实现上下料分拣、视觉物料识别、热处理设备、抛丸、喷涂、自动打包、自动化立体库等工序智能协同，实现离散制造模式向流程制造模式转变，建设世界首条专业加工高等级耐磨钢配件的"JIT+C2M"智能工厂。

开展铁区一体化智慧中心建设，采用遥感可视化和人工智能技术相融合，实施生产制造管控"一张图"，通过一张图的三维动态实景漫游，实现钢铁工序的生产、设备、人员、安全、环保、视频、预警等信息的一键到达、精准定位、直观获取和智能分析。

深化冶金工业机器人应用，实现了炼铁、炼钢、连铸、轧钢、检化验工序全覆盖，打造了多项"唯一"和"第一"。

持续深化"新零售 2.0"建设，将客户关心的营销、生产、财务、物流门禁、质量、客户服务等各方面的销售链有机结合，实现从提供产品向提供服务延伸，促进下游客户主动参与南钢产品全生命周期的管理。构建财务共享中心，对分散在全国各地分子公司财务进行统一、快速有效的管控，实现集团财务一日关账。

打造"数字阿米巴"体系，以第一炼铁厂、高线厂、第一炼钢厂和中厚板卷厂为试点，通过经营模型、业务数据表、核算模型、数据分析、数据接口等功能模块的构建，实现各阿米巴的可视化经营，实时、清晰地看到各层级巴体的经营数据，并且进行数据分析。

（2）面向企业外部，提升产业链协同服务能力。

面向外部互联，南钢围绕钢铁上下游企业，快速将数字基因植入到钢铁产业链的数字连接，提升与产业链企业间数字化协同服务能力，共创钢铁产业互联新生态，进一步满足用户个性化需求，提升数字价值创造。

南钢通过 SRM 供应链管理平台使企业内部由单一管理的专业服务功能向整合企业内外部资源转变，实现上端供应链资源的整合；打造独具特色的工业品超市（MRO）平台，提供在线电子合同、物流运输、供应链金融等产业化协同服务。

南钢在行业内首推 E2E 产业协同平台，实现南钢与用户之间的信息和数据全面交互、流程串联，打破企业间的管理壁垒，实现端到端的实时规划和服务，快速响应 C 端，促进产业链间成本和效率的整体提升。例如，南钢已经与山东能源、东华汽车、徐工等企业进行了系统对接。

打造 C2M 云商平台，增强"一站式"客户服务体验。C2M 云商平台以"客户"为中心，将企业的营销、客户和服务等业务有机整合，形成统一客户服务型电子商务管理平台，实现 M 端与 C 端的无缝衔接，精准定位客户需求，为客户提供生产、销售、财务、物流门禁、质量、客诉等"一站式"客户服务体验，提高用户体验。

成功上线 GMS 产业互联平台，与上海外高桥、江南造船、扬州中远、招商局重工、徐工集团五家船舶、工程机械的龙头企业进行产业互联，实现订单的风险预警、钢板紧急协调、精准扫尾功能等。

5. 数据开发利用

南钢全面运用 5G、AI 等技术，建设南钢工业互联网平台，实现全产业链资源链接，场景协同与生态共通。以工业互联网平台为底座，将企业内部生产运营数据进行积累沉淀、互联互通，为创新实践提供低成本和强大的数据分析支持能力。同时，通过工业模型，充分挖掘全产业链的数据价值，加速数字创新、推动数字生态拓展。

为打通企业内部数据壁垒，沉淀工艺、设备、技术、交易、客户等信息和数据，构建数据管理体系和数据平台，降低数据资产的管理成本，快速响应多变的业务需求，实现数据标准的统一和打通。完善前端采集，打通数据"孤岛"；统一数据标签，形成集团层面多层次、共享数据系统；统一数据模型，形成数据报表与可视化；强化数据治理，建立统一数据标准，保障数据质量与数据安全；明确数据管理主体，建立中台组织和业务层数据负责人。未来将实现数据资产化、资产价值化，实现数据资产自我迭代与升级。

南钢构建了智慧运营中心，围绕销售、生产、采购、物流等十大主题领域的不同视角与维度，构建企业价值链指标体系，集中统一展现企业运营管理的现实状况和问题，支撑企业 KPI 体系的建设与运行，并且对风险识别预警，为各管理层级经营决策提供有效、准确的支撑。

6. 运行控制

通过完善制订相关管理制度及操作手册，进一步规范日常信息系统、设备设施的维护管理，如制订《系统终端维护手册》《信息系统运行维护管理办法》《信息系统点检管理规定》等及《系统管理员指南》并要求执行。江苏金恒信息科技股份有限公司按照《运行维护接报及故障处理流程》受理各业务部门从 OA 系统提出的变更、调整申请。各部门有专人维护系统及网络，定期巡查、点检，保证各系统、设备设施安全高效地运行，根据分析异常情况制定离线对策。

三、实施效果与主要作用

（一）实施成效

南钢以"一切业务数字化，一切数字业务化"为目标，围绕 JIT+C2M 个性化定制新模式，将新一代信息技术与钢铁制造全流程深度融合创新，重塑工业生态，对内打造智能生产、智慧决策平台和数字化工厂，实现工艺绿色化、产线智慧化、产品高质化、服务体验化、价值共赢化；对外持续推动产业链协同平台建设，实现产业链数据的深度交互，建立开放共享的产业链协同生态圈。

通过两化融合新型能力的打造，有效促进产业链协同综合竞争力的提升，促使下游用户进一步降本增效，为用户提供便利的同时，南钢板材产品年度销售收入增加 0.3%；合同兑现率提升 0.5%，有效避免市场波动带来的影响；原钢种合格率提升 0.2%，全员劳动生产率提升 6.3%，产品质量提升的同时提高了生产效率；配送量增加 2.7%，顾客满意度提升 2.0%，满足客户的个性化定制需求，并且提高了经营效益，增强了客户黏性（见表 8-1）。

表 8-1　基于 JIT+C2M 模式的定制服务能力部分量化指标完成情况统计表

新型能力名称	量化指标	指标解释	指标提升
基于 JIT+C2M 的定制服务能力	销售收入（亿元）	板材产品年度销售收入	0.3%
	合同兑现率（%）	在交货期内已交付的订单个数占同期内应交订单总个数的百分比	0.5%
	原钢种合格率（%）	每月合格产品与产品产量的比值	0.2%
	全员劳动生产率（吨/人）	平均每个从业人员年度钢材生产量	6.3%
	配送量（万吨）	年度定制配送产品业务总量	2.7%
	顾客满意度（分）	顾客对其明示的、隐含的或必须履行的需求或期望已被满足的程度的感受	2.0%

同时，南钢深度挖掘两化融合的经济价值，打造物联网、机器人与智能装备、钢铁电商、工业软件、云数据服务、两化融合咨询等赋能产业，将南钢两化深度融合成果进行社会化输出，培育出一批工业互联网高科技企业，包括金恒科技、钢宝股份、鑫智链、鑫洋供应链等，其中金恒科技和钢宝股份已在新三板上市。

（二）主要作用

通过两化融合新型能力的打造，南钢的 JIT+C2M 个性化定制模式获得多方认可，被工业和信息化部《钢铁工业调整升级规划（2016—2020 年）》列为个性化、柔性化产品定制新模式，在国务院第四次大督查中被认定为钢铁行业转型升级典范，南钢 JIT+C2M 新模式视频作为钢铁行业唯一视频展入选"伟大的变革——庆祝改革开放 40 周年大型展览"。

保障企业战略转型。通过战略、优势、能力识别和确定机制，保证了战略策划的科学性、战略落地过程的规范性和有效性。两化融合新型能力的打造，助推南钢实现"一切业务数字化，一切数字业务化""绿色、智慧、高科技"的发展目标，实现高质量发展。

促进管理变革。南钢形成了文件化体系，规范了两化融合过程，建立了持续改进的机制，形成以数字应用研究院为首的数字化管理机制，牵头南钢两化融合相关工作，发挥各级管理者的作用，使得南钢全员两化融合意识得到有效提升，形成南钢两化融合最大合力。

实现流程优化。通过战略、优势、能力的识别和现状及需求的梳理，调整了部分业务环节及岗位职能，实现了业务流程和组织结构的优化及和新技术的匹配性，整合产销研用各方力量，实现扁平化、便捷化管理，快速响应市场并进行联动。

推动技术创新。体系为组织通过两化融合实现全局创新、整体提升提供了方法、手段和途径，成为加速转型升级和创新发展的重要驱动力量。助力南钢围绕新产品、新工艺、创新项目、产学研用合作等课题研究，持续保持南钢在高强、耐磨、抗酸管线、海工钢、汽车钢等领域的技术优势。

提升数据开发利用率。通过对各部门数据的开发利用，构建纵横多种维度的运营分析平台，实现从不同的主题、视角与维度，进行信息数据的分析与挖掘，体现南钢各领域生产运营水平，为南钢持续优化内部流程和战略决策的调整提供了有效的参考依据。

南京钢铁股份有限公司材料执笔人：楚觉非　王　芳　林锦斌

第二节 以客户为中心的个性化服务能力推动中石化润滑油由生产制造向制造服务转型——中国石化润滑油有限公司

摘 要：中国石化润滑油有限公司（以下简称"润滑油公司"）是亚洲最大、国际知名的润滑油研究、生产、销售、储运一体化专业公司，已多年保持国内润滑油行业第一品牌的位置。面对日趋激烈的市场竞争，公司践行"以客户为中心、以优质的产品和专业的服务为基石、成为客户需要的润滑服务专家"的品牌理念，按照"一切围绕客户为中心"的管理思路开展相关工作，最终通过客户关系管理系统及大数据分析技术应用，实现及时关注客户需求的变化，据此提供一对一营销和个性化、针对性服务；通过物流及生产系统集成与应用，提高生产调度、仓储物流等方面的效率，提高内部运营平台支持客户服务的能力，改善客户服务效率、提升客户体验。通过打造"以客户为中心的个性化服务能力"，公司产品销售总量得到了明显提升。2020年上半年，公司实现经营总量同比增长26%，与全年奋斗目标时间进度基本持平；高档产品同比增长36%，超目标进度4个百分点，实现了时间过半、任务过半的目标。

一、企业推进数字化转型的需求分析

近年来，中国经济发展进入动力转换期，润滑油相关产业兼并重组整合进程加快，落后产能及设备逐渐淘汰，高档产品不断普及，这使得换油期延长，对润滑油市场规模产生深刻的影响。此外，国家加大环保督查力度，人工成本不断提升，润滑油公司作为能源制造型企业将面临更大的经营困难。同时随着国家产业升级，润滑油市场产品高端化趋势加快，但中国消费者对国产品牌仍缺乏信任，特别是在未来需求增长明显的高端轿车等领域，这使得公司产品在高端市场竞争压力仍然巨大，打造品牌和提升服务水平成为赢得竞争的重要因素。

随着润滑油公司业务线条发展的精细化、多元化、专业化，客户管理的范畴越来越广，当前客户开发流程和潜在客户信息管理尚不完善，导致客户经理在市场开发的过程中错失有利商机。同时，CRM 系统不再是依靠自身业务信息就能实现客户的多元化需求及客户管理的全口径。此外，当前信息化系统的功能制约了客户经理的日常业务操作，信息统计监控不能实时进行，影响与客户的交互反馈，并且公司未能建设统一的客户交易平台，物流服务未实施全流程闭环管理，影响了客户的交易体验。

润滑油公司要越来越快速地响应市场需求，提高客户服务质量，以客户为核心整合业务流程、整合数据信息成为必然要求。首先是跨业务，实现销售、营销、服务等业务板块的流程整合；其次是跨渠道，实现网络、呼叫中心、销售人员等交互渠道的信息整合；最后是跨系统，实现 CRM 与 ERP、物流、OA 等不同系统的数据整合。基于此，润滑油公司迫切需要打造以客户为中心的个性化服务能力，不断创新和巩固复杂多变的市场环境下的竞争优势，提高企业经营效益。

二、企业新型能力识别和打造的方法和路径

（一）新型能力识别的方法和路径

润滑油公司以"建设世界一流的润滑油企业"为发展愿景，基于 PEST、SWOT、企业价值链等分析，识别并明确了未来将以获取客户开发优势、客户个性化服务优势、品牌优势及产销研一体化管控优势为关注焦点，实现企业战略目标。基于企业发展战略和可持续竞争优势需求，润滑油公司确定了需要打造的新型能力体系包括：以客户为中心的个性化服务能力、客户订单及时交付能力、生产营运一体化管理能力、基于 BW 的销售精细化管理能力。

现阶段需要重点打造的能力为以客户为中心的个性化服务能力：以"一

切围绕客户为中心"的管理思路为指导，从客户开发、客户沟通、客户业务、客户服务、技术支持、管理提升等角度提出管理创新思路，依托信息化系统和大数据分析，针对客户分类，为客户提供个性化和差异化的服务，实现一对一营销和服务；借助于自动化、数字化、智能化手段，为客户提供多渠道、便捷的交互体验，为润滑油公司销售、营销、服务精细化管理提供系统支持，实现从以产品为中心到以客户为中心，为客户提供定制的个性化服务的跨越，推动润滑油公司由生产制造商向制造服务商转型。

通过打造以客户为中心的个性化服务能力，要求实现"十三五"期间企业量、效复合年增长率均达到5%以上的目标。同时，公司每年委托第三方开展专业的客户满意度调研，以单位客户、零售商、经销商三类客户群体为调研对象，通过采用定量问卷和定性访问相结合的方式，要求至"十三五"期末，润滑油产品客户忠诚度达到92%。

（二）新型能力打造过程的方法和路径

1. 实施方案策划

为建设"以客户为中心的个性化服务能力"，公司领导高度重视，成立了信息化领导小组，由公司副总经理任组长，机关处室领导及管理人员为组员。下设各板块工作组，由业务主管部门领导任组长，由机关、直属单位业务骨干用户为组员。定期组织召开信息工作例会，沟通、推进各项实施工作，协调、解决各项应用问题，促进流程优化。基于业务流程、组织结构、技术和数据四要素的现状和需求进行全面、系统、深入的分析和跟踪，开展实施方案策划。方案策划过程中，高层领导组织各部门开展了多轮研讨，成为推动信息化工作强有力的组织保障。

2. 业务流程优化及组织结构变革

为提升以客户为中心的个性化服务能力水平，润滑油公司组织对客户服务、销售管理、大客户管理等多项业务流程进行了优化。例如，围绕销售管理类流程，一方面以客户服务为中心，应用互联网思维进行销售模式变革，精简销售人工干预环节，提升客户体验；另一方面通过销售进度跟踪、销售活动分析、客户销售情况分析等功能随时跟进销售情况，经营管理上由以往的关注销售结果转变为关注销售过程。围绕客户服务与投诉处理类流程，解决了客服"一站式"信息获取与处理功能，支撑本部、分公司服务垂直化管理，实现服务业务量化管理；围绕营销管理类流程，通过信息化手段，实现了营销活动项目化、营销管理流程化、费用计算自动化和营销执行整合化，年节约营销费用超过两千万；针对高附加值的大客户，实现了线上大客户开发、服务全流程监控、跟踪与分析。利用总部呼叫中心平台实现客服中心的扩容升级，为客户提供更加及时、个性化的服务。

在组织结构调整方面，为更好地服务大客户和不同区域的客户，润滑油公司成立大客户业务中心、国际业务中心，并且依据区域对二级单位的设置进行了重新规划，重整为七大区域分公司。在新管理线条下的产、销、研、管分离核算、量效考核，从而实现了区域化经营、属地化管理、系统化运作的战略目标。

3. 技术实现

（1）润滑油公司建成具有企业特色的"客户需求驱动式"的生产和物流系统及适合润滑油离散型企业的生产营运一体化管控平台。

① "客户需求驱动式"的生产系统。

实现了以 APS 智能排产为核心的离散型润滑油生产 MES 系统，对生产各环节进行统一管理，实现计划管理、调度排产、生产车间执行、自动化设备生产的联动。对润滑油生产中排产、库存、配方等关键业务环节优化，有效降低了库存资金占用。

② "客户需求驱动式"的物流系统。

基于云化的分布式架构，采用服务前后端分离的开发模式，实现了透明运输、订单预警与协同、客户签收评价及运费结算关联的全供应链物流闭环管理体系；实现电商与物流在总部云平台上的一体化运行，为客户提供了便捷的服务，包括状态跟踪、物流信息查询、到货签收、资金及信用情况、产品防伪情况等，提升客户满意度及物流运行效率；实现物流业务网上竞标，物流费用较测算价格降本 1%～3%。

（2）在以统一电商和客户管理为核心的客户服务平台上建成客户关系管理系统（CRM 系统），构建以客户为中心的服务新生态。

① 实现与经销商及外部大客户数据共享协同。

通过 API 接口和服务器 sftp 存储的方式，实现了 CRM 客户交易平台与经销商数据的共享和协同，建成了与外部大客户系统集成的通道，实现了与戴姆勒采购系统、三一集团采购系统、长安汽车采购系统集成，既节省了沟通成本，又进一步提高了数据准确率，提高渠道管理水平，为经销商赋能。同时通过中间部署服务器的方式保证了数据安全，也提高了数据质量。

② 实现营销过程全信息化管控。

营销过程全信息化管控通过使用 MaxCompute（原 ODPS）进行促销方案计算，实现大数据计算服务。该系统采用 Serverless 架构提供快速、全托管的在线数据仓库服务，消除传统数据平台在资源扩展性和弹性方面的限制，经济并高效地分析处理海量数据。

③ 实现销售环节与科研创新的融合。

基于 CRM 系统实现 OEM 项目、认证活动、认证成果的管理，推动市场销售和科研技术的融合。通过 OSS 存储方式存储案例、认证证书、行业技术方案等，实现了海量、安全、低成本、高可靠的云存储服务。为企业形成知识储备库提供了技术支撑。

（3）以信息化手段推动销售模式创新，打造中国汽车后市场的服务生态圈。建立线上线下一体化的销售模式，促进新零售线上线下业务融合。

通过润滑油公司与各石油公司 App 平台互嵌，协同开发社会维修厂，开展扫码销售，并且在商品联合销售、高端产品推广、加油站陈列宣传、线上资源利用等方面实现深度合作。打通线上线下业务流程，发展线下换油网点，建立汽车后市场"生态圈"建设雏形。

4. 数据开发利用

为提高客户个性化服务能力水平，润滑油公司在数据标准化、业务规范化的基础上，通过 BW、Hadoop 技术构建企业大数据分析平台，为数字化转型提供技术支撑。

（1）BW 经营分析平台。

平台通过 HANA 建模，集成了润滑油公司销售、财务、生产、库存等众多经营管理数据，打破营销数据孤岛，利用过程数字化、历史数字化，实现销售、生产、财务核算相关数据模型，进行一体化分析，形成优质的企业数据资产。后期还将充分结合互联网、大数据、5G、VR 等技术，加快润滑油公司数字化转型，实现"促销、保供、增利"。

（2）客户大数据平台。

从客户洞悉、客户行为预测、商机和客户开发、精准营销等多个维度建立数据分析模型，建立统一的客户数据分析可视化应用，帮助公司精准分析客户价值和预测客户行为，为客户个性化服务和市场开拓提供了全面、高效、智能的数据分析支持。

三、实施效果与主要作用

（一）实施成效

润滑油公司通过以上措施推进数字化转型、打造以客户为中心的个性化服务能力，促进了企业经营总量和效益的显著提升。纵观过去的 5 年，公司油脂销售总量持续增长，年均增长率 6.2%，2020 年比 2015 年增长 35%；高档结构持续改善，实现油脂总量年均增长 6%，高档产品年均增长 15%，高档产品比例由 2015 年的 47% 提高到 2020 年的 72%。具体体现在以下方面：

1. 依托以 ERP 为核心的经营管理平台不断优化，规范管理，支撑公司改革和提质增效，实现新管理体系的落地执行。"十三五"期间累计降本、节费、增效近 6 亿元

基于 BW ON HANA 技术建立起核心业务辅助分析系统，自 2010 年开始搭建，历经 10 余年，为全公司机关部门、直属单位提供了最为重要的 100

余张统计分析报表，2020 年访问量 68 万余次。通过数据分析，发挥信息技术在成本优化方面的引导和支撑作用，配合考核激励，挖掘优化空间，助力企业"十三五"期间累计降本超过亿元；通过对外包支出效益分析，支撑公司实现年度外包费用降低 10%；通过对差旅费用相关流程的管控和优化，实现"十三五"后期差旅费用降低 20%的目标等。

2. 建立起适合润滑油离散型企业的生产营运一体化管控平台

润滑油公司即将上线生产营运一体化平台，目前在茂名、北京两家分公司试点实施。平台通过搭建以 APS 智能排产为核心的离散型润滑油生产 MES 系统，对计划、订单、排产、生产执行、库存、质量、批次七大生产环节进行统一管理，实现生产/销售计划、调度排产、自动化设备生产的三级联动。平台集成了物流、ERP、质量、库存、罐情、生产、主数据标准化等周边系统，打通各系统之间的生产业务信息流，解决信息孤岛问题，实现各系统之间业务协同，对润滑油生产过程中的排产、库存、配方等关键业务环节进行优化，有效降低了库存和资金占用。

3. 通过统一电商及客户服务平台，构建以客户为中心的服务新生态

CRM 实现了润滑油特色的营销活动管理功能。系统可根据不同的使用群体建立拜访活动管理、大客户项目管理、6SP 客户开发等不同的客户化开发方式，系统中战略客户开发项目 566 个，达到项目完成阶段 293 个，成功与戴姆勒卡车、福建奔驰等 553 家战略大客户建立合作。

以营销活动项目化、营销管理流程化、费用计算自动化、营销执行整合化为原则，对公司整体营销做到了全信息化管控。通过系统加强价格申请与执行过程管控，杜绝超过申请数量的特价订单执行。管理了 80838 个营销活动，5369 个促销、兑现等协议，每年节约营销费用约 2300 万元。

经过几年的使用，基于 CRM 系统的科研管理模块，总计获得写入 OEM 认证说明书 178 项，完成国产化替代 139 项。行业技术方案管理包含煤炭、冶金、造纸等 32 个行业的积累案例超 2100 项，浏览使用超 1.3 万次，极大地提升了销售人员和技术支持人员的行业开发经验和知识。

4. 初步构建了具有润滑油特色的客户大数据分析体系

通过基于销售预测的大数据分析应用，精准预测各类产品和客户未来销量，及时调整销售策略，准确度达到 80%以上。

5. 与石油公司合作，建立线上线下一体化的销售模式

促进新零售线上线下业务融合开展扫码销售，系统内加油站 100%注册激活，累计扫码销售 6200 吨，并且在商品联合销售、高端产品推广、加油站陈列宣传、线上资源利用等方面实现深度合作，到 2020 年石油公司润滑油销售同比增长 119%。与石油公司共享商客资源，组织客户联合拜访与技术服务活动，开发合作客户 3594 家，形成新增销量 2.3 万吨。打通线上线下业务流程，发展线下换油网点 1600 余家，汽车后市场"生态圈"建设初具雏形。

同时，实现润滑油产品在石化 e 贸电商平台上架销售（见图 8-1）。初步形成"中国石化特色的、充分整合内部资源的、以加油站为核心的、互联网和加油站并举引流的、线上线下销售服务一体化的车用润滑油销售模式"。

图 8-1　石化 e 贸长城润滑油店铺

6. 不断夯实信息化基础设施，强化技术支撑手段

对部分网络硬件设备进行国产化替代。不断拓展和优化公司的网络专线

覆盖。"十三五"期间全国新设的二级机构网络全部接入区域中心。"十二五"期末全公司网络总带宽为48M，到"十三五"期末已到达1520M。同时完善网络安全体系和管理机制，护网演习中未发生被攻击扣分的情况。

公司视频会议系统实现全覆盖，在疫情期间为减少人员聚集，居家办公提供了有效保障，公司日常办公和业务正常进行。2020年上半年，使用硬视频和云视频的员工达到42397人次，召开会议4584场。

（二）主要作用

两化融合管理体系的推行支撑了润滑油公司战略目标的落地，形成了符合润滑油公司实际的两化融合管理体系贯标方法论和模板，建立了两化融合管理体系文件，为公司技术创新、管理创新提供了新的方式和手段。

润滑油公司明确了信息化与业务建设相结合，打造"战略—优势—能力"分析机制，明确战略目标落地方法和手段，为战略目标落地提供方法论及理论支持，推进数据、技术、业务流程、组织结构四要素互动创新和持续优化，推动润滑油公司深层次管理变革。

企业在两化融合管理体系建设和工作的开展过程中，始终秉持"以客户为中心"的经营理念，积极探索互联网时代的润滑油业务专业化发展道路，从"互联网+"中汲取能量和养分以实现传统制造企业的流程再造，加速制造企业服务化转型，实现信息化环境下的企业数字化转型。

中国石化润滑油有限公司材料执笔人：赵　江　汪　洋　杨　静

第九章

服务化延伸类能力建设最佳实践

　　随着市场竞争加剧，企业通过传统的提高产品生产能力占领市场的模式效益下降，客户关注重点由产品延伸至企业基于产品提供的增值体验、服务质量等，服务化延伸类能力的打造成为部分贯标企业由传统生产模式向先进生产模式转变的重要抓手。本章选取了不同领域龙头企业打造不同服务化延伸类能力的创新实践案例，结合实际分析了各类企业对于数字化转型的迫切需求，详细阐述了企业识别和打造不同服务化延伸类能力的具体方法和实施路径，展示了能力建设取得的价值成效，以供具有共性能力打造需要的广大企业参考借鉴。

第一节　工程机械智能化产品创新与服务助力中联重科高端制造服务业转型升级——中联重科股份有限公司

摘　要： 中联重科股份有限公司创立于 1992 年，是一家集工程机械、农业机械和金融服务多位于一体的全球化高端装备制造企业，工程机械行业国内排名前三、全球排名第十位。为完成高端制造服务业转型升级，中联重科打造了面向工程机械的智能化产品创新能力、端到端的客户营销服务能力和数字化决策能力。通过新型能力的打造，推动公司从"被动响应"到"主动服务""预测性服务"的服务能力升级，扩展服务对象、延伸服务价值、变革服务模式，将对下游的设备管理服务延伸至经营管理、设备施工服务，助力行业整体的绿色环保、高效管控及盈利增值。在新型能力的作用下，2020 年中联重科主导智能化产品销售占比达到 90%，综合服务效率提升 20%，营收651.09 亿元，归属于上市公司净利润 72.81 亿元，双双创造历史最佳记录。

一、企业推进数字化转型的需求分析

新一轮科技革命和产业变革正在迅猛发展，全球经济正处在一个前所未有的变轨期。2020 年 8 月 21 日，国务院国资委印发了《关于加快推进国有企业数字化转型工作的通知》，就推动企业数字化转型做出全面部署，开启了企业数字化转型的新篇章。

在工程机械行业价值链构成中，生产制造环节只占据利润的30%，剩余的70%来自于品牌、物流、配件、金融保险等后市场服务领域。在全球范围内，我国工程机械行业的盈利仍依赖主机产品销售收入，后市场服务持续盈利能力远落后于欧美企业。如何开发深度融合传感、互联等现代技术的智能化技术产品，为客户提供实时、在线、主动、差异化的后市场服务，解决过多依赖生产制造环节利润所带来的同质化竞争、产能过剩、新增长点缺乏等问题，是现阶段国内工程机械行业赶超国际龙头的最大需求和挑战。

为在行业洗牌中占据有利地位，打造全球前三的工程机械行业龙头企业，中联重科亟须借助两化融合管理体系的方法论，通过对可持续竞争优势的识别和新型能力的打造，加速提升企业核心竞争力。

一是通过面向工程机械的智能化产品创新能力的打造，增进现代新兴信息技术在中联重科产品设计、生产、作业、管理、经营、服务等方面的企业综合治理的融合应用功效。

二是通过工业互联、大数据服务、人工智能等两化融合新经济、新技术、新模式、新业态的创新应用，高效整合产品、技术、资本等资源，快速满足市场快速变化和客户个性化需求，拉近企业与市场、客户的距离。

三是积极探索与推动由企业内部向企业外部、由产品售后服务延伸至产品运营服务和智慧施工管理服务的企业先进制造加现代服务相结合的商业发展新模式。

最终，通过智能化产品创新能力、端对端客户营销服务能力、数字化决策能力的综合作用，实现公司"产品在网上、数据在云上、市场在掌上"的新商业模式，拓展中联重科在全球工程机械行业竞争格局中的长期、健康、稳定、良性发展空间，打造以中联重科为核心企业的产业链上下游共赢生态，助力中联重科实现高质量、可持续发展。

二、企业新型能力识别和打造的方法和路径

（一）新型能力识别的方法和路径

作为全球工程机械龙头企业，中联重科制定了"2+2+2"总体转型战略，即立足"产品和资本"2个市场，推进"制造业与互联网、产业和金融"2个融合，做强"工程机械、农业机械"2个板块，打造全球化高端装备制造服务企业。

在"2+2+2"总体转型战略指引下，通过SWOT分析，中联重科明确了优势、劣势、风险和机会，识别出可持续竞争优势的需求，包含6个方面：管理优势、产品研发优势、生产制造优势、营销服务优势、金融业务优势、资本市场优势，并且以此确定了包含5个一级新型能力和21个二级新型能力的企业新型能力体系。为推动和加速企业战略的有效落地，企业在本阶段重点打造的新型能力有：

——**智能化产品创新能力**：通过"产品4.0"战略和柔性制造，将原来的工程机械"哑"设备创新升级为新一代的智能化产品，实时采集产品动态数据实现产品上云，有效挖掘产品数据提升产品工作能力，实现产品"自诊断、自调整、自适应"，让产品"能感知、有大脑、会思考"。

——**端到端的客户营销服务能力**：打造中联重科自主知识产权的工业互联网平台ZValleyOS及中联e管家、智租、智砼、智享等工程机械垂直领域客户化智能服务应用，将对上下游的设备管理服务延伸至基于设备实时数据的经营管理服务，帮助行业上下游企业提升管理精细化能力和盈利能力，实现龙头制造企业带动行业产业链共赢的新商业模式。

——**数字化决策能力**：通过工业物联网平台及大数据共享服务，实现数据上云，覆盖产品、客户、营销、服务、企业运营、风险管控等多场景、多层次、多维度分析，提供实时经营决策支持。

企业确定了以上重点打造的新型能力的量化指标（见表9-1），包括：

——**智能化产品创新能力**：完成100款智能化产品研发，主导机型智能

化产品销售占比提升至 70%。

——**端到端的客户营销服务能力**：垂直领域客户化智能服务应用用户总数超过 8 万名，设备在线管理数超过 10 万台套；客户电子合同签署率超 80%；重客账号回款客户比例超过 40%，电子对账比例超过 40%；销售收入增长 30%，服务效能提升 20%。

——**数字化决策能力**：驻外中心仓发货提升率超 4%，A 类配件预测准确率超 75%，现货满足率提升率超 3%。

表 9-1　工程机械智能化产品创新与服务能力体系量化指标

新型能力名称	新型能力指标	指标值	指标单位
智能化产品创新能力	智能化产品研发种类	100	款
	主导机型智能化产品销售占比	70	%
端到端的客户营销服务能力	垂直领域客户化智能服务应用用户总数	8	万名
	设备在线管理数	10	万台套
	客户电子合同签署率	80	%
	重客账号回款客户比例	40	%
	电子对账比例	40	%
	销售收入增长率	30	%
	服务效能提升率	20	%
数字化决策能力	驻外中心仓发货提升率	4	%
	A 类配件预测准确率	75	%
	现货满足率提升率	3	%

（二）新型能力打造过程的方法和路径

1. 实施方案策划

为打造面向工程机械的智能化产品创新能力、端到端的客户营销服务能力和数字化决策能力，实现预期的两化融合目标，中联重科由业务分管领导组成两化融合发展管理委员会，董事长任委员会主任，根据战略规划和信息化发展规划，依照两化融合管理体系要求，对新型能力的建设过程进行策划，涵盖业务流程与组织结构优化、技术实现、数据开发利用等方面。

2. 业务流程优化

业务流程优化是新型能力打造过程中的重要环节。

在智能化产品创新能力打造过程中，中联重科将研发设计流程创新为以行业和市场需求为导向、以客户和数据为驱动，全面推动产品智能化研发管理。

在端到端的客户营销服务能力打造过程中，中联重科针对营销激励流程，开展绩效合伙制，通过流程自动化核算实现绩效与工资同月发放、明细直达个人，及时激励、激发市场活力；针对销售合同评审流程，增加贷前自动评审与风险提示，整体贷审流程效率提升 20%；针对回款风控环节，建立风险票据限收、实时回款监控、三锁六拖执行、回款异常行为甄别的回款全链条风险分析统一流程，有效实现了回款风险的整体把控。

在数字化决策能力打造过程中，中联重科对数据获取流程进行了优化，从原有的"蛛网模式"逐步转型为"总线模式"，以统一平台、统一界面、统一数据口径的方式提供数据服务，服务效率提升至秒级。

3. 组织结构变革

为坚定执行创新驱动的发展战略，持续深入推进数字化转型和智能制造发展，企业在研发机制、营销模式和信息化支撑模式上进行了组织变革。

在研发机制上，中联重科依托建设机械关键技术国家重点实验室、国家级企业技术中心、国家混凝土机械工程技术研究中心、流动式起重机技术国家地方联合工程研究中心、现代农业装备国家地方联合工程研究中心及国家博士后科研工作站六大国家级创新平台，形成了共性技术研究和主机产品、关键零部件开发为一体的二级创新平台，实现了科研与产业的深度融合，使科研开发与市场需求实现有效对接。

在营销模式上，企业成立了营销总公司，结合打造市场经营与决策下沉一线区域经理的绩效合伙制和头狼模式，有效整合代理商与直销渠道资源，建立营销业务高质量发展与迭代的运营组织。

在信息化支撑模式上，企业成立了专业的 IT 子公司——中科云谷科技有限公司，下设数字研发部、数字制造部、数字营销部、数字供应链部等二级机构，全面对接中联重科各专业业务线条，负责中联重科数字化转型建设。

4. 技术实现

1）智能化产品创新能力技术实现

在智能化产品创新能力技术实现上，中联重科以"模块化平台+智能化产品"为核心，持续推进"产品4.0"工程，深度融合传感、互联等技术，创新研发智能关键技术，研究混凝土泵车、起重机、挖掘机等典型工程机械产品智能化整体解决方案，研发整体性能卓越、作业安全可靠、使用绿色环保、管控智能高效的智能化产品。

其中，智能产品技术开发通过智能故障诊断系统、工况自适应控制、智能安全控制方面的产品智能化提升，实现产品多级故障诊断、安全主动控制、智能安全保障；智能互联技术开发通过数据终端开发、数据动态传输机制设计、数据传输规范方面的技术攻关，研发了集控制器、存储器、网关等功能于一体的物联网数据终端，满足智能化产品海量、多类型、实时的数据采集、远程传输、解析及共享需求；智能产品应用技术开发通过控制软件远程升级、物联网工业云平台开发、移动端 App 应用开发方面的应用实现，实现智能化产品运行管理和增值服务。

2）端到端的客户营销服务能力技术实现

在端到端的客户营销服务能力技术实现上，以 CRM 营销管理平台为核心，搭载电子签章、电子合同、电子发票等新技术应用，实现从商机到回款的营销端到端流程的统一管理；自主研发工业互联网平台 ZValleyOS，搭载移动 CRM、服务 e 通、中联 e 管家、智租、智管等移动工业互联网 App 应用，实现对客户的设备维护、设备管理、经营管理的管理，将原本的"等、靠、要"式被动服务升级为基于数据的实时、在线、主动服务，将服务延伸至设备安全、使用效能、资产盘活、客户经营、二手交易等设备全生命周期，为客户提供增值服务。

其中，CRM 系统结合云帮销、产品云、在线直播、在线支付等新应用，进一步延伸整合业务单元供应链，实现营销管理业务的端到端运营。

工业互联网平台 ZValley OS 为应用开发者提供容器云、数据接入、协议解析、拖拽式编程、应用开发、大数据工坊等平台化开发服务，具备 135 种工程机械产品模型，416 个工程机械机理模型，69 个工程机械数据模型，实现了终端智能化设备改造、边缘计算、物联设备接入、大数据工业机理模型分析、工业 App 应用在内的企业级工业互联网解决方案。

工业互联网 App 应用中，中联 e 管家为客户提供设备实时监控、故障保养提醒、服务过程跟踪、工程项目管理、运营分析、知识库、服务直通车等功能，提升客户设备管理效率和生产建设效率；智租实现设备远程管理、进出场监控、设备使用方操作监管、远程解锁机和租赁业务管理等设备租赁过程管理核心功能，能满足出租、报停、变更、进场、退场、转租等多种租赁业务场景；智砼以混凝土设备生命周期管理、企业资源计划管理、车辆智能调度为核心功能，覆盖混凝土设备采购、运营、维保等关键环节，实现运输车辆和泵送车辆的智能调度。

3）数字化决策能力技术实现

在数字化决策能力方面，通过搭建大数据平台及构建机器学习模型，使用 HADOOP 分布式集群计算，利用机器学习算法进行数据处理与模型拟合，抽象业务模型，优化提升业务流程，实现数字化决策。

5. 数据开发利用

中联重科以大数据平台为中心，打通各系统之间的数据接口，形成数据仓库，以统一平台、统一界面、统一数据口径的方式提供数据服务，已为产品、客户、营销服务、企业运营、风险管控、财务等业务提供数据服务近 500 多项，为企业决策提供了强力支撑。

1）数据开发利用典型场景—— 研发技术升级

基于工程机械设备工况数据的统计、分析与挖掘，已覆盖设备性能评估、故障分析与监控、预测性维护等不同需求场景的多层次应用。

以混凝土泵车为例，针对泵车超温的难题，通过物联网工况数据关联分析，构建出超温原因识别模型，实现了设备超温四大类主要原因的识别，模型准确率达80%。同时，分析结果被推送至CRM移动端，帮助服务工程师提高排故效率，泵车超温率整体降低3%。

2）数据开发利用典型场景——市场精准营销

基于中联重科物联网及其他业务系统数据，通过提炼日常管理业务指标，实现设备开工监控、市场分析、设备迁徙等多项数据动态可视化分析应用，助力企业在市场营销方向全面洞察需求走势，辅助营销政策调整，支持市场精准营销，已涵盖6大事业部、10类产品组、11万台设备。

3）数据开发利用典型场景——服务预测性维护

在关键零部件预测性维护实施过程中，应用机理模型和机器学习算法，同步实施异常识别、故障诊断、故障预警、寿命预测。其中，经过两轮算法迭代，实现了对智能化泵车砼活塞剩余工作时长、剩余工作方量、故障概率的预测并分级推送预测结果，未来1000方砼活塞故障预测精度≥75%；实现中小吨位汽车吊蓄电池主电源关闭后，预测距离亏电的剩余时间，预防亏电故障率可降低到8%以内，通过客户推送避免了下次点火无法启动的问题。

4）数据开发利用典型场景——企业经营决策

整合设备数据和企业核心业务系统的业务数据，实现覆盖设备、客户、营销服务、企业运营、风险管控等不同需求场景的多层次主题分析应用，实时监控企业运行状态。通过绩效自动化核算，实现绩效激励及时兑付，极大地激发了一线团队的市场活力；通过将贷后回款催收工作进行拆解，由大数据分析结果进行自动串联，使催收全过程自动化，回款开机时间缩短至0.5小时；通过票据余额总量、流量实时监控，及时调整票据收取规则，有效降低公司票据回款兑付风险。

5）数据开发利用典型场景——服务实时监控及现场智能支持

通过服务人员的定位、设备的定位及派工等信息对服务人员的位置和工作状态进行实时监控，合理安排服务人员的工作调配及规划最佳派工路径。在服务现场，通过集成摄像头的头盔，应用深度学习视觉理解引擎，对服务工程师的维修过程进行分析，自动生成巡检分析与记录，提升服务标准化水平。系统已配置专家 146 名，实现泵车 9 大零部件的图像识别，提升了设备例检执行标准与规范性及一线服务人员疑难故障排查解决效率。

三、实施效果与主要作用

（一）实施成效

企业通过监测考核的方式对两化融合管理体系完成情况进行考核，2020年各项量化指标考核指标均达标（见表9-2）。具体建设成效如下：

经营业绩再创高峰：2020 年创造公司历年来经营最高业绩，营业收入651.09 亿元，同比增长 50.34%；归属上市公司净利润约 72.81 亿元，同比增长 66.55%。

主导产品市场份额持续领先：在智能化产品创新能力打造下，公司主导产品市场占有率持续领先，建筑起重机械销售规模保持全球第一，履带起重机、长臂架泵车、车载泵国内市场份额位居行业第一，高空作业机械销售额同比增长超过 100%。

市场推广模式创新成果突出：借助端到端的客户营销服务能力，融合云启动、云宣布、云体验、云销售等环节实施优质品牌战略，产品销量和口碑双提升，"928 嗨购节"线上直播活动斩获订单突破 32 亿元，吸引了逾 336万观众在线观摩，突破工程机械行业直播销量、流量双纪录。

研发创新成果显著提升：2020 年中联重科全年下线智能化产品 128 款，主导智能化产品销售占比超 70%，相继打造国内唯一 5 桥 8 节臂单发带超起全地面起重机 ZAT2200H8、行业最轻的 4 桥 8F 东风底盘国五轻量化 L3 搅拌车、行业首创 U 型臂架 ZT42J 直臂式高空作业平台、全球首台 25 吨新能源汽车起重机等智能化产品；同时，2020 年上半年，发明专利同比增长 180%，总授权数近 140 件，授权有效发明专利数行业第一。

市场服务能力显著提升：通过智慧服务应用组件与传统服务相结合，实现全场景服务可视化、服务报告电子化、预测性设备检修、智能化配件供应等业务服务，服务工作效率提升 20%，垂直领域客户化智能服务应用用户总数逾 23 万名，设备在线管理数超 30 万台套，电子对账比例提升至 78%，驻外中心仓发货提升率超 5%，电子合同签署率达 99%，重客账号回款客户比例达 45%，A 类配件预测准确率达 80%，现货满足率提升率超 3%，用户体验和满意度进一步提升。

表 9-2　工程机械智能化产品创新与服务能力体系建设成效

新型能力建设成效名称	新型能力建设成效指标	指标值	指标单位
经营业绩再创高峰	2020 年营业收入金额	651.09	亿元
	2020 年营业收入同比增长率	50.34	%
	2020 年归属上市公司净利润	72.81	亿元
	2020 年归属上市公司净利润同比增长率	66.55	%
主导产品市场份额持续领先	建筑起重机械销售规模全球排名	第一	名
	履带起重机、长臂架泵车、车载泵国内市场份额行业排名	第一	名
	高空作业机械销售额同比增长率	100	%
市场推广模式创新成果突出	"928 嗨购节"线上直播活动订单金额突破工程机械行业直播销量纪录	32	亿元
	"928 嗨购节"线上直播活动观众数量突破工程机械行业直播流量纪录	336	万名
研发创新成果显著提升	2020 年全年下线智能化产品种类	128	款
	2020 年主导智能化产品销售占比	>70	%
	打造国内唯一 5 桥 8 节臂单发带超起全地面起重机 ZAT2200H8	1	款
	行业最轻的 4 桥 8F 东风底盘国五轻量化 L3 搅拌车	1	款
	行业首创 U 型臂架 ZT42J 直臂式高空作业平台	1	款
	全球首台 25 吨新能源汽车起重机等智能化产品	1	款
	2020 年上半年发明专利同比增长率	180	%
	授权有效发明专利数行业排名	第一	名
市场服务能力显著提升	服务工作效率提升率	20	%
	垂直领域客户化智能服务应用用户总数	23	万名
	设备在线管理数	30	万台套
	电子对账比例	78	%

新型能力建设成效名称	新型能力建设成效指标	指标值	指标单位
市场服务能力显著提升	驻外中心仓发货提升率	5	%
	电子合同签署率	99	%
	重客账号回款客户比例	45	%
	A 类配件预测准确率	>80	%
	现货满足率提升率	>3	%

（二）主要作用

两化融合管理体系帮助推动中联重科围绕战略转型，以获取可持续竞争优势为关注焦点，以打造新型能力为主线，稳定获取预期成效。

1. 提升企业可持续发展能力

中联重科利用两化融合管理体系方法论，奠定了"打造智能化产品""实现客户连接""促进商业模式转型"的关键路径，实现了从"被动响应"到"主动服务"再到"预测性服务"的企业先进制造与现代服务相结合的商业发展新模式。2020 年创造了成立 20 余年来的最佳业绩，生产效益、服务响应速度和社会品牌满意度逐年增强，高质量、可持续发展能力得到极大提升。

2. 实现企业管理流程化和扁平化

中联重科按两化融合管理体系职能和协调沟通的规范要求，重新划分了两化融合所涉及的业务活动范围与边界。以跨部门、跨业务环节之间的职能和业务流程梳理与优化为切入点，按照"流程端到端、数据平台共享"的指导原则，对跨业务职能进行整合，对业务流程中的薄弱关键环节加强管控或优化，彻底改造因部门分割而产生的沟通和流程中断、分散等问题，从横向上逐步打通部门壁垒，建立流程驱动、协同协作的扁平化动态组织模式，为跨部门、跨业务环节的综合集成创造条件。

中联重科股份有限公司材料执笔人：张飞庆　王　煜　刘　玮

第二节 市场需求快速响应能力助推洽洽"坚果休闲食品"制造行业新风向——洽洽食品股份有限公司

摘 要: 洽洽食品股份有限公司(以下简称"洽洽")成立于2001年8月9日,主要生产坚果炒货类休闲食品,2011年,洽洽在深交所挂牌上市,成为坚果炒货行业第一股。公司营销网络健全,产品不仅畅销全国各省市,更远销至东南亚、欧美等近50个国家和地区,经过多年的发展,"洽洽"已成长为中国坚果行业标志性品牌。当前随着我国消费需求升级,坚果炒货食品行业呈持续快速发展态势,公司采用大经销商+渠道精耕的方式拓展营销网络,为准确捕捉消费者的需求变化,及时调整产品和营销策略,公司打造了信息化环境下的新型能力——"基于市场需求的快速响应能力"。通过营销集成平台的建设和不断优化,并且与SAP、SRM、OA等系统集成,快速获取市场新品态势、消费者反馈、原料市场情况、供应链情况等信息,实现从客户需求到内部供应链的高效协同,快速响应市场需求,同时为新产品开发提供决策支持,提高销售费用投入产出比,提升客户满意度。

一、企业推进数字化转型的需求分析

随着国民经济的发展与国民收入水平的提高,人们的消费模式从生存型逐渐转变为享受型,为休闲食品行业带来更加广阔发展空间的同时,行业小批量、个性化、需快速响应的订单需求越发凸显。虽然休闲食品拥有广阔的市场空间及巨大的发展潜力,但该行业已步入完全竞争阶段,企业利润日趋平均化,行业整合、市场细分的趋势也加速了企业转型进程。

面对消费升级和企业转型需求,对企业供应链优化、物流升级提出了新的要求。随着新阶段的到来，未来线上线下的货品、价格、仓储、物流、结算实现线上线下完全融合已成为一种趋势，公司需进一步明确信息化环境下的消费者需求，并且根据需求及时调整供应链。基于此，洽洽从"市场需求"和"快速响应"两个视角进行总结分析，在市场需求阶段，通过快速准确掌握市场信息，结合信息技术手段最终形成多维度综合分析，为企业经营决策提供数据支持；在快速响应阶段，通过综合分析的结果服务和应用于采购、计划排产、生产管理、仓储物流等各环节，不断提升和优化供应链管理水平，提升客户满意度。因此，为快速响应市场需求，公司迫切需要通过新型能力的打造，深度洞察市场和消费者信息，串联上下游生态链，获取实时洞察和敏捷响应的能力，让供应链具有柔性和永续性，帮助改善用户体验，降低运营成本。

二、企业新型能力识别和打造的方法和路径

（一）新型能力识别的方法和路径

洽洽围绕"从全球领先的瓜子企业迈向全球领先的坚果休闲食品企业"的战略愿景，为获取协同优势、产品品类创新优势、市场优势、人才发展优势，根据公司战略及企业现状，确定未来拟打造的信息化环境下的新型能力体系。从组织主体（组织单元）、价值活动客体（研发、生产等产品生命周期中的业务活动）、信息物理空间（涉及的 IT/OT 系统、网络等）三个视角对规划的新型能力进行必要的分解。

经识别、评审和确定，"基于市场需求的快速响应能力"是当前阶段需要重点打造的新型能力。"基于市场需求的快速响应能力"是指通过营销集成平台的开发，并且与 SAP-CRM 系统集成应用，快速获取经销商销售情况、竞品动态、市场新品态势、消费者反馈、原料市场情况、供应链情况等信息，以提高销售计划准确率、年度订单满足率、新品立项数量年增长率、有效销售终端数量上升率、销售费用投入产出比、会员数量等能力指标。具体能力指标及目标情况如表 9-3 所示。

表 9-3　基于市场需求的快速响应能力量化指标与目标

能力名称	能力指标	2020 年指标目标值	2021 年指标目标值	2022 年指标目标值	单位
基于市场需求的快速响应能力	经销商存货周转周期	≤20	≤20	≤20	天
	销售计划准确率	≥80	≥84	≥84	%
	年度订单满足率	≥80	≥84	≥84	%
	新品立项数量年增长率	≥8	≥9	≥10	%
	有效销售终端数量上升率	≥10	≥10	≥10	%
	销售费用投入产出比	≥12	≥14	≥14	%
	会员数量	≥40	≥80	≥100	万人

（二）新型能力打造过程的方法和路径

1. 实施方案策划

洽洽以顾客为原点，展开差异化经营，捕捉消费者的需求变化，如影随形改变产品和营销策略。坚持深度专业化和综合集成化的双轮驱动发展，实现零食企业从研发、生产、推广、销售到顾客反馈的生态闭环，实现全流程的精细化管理和终端的精准化服务。

根据拟打造的新型能力及其目标，考虑内外部环境、业务需求、支持条件和资源，基于数据、技术、业务流程、组织结构现状，利用适当的工具和方法进行分析，策划并形成《两化融合实施方案》。基于 OMS 营销集成平台的建设和不断优化，同时与 SAP、SRM、OA 等系统集成，快速获取经销商销售情况、竞品动态、市场新品态势、消费者反馈、原料市场情况、供应链情况等信息，实现从客户需求到内部供应链的高效协同，快速响应市场需求，并且为新产品开发提供决策支持，提高销售费用投入产出比，提升客户满意度。

2. 业务流程优化与组织结构变革

基于市场需求的快速响应能力建设已经完成了稽核及协访管理、门店管理、三级检核管理、业务拜访管理流程的优化。基于营销集成平台二期建设，优化了相关的业务流程及相应的组织结构，将原来项目问题驱动、部门主导的方式，提升改进为战略引领、流程驱动的新方式，建立了创新变革的机制，洽洽两化融合管理体系贯标是对企业全方位的提升，覆盖企业全员、全要素。

3. 技术实现

为实现基于市场需求的快速响应能力的打造，主要分三阶段进行。第一阶段能力建设主要围绕 SFA 销售能见度建设，实现了门店管理、业务拜访、稽核管理、协访管理、三级检核、App 端开发、集成管理，并且与 SAP、OA 系统集成，通过市场稽核收集市场信息并进行分析，将分析结果反馈到 SAP-CRM 系统做出销售预测，形成订单；同时反馈到研发、生产，通过 SAP 进行计划排产、生产、物流、发货，快速响应市场需求。但市场营销推广活动和人员的管理、渠道管理、消费者管理方面还未在系统中进行管控。第二阶段主要围绕经销商活动提报、PMS 管理（销售事业群及营销推广人员管理）、市场目标的分解，并且与内部 SAP 系统进行集成，以实现营销推广活动的管理、市场目标分解和考核跟踪，营销数据更精准的分析等。第三阶段能力建设计划围绕 DMS 渠道、分销管理，实现消费者精准画像，通过数据分析和利用，实现销售精准预测，并且为新产品开发提供更有价值的信息。

场景应用案例如下：

应用案例 1：原料大数据应用—全流程追溯管控

实现原料采购全流程节点（种植引导、种植面积调查、长势资源调查、开盘调研等）线上操作，采购信息化、透明化，沉淀采购数据和采购资源。

种植面积调查模块：通过系统实现对当地种植户的种植调研、种子销售及政府情况的调研，对原料整体种植情况进行统计汇总，为后期的长势跟踪和实施采购做好铺垫，样本信息组中包含：种植户详细地址、原料品类、上年种植亩数、本年种植亩数、上年种子销量、本年种子销量、种植亩数的增减比例等核心数据。

长势调研模块：通过定位打卡等方式收集日常产地核心原料长势情况，信息主要包括：原料品类、当地天气、病虫害情况、长势情况及原料的生长情况现场拍照等。

应用案例 2：生产大数据（工业 App）应用

工业大数据是一个全新的概念，从字面上理解，工业大数据是指在工业领域信息化应用中所产生的大数据。随着信息化与工业化的深度融合，信息技术渗透到了工业企业产业链的各个环节，条形码、二维码、RFID、工业传感器、工业自动控制系统、工业物联网、ERP、CAD/CAM/CAE/CAI 等技术在工业企业中得到广泛应用，尤其是互联网、移动互联网、物联网等新一代信息技术在工业领域的应用。工业大数据应用将带来工业企业创新和变革的新时代。通过互联网、移动物联网等带来的低成本感知、高速移动连接、分布式计算和高级分析，信息技术和全球工业系统正在深入融合，给全球工业带来深刻的变革，创新企业的研发、生产、运营、营销和管理方式。这些创新为不同行业的工业企业带来了更快的速度、更高的效率和更高的洞察力。洽洽工业大数据的典型应用包括设备管理平台、车间无纸化、投料防呆等诸多方面。

应用案例 3：渠道大数据应用—消费者数据化（全域营销）

洽洽拥有天猫、京东、微商城、微博、促销活动等各种消费者触达的入口，全域营销将这些入口的数据全部统一接入消费者数据中台，根据消费者订单信息及互动信息，将消费者打上标签，根据不同的标签完成精准化的营销。

应用案例 4：渠道大数据应用—渠道营销费用闭环管理

整体流程：每年初公司会制定年度整体营销预算，各部门会根据实际市场情况进行预算方案申请。费用的下发会进行层层规划与分解，分解完毕后，由实际市场执行人员进行促销活动申请及审批，实际执行过程时需要进行三级检核（应用百度定位和 AI 识别技术），检核完毕后可以进行费用核销。

应用案例 5：透明工厂全球直播

为了满足消费者对食品健康、安全的要求，洽洽开启了全新升级的透明工厂全球云直播，向大众零距离真实展现了洽洽坚果从原料全球优选，到产品生产加工的全产业链过程。通过本次透明工厂直播，让消费者充分了解食品生产流程，向消费者和行业证实洽洽在全产业链上的实力和创新。推动整个行业的品质和食品安全标准规范的升级，引领中国质造的透明升级，带动各行各业透明监督体系的构建，让消费者真正以"主人翁"的角色，最大程度获得权利保障。

4. 数据开发利用

公司将 SFA 云销售系统、三级检核系统等多个信息系统的业务数据通过营销集成平台进行固化，使我司对经销商和促销员的管理更加透明、便捷，并且通过采集大量市场数据来支持公司高层进行分析决策；通过开发手机 BI 报表使经销商、业务人员的业绩达成情况能够及时反馈，随时随地查看信息。

如全渠道业务数据方面，以国内+海外+电商数据为基础，将集团业绩、战区、战队业绩、库存、费用统一汇总展示，为公司高层提供"一站式"决策支持。以驾驶舱的形式，通过各种常用图表在视觉上标记企业运营的关键指标，支持"钻取式查询"，实现对指标进行逐层钻取和分析，对收集到的数据进行可视化展示，对异常关键指标进行预警和挖掘分析。生产智造方面，按各工厂或最小核算单元展现直接材料、人工等关键成本业务数据，为生产成本分析提供最直接的参照。业绩达成分析方面，多维度、多视角呈现销售业绩，帮助业务提前预知业绩风险，及时部署和调整作战计划。

5. 匹配与规范

通过营销集成平台系统运行期间对业务流程、组织结构优化、技术的不断收集、总结，识别出现的问题并分析、确认相应的优化调整方案，确保实现数据、技术、业务流程、组织结构的有效匹配，并且将优化后的业务流程、组织结构、技术和数据开发利用进行规范化调整，确保新型能力的实现。

6. 运行控制

企业制订了《开发管理规定》《洽洽食品信息系统角色权限管理规定》《信息安全控制程序》等制度进行日常的管理工作。与行业专业技术服务商建立战略合作关系，确保机房服务器等重大硬件设备及数据备份、信息安全等信息资源的安全性。通过规范化的运行控制措施，保证业务的连续性，确保风险得到有效防范。

三、实施效果与主要作用

（一）实施成效

根据 2020—2022 年经营目标，人力资源部总部将年度经营目标分解到各职能部门、事业部和事业群，并且制订了相应的 KPI 指标。管理者代表于 2020 年 4 月组织能力建设项目组对基于市场需求的快速响应能力的目标进行了讨论，由于能力建设的推进，增加会员数量指标，用"新品立项数量年增长率"代替"研发新品数量年增长率"，考虑疫情影响，下调 2020 年能力未变化指标的目标值（见表 9-4）。

表 9-4　2020 年基于市场需求的快速响应能力指标达成情况

能力指标	指标解释	2020 年目标值	2020 年 6 月实际值	单位
经销商存货周转周期	存货周转周期=365/（销货成本/平均存货余额）	≤20	18.21	天
销售计划准确率	1-（每个 SKU 实际销量与销售计划的偏差值之和/销售计划之和×100%）	≥80	81.56	%
年度订单满足率	1 年内实际满足的订单数/下达的有效订单数×100%	≥80	80.89	%
新品立项数量年增长率	（本年度新品立项数量-上年度新品立项数量）/上年度新品立项数量×100%	≥8	11.5	%
有效销售终端数量上升率	本年度同期有效销售终端数量/上年度同期有效销售终端数量-1）×100%	≥10	10.3	%
销售费用投入产出比	销售收入/市场费用	≥12	13.21	%
会员数量	线下、线上会员总数	≥40	46.2	万人

（二）主要作用

1. 助力企业数字化转型升级

传统企业在如今的市场上面临着前所未有的挑战，洽洽充分认识到依托于新型能力打造，进行两化融合管理体系贯标是企业数字化转型升级、实现可持续发展的关键路径。

在**转型方向**上，通过能力打造支撑了企业战略目标的落地，明确企业可持续竞争优势和两化融合重点建设发展方向，避免盲目建设。在**管理变革**上，通过能力打造构建了基于两化融合管理体系标准理念的信息化团队，明确人员角色、职责及考核指标，使团队人员具备快速高效、责权清晰的团队协作能力，提升企业两化融合能力水平。**在流程管理**上，明确了两化融合建设的相关流程与管理机制，流程精细化，可操作性更佳。**在技术创新**上，以新型能力的培育作为两化融合工作的出发点和着力点，将技术进步、组织变革、流程优化及数据分析利用等转化为企业的新型能力，提高竞争力。

2. 提高工作效率与管控水平

一是提高工作效率。洽洽实施信息化后，通过第一阶段围绕 SFA 销售能见度能力建设，目前已经实现了门店管理、业务拜访、稽核管理、协访管理、三级检核、App 端开发、集成管理，并且与 SAP、OA 系统集成，通过市场稽核收集市场信息进行分析，将分析结果反馈到 SAP-CRM 系统做出销售预测，形成订单；同时反馈到研发、生产，通过 SAP 进行计划排产、生产、物流、发货，快速响应市场需求。

二是规范了企业的运作行为。通过新型能力打造，提高了运营管理与决策的效率，增加信息的透明度，加强了洽洽对分公司、职能部门及各项目部的控制。

三是加强了项目成本控制。通过新型能力打造，缩短了企业各项业务管理工作流程的周期，提高了业务工作效率，降低了办公成本；实现关键要素的实时动态监控，优化成本结构，有效控制进度与成本，提高项目收益，降低了企业的经营风险。

3. 提升公司经济社会效益

洽洽利用互联网技术，建立跨境电商贸易平台，整合上下游产业资源优势，发挥市场协同采购、集中采购的优势，借助 B2B 等推广平台进行网络宣传，大胆实践跨境电子商务企业业务精耕的新模式，组建项目管理团队，建立多渠道平台—订单中台—企业流程拉动的一站式服务平台，配备相关工作人员，组织推进项目实施。2020 年实现营业收入 52.89 亿元，同比增长 9.35%，同期归属于上市公司股东的净利润约为 8.05 亿元，同比增长 30.73%。

洽洽食品股份有限公司材料执笔人：魏爱莲　陶　静

第三节 "3+2+2 数字化战略"助力飞鹤行健致远——黑龙江飞鹤乳业有限公司

摘　要: 黑龙江飞鹤乳业有限公司(以下简称"飞鹤乳业")位于齐齐哈尔市,属于乳制品制造业,59 年来专为中国人研制奶粉,是国家技术创新示范企业、中国民营企业制造业 500 强、中国乳业领军企业。5G、人工智能、大数据等新兴科技的崛起,助推企业加速进行数字化、智慧化乳业的建设。飞鹤乳业持续开展新零售及智慧供应链两大业务探索,搭建了数据中台、业务中台 2 个中台和智能制造、ERP 系统、智能办公 3 个 IT 系统平台,最终形成了"3+2+2 数字化规划"升级战略。2018 年推动全面数字化升级以来,管理效率提升明显,业绩稳步增长,2020 年销售额 185.92 亿元,市场占有率 17.2%。

一、企业推进数字化转型的需求分析

党的十九大提出"加快建设制造强国,加快发展先进制造业,推动互联网、大数据、人工智能和实体经济深度融合",两化融合迈入新阶段。随着信息通信技术的广泛、深度运用,以及新模式、新业态的不断涌现,一个数字世界正处在加速构建过程中。近年来,数字经济已经成为推动经济发展与社会变化的重要载体,也成为企业实现可持续发展的重要抓手。身处数字化时代,数字化升级是传统制造业企业必须要做出的改变,借助信息化技术赋能行业发展,解决行业共性问题,推动整个行业数字化水平的提升。

近年来,新生儿出生率逐年降低,预计 2020 年到 2025 年中国婴幼儿奶粉市场增速放缓,到 2025 年将下降至 76.49 万吨。摆在企业面前的难题是,未来如何实现可持续发展?一方面,好比爬山,越往上速度会越慢,企业体量变大后面临的挑战也会越来越大;另一方面,行业进入存量市场,竞争加剧，企业发展面临更大挑战。在产品、渠道、营销都已经胶着的情况下，数字化就将成为有力的推动武器，企业急需利用信息技术改造提升传统竞争力，培育发展新型竞争能力。

2018 年以前，飞鹤在近 10 年的信息化建设中积累了大量数据，但各个系统大多是单独模块，缺少系统化设计，存在数据孤岛问题，数据难以有效支撑业务运转和管理决策。基于此，飞鹤乳业意识到应紧密围绕两化融合管理体系的科学方法，不断探索新技术，打通数据孤岛，全面建设新一代数字化信息平台，为业务赋能，支撑企业战略目标的实现。

二、企业新型能力识别和打造的方法和路径

（一）新型能力识别方法和路径

在确定全面建设新一代数字化信息平台的目标后，飞鹤乳业展开了调研，并且在调研分析及自评估的基础上，进行了 SWOT 分析（见表 9-5）。

表 9-5　飞鹤乳业新型能力 SWOT 分析

	S 优势： 1. 59 年零质量安全事故 2. 拥有自己的奶源，完善的全产业链 3. 港股上市，资金充足 4. 信息化应用的大力支持	W 劣势： 1. 品牌知名度不高 2. 管理的创新性、精细化程度有待加强 3. 加强筹集资金能力
O 机遇： 1. 政府的政策和红利 2. 全面二孩的到来 3. 信息化环境、互联网思维、创新思维的发展	SO 1. 打造成熟全产业链模式 2. 提高企业信息化建设 3. 打造消费者值得信赖的品牌	WO 1. 品牌建设 2. 团队的创新性 3. 精进管理，变革管理模式 4. 提高企业信息化建设 5. 利用政策红利展开并购，获得市场优势
T 挑战： 1. 面临国外、国内品牌的竞争 2. 消费需求的变化，年轻化消费群体的崛起	ST 1. 提高消费者服务水平 2. 打造成熟全产业链模式 3. 品牌建设 4. 提高产品竞争力 5. 提高技术研发能力	WT 1. 品牌建设 2. 团队的创新性 3. 精进管理，变革管理模式 4. 提高产品竞争力 5. 提高技术研发能力 6. 提高消费者服务水平

结合公司战略重点，飞鹤乳业明确了支持战略实现的四大可持续竞争优势，目前公司在这四大优势的建设方面已初显成效，未来将在此基础上进一步扩大其在行业中的领先程度。企业战略重点与可持续竞争优势的对应关系如表9-6所示。

表9-6　企业战略重点与可持续竞争优势对照表

战略重点	可持续竞争优势需求
坚持产品研发及技术创新，打造核心竞争力	研发创新优势需求 产品竞争优势需求
以全流程质量体系为基础，开拓行业市场	产品竞争优势需求 服务保障优势需求
管理转型，业务增值	产品竞争优势需求 服务保障优势需求 品牌优势需求
打造基于数据的用户价值分析的信息体系,提升品牌影响力	品牌优势需求

结合公司战略发展方向、业务变革与创新需求、技术发展趋势，飞鹤乳业明确了新一代数字化信息平台支持战略实现需要具备的能力，主要包括以下三个方面：

一是重构现有业务运营系统，实现组织在线、人员在线、业务在线，确保业务规范运营，提升业务效率，使业务上下游中的不同分公司、子公司和部门有效协同，同时与外部合作伙伴在业务处理上协同作业。

二是连接业务关键节点上的智能仪表、智能设备和相关系统等，实时准确地获取全量业务数据，通过大数据运算支撑业务运转及管理决策。

三是积极引入新技术，结合自主研发，构建友好交互的系统能力，支持与消费者更便捷、更顺畅的沟通，为消费者提供更优质的服务；同时在公司战略指引下，不断尝试和探索新零售供应链业务模式的变革，为飞鹤乳业高质量快速增长提供新引擎。

（二）新型能力打造过程的方法和路径

1. 实施方案策划

为全面建设新一代数字化信息平台，支撑企业战略发展，飞鹤乳业依照两化融合管理体系的基本框架，启动了全面数字化转型，构建了以下飞鹤乳业"3+2+2 数字化规划"。

持续开展新零售及智慧供应链两大业务探索。新零售业务探索是依托中台的能力，结合新技术建立有效的客户留存及分配机制，进行全域用户全生命周期的运营；智慧供应链业务探索是以业务运营平台数据为基础，对供应链及生产的主要核心指标进行监控及预警，设计智能算法，提升数据探查及预测能力，赋能供应链业务。

建设数据中台和业务中台的双中台系统，数据中台从企业内部业务运营平台及企业外部采集获取数据，借助大数据能力清洗、分析、建模、输出并展现有价值的数据信息，支持经营管理决策并反哺业务运营，识别业务运营过程中的风险与机会；业务中台打造"商品能力中心、订单能力中心、营销能力中心、库存能力中心、结算能力中心、基础能力中心"六大能力中心，全面支撑飞鹤乳业不同业态的电商业务发展。

建设"以 ERP 为核心的业务运营及管理平台""支撑智能制造体系运行的智能制造平台""数字化、智能化的统一办公平台"三大平台。目标是实现飞鹤乳业全业务、全流程、全触点的全面数字化，实现完整、准确、及时地采集获取业务运营及管理过程中的数据。同时，通过系统规范业务流程及员工操作行为，为品质与安全保驾护航，最大限度地与外部生态伙伴及产业链上下游智能协同，优化供应链、生产和资产绩效。

2. 业务流程优化

飞鹤乳业于 2018 年年底陆续启动数字化转型升级项目建设，对飞鹤乳业业务流程进行充分调研和梳理，对流程的可优化点进行了改进，重点从企业内部运营管理流程、客户投诉流程、会员运营流程和产品研发流程等方面进行了流程优化，实现业务系统之间的横向纵向互联互通。具体举例如下：

客户视图管理：记录全渠道消费者线上、线下购买及转化记录，通过与前端触点对接获取消费者信息及不同渠道的识别信息，供客服进行信息完善及有效沟通，并且提供数据中台可分析的数据。

主动营销管理：通过全渠道数据的整合，在 CRM 平台，通过精准筛选会员，实现精细化的会员营销。

忠诚度管理：对于积分及会员等级进行统一管理，对于消费者以不同的规则进行等级划分，并且指导前端系统展示给消费者可享受的不同权益，提升用户黏性。

权益管理：对于消费者端展示的市场策略进行了覆盖及支撑，业务部门可根据需要在 CRM 系统维护不同的市场策略。

数据管理：增加了基础信息查询业务，使用部门可方便快捷地查询与会员相关的订单、产品、数量、参与的活动等主要相关信息，为业务部门提供便利。

3. 组织结构变革

为保障新型能力打造过程的顺利执行，以及策划方案的落地，飞鹤乳业管理层及两化融合领导小组决定对能力打造过程中所涉及的组织结构和职责进行调整和优化，具体调整如下：

一是原信息化管理部更名为信息化中心，下设信息开发部、信息管理部。其中信息开发部设置产品管理组、开发管理组，负责信息化产品需求分析、信息系统规划、系统自主开发；信息管理部设置智能制造组、数据中心组、项目建设组、基础架构组、系统运营组、PMO，负责所辖范围内的信息化项目管理体系建设、智能制造建设、数据中心建设、软/硬件系统架构及运维服务等工作。

二是成立新零售管理组织，启动新零售项目，由集团总裁直接管理，营销事业部、电商事业部、品牌运营中心、计划部、采购部、供应链部门、信息化中心、企业管理部、财务部、人力资源部及其他职能部门根据相应需求积极参与。结合线上线下的优势，配合业务部门梳理产品与消费者连接路径，协助信息技术在新业务场景的应用，使组织以更高的效率服务用户，探索未来新的业务模式。

4. 技术实现

为保障"3+2+2 数字化规划"的顺利实现，面对如此庞大复杂的系统建设，飞鹤乳业优先设计了信息化项目建设管理指南，并且搭建了信息化项目管理框架（见图 9-1），指导并规范系统建设的方式方法。

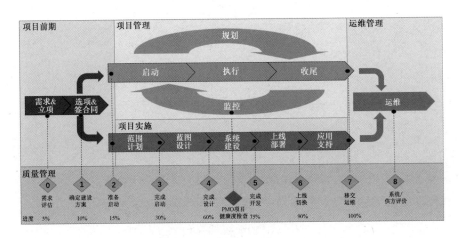

图 9-1　信息化项目管理框架

（1）新零售及智慧供应链的技术实现。

新零售建设聚焦于用户运营的赋能，主要包括线上用户运营平台"星妈会"，以及线下用户运营平台"智慧营养顾问"。

"星妈会"打造内容与电商结合的平台，围绕"生、养、教"为千万中国妈妈提供综合育儿服务，高效满足千万母婴用户的内容需求和健康管理需求。

"智慧营养顾问"作为飞鹤乳业终端 11 万家门店日常运营的基础工具，在建设初期就对终端用户做了精细化的调研。在整个建设过程中采用敏捷开发的模式不断与一线用户沟通，收集一线的反馈意见并进行迭代优化。"智慧营养顾问"覆盖了商品库存精细化管控、多种促销活动支持、人员标准化管理等诸多业务范畴。同时以企业微信作为私域触点，实现用数据驱动连接品牌与消费者，为消费者提供更便捷的购买路径，以及一对一专业的母婴周边服务。

智慧供应链建设聚焦供应链具体业务场景，通过高阶智能化算法解决仓网布局、销售预测、自动排产及自动补货等长期困扰业务的复杂场景，更好地推动并指导业务开展。以仓网布局场景为例，在建设时首先明确了以基于成本最优或时效最优，系统根据用户确定的区域总仓数量自动给出仓网布局的建议，包括区域总仓及城市仓选点建议、成本估算及运输时效。该场景的设计，可优化物流网络路径，在一定程度上节约物流成本、提升时效，并且实时获取预测终端需求，降低整体供应链库存，加快库存周转，提升门店奶粉的新鲜度，打造新鲜敏捷的供应链体系。

（2）数据中台和业务中台的技术实现。

如图 9-2 所示，数据中台建设，以业务场景为抓手，依托大数据技术，实现业务赋能、支撑消费者全生命周期运营，检视业务机会和风险，打通全流程数据，建设统一的数据标准体系，支撑市场及业务模式变革，全面实现飞鹤乳业数据标准化、数据资产化、数据价值化和数据服务化。

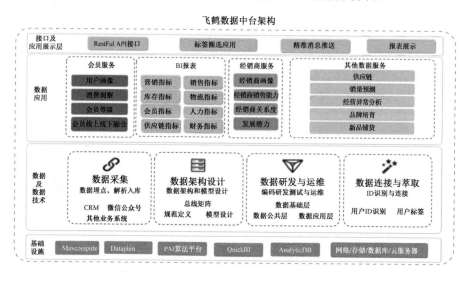

图 9-2　数据中台技术架构

业务中台建设，重构电商发展能力。通过商品、库存、营销等基础能力建设，提升服务响应速度；打造 ES 搜索服务，提升搜索效率和准确性；解耦订单与营销服务，使订单中心更加轻量化，响应速度更快；优化风控拦截策略，减少运营人员人工导表核对工作量；建立线上分销平台，提供多员工登录功能，提升下单效率；新增代销营销活动，代销订单赠品实现自动计算、随单加赠，提升代销商下单效率，降本增效；建立"渠道库存"管理方式，实现库存的仓库统一管理，各渠道独立经营；打通仓库管理系统，实现后端仓储库存实时可视化到前端业务运营，为库存精细化运营提供技术支持；加赠活动体系，配合履约 hold 功能实现活动门槛实时自动计算，赠品随单发送，为运营、财务部门降低工作成本，提升工作效率。

（3）"以 ERP 为核心的业务运营及管理平台""智能制造平台""数字化、智能化的统一办公平台"的技术实现。

以 ERP 为核心的业务运营及管理平台建设，主要通过梳理销售供应链业务流程并明确业务优化方向，经过系统建设，逐步将企业的核心业务流程固化到系统中，推动企业的规范化、精细化管理（见图 9-3）。通过 ERP 平台的持续建设，在以下几个方面促进了飞鹤乳业的快速高质量发展。

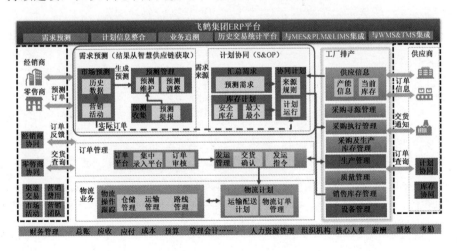

图 9-3　集团 ERP 技术方案框架

① 构建了高效的制造协同平台，通过系统的全面集成，实现了生产流程自动化，强化了制造执行的过程管控，实现了精细成本核算体系的建立。

② 构建了柔性的采购平台，支持多种采购模式，加强了采购全业务流程的管理，实现了飞鹤乳业与供应商在多个环节的高效协同，强化了基于食品安全与产品品质的原料品质管理与批次追踪，并且建立了国际化采购业务及全面风险控制体系。

③ 构建了创新的新零售平台，精度深耕渠道管理，实现了渠道交易协同，覆盖终端门店的日常业务开展，并且对销售团队的区域市场经营活动贯彻落实，全面支撑终端门店面向消费者的营销服务。

④ 构建了可视化的物流供应平台，以28天产品新鲜度为目标，实现流通环节的整体物流优化，合理进行面向预测与面向订单的物流安排，并且实现基于食品安全的全程追溯和物流可视化。

智能制造平台主要包括飞鹤乳业生产基地应用的生产制造执行系统（MES）和实验室质量管理系统（LIMS）。在建设该平台的过程中，软件团队与现场业务管理人员共同梳理业务流程及流程中的控制点，并且结合现场设备情况确定数据采集的范围、标准及时效要求，定制化开发。利用先进的信息化手段实现车间管理的数字化和智能化，满足了工厂现场生产执行管理的需求及质量的有效管控。

智能制造平台优先在克东工厂试点建设，产生了明显效果。通过MES系统，生产车间的物料都有了唯一的"身份ID"，物料的流转和使用由系统来识别和复核，有效地防范了人为复核带来的差错风险，为产品质量"保驾护航"。LIMS系统与集团ERP及MES集成，实现了基于集成工作场景的检验任务。智能制造平台连接了生产设备和实验室设备，部分数据采集由软件平台自动完成，提升了效率和准确性。电子批记录的实现，节省了对应岗位人员20%的工作时间。

数字化智能化统一办公平台的建设，以提升办公效率、加强文化建设、体现员工关怀为基础需求。平台建立了行政办公类流程中心、企业文化、集团公告、集团新闻、行业动态、文档制度中心、员工论坛、知识中心等内容。通过统一认证和单点登录的方式，节约了员工日常登录及切换系统的时效。该项目达成了预期目标，使得分散在全球各地的员工能随时随地处理工作、感知企业文化、了解公司最新讯息。

5. 数据开发利用

结合飞鹤乳业业务痛点，充分考虑数据开发利用需求，为使各类系统数据有效利用，发挥系统数据作用，企业整合了各系统平台的数据，建设数据门户，综合展示各业务条线、各场景的数据，在该系统中实现了相关数据开发利用的功能，形成各类报表。同时建设高管大屏，为高层管理人员提供决策依据，为中层管理人员提供及时的运营数据，提升工作效率。

通过数据平台能力，重点对门店、营养顾问、会员和营销等业务场景进行了分析和报表开发设计，现可提供看数、做数、取数三类应用场景，便于不同层级人员使用。

6. 安全可控情况

为了保证飞鹤乳业信息系统的稳定运行，信息化中心每月对各单位信息化系统运行状况进行督导与考核，考核结果与绩效体系结合。针对系统平台实施过程中发现的问题，建立了有效的问题处理机制，为项目顺利推进提供保障。飞鹤乳业采用瀑布式与敏捷相结合的项目管理模式，依照业务变更需求和相关的内外部环境变化，进行组织、流程、系统的精进。同时执行相关控制程序和规范，保持相应的动态调整记录。企业持续打造了具备专业技术能力的开发团队，具有对平台的自主可控能力。

三、实施效果与主要作用

（一）实施成效

飞鹤乳业两化融合管理体系贯标取得了显著成效，有效保障了"3+2+2数字化规划"的实现。在该战略的支持下，企业订单15日满足率、消费者满意度、服务及时率、产品客诉率、生产一次性合格率、产品市场抽检合格率等核心指标环比 2018 年均有显著提升。其中，综合指标集团人均单产 2020 年相比于 2018 年提升 65.69%，信息化系统的系统平均可用率达到 99.997%。

（二）主要作用

通过业务系统的建设，规范了企业内部的业务运营流程，提升了业务处理效率，最大限度地降低了业务处理风险，同时与外部伙伴建立了更广泛、更高效的协同，提升了用户体验。通过数据系统的建设，打造了统一的数据标准体系，全面实现飞鹤乳业数据标准化、数据资产化、数据价值化和数据服务化。

多年来，飞鹤乳业坚守品质，不断精进，始终以消费者为中心，坚持用优质的产品与服务回馈客户。未来，飞鹤乳业将携手合作伙伴，不断深化战略合作，进一步推动数字化升级，共同引领乳品行业的数字化新浪潮。

黑龙江飞鹤乳业有限公司材料执笔人：葛　帅　包连迪　蒋朝福

第十章

新时期制造业数字化转型发展建议

　　"十四五"时期，是建设制造强国、构建现代化产业体系和实现经济高质量发展的重要阶段，也是加速制造业数字化转型的战略机遇期和发展攻坚期。同时，伴随着经济增长、结构升级和社会转型的演进变革，各种新旧矛盾和机会将持续交织叠加，对制造业数字化转型的实现带来一系列挑战与机遇。下一步，我们要坚持融合发展的战略主线，兼顾系统布局和重点突破，并举供给驱动和需求牵引，持续开展数字化转型理论创新，系统布局数字化转型标准体系，加快两化融合管理体系贯标推广，打造数字化转型新型能力，培育转型系统解决方案，推动制造业生产方式和企业形态根本性变革，助力制造业数字化转型步伐加快。

一、加快制造业数字化转型理论创新与战略落地

当前我国制造业数字化转型的实践在不断演进发展，不同阶段的发展基础与侧重不同，需要加强转型理论体系的研究创新，引导企业加速转型落地。**一方面**，进一步加强制造业数字化转型理论体系和方法论研究，探索数字经济时代转型的内涵外延、载体引擎与发展路径，明确不同行业、不同领域的转型路线图，提出科学评价转型等级的方法工具，奠定数字化转型顶层逻辑。**另一方面**，进一步强化数据驱动、集成创新、合作共赢等转型理念，充分发挥企业决策者在战略层面统筹推动数字化转型的重要作用，形成企业数字化转型实施方案，以两化融合管理体系为手段切实落地企业转型实践。

二、加强制造业数字化转型标准研制

标准是引导产业数字化转型的重要途径和关键抓手。"十四五"时期，要充分发挥制造业数字化转型标准的引领作用，以标准凝聚转型发展共识与规律。**加强全国两化融合管理标委会组织建设**，健全全国信息化和工业化融合管理标准化技术委员会（SAC/TC573）运行机制和工作体系，务实推进各项标准化工作，为企业推进转型工作提供具体指引。**加快关键亟须领域标准研制**，结合当前不同企业贯标和新型能力建设、第三方服务的深层次需求，体系化推进两化融合管理体系国家标准、行业标准研制。组织制定两化融合度标准，明确企业在不同融合度等级下信息技术融合应用的准则和水平。**推进**

标准国际化进程，组织开展两化融合管理体系国家标准外文版研制，深化与ISO、IEC、ITU 等国际标准组织的合作交流，搭建标准国际交流的快速通道，推动更多数字化转型标准走向国际，持续提升全球影响力。

三、推动两化融合管理体系贯标迈向新台阶

两化融合管理体系牵引企业系统构建数字化转型体系和机制，下一步要持续优化贯标工作方式方法，推动贯标迈向更广范围、更深程度、更高水平，以稳定获取转型价值效益。**打造两化融合管理体系贯标升级版**，创新开展贯标试点示范，按照新型能力分级建设和价值效益分阶段跃升要求推动两化融合管理体系分级贯标与分级达标，加快两化融合管理体系标准在重点领域和优势产业全覆盖，支持企业围绕数字化转型有效开展创新活动。**完善两化融合管理体系普及推广的服务机制**，建设完善两化融合标准化公共服务平台，开发两化融合自动化贯标工具，集聚服务资源，支持供需精准对接，提供贯标全流程服务和系统解决方案，构建线上线下协同工作体系。**研制两化融合管理体系配套方法集、工具箱和案例库**，优化完善两化融合细分领域从业人员能力要求，引导各类服务机构加强专业人才培养，开展服务机构和人员动态评级，加强服务全过程社会化监督和行业自律，持续提升贯标服务能力与质量。

四、聚焦制造业数字化转型能力建设

数字经济时代新型能力的建设是制造业数字化转型的主线和着力点，下一步要推动企业持续深化能力打造与迭代优化，支持企业不断获取可持续竞争优势，提升企业对未来发展不确定性的应对水平。**聚焦企业数字化管理类能力建设**，基于人工智能、工业互联网、大数据、云计算、人工智能、区块链等新一代信息技术，强化数据思维，以数据为驱动，打通企业内外部数据链，实现企业各环节的数字化运营管控；**聚焦企业智能化制造类能力建设**，深化新技术在制造过程各环节的融合应用，开展原料、设备、产品及用户之

间在线连接和实时交互，推动生产管理与生产制造的全面自感知、自优化、自决策、自执行；**聚焦网络化协同类能力建设**，基于互联网实现企业间数据互联与业务互联，整合不同时空资源，打造协同工作平台，形成产业网络和供应网络，实现网络化的协同研发、协同生产和协同服务；**聚焦个性化定制类能力建设**，运用新一代信息技术开展基于客户需求的敏捷开发、柔性生产、精准交付等服务，创建与客户需求相适应的生产服务流程和模式，实现制造资源与用户需求全方位的精准对接，不断铸造品牌影响力；**聚焦服务化延伸类能力建设**，建立线上线下协同一体化的服务体系，基于新一代信息技术实现用户需求的实时响应与智能服务，延展价值体系，提升价值链层次，推动企业由传统制造型企业向现代化服务型企业转型。

五、培育制造业数字化转型系统解决方案

制造业数字化转型系统解决方案是加快转型成果由点及线到面应用普及、大幅提升制造业数字化水平的重要驱动力，要进一步完善解决方案培育推广生态。**加快培育行业级解决方案**，组织企业、市场多方力量基于技术和产业优势，针对重点行业数字化转型需求，将行业知识显性化、模块化和结构化，提炼可借鉴、可复制、可推广的行业实践经验，攻关形成协同研发、柔性生产、精准服务、产业链协同等一批高价值数字化转型系统解决方案，不断提升系统解决方案的专业化、集成化、市场化水平。**大力推进解决方案推广应用**，建设解决方案知识图谱、资源池及工具，加速解决方案的标准化汇聚和供需精准对接，实现解决方案的低成本复制推广，推动更多企业以两化融合管理体系贯标为契机，开展集战略咨询、架构设计、管理咨询、IT 咨询、数据集成、系统集成于一体的解决方案实施应用，支撑加速企业数字化转型。

参考文献

[1] 习近平. 决胜全面建成小康社会 夺取新时代中国特色社会主义伟大胜利：在中国共产党第十九次全国代表大会上的报告[M]. 北京：人民出版社，2017.

[2] 中华人民共和国国民经济和社会发展第十四个五年规划和 2035 年远景目标纲要[M]. 北京：人民出版社，2021.

[3] 习近平. 中共中央关于制定国民经济和社会发展第十四个五年规划和二〇三五年远景目标的建议[M]. 北京：人民出版社，2020.

[4] 习近平. 敏锐抓住信息化发展历史机遇 自主创新推进网络强国建设[N]. 人民日报，2018-04-22(1).

[5] 肖亚庆. 大力推动数字经济高质量发展[N]. 学习时报，2021-7-16(1).

[6] 肖亚庆. 奋力谱写制造强国和网络强国新篇章[N]. 学习时报，2021-4-19(9).

[7] 国务院发展研究中心"我国数字经济发展与政策研究"课题组，马名杰，田杰棠同，戴建军，杨超，沈恒超. 我国制造业数字化转型的特点、问题与对策[J]. 发展研究，2019(06):9-13.

[8] 国务院关于深化"互联网+先进制造业"发展工业互联网的指导意见. 2017.

[9] 王建伟. 工业赋能：深度剖析工业互联网时代的机遇和挑战[M]. 北京：人民邮电出版社，2019.

[10] 王建伟. 赢在平台：解锁工业互联网的动力密码[M]. 北京：人民邮电出版社，2018.

[11] 王建伟. 发展工业互联网平台体系 推动两化融合迈上新台阶[J]. 中国信息化. 2018(04).

[12] 王建伟. 大化无痕:两化融合强国战略[M]. 北京：人民邮电出版社，2018.

[13] 周宏仁. 信息化论[M]. 北京：人民出版社，2008:22-25.

[14] 邬贺铨. 工业互联网平台发展态势、特征及建议[N]. 中国电子报, 2018.

[15] 陈肇雄. 深入实施工业互联网创新发展战略[J]. 行政管理改革, 2018(6).

[16] 李君, 邱君降, 窦克勤. 工业互联网平台参考架构、核心功能与应用价值研究[J]. 制造业自动化, 2018, 40(06): 103-106, 126.

[17] 柴雯, 李君, 马冬妍. 从工业 4.0 评估视角看我国两化融合发展[J]. 科技管理研究, 2018, 38(18): 202-208.

[18] 李君, 邱君降, 柳杨, 等. 工业互联网平台评价指标体系构建与应用研究[J]. 中国科技论坛, 2018(12): 70-86.

[19] 柳杨, 李君, 左越. 数字经济发展态势与关键路径研究[J]. 中国管理信息化, 2019(15): 112-114.

[20] 李君, 窦克勤. 两化融合管理体系评定结果的采信价值[J]. 中国信息化, 2017(11): 8-11.

[21] 中国两化融合咨询服务联盟, 工业和信息化部两化融合管理体系联合工作组. 信息化和工业化融合管理体系理解、实施与评估审核[M]. 北京: 电子工业出版社, 2015.

[22] 安筱鹏. 重构: 数字化转型的逻辑[M]. 北京: 电子工业出版社, 2019.

[23] 李颖, 尹丽波. 虚实之间: 工业互联网平台兴起[M]. 北京: 电子工业出版社, 2019.

[24] 李君, 柳杨, 邱君降, 等. 信息化和工业化融合"十三五"发展成效及"十四五"发展重点[J]. 经济研究参考, 2020(11):13-22.

[25] 李培楠, 万劲波. 工业互联网发展与"两化"深度融合[J]. 中国科学院院刊, 2014, 2: 215-222.

[26] 国家工业信息安全发展研究中心. 工业和信息化蓝皮书: 世界信息化发展报告（2017—2018）[M]. 北京: 社会科学文献出版社, 2018.

[27] 邱君降, 王庆瑜, 李君, 等. 两化融合背景下我国企业工业管理基础能力评价研究[J]. 科技管理研究, 2019(7):70-77.

[28] 李君, 邱君降, 窦克勤, 等. 新工业革命背景下制造业管理模式研究与创新[J]. 制造业自动化, 2017(1): 130-133.

[29] 刘云浩. 从互联到新工业革命[M]. 北京: 清华大学出版社, 2017.

[30] 两化融合服务联盟, 中国制造业与互联网融合发展联盟, 国家工业信

息安全发展研究中心. 两化融合生态系统及标准体系[R]. 2017.

[31] 工业互联网联盟（IIC）. Industrial Internet Reference Architecture, IIRA [R]. 2015.

[32] 胡权. 重新定义智能制造[J]. 清华管理评论，2018(Z1): 78-89.

[33] 周剑. 两化融合管理体系构建[J]. 计算机集成制造系统，2015, 21(7): 1915-1929.

[34] 延建林，孔德婧. 解析"工业互联网"与"工业4.0"及其对中国制造业发展的启示[J]. 中国工程科学，2015, 17(07): 141-144.

[35] 国家工业信息安全发展研究中心. 中国两化融合发展数据地图（2020）[R]. 2020-10-21.

[36] 美国国家标准与技术研究院（NIST）. Smart Manufacturing Ecosystem [R]. 2016.

[37] 李君，付宇涵，成雨. 基于多源数据的两化融合绩效研究分析[J]. 计算机集成制造系统，2018, 24(12): 2911-2931.

[38] 童友好. 信息化与工业化融合的内涵，层次和方向[J]. 信息技术与标准化，2008(7).

[39] 工业和信息化部信息化推进司. 工业企业信息化和工业化融合评估研究与实践. 2010[M]. 北京：电子工业出版社，2011.

[40] 工业和信息化部信息化推进司. 工业企业信息化和工业化融合评估研究与实践. 2011[M]. 北京：电子工业出版社，2012.

[41] 王成，王世波. 信息技术促进制造业发展的作用机制与演化规律[J]. 产业与科技论坛，2009(6):49.

[42] 李君，邱君降，成雨. 面向企业互联网环境下核心竞争能力打造的第三方咨询服务变革与趋势[J]. 中国管理信息化，2018, 21(19): 68-71.

[43] 李君，邱君降，成雨. 数字经济时代的企业创新变革趋势[J]. 中国信息化，2018(4): 12-14.

[44] 王兴山. 数字化转型中的企业进化逻辑[J]. 中国总会计师，2017(12):15.

[45] 李君，邱君降，窦克勤，刘帅. 基于成熟度视角的工业互联网平台评价研究[J]. 科技管理研究，2019, 39(02): 43-47.

[46] 周剑. 两化融合的发展路径——《工业企业"信息化和工业化融合"评

估规范》若干问题探讨[J]. 信息化建设，2012 (08): 30-33.

[47] 周剑. 企业"两化融合"的全景蓝图[J]. 中国信息界，2014, (5): 54-55.

[48] 王安耕，刘九如，周剑. 工业企业信息化和工业化融合评估研究与实践[M]. 北京：电子工业出版社，2011.

[49] 张龙鹏，周立群. "两化融合"对企业创新的影响研究——基于企业价值链的视角[J]. 财经研究，2016, 42(7): 99-110.

[50] 陈杰，周剑，付宇涵. 我国工业企业两化融合评价体系及实证研究[J]. 制造业自动化，2016, 38(6): 143-146,156.

[51] 中华人民共和国国家质量监督检验检疫总局，中国国家标准化管理委员会. GB/T 23004—2020 信息化和工业化融合生态系统参考架构[S]. 北京：中国标准出版社，2020.

[52] 中华人民共和国国家质量监督检验检疫总局，中国国家标准化管理委员会. GB/T 23005—2020 信息化和工业化融合管理体系 咨询服务指南[S]. 北京：中国标准出版社，2020.

[53] 中华人民共和国国家质量监督检验检疫总局，中国国家标准化管理委员会. GB/T 23000—2017 信息化和工业化融合管理体系 基础和术语[S]. 北京：中国标准出版社，2017.

[54] 中华人民共和国国家质量监督检验检疫总局，中国国家标准化管理委员会. GB/T 23001—2017 信息化和工业化融合管理体系 要求[S]. 北京：中国标准出版社，2017.

[55] 中华人民共和国国家质量监督检验检疫总局，中国国家标准化管理委员会. GB/T 23002—2017 信息化和工业化融合管理体系 实施指南[S]. 北京：中国标准出版社，2017.

[56] 中华人民共和国国家质量监督检验检疫总局，中国国家标准化管理委员会. GB/T 23003—2018 信息化和工业化融合管理体系 评定指南[S]. 北京：中国标准出版社，2018.

[57] 中华人民共和国国家质量监督检验检疫总局，中国国家标准化管理委员会. GB/T 23020—2013 工业企业信息化和工业化融合评估规范[S]. 北京：中国标准出版社，2013.

[58] 中华人民共和国国家质量监督检验检疫总局，中国国家标准化管理委

员会. GB/T 19000—2008 质量管理体系基础和术语[S]. 北京：中国标准出版社，2008.

[59] 中华人民共和国国家质量监督检验检疫总局，中国国家标准化管理委员会. GB/T 19001—2008 质量管理体系要求[S]. 北京：中国标准出版社，2008.

[60] 安筱鹏. 两化融合管理体系体现了新工业革命的发展理念和方向[J]. 中国信息化，2015(12): 7-9.

[61] 两化融合服务联盟. 两化融合管理体系贯标评定成果报告（2015）[R]. 2015.

[62] 两化融合服务联盟. 两化融合管理体系贯标评定成果报告（2016）[R]. 2016.

[63] 两化融合服务联盟，工业和信息化部两化融合管理体系联合工作组. 信息化和工业化融合管理体系理解、实施与评估审核[M]. 北京：电子工业出版社，2015.

[64] 国家互联网信息办公室信息化发展局，国家信息化专家咨询委员会秘书处. 信息化蓝皮书：中国信息化形势分析与预测（2016—2017）[M]. 北京：社会科学文献出版社，2017.

[65] 电工电子与信息技术标准化委员会(DKE). Reference Architecture Model Industry 4.0, RAMI 4.0 [R]. 2015.

[66] 国家工业信息安全发展研究中心. 中国两化融合发展图鉴—十年演进、进展成效、趋势展望报告[R]. 2020-01-10.

[67] 杨惠馨，焦勇，陈庆江. 两化融合与内生经济增长[J]. 经济管理，2016, 38(1): 1-9.

[68] 王立平，杨洋. 两化融合与中国经济增长的"稳健性"关系——基于REBA模型的实证分析[J]. 工业技术经济，2014, 33(6): 48-59.

[69] 两化融合服务联盟. 两化融合管理体系贯标评定成果报告（2016）[R]. 2016.

[70] 周剑，徐大丰. 两化融合的概念内涵和方法路径研究[J]. 产业经济评论，2015(5): 12-19.

[71] 贾凯. "两化"融合，促进制造业由大变强[J]. 中国制造业信息化，2011,

40(02): 19-20.

[72] 周宏仁，徐愈. 中国信息化形式分析与预测[M]. 北京：社会科学文献出版社，2011: 110-133.

[73] 张亚斌，马莉莉. 大数据时代的异质性需求，网络化供给与新型工业化[J]. 经济学家，2015, 8(8): 44-51.

[74] 李君，成雨，窦克勤，邱君降. 互联网时代制造业转型升级的新模式现状与制约因素[J]. 中国科技论坛，2019(04): 68-77.

[75] 李伯虎，张霖，等. 云制造面向服务的网络化制造新模式[J]. 计算机集成制造系统，2010, 16.

[76] 齐二石，宋立夫. 工业工程与制造业信息化[M]. 北京：机械工业出版社，2011.

[77] 王玖河，孙丹. "互联网+"时代商业模式创新体系探析[J]. 企业管理，2017(5): 112-114.

[78] 王维，孟韬. 工业 4.0 趋势下的管理变革与创新[J]. 企业管理，2016(1): 110-112.

[79] 刘树华，鲁建厦，王家尧. 精益生产[M]. 北京：机械工业出版社，2013.

[80] 杰弗瑞·莱克. 丰田模式—精益制造的 14 项管理原则[M]. 北京：机械工业出版社，2013.

[81] 顾新建，张栋，纪杨建，等. 制造业服务化和信息化融合技术[J]. 计算机集成制造系统，2010, 16 (11): 2530-2536.

[82] 吴应宇，路云. 企业可持续竞争能力及其影响因素分析[J]. 中国软科学，2003(9): 88-91.

[83] 胡春燕. 基于信息技术革命的新业态和新模式演化机理及效应[J]. 上海经济研究，2013 (8): 124-130.

[84] 任宗强，赵向华. 个性化定制模式下制造型企业知识管理与动态优化机制[J]. 中国管理科学，2014 (S1): 539-543.

[85] 尹君，谭清美. 智能生产与服务网络下新型产业：创新平台运行模式研究[J]. 科技进步与对策，2018, 35(6): 65-69.

[86] 姚锡凡，练肇通，杨岭，等. 智慧制造一面向未来互联网的人机物协同制造新模式[J]. 2014, 20(6): 1490-1498.

[87]　赵振. "互联网+"下制造企业服务化悖论的平台化解决思路[J]. 科技进步与对策，2016, 33(6): 76-83.

[88]　王玉辉，原毅军. 服务型制造带动制造业转型升级的阶段性特征及其效应[J]. 经济学家，2016, 11(11): 37-44.

[89]　罗建强，赵艳萍，程发新. 我国制造业转型方向及其实现模式研究——延迟策略实施的视角[J]. 科学学与科学技术管理，2013, 34(9): 55-62.

[90]　胡晶. 工业互联网、工业 4.0 和"两化"深度融合的比较研究[J]. 学术交流，2015(01): 151-158.

[91]　陈春花. 打造数字战略的认知框架[J].领导决策信息，2019(05):22-23.

[92]　周剑. "综合集成"——当前两化融合的突破点[J]. 信息化建设，2012(05): 18-21.

[93]　林健敏. 论企业信息化对国有企业竞争力的影响[J]. 经济视野，2014(23):164-164.

[94]　姜晓阳. 两化融合管理有效性分析方法与企业新型能力识别[J]. 计算机与应用化学，2015, 32(004): 385-391

[95]　荆浩,刘垭,徐娴英. 数字化使能的商业模式转型[J].科技进步与对策，2017(2): 93-96.

[96]　周剑,陈杰,李君,李清. 信息化和工业化融合:方法与实践[M]. 北京：电子工业出版社，2019.

[97]　周志明，崔森. 制造型企业数字化转型的研究[J]. 管理观察，2014(21): 80-82.

[98]　魏毅寅，柴旭东. 工业互联网:技术与实践[M]. 北京：电子工业出版社，2017.

[99]　周剑. 解读两化融合管理体系九项管理原则[J]. 信息化建设，2014(05): 15-18.

[100]　王喜文. 工业互联网平台实现协同制造[J]. 中国信息化. 2017(05).